建築設計シリーズ 9

現場写真で学ぶ 実施図面の描き方

増補改訂版

岸野浩太
関本竜太
瀬野和広
彦根明
本間至

X-Knowledge

目次

断熱・気密

意匠図

意匠図［詳細図］

構造図

設備図

完成から学ぶ実施図面

デザイン：細山田デザイン事務所
DTP：天龍社
印刷：シナノ書籍印刷
※本書は『現場写真で学ぶ実施図面の描き方』（2016年2月刊行）を再編集したものです

基礎断熱

基礎断熱は防蟻対策が大事

基礎断熱工法は、省エネ設計の定番になりつつある。床下が室内環境に近くなるため、夏は涼しく、冬は暖かさが持続する。水道配管が凍ったり、虫の住処になったりする心配もない。また、施工が簡単なので、床断熱と比べてもコストに大きな差はない。

ただし、コンクリートと断熱材の隙間に蟻道ができると、外からは見えないので、シロアリの発見が遅れて被害が深刻化する可能性がある。また、水漏れや雨漏りで床下に水が溜まらないようにしっかりとした対策が必要だ。ここでは基礎耐圧版下に断熱材を入れない一般的な基礎外断熱のポイントについて解説する。［岸野浩太］

1 断熱材は基礎立上りより少し高めに

断熱材の天端を基礎の天端より10mm程度高く設定しておくと、レベラーがはみ出さないので施工性がよい。断熱材と土台の間にできる隙間やジョイント部は防蟻剤入りシーリングを施す

シーリング
（断熱材ジョイント部）

基礎外断熱
シーリング

基礎詳細図 ［S＝1：15］

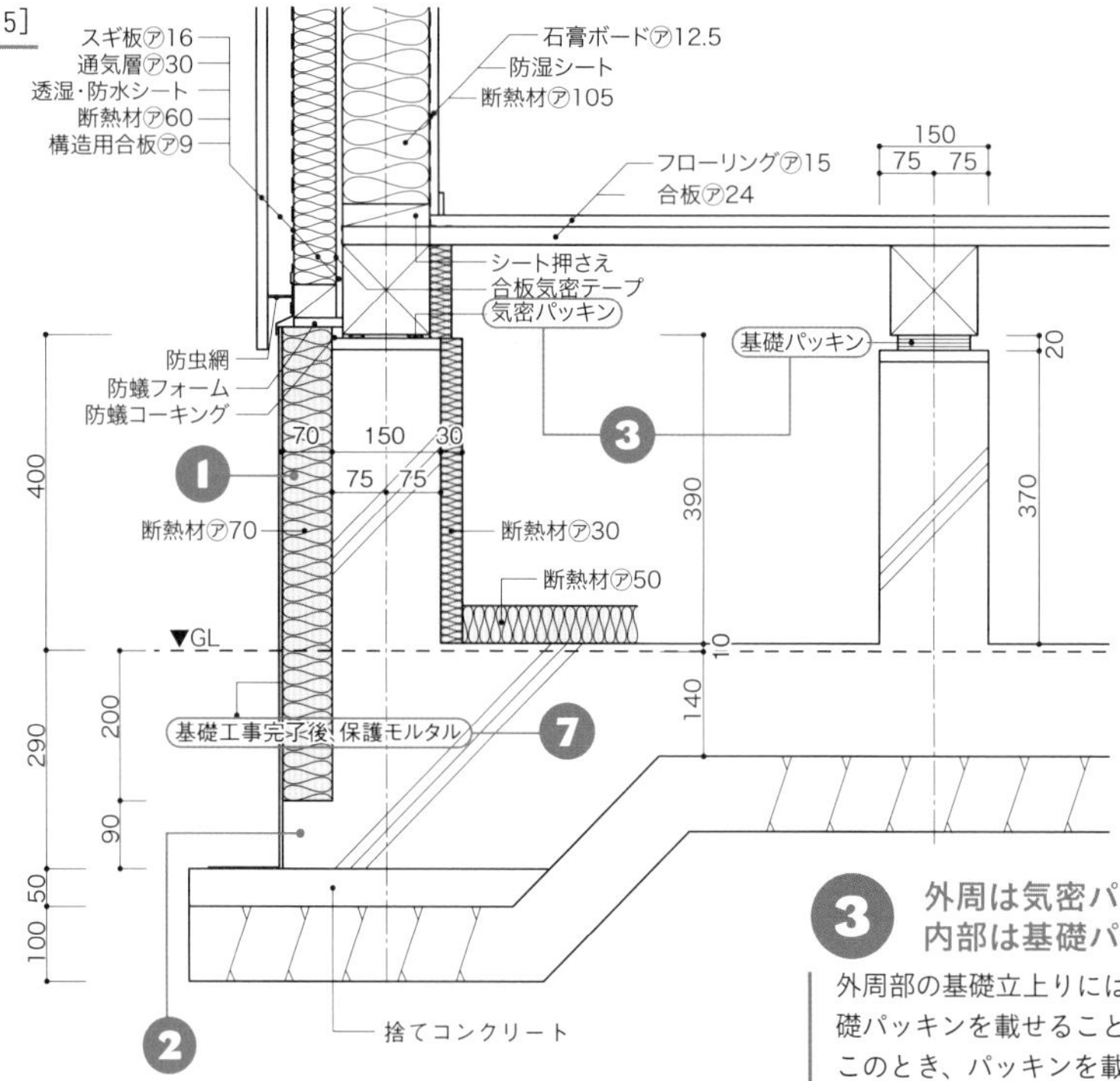

スギ板㋐16
通気層㋐30
透湿・防水シート
断熱材㋐60
構造用合板㋐9
石膏ボード㋐12.5
防湿シート
断熱材㋐105
フローリング㋐15
合板㋐24
150
75 75
シート押さえ
合板気密テープ
気密パッキン
基礎パッキン
20
防虫網
防蟻フォーム
防蟻コーキング
70 150 30
75 75
断熱材㋐70
断熱材㋐30
断熱材㋐50
400
390
370
▼GL
10
140
200
290
90
50
100
基礎工事完了後 保護モルタル
捨てコンクリート

3 外周は気密パッキン 内部は基礎パッキン

外周部の基礎立上りには気密パッキン、内部には基礎パッキンを載せることで床下の通気がよくなる。このとき、パッキンを載せた状態で立上がりの天端がそろうように、内部の基礎立上りは外周部より低く設定する（ここでは−20mm）

気密パッキン
基礎パッキン

2 断熱材は捨てコンから少し浮かせる

断熱材を捨てコンクリートから50〜90mm程浮かせることで、断熱材とコンクリートがしっかり密着してシロアリ対策になる［※］。断熱材はコンクリート打設時に浮かないよう、クランプなどでしっかり固定し、ジョイントには下がり止めを入れておく

断熱材
少し浮かせる
捨てコンクリート

※ 断熱材はどの部位にも防蟻材入りのものを使う

4 上がり框で通気を確保

基礎断熱の場合は、床下の空気を循環させる必要がある。空気がよく動く玄関の上がり框の部分は、空気が抜けるように基礎パッキンを載せるとよい

5 玄関廻りの防蟻処理

玄関ドアの靴摺り下は、基礎断熱材（防蟻断熱材）と一体となるところで防蟻ウレタンを打つ

6 防蟻メンテナンスに配慮

基礎断熱の場合は、配管廻りの防蟻シーリングのメンテナンスがしやすくなるように、基礎立上りで配管を抜くとよい。このとき配管の劣化防止に耐候性塗料を塗布するよう図面で指示しておく

シーリング

基礎詳細図（玄関廻り）［S＝1：12］

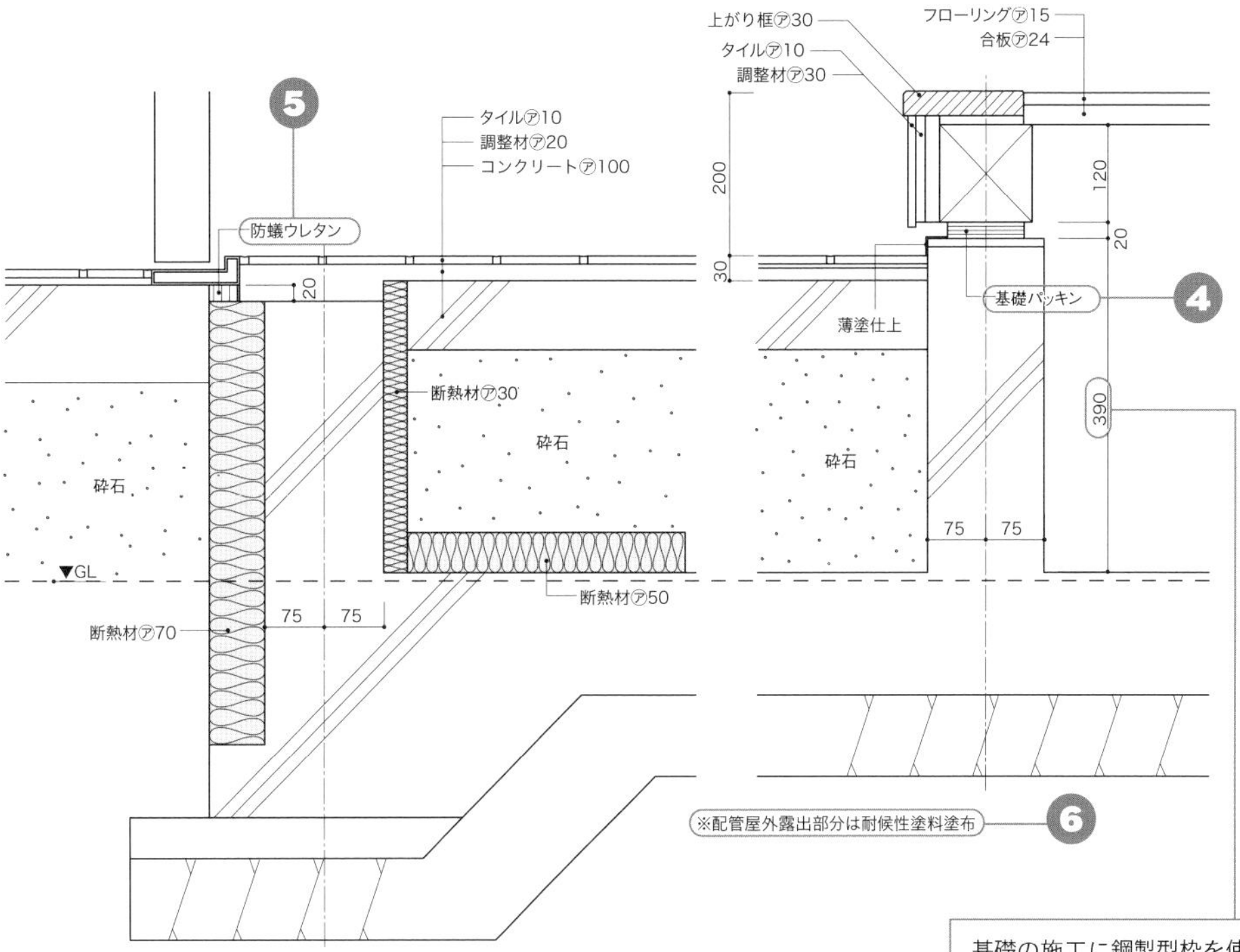
上がり框㋐30
タイル㋐10
調整材㋐30
フローリング㋐15
合板㋐24
5
防蟻ウレタン
タイル㋐10
調整材㋐20
コンクリート㋐100
200
30
20
120
20
基礎パッキン
4
薄塗仕上
断熱材㋐30
砕石
砕石
砕石
390
▼GL
75
75
75
75
断熱材㋐50
断熱材㋐70
※配管屋外露出部分は耐候性塗料塗布
6

基礎の施工に鋼製型枠を使用する場合、立上りの高さやGLからスラブ天端までの高さ設定は、鋼製型枠の規格寸法に合わせると工事の効率化を図れる

ベタ基礎断熱には水抜口を

ベタ基礎の基礎断熱は気密性が非常に高いので、水漏れなどで基礎に水が溜まると抜くのが大変。そのため最悪の事態に備えて水抜口を設けておくと安心。通常時は水抜口の中に袋に入った断熱材を詰めておく

水抜口

7 すぐ養生するように指示

断熱材
保護モルタル

基礎外断熱は傷の防止と紫外線対策のために、基礎工事が完了した後すぐに保護モルタルを塗って養生する旨を記載する

床断熱

床断熱は気密処理にひと手間かける

床断熱は最も施工例の多い断熱工法だ。床下に潜り込んで蟻道を発見したり、断熱材の状況を確認したりできるのでメンテナンス性に優れている。床の表面温度が上がりやすいので冬の暖房にも有効である。

ただし、床下に虫が進入しやすいうえ、外部環境と同じ温度になるために寒冷地では配管が凍るリスクが高まるといったデメリットもある。また、床で気密を確保しなければならないのだが、実はこれが基礎断熱よりも施工に手間がかかる。

断熱材の種類によって納まりは変わるが、ここでは最も標準的なグラスウールの充填断熱工法について解説する。 [岸野浩太]

1 打ち継ぎ部には止水板を入れる

基礎スラブと立上りを2回に分けて打設する場合は、打ち継ぎ部分から雨水やシロアリが浸入しないように止水板を入れるよう指示する

止水板

2 床合板のピンホールを埋める

床の下地合板をプレカット加工にすると、柱の周囲にピンホールができやすい。ピンホールが気密の弱点にならないように、柱の周囲には下地工事を施しておくとよい [14頁参照]

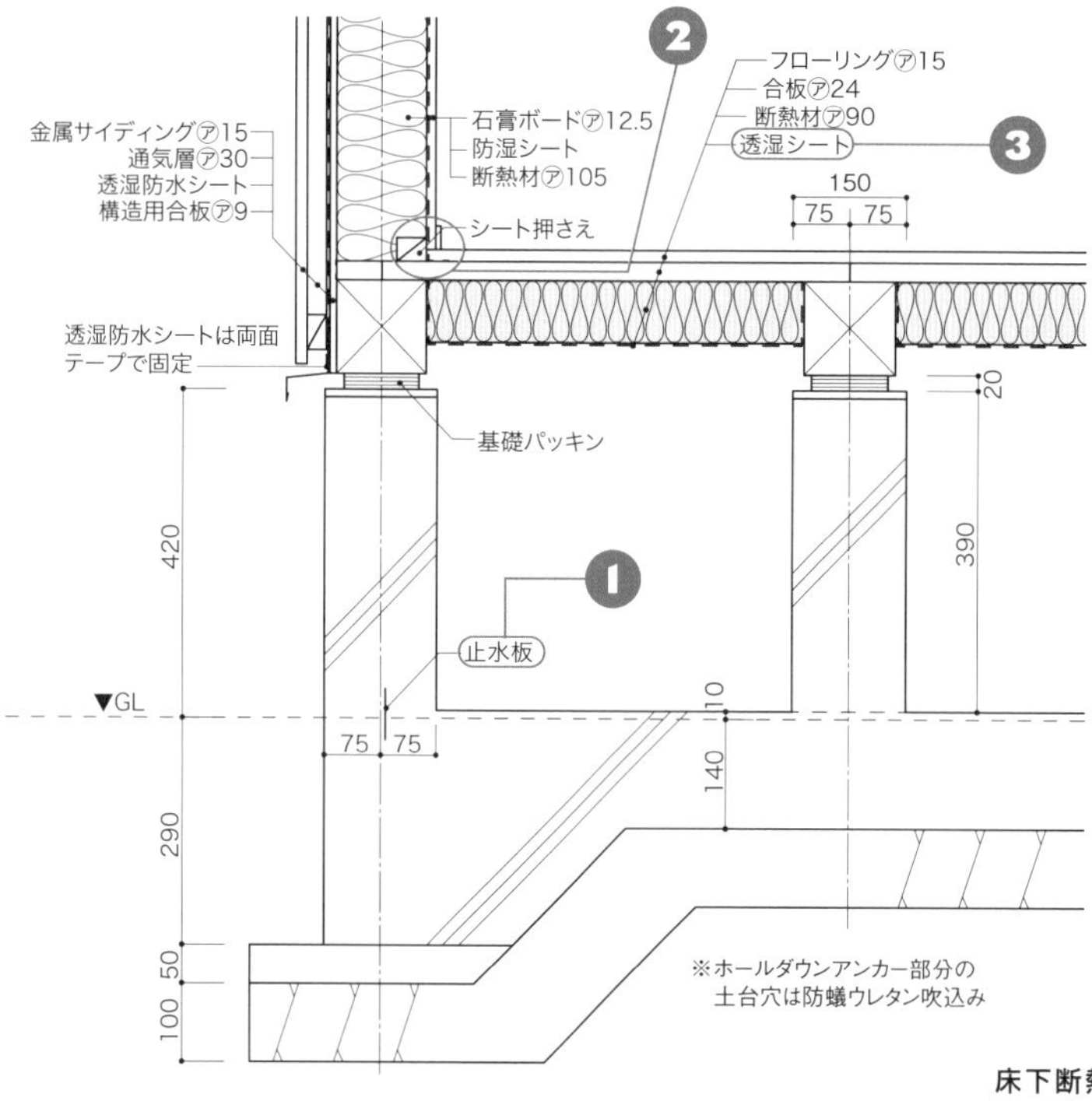

金属サイディングㄗ15
通気層ㄗ30
透湿防水シート
構造用合板ㄗ9
石膏ボードㄗ12.5
防湿シート
断熱材ㄗ105
シート押さえ
フローリングㄗ15
合板ㄗ24
断熱材ㄗ90
透湿シート
透湿防水シートは両面テープで固定
基礎パッキン
止水板
▼GL
150
75 75
20
390
420
10
140
290
50
100
※ホールダウンアンカー部分の土台穴は防蟻ウレタン吹込み

床下断熱詳細図 [S＝1：15]

そのほかの気密ポイント

柱・配管・金物・床下点検口廻りの気密処理もしっかり行う。とくに配管貫通箇所は、ウレタン充填と下地合板を敷く前に気密パッキンの施工を行う

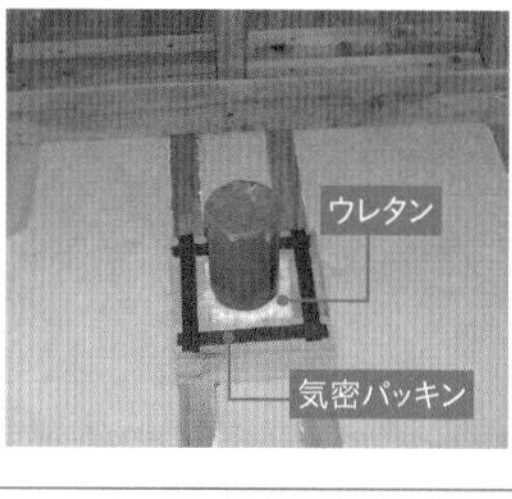

ウレタン
気密パッキン

3 透湿シートの上にグラスウールを敷く

グラスウール断熱の場合は断熱材の飛散防止と性能を発揮させるために、透湿シートの上に断熱材を敷き込んでいく

透湿シート
断熱材

配管の貫通場所は下地処理をする

床下の配管工事は断熱材を充填する前に終えておく。また、床下の配管・配線が気密層を貫通する場所も、気密・断熱処理がしやすいようにあらかじめ下地工事をしておく

ウレタン
配管用下地

5 床付加断熱で性能アップ！

断熱性能をさらに高めたい場合は、外壁に加えて床にも付加断熱を施す。床は足が直接触れる場所なので、断熱性能が高まれば快適性も増す

付加断熱

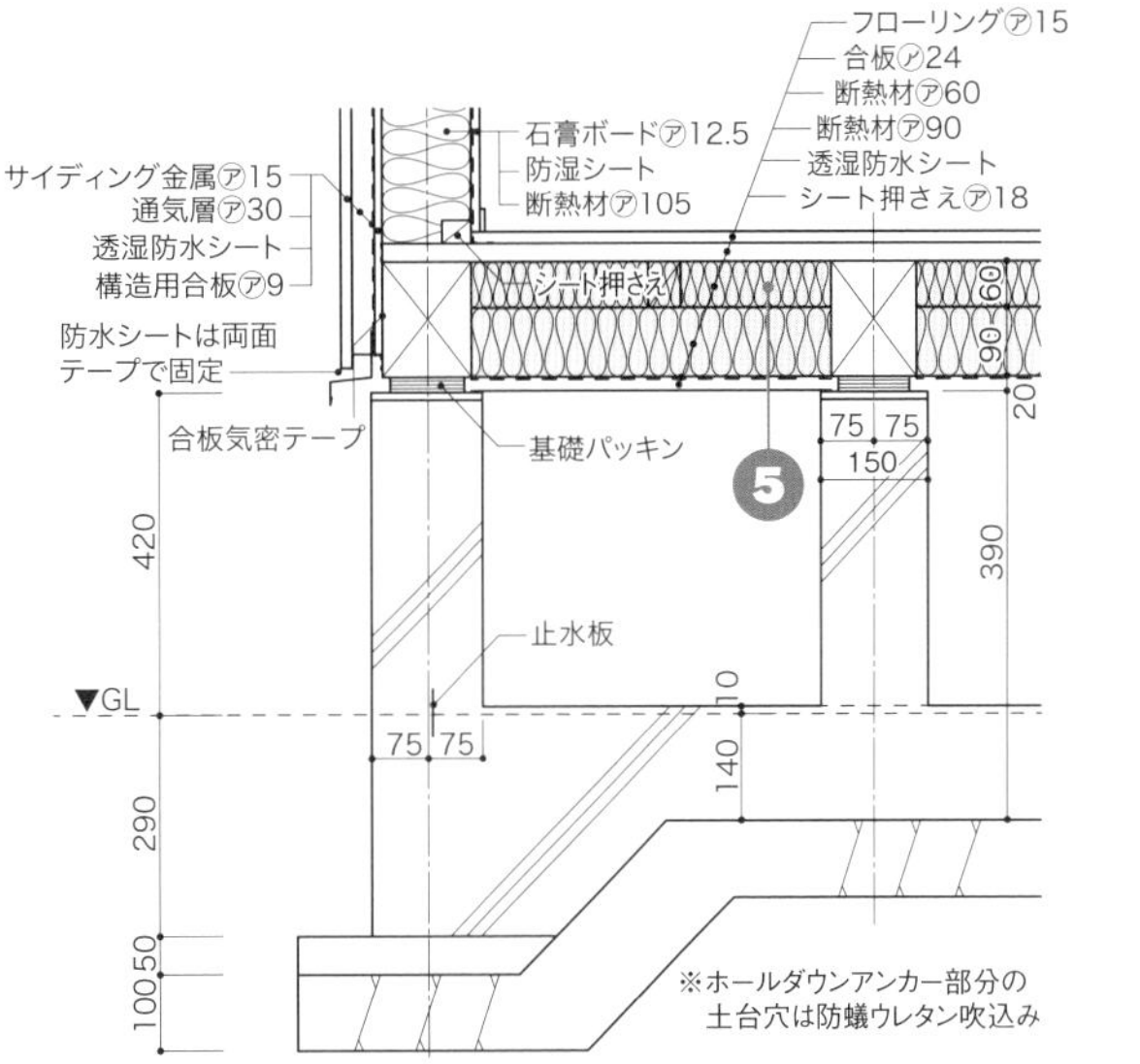

フローリング㋐15
合板㋐24
断熱材㋐60
断熱材㋐90
透湿防水シート
シート押さえ㋐18
石膏ボード㋐12.5
防湿シート
断熱材㋐105
サイディング金属㋐15
通気層㋐30
透湿防水シート
構造用合板㋐9
防水シートは両面テープで固定
合板気密テープ
シート押さえ
基礎パッキン
5
止水板
▼GL
75 75
150
420
290
10050
140
10
390
20
90~60
※ホールダウンアンカー部分の土台穴は防蟻ウレタン吹込み

床下断熱詳細図（付加断熱あり）[S＝1：20]

6 ユニットバスの床断熱

基礎立上りに断熱気密点検口を設置する。スラブ全面に断熱材を敷きたいが、ユニットバスの脚部分は断熱材がカットされるのでウレタンなどで充填する。これらの断熱施工についてはユニットバスの施工者に伝えておくとよい

床下断熱詳細図（UB廻り）[S＝1：20]

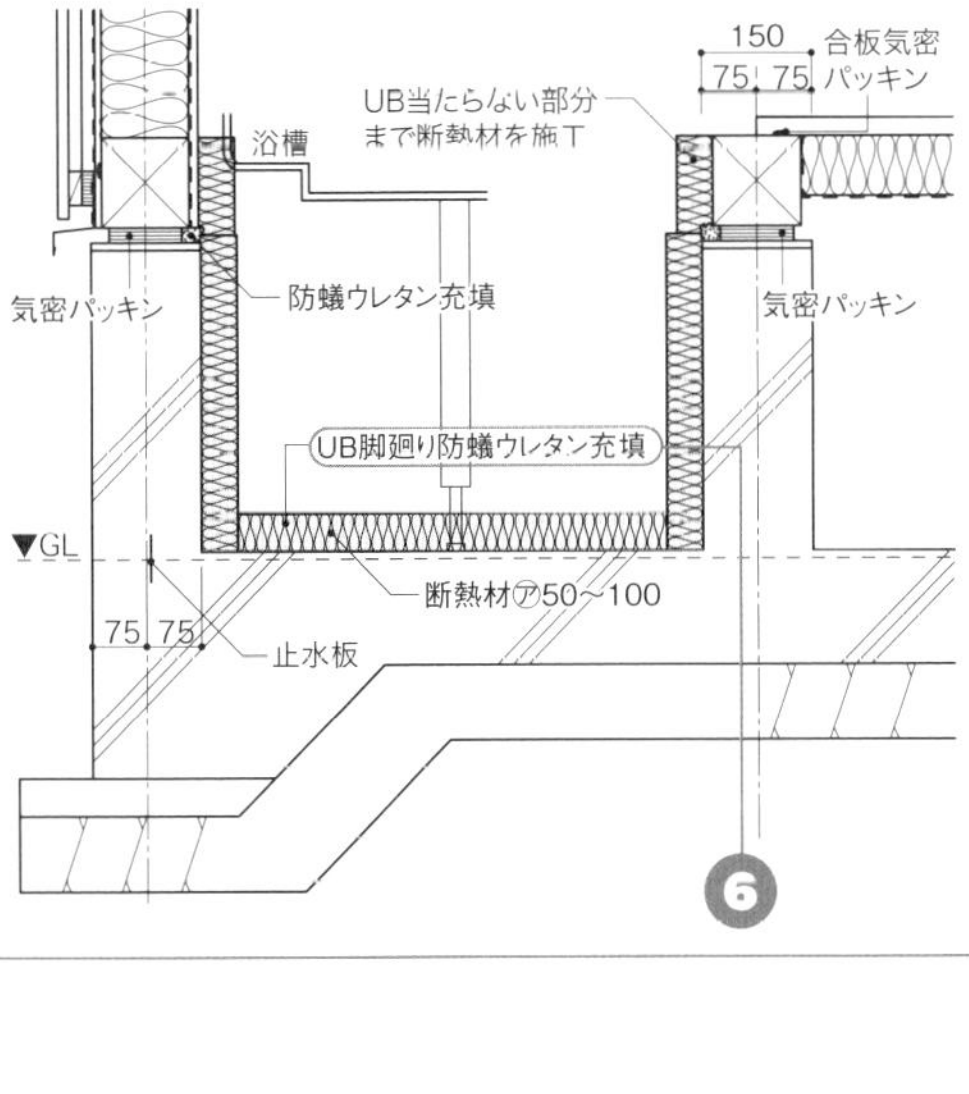

浴槽
UB当たらない部分まで断熱材を施工
150
75 75
合板気密パッキン
気密パッキン
防蟻ウレタン充填
気密パッキン
UB脚廻り防蟻ウレタン充填
▼GL
断熱材㋐50~100
75 75
止水板
6

7 玄関の断熱

玄関廻りは基礎立上りが熱橋になるので、天端にも断熱材を敷き込む。また、上がり框の基礎立上りは基礎断熱［4頁参照］と異なり、気密パッキンとなる

床下詳細図（玄関廻り）[S＝1：20]

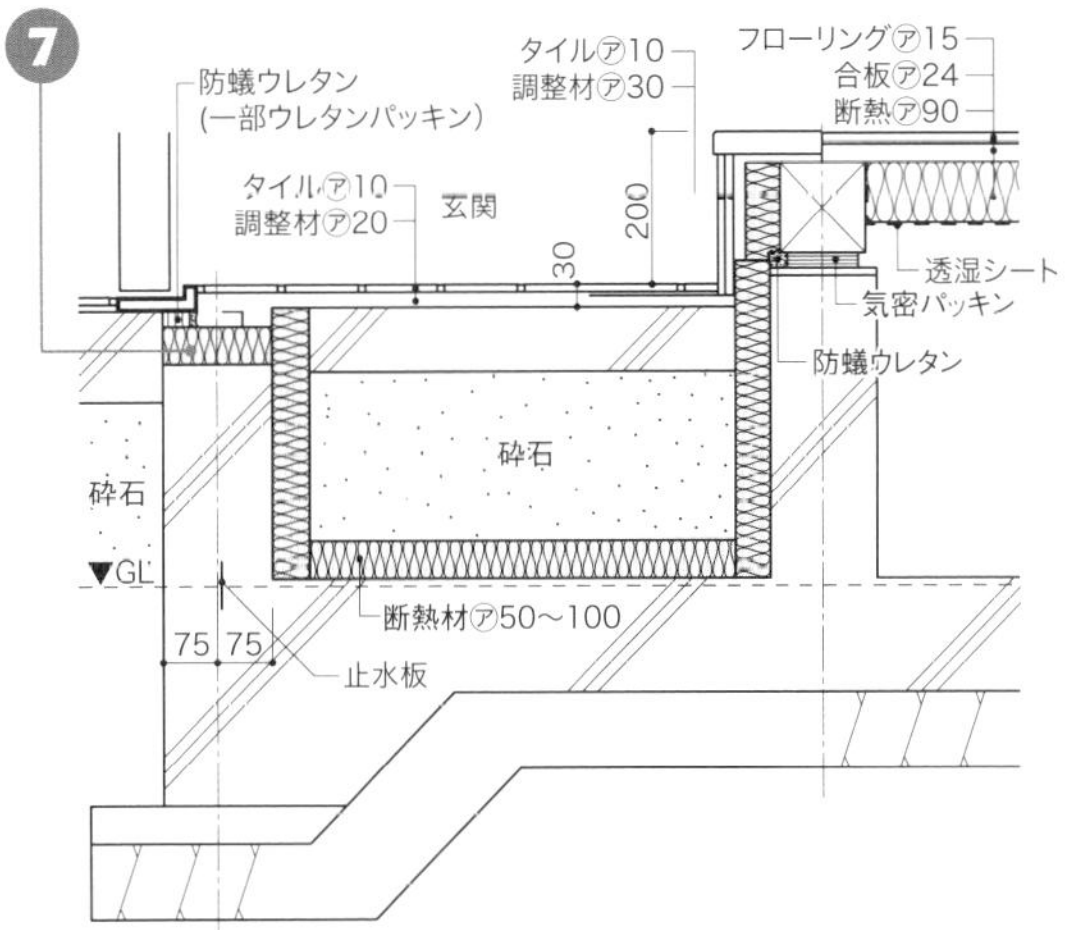

7
防蟻ウレタン（一部ウレタンパッキン）
タイル㋐10
調整材㋐30
フローリング㋐15
合板㋐24
断熱㋐90
タイル㋐10
調整材㋐20
玄関
200
30
透湿シート
気密パッキン
防蟻ウレタン
砕石
砕石
▼GL
断熱材㋐50~100
75 75
止水板

壁断熱

合板の継目と貫通部が気密のポイント

壁の断熱工法には大きく分けて、柱間に断熱材を納める「充填断熱」、柱の外壁側を併用する「外断熱」、充填断熱と外断熱を両方やる「付加断熱」がある。ここではグラスウールを用いた充填断熱と、成型板の断熱材を用いた付加断熱の例を解説する。とくに付加断熱は木造の弱点である柱・梁の熱橋を最小限に抑えられる工法なので、設計の選択肢にぜひ加えておきたい。1〜2万円／坪程度のコスト上昇はあるものの、室内の温熱環境は劇的に向上する。

壁断熱は、柱の外側にある構造用合板でしっかり気密できていることが性能を担保するうえで大前提となるので、とくに注意したい。

［岸野浩太］

1 配線・配管工事が先

壁内の電気配線や配管工事、防湿シート工事などを完了させてから断熱材を充填する。スイッチやコンセント類が入る場所には気密コンセントボックスを利用するとよい。スイッチや電気配線などは内壁で取り回し、外壁の防湿シートなどをできるだけ貫通する

気密コンセントボックス

2 合板の継目に気密テープを張る

充填断熱工法では、外壁の構造用合板を利用して気密を取る。合板のジョイント部分に合板用気密テープを張る

合板用気密テープ

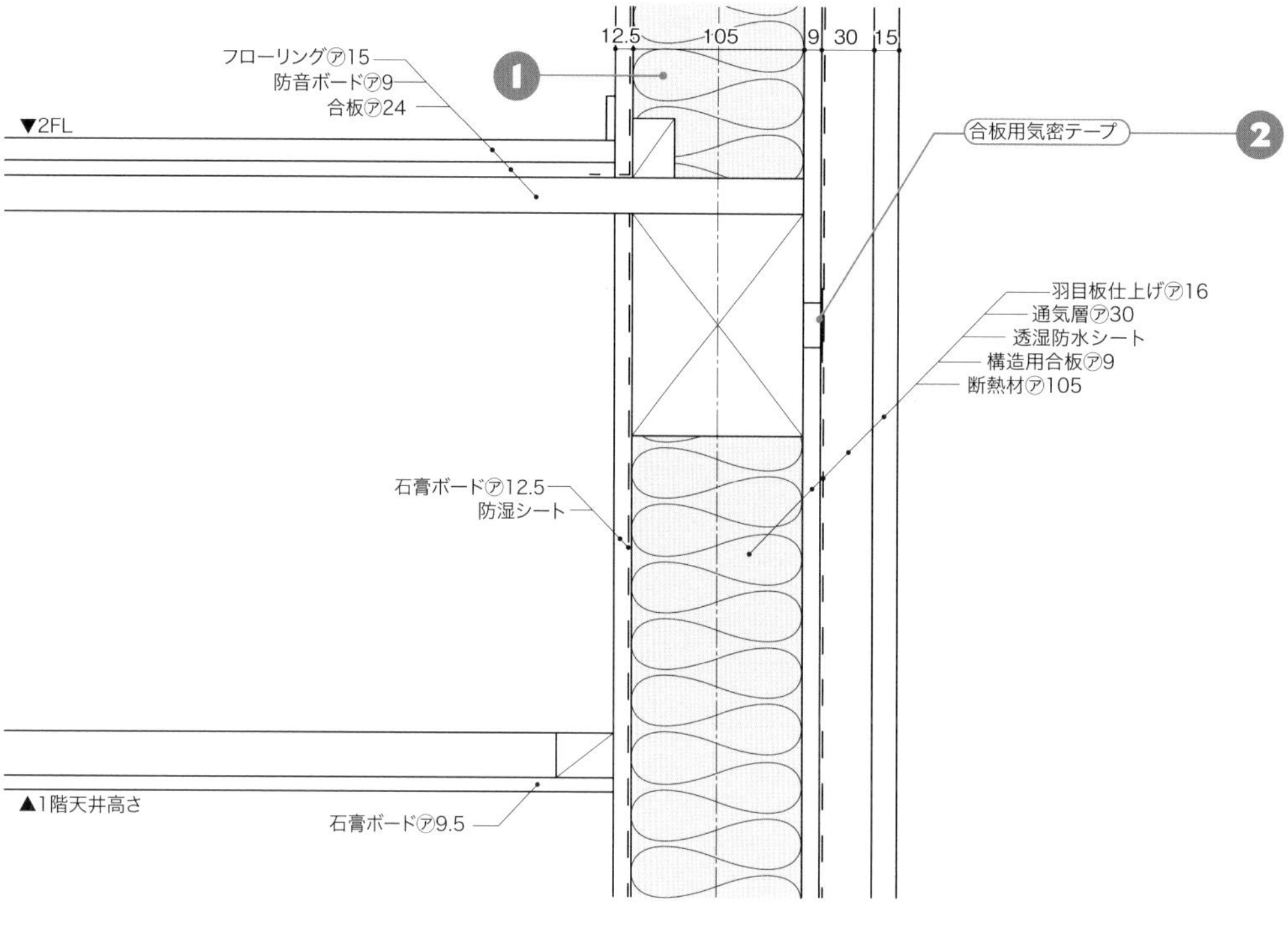
12.5
105
9
30
15
フローリング㋐15
防音ボード㋐9
合板㋐24
▼2FL
1
合板用気密テープ
2
羽目板仕上げ㋐16
通気層㋐30
透湿防水シート
構造用合板㋐9
断熱材㋐105
石膏ボード㋐12.5
防湿シート
▲1階天井高さ
石膏ボード㋐9.5

外壁断熱詳細図［S＝1：6］

4 貫通部は気密シートも併用

配管や配線が合板を貫通する部分には、気密シートと気密テープを併用して確実に処理する。24時間換気システムにトイレの換気を組み込むなど、ダクトの貫通部が少なくなるような設備機器の工夫も必要

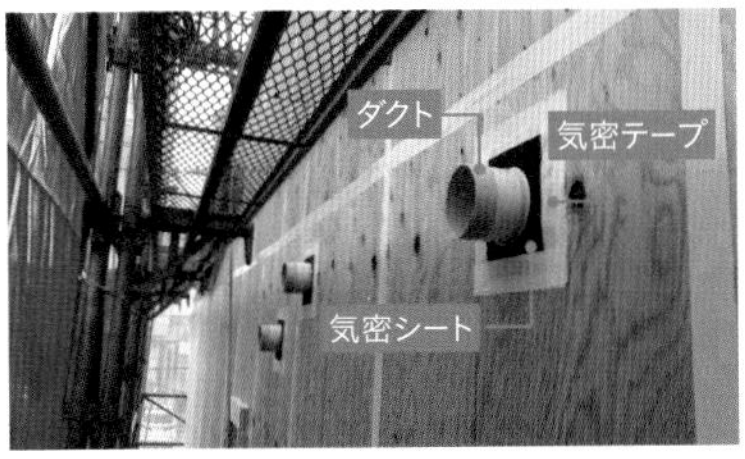
ダクト
気密テープ
気密シート

5 室内側の下地を仕上げる

断熱材の充填が完了したら、室内側に防湿シートを張り、配管・配線の貫通箇所は防湿テープで処理する

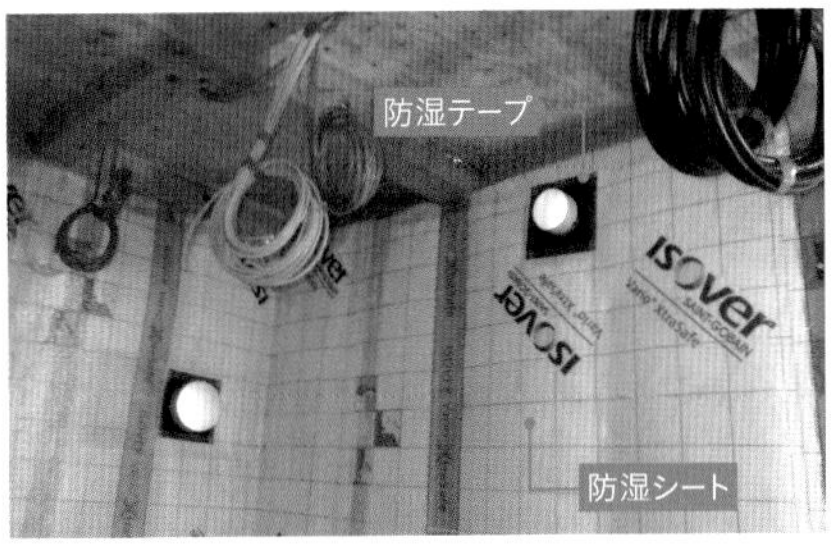
防湿テープ
防湿シート

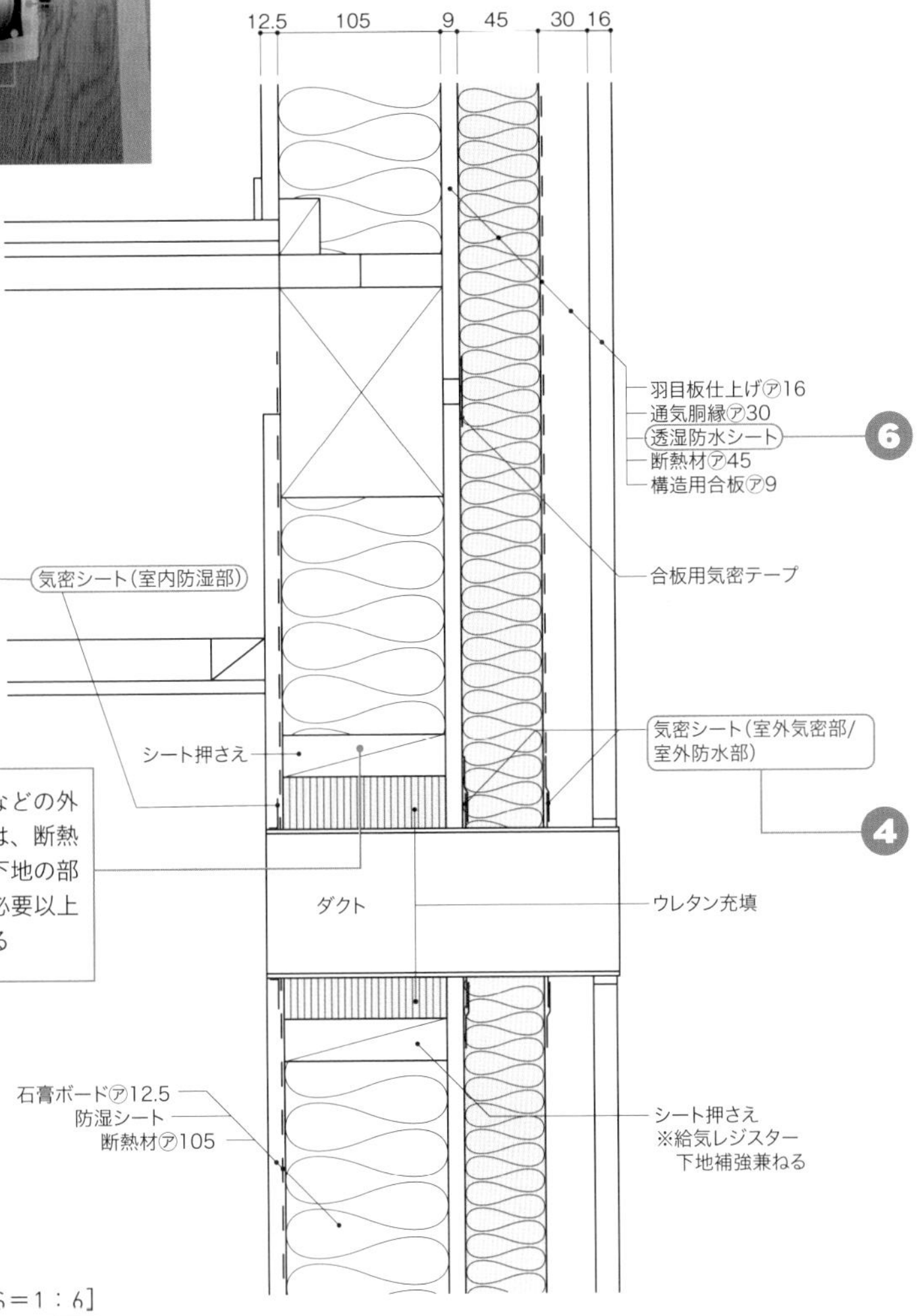
12.5
105
9
45
30
16
羽目板仕上げ㋐16
通気胴縁㋐30
透湿防水シート
6
断熱材㋐45
構造用合板㋐9
合板用気密テープ
5
気密シート（室内防湿部）
シート押さえ
気密シート（室外気密部/室外防水部）
4
サッシ、水切り、吸排気ダクトなどの外壁に取り付ける部材の補強下地は、断熱工事を始める前に入れておく。下地の部分は断熱性能が低下するので、必要以上に大きくならないように注意する
ダクト
ウレタン充填
石膏ボード㋐12.5
防湿シート
断熱材㋐105
シート押さえ
※給気レジスター下地補強兼ねる

外壁断熱詳細図（付加断熱）［S＝1：6］

6 透湿防水シートまで一気に

構造合板の気密テープの施工が完了したら成型板の断熱材を張り、その上から透湿防水シートを張る。成型板の劣化防止に配慮して、断熱工事から透湿防水シートまで一気に仕上げられる範囲ごとに施工するとよい

断熱材
（成型板）

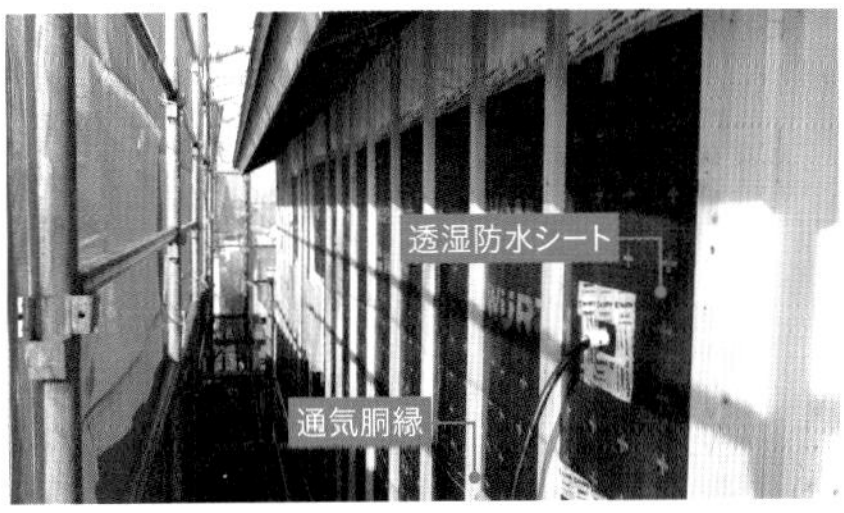
透湿防水シート
通気胴縁

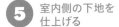

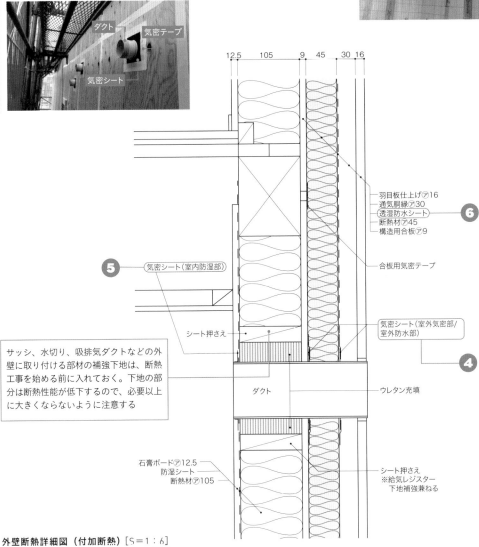

天井断熱

防湿シートは丁寧に隙間なく張る

勾配天井やロフトなどで小屋裏空間を利用しない場合は、天井断熱が適している。施工が簡単で、安価に断熱材の厚みを変えることができ、メンテナンスもしやすい。ただし、袋入りのグラスウールなどを天井裏に敷き込むだけでは、気密性も防湿性も確保できないので、適切に施工できるように、納まりを検討する必

ここでは、グラスウールの吹込み断熱と、敷き込みの桁上断熱の納まりについて紹介する。［岸野浩太］

1 防湿シートを張る

気密用の防湿シートは天井下地の野縁に隙間なく張る。天井点検口は、防湿シートの施工に先立って野縁に固定することで、シートを傷めずに施工できる

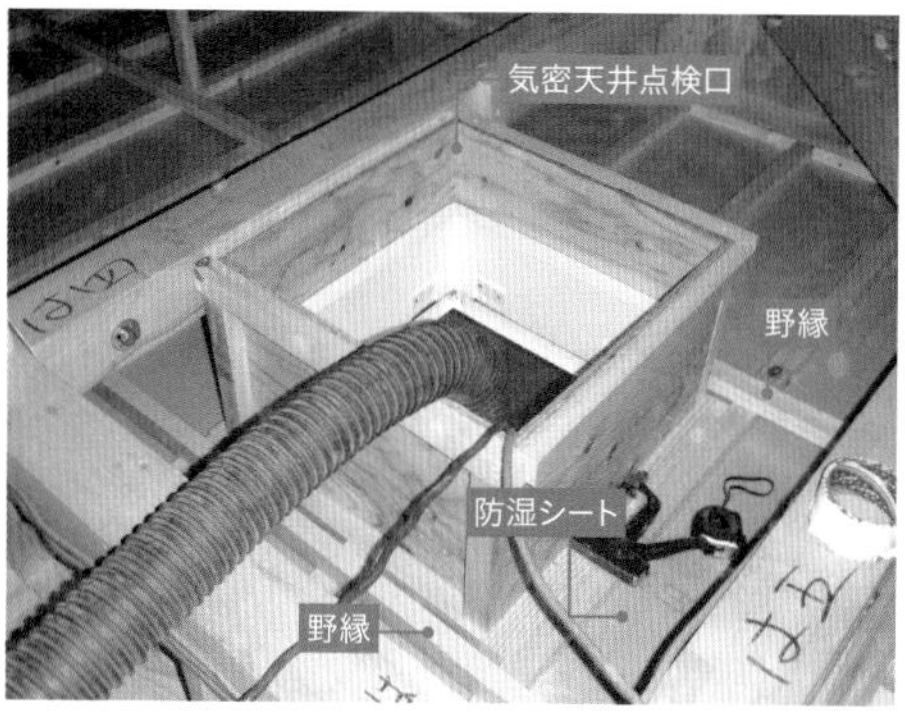

気密天井点検口
野縁
防湿シート
野縁

2 透湿防水シートには余裕を持たせる

吹き込み材が通気層に入らないように、透湿防水シートは屋根面の軒側に1m程度張る

透湿防水シート

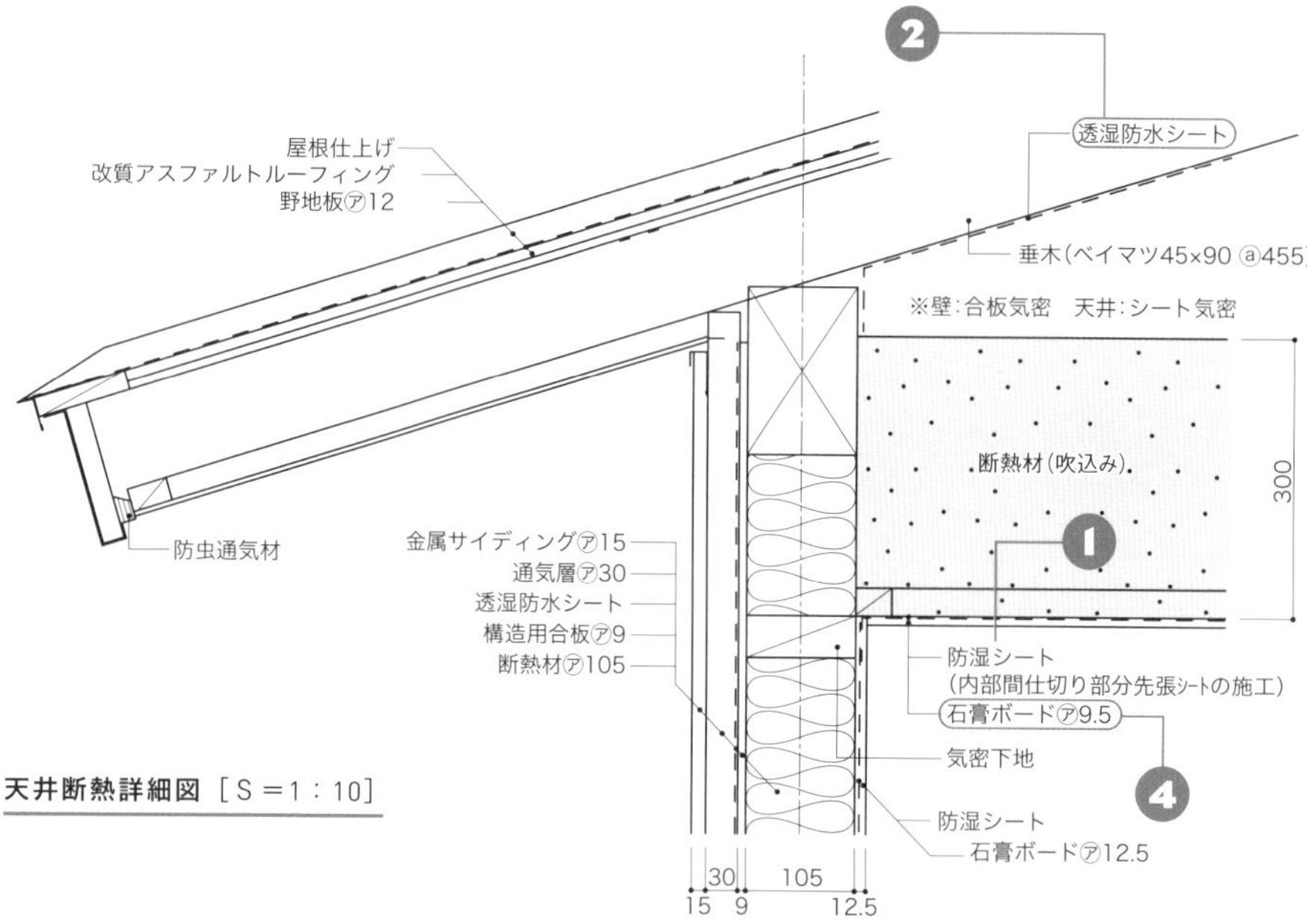

2
透湿防水シート
屋根仕上げ
改質アスファルトルーフィング
野地板㋐12
垂木(ベイマツ45×90 ⓐ455)
※壁:合板気密　天井:シート気密
断熱材(吹込み)
300
1
防虫通気材
金属サイディング㋐15
通気層㋐30
透湿防水シート
構造用合板㋐9
断熱材㋐105
防湿シート
(内部間仕切り部分先張シートの施工)
石膏ボード㋐9.5
4
気密下地
防湿シート
石膏ボード㋐12.5
30
105
15
9
12.5

天井断熱詳細図［S＝1：10］

3 間仕切壁の通りにも防湿シートを

間仕切壁が立つ部分は、間柱を入れる前に防湿シートの施工と電気配線を済ませておく。配線が防湿シートを貫通する箇所はウレタンフォームや気密テープで処理する

防湿シート

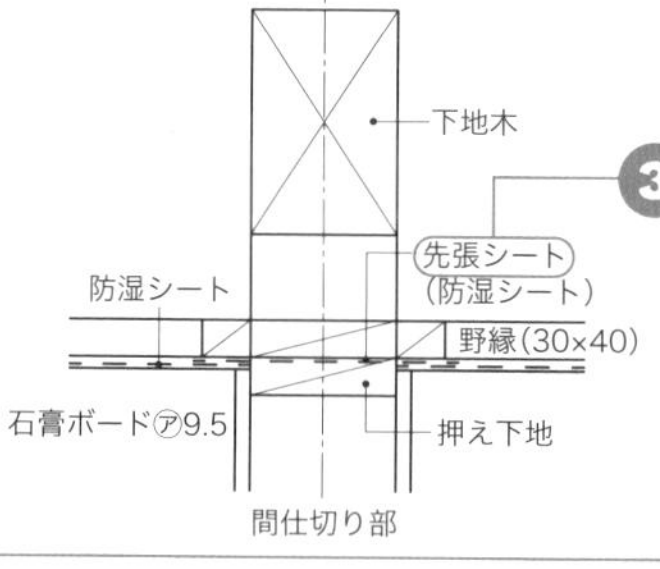

下地木
3
先張シート
(防湿シート)
防湿シート
野縁(30×40)
石膏ボード㋐9.5
押え下地
間仕切り部

4 天井下地を先に張る

防湿シートの上から天井下地（石膏ボード）を張る。断熱工事に先立って天井下地を張ることで、断熱材がはらんだりシートと野縁の間に入り込んだりするのを防げる

石膏ボード

5 桁上で断熱する

構造用合板の目地を気密パッキンと気密テープで処理する。束廻りは「気密柱バリアー」(日本住環境) などの専用の部材を使うときれいに納まる

気密柱バリアー

天井断熱詳細図［S＝1：12］

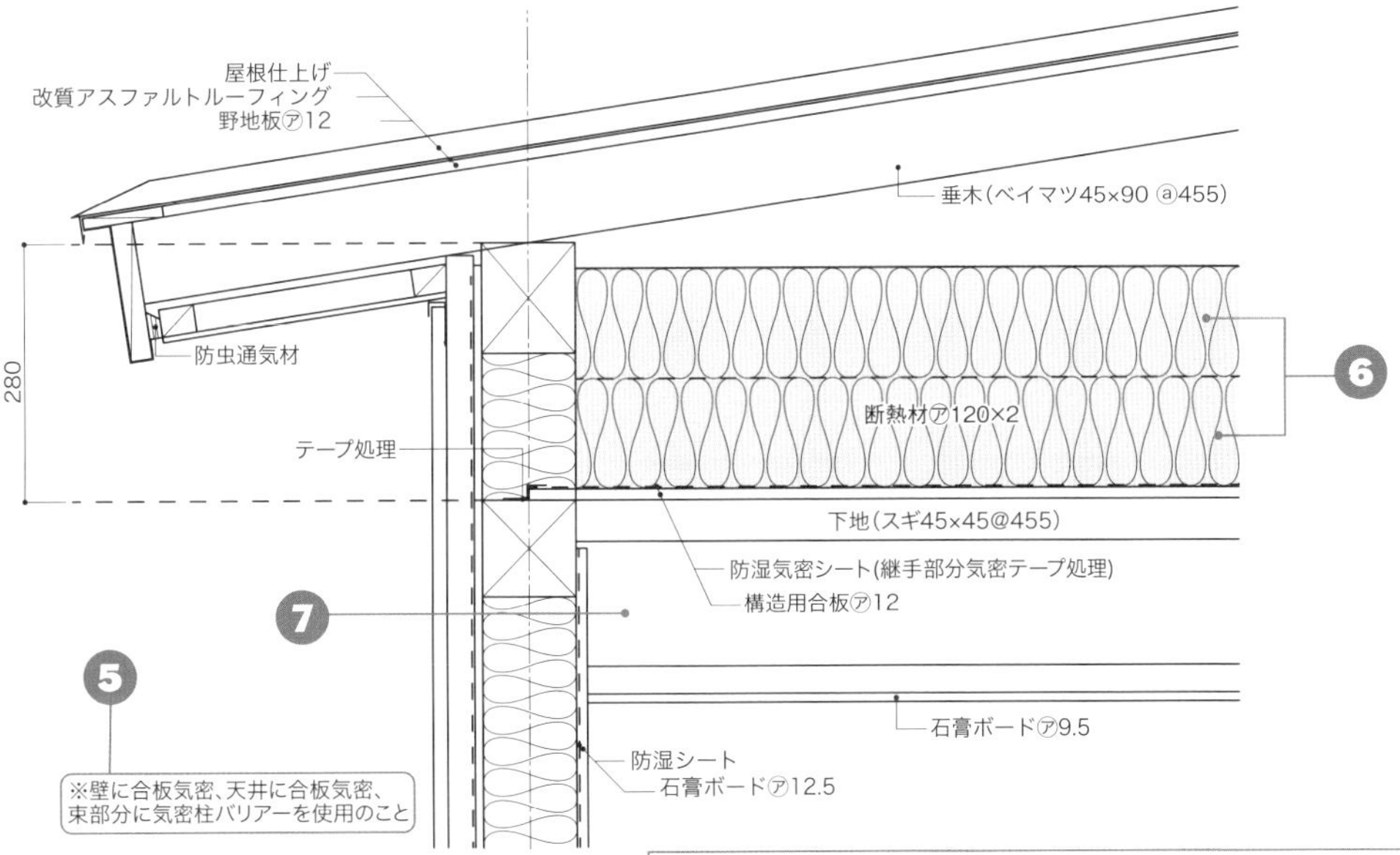
屋根仕上げ
改質アスファルトルーフィング
野地板㋐12
垂木(ベイマツ45×90 ⓐ455)
防虫通気材
280
テープ処理
断熱材㋐120×2
6
下地(スギ45×45@455)
防湿気密シート(継手部分気密テープ処理)
構造用合板㋐12
7
5
石膏ボード㋐9.5
防湿シート
石膏ボード㋐12.5
※壁に合板気密、天井に合板気密、束部分に気密柱バリアーを使用のこと

7 桁上断熱のメリット

天井断熱は、小屋裏に引き回している配線やダクトが断熱層を貫通する部分で結露する心配がある。しかし、桁上断熱にすると、断熱層の内側に配線やダクトを引き回すスペースを確保できる

6 敷き込み断熱は互い違いに

断熱材は「吹込み」と「敷き込み」のどちらでもよいが、安定性を考えると「敷込み」がお勧め。この場合断熱材どうしが重なる箇所は継目を互い違いにすると断熱材が安定する

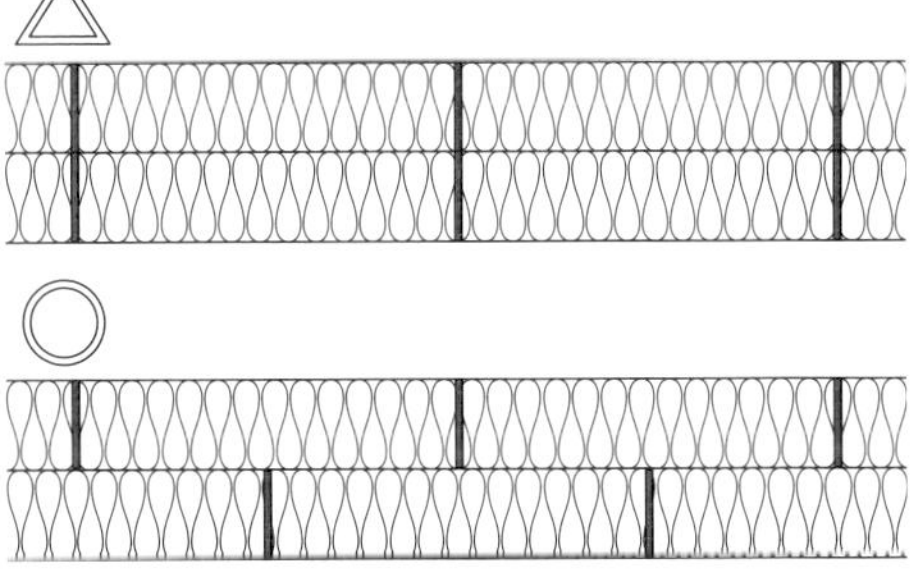
△
○

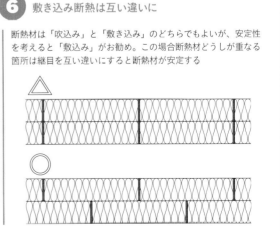

屋根断熱

1次防水までを合理的に進める

屋根断熱は施工が複雑なので、天井断熱に比べるとコストがかかる。しかし小屋裏まで空間を無駄なく利用できるので、2階にLDKを設ける場合や都市部の小住宅では人気が高い。

屋根断熱は点検・メンテナンスができないので、防水・気密・断熱ラインに不具合が生じないように確実に施工する必要がある。さまざまな方法があるが、ここでは吹込み断熱の施工例を紹介する。［岸野浩太］

1 屋根面を利用して気密

屋根断熱の場合は、屋根面で水平剛性を確保することが多いので、このラインで気密を確保すると施工の効率がよい。ここでは、登り梁の上の構造用合板（24mm厚）で水平剛性を確保

気密テープ
構造用合板

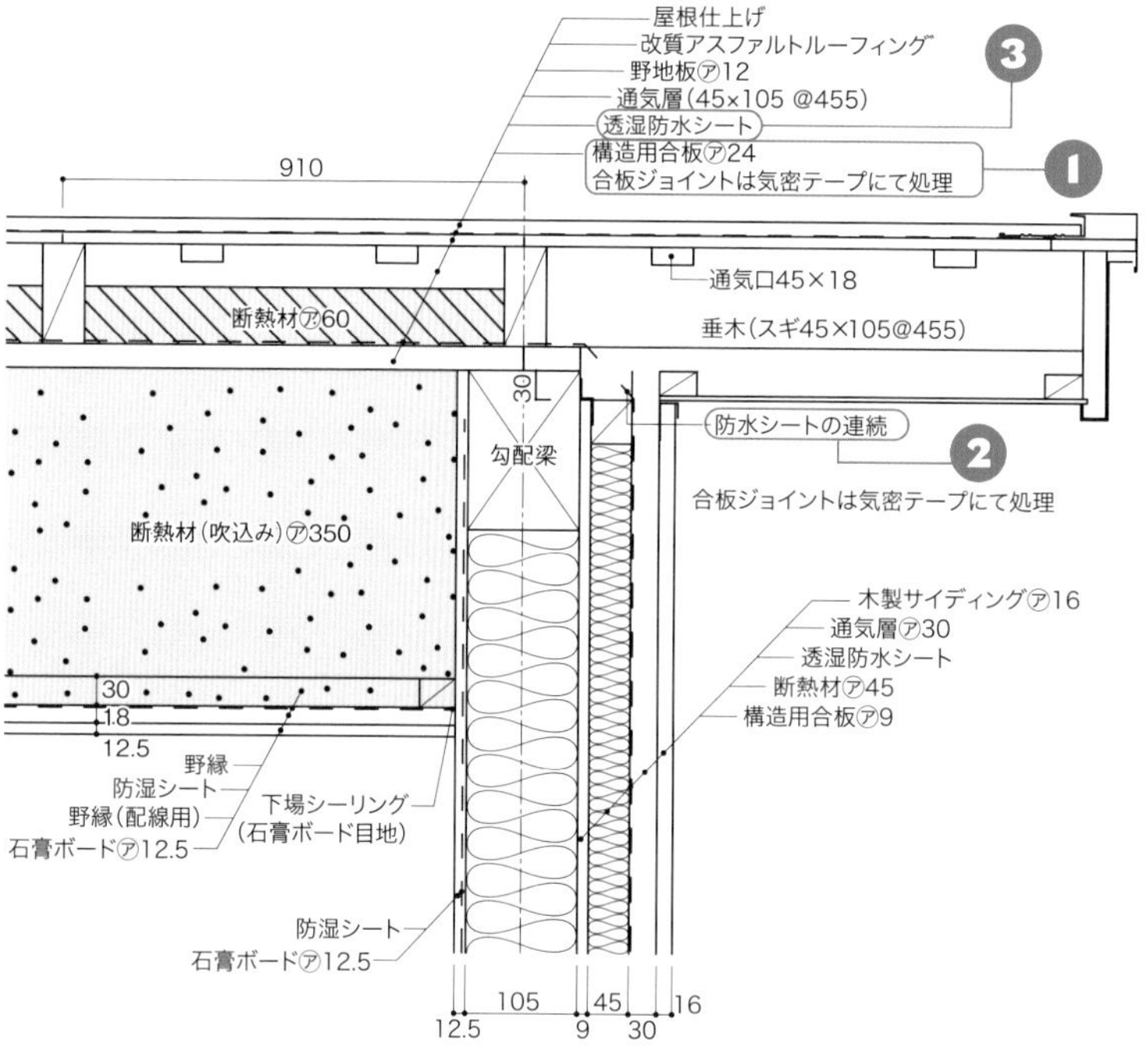

屋根仕上げ
改質アスファルトルーフィング
野地板㋐12
通気層(45×105 @455)
透湿防水シート
構造用合板㋐24
合板ジョイントは気密テープにて処理
910
通気口45×18
断熱材㋐60
垂木(スギ45×105@455)
30
勾配梁
防水シートの連続
合板ジョイントは気密テープにて処理
断熱材(吹込み)㋐350
木製サイディング㋐16
通気層㋐30
透湿防水シート
断熱材㋐45
構造用合板㋐9
30
18
12.5
野縁
防湿シート
野縁(配線用)
石膏ボード㋐12.5
下場シーリング
(石膏ボード目地)
防湿シート
石膏ボード㋐12.5
105
45
16
12.5
9
30

屋根断熱詳細図［S＝1：12］

2 外周はテープで処理

構造用合板のジョイント部分は気密テープで処理して気密を確保する。けらばや軒桁などの外周部も気密テープで連続させる

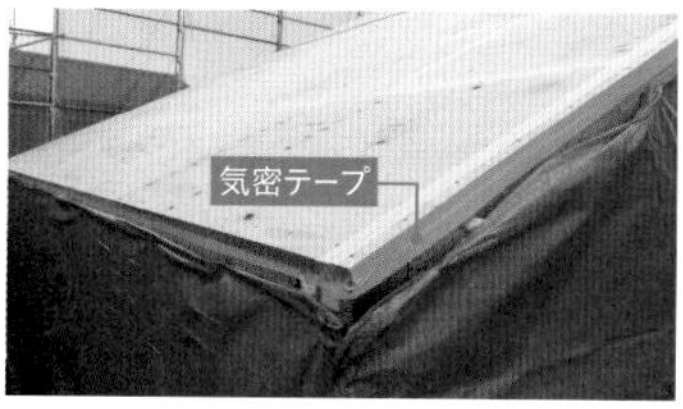

気密テープ

3 上棟までに1次防水

1次防水用には、高耐熱性能のある透湿防水シートを採用する。上棟日にここまで施工できると屋根の雨養生がいらなくなる

4 簡単に性能アップ

垂木間に成型断熱材をはめ込むことで簡単に断熱性能を上げることができる。その場合は垂木の上に30mm以上の通気層を確保する

垂木
通気口

5 垂木は金物で固定

太陽光発電モジュールの重さを考慮して、45×105㎜の垂木を455㎜ピッチで入れている。垂木はビスだけでなく、コーナープレートなどの金物を併用して下地に強固に固定する。コーナープレートの固定箇所は桁側・中間・棟側の3点

コーナープレート

コーナープレート

意匠図

屋根断熱詳細図 [S＝1：10]

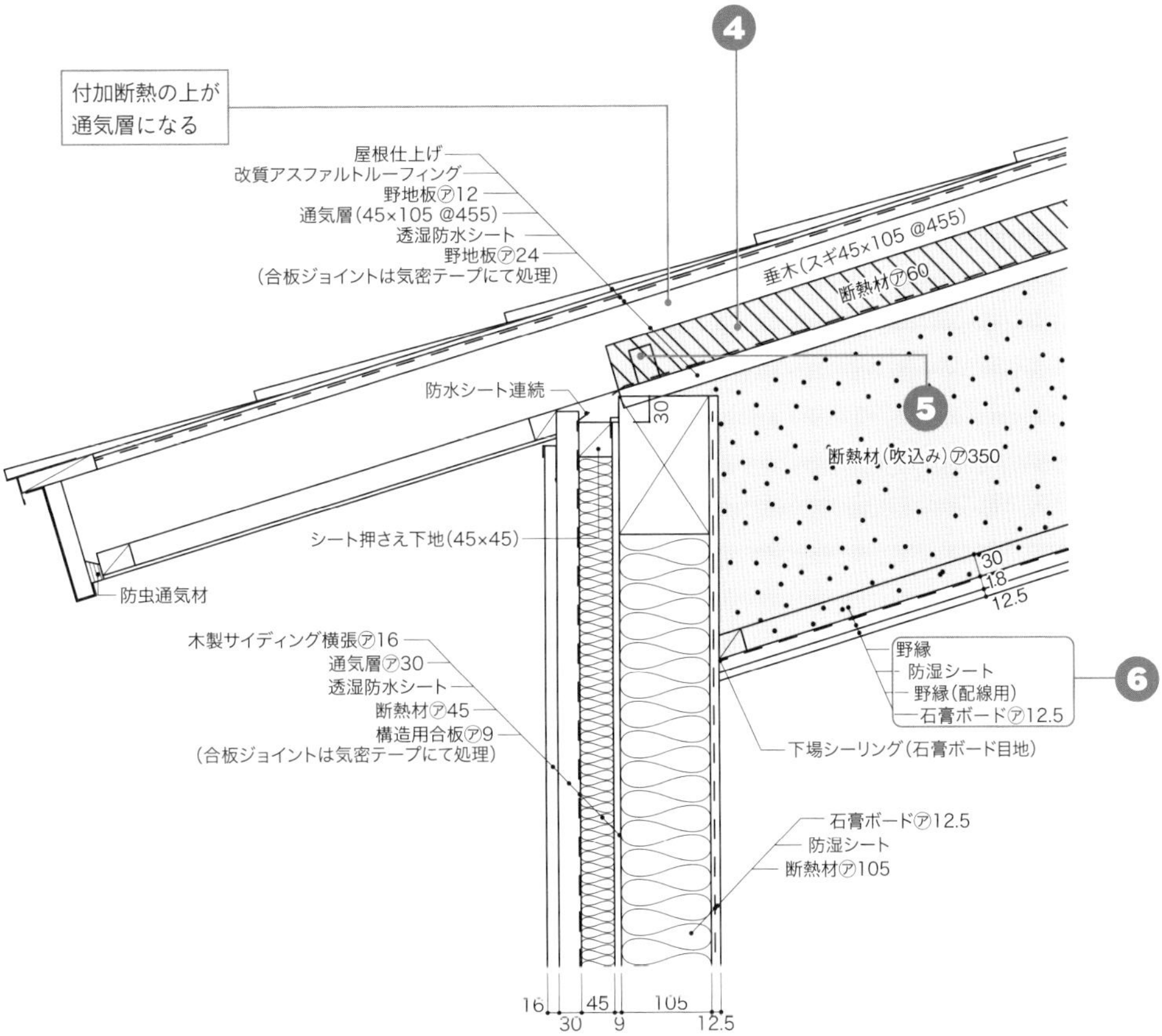
4
付加断熱の上が
通気層になる
屋根仕上げ
改質アスファルトルーフィング
野地板㋐12
通気層(45×105 @455)
透湿防水シート
野地板㋐24
(合板ジョイントは気密テープにて処理)
垂木(スギ45×105 @455)
断熱材㋐60
防水シート連続
30
5
断熱材(吹込み)㋐350
シート押さえ下地(45×45)
防虫通気材
30
18
12.5
木製サイディング横張㋐16
通気層㋐30
透湿防水シート
断熱材㋐45
構造用合板㋐9
(合板ジョイントは気密テープにて処理)
野縁
防湿シート
野縁(配線用)
石膏ボード㋐12.5
6
下場シーリング(石膏ボード目地)
石膏ボード㋐12.5
防湿シート
断熱材㋐105
16
30
45
9
105
12.5

意匠図［詳細図］
構造図
設備図
完成から学ぶ実施図面

6 屋根面に吹込み断熱をする場合

野縁に吹込み用の防湿気密シートを張って断熱材を吹き込んだ後、厚さ18㎜以上の配線用胴縁を張ってから石膏ボードを張る

防湿気密シート
配線用胴縁

壁との取合い

気密ラインの一体化が重要

床と壁、壁と天井または屋根の取合い部は、断熱だけではなく気密、通気、防湿、防水を加えた5つのラインをすべて考えなければならない。とくに気密ラインの連続はきわめて重要である。断熱材をどれだけ厚くしても気密が取れていなければ、断熱性能は上がらないからだ。

[岸野浩太]

❶ 床の気密

床合板が気密ラインとなる。プレカット加工によって生じる柱周辺のピンホール[6頁参照]の気密は、土台と床合板の間に気密パッキンを入れて確保する

気密パッキン

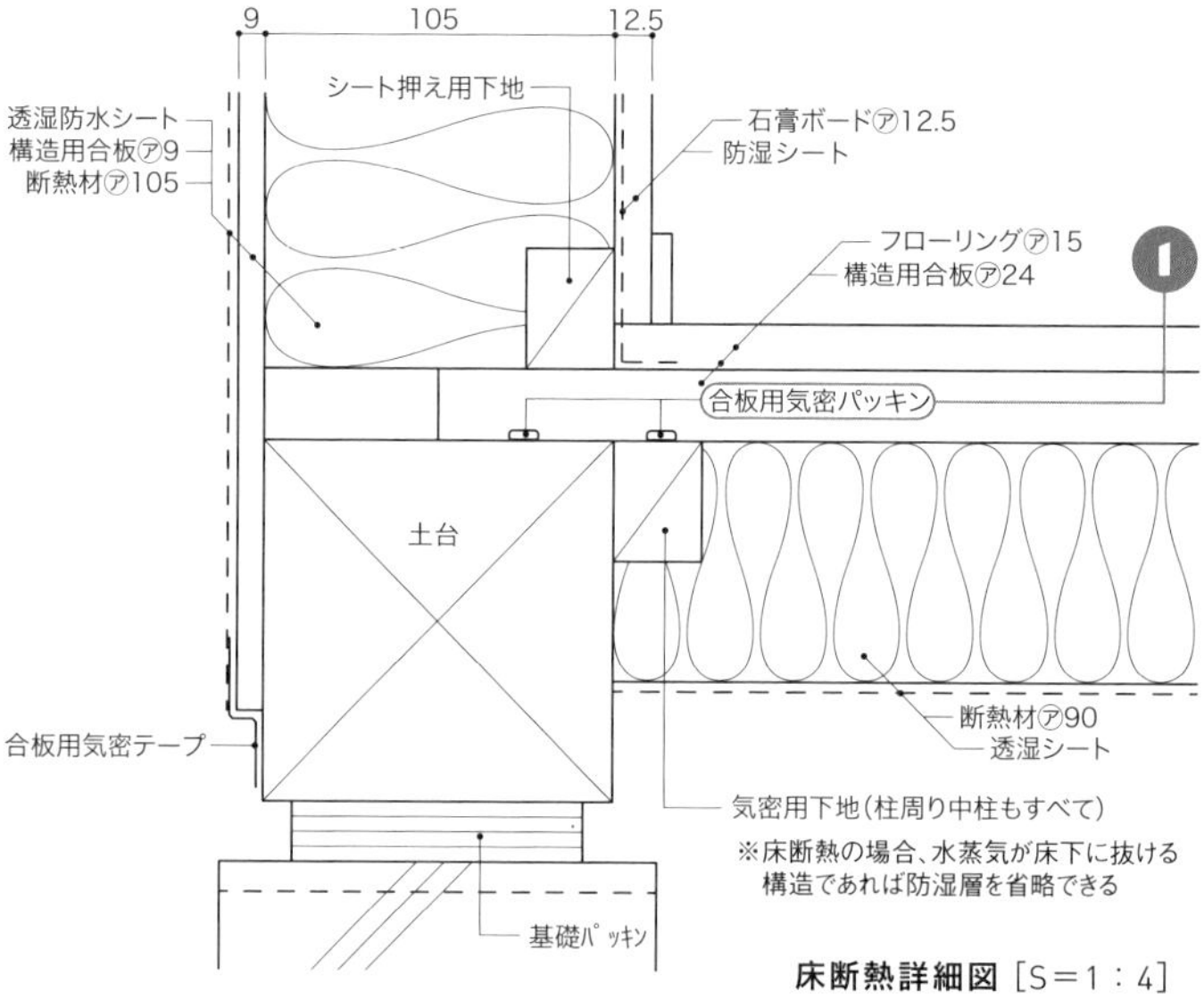
9
105
12.5
透湿防水シート
構造用合板㋐9
断熱材㋐105
シート押え用下地
石膏ボード㋐12.5
防湿シート
フローリング㋐15
構造用合板㋐24
1
合板用気密パッキン
土台
断熱材㋐90
透湿シート
合板用気密テープ
気密用下地(柱周り中柱もすべて)
※床断熱の場合、水蒸気が床下に抜ける構造であれば防湿層を省略できる
基礎パッキン

床断熱詳細図 [S＝1：4]

基礎外断熱は、基礎の外側がふけるので、外壁を付加断熱にするのがお勧め。断熱ラインがそろい、熱橋が少なくなる

❷ 基礎→土台→壁の気密

基礎と土台の間は気密パッキン、土台と構造用合板の間は気密テープで気密を取る

気密テープ

❸ 隙間には防蟻ウレタン

断熱材と基礎立上がりの隙間からシロアリが上がってこないように、防蟻ウレタンなどで処理する。内側にもしっかり充填する

防蟻ウレタン

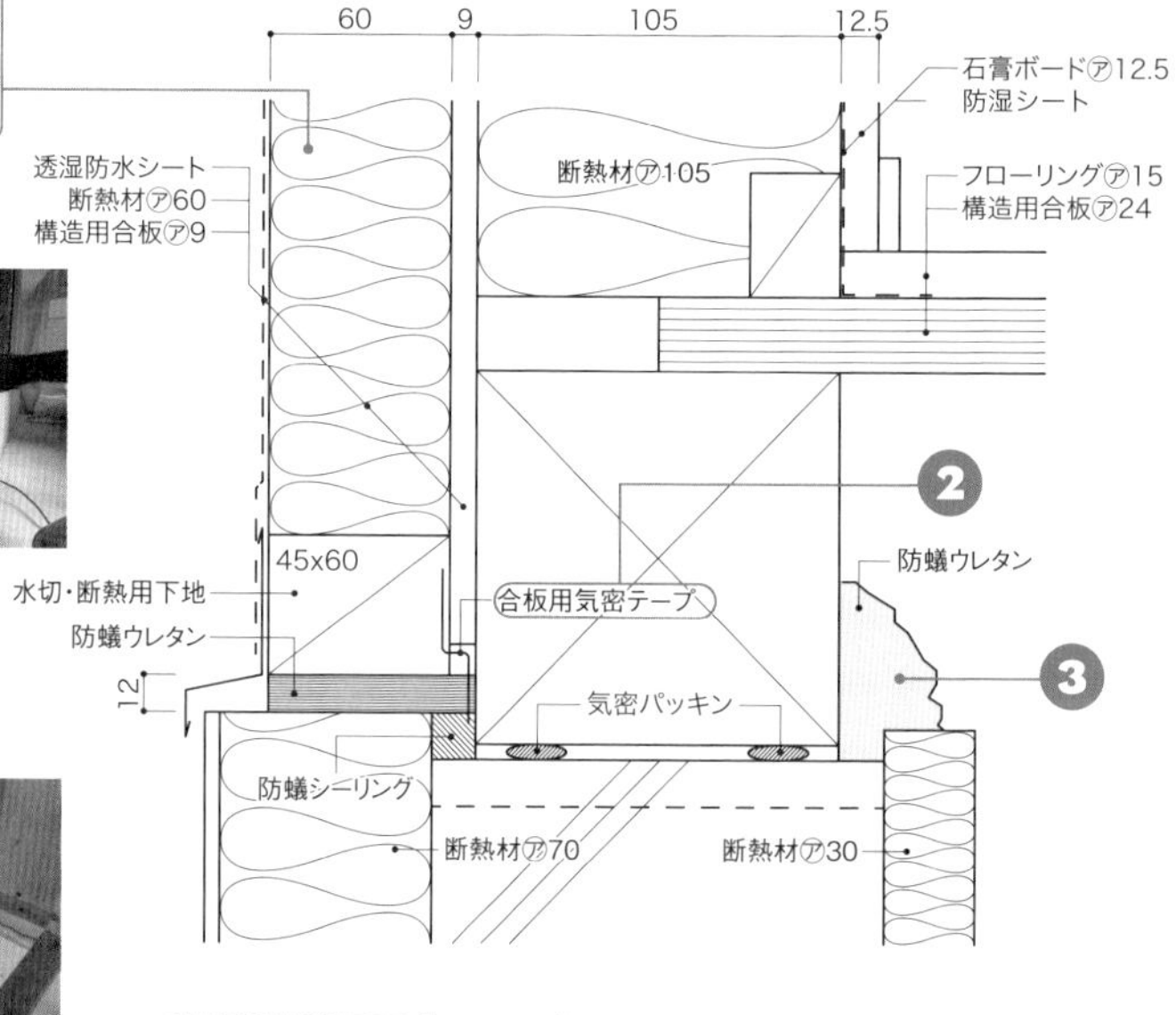
60
9
105
12.5
石膏ボード㋐12.5
防湿シート
透湿防水シート
断熱材㋐60
構造用合板㋐9
断熱材㋐105
フローリング㋐15
構造用合板㋐24
2
45x60
水切・断熱用下地
防蟻ウレタン
12
合板用気密テープ
防蟻ウレタン
3
気密パッキン
防蟻シーリング
断熱材㋐70
断熱材㋐30

基礎断熱詳細図 [S＝1：4]

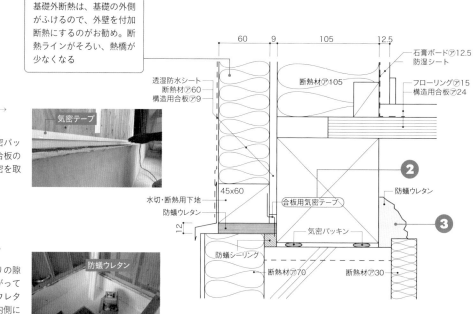

4 天井断熱＋壁断熱

野縁→壁下地（石膏ボード）→気密ライン用下地→構造用合板をしっかり密着させることで、天井と外壁の気密ラインを一体化させる。気密ライン用下地と構造用合板の接合部には、気密パッキンやシーリングを入れる

5 防風シートを入れる

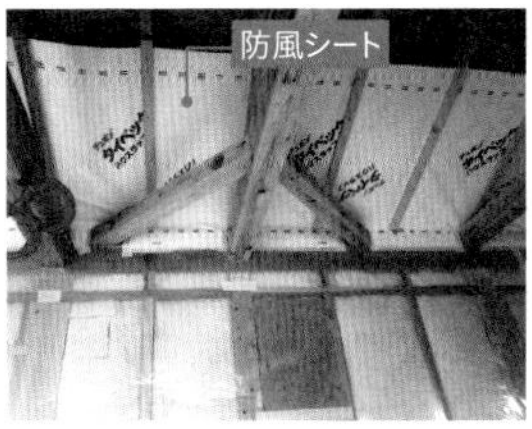
防風シート

天井断熱を吹込みにする場合は、防風シート［※］を外周に施工する。外周部は天井裏の高さが低いので、断熱材の厚みを確保しにくいが、防風シートを入れれば、めいっぱい断熱材を入れても軒裏にこぼれる心配がない

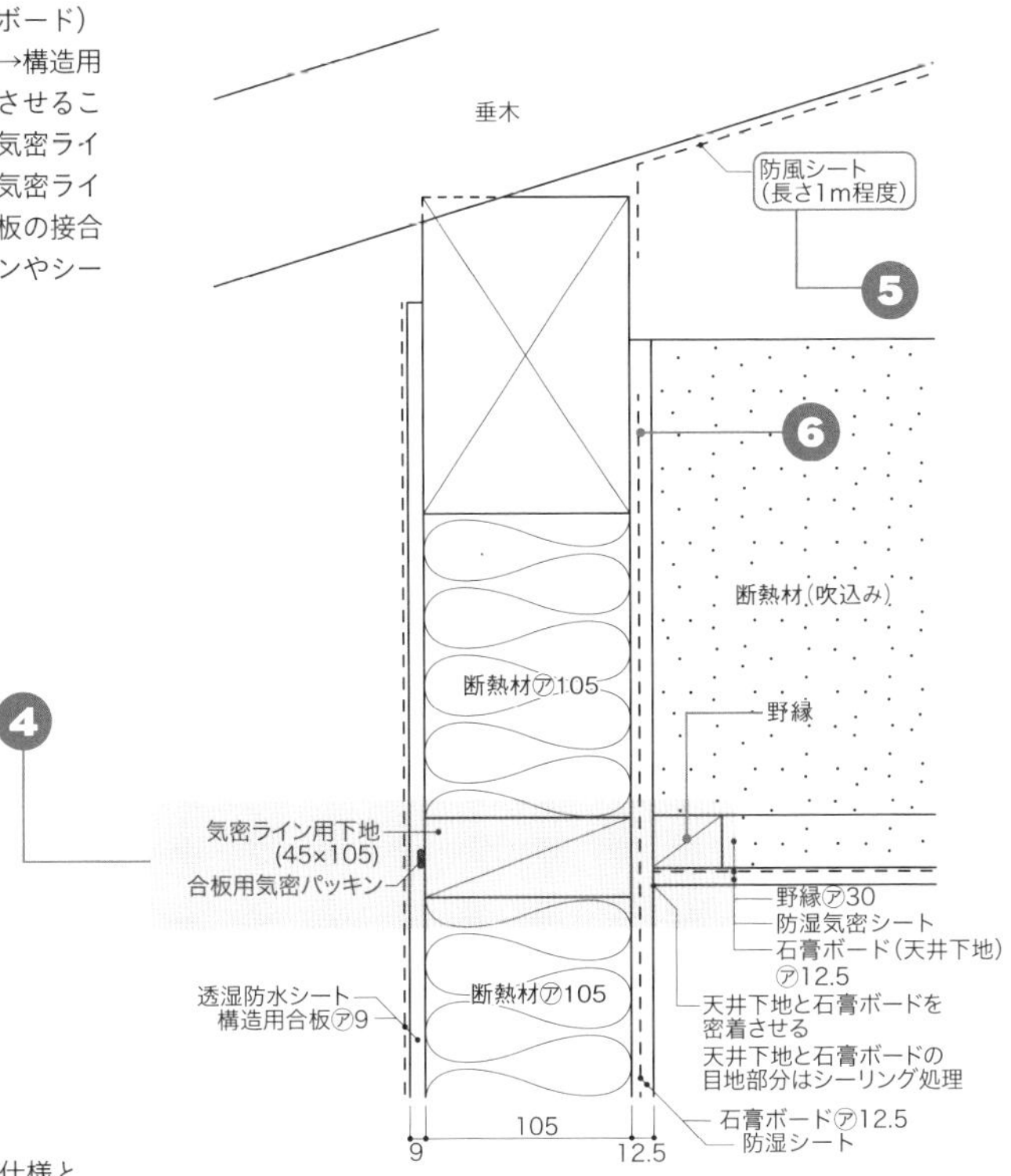
垂木
防風シート
（長さ1m程度）
5
6
断熱材（吹込み）
断熱材㋐105
野縁
4
気密ライン用下地
(45×105)
合板用気密パッキン
野縁㋐30
防湿気密シート
石膏ボード（天井下地）
㋐12.5
透湿防水シート
構造用合板㋐9
断熱材㋐105
天井下地と石膏ボードを
密着させる
天井下地と石膏ボードの
目地部分はシーリング処理
石膏ボード㋐12.5
防湿シート
105
9
12.5

天井断熱詳細図［S＝1：6］

6 準耐火仕様

ここでは省令準耐火仕様とするために、壁の石膏ボードを梁まで連続させている

7 屋根断熱＋壁断熱

天井の下地には気密シートではなく防湿シートを施工する

屋根断熱詳細図［S＝1：6］

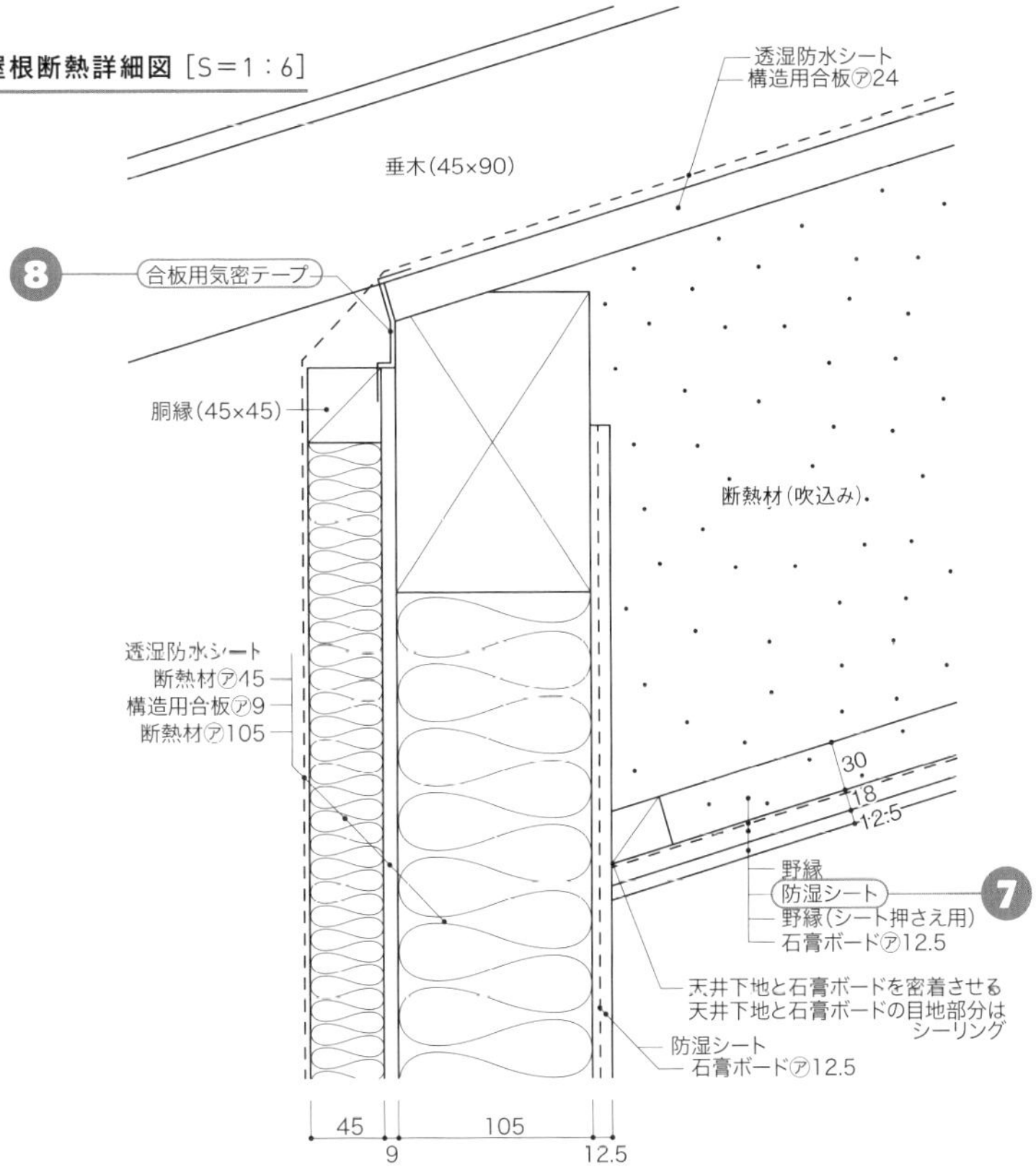
透湿防水シート
構造用合板㋐24
垂木(45×90)
8
合板用気密テープ
胴縁(45×45)
断熱材(吹込み)
透湿防水シート
断熱材㋐15
構造用合板㋐9
断熱材㋐105
30
18
12.5
野縁
防湿シート
7
野縁(シート押さえ用)
石膏ボード㋐12.5
天井下地と石膏ボードを密着させる
天井下地と石膏ボードの目地部分は
シーリング
防湿シート
石膏ボード㋐12.5
45
105
9
12.5

8 屋根構面で気密

屋根構面を固める構造用合板が気密ラインとなる

気密テープ

※ここでは透湿防水シートを使用している

屋根面の取合い

構造部材や下地材に防湿気密シートを確実に張り付ける

屋根形状が複雑になると気密・断熱・通気の連続性を確保するのが難しくなるが、長期的な性能を維持できるように、しっかりと納まりを検討したい。とくに、下地材や柱・梁などは発注後にサイズ変更が必要とならないように、確実な納まりを決めておくことが大切だ。いろいろなケースと納まりが考えられるが、ここでは一般的なものを紹介する。

［岸野浩太］

天井断熱詳細図［S＝1：10］

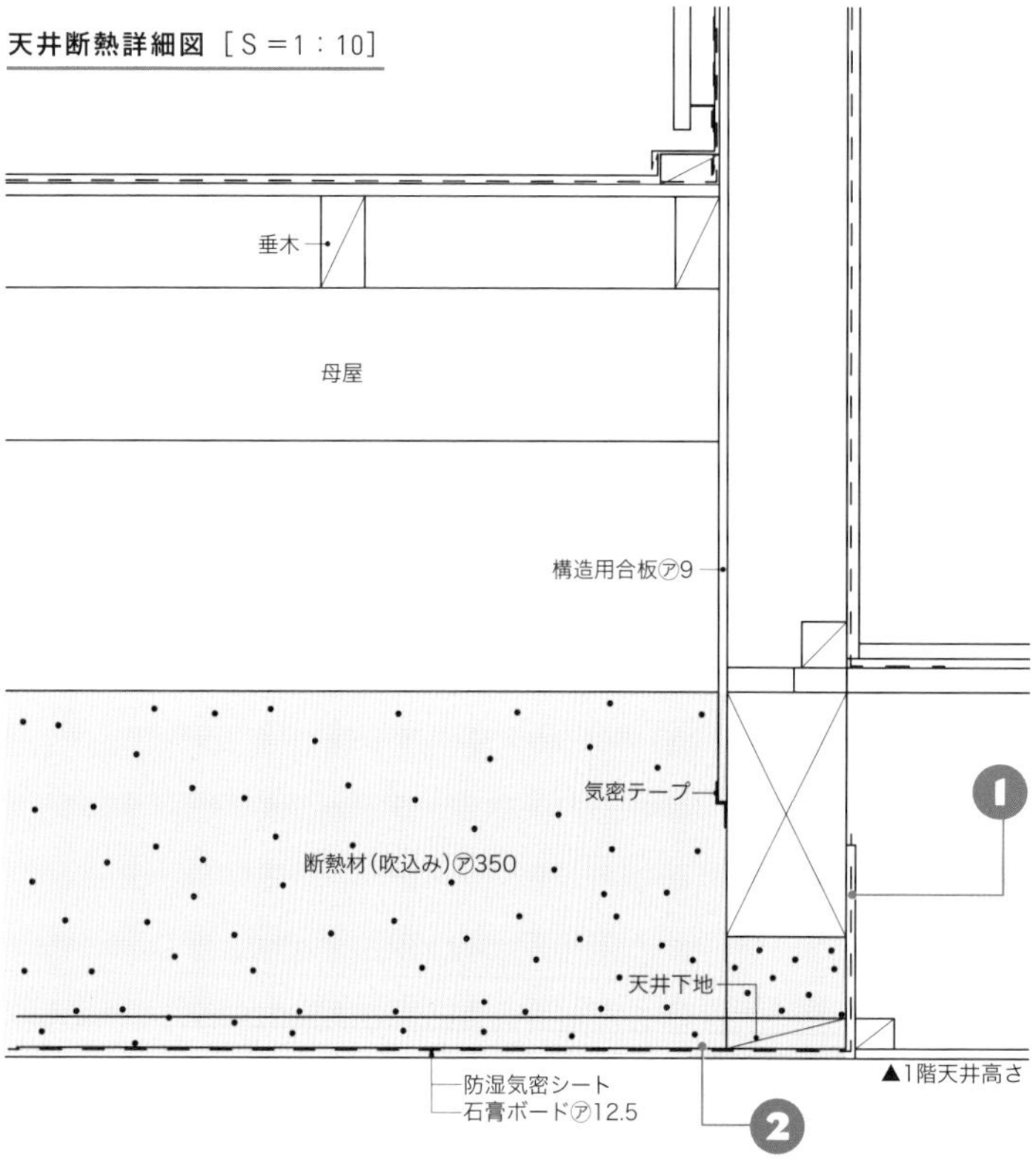
垂木
母屋
構造用合板⑦9
気密テープ
断熱材（吹込み）⑦350
天井下地
▲1階天井高さ
防湿気密シート
石膏ボード⑦12.5
1
2

1 梁廻りのシートは先張りしておく

梁廻りは柱などの障害物が多く施工が難しい。短い防湿気密シートを柱・梁の周囲に先張りしておくと施工しやすい

防湿気密シート

2 下屋天井→2階外壁を連続させる

下屋天井と2階外壁の気密ラインは、2階床梁を使って連続させる。防湿気密シートを2階床梁まで張り上げて、石膏ボードで天井下地と梁に押さえ付ける

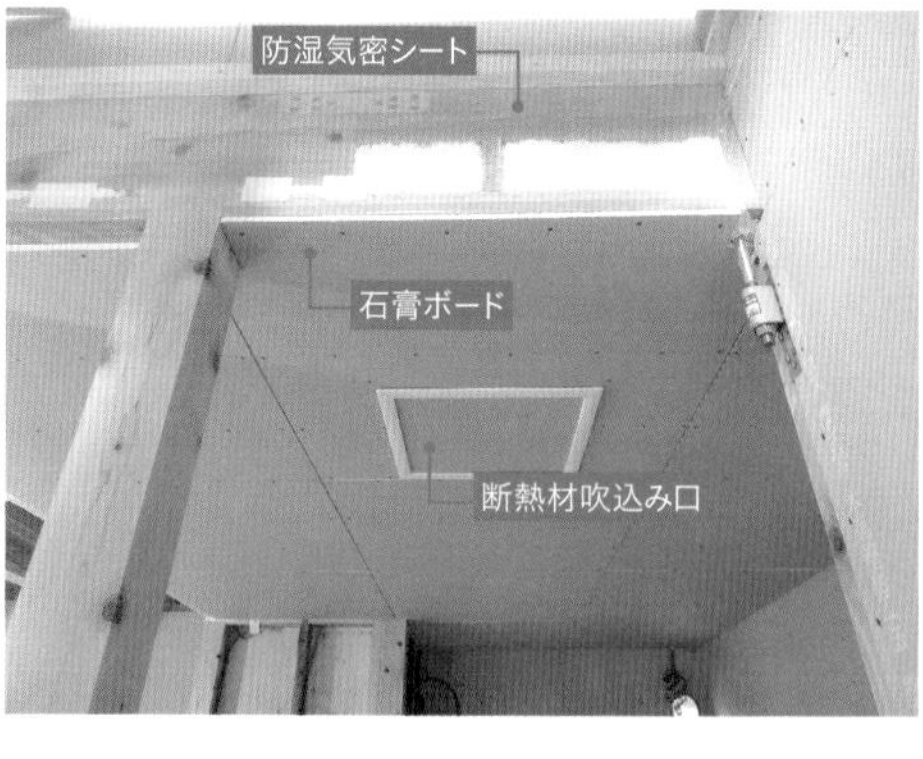
防湿気密シート
石膏ボード
断熱材吹込み口

天井から直接吹き込む

下屋天井裏の空間が狭いときは、天井に断熱材の吹込み口を確保する

断熱材吹込み口
防湿気密シート

3 下屋で熱気を抜く

ここでは、平側の1階外壁や下屋の熱気を下屋の頂部で抜く納まりとしているので、ルーフィングがカットされる。下屋のルーフィングは瑕疵担保保険などで立上りの高さが規定されている（右図）ので、カットする場合は各保険機関への確認が必要

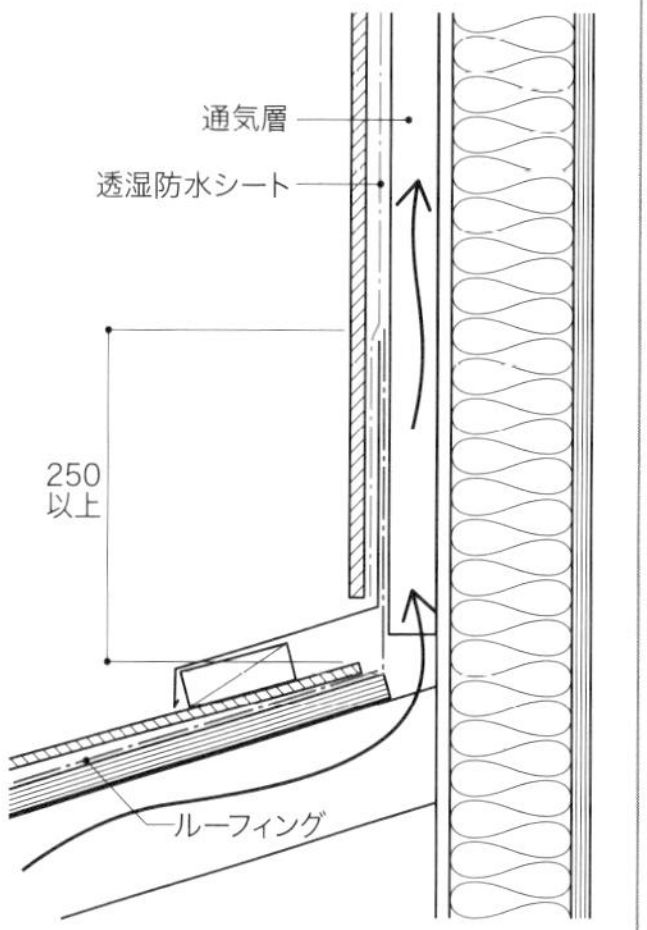
通気層
透湿防水シート
250
以上
ルーフィング

4 石膏ボードを先に張る

断熱材の重みでシートが垂れないように防湿気密シートを野縁にタッカーでしっかり留めるか、石膏ボードまで先に張っておく。準耐火性能なども考慮すると、石膏ボードは厚さ12.5mmがお薦め

天井断熱詳細図［S＝1：12］

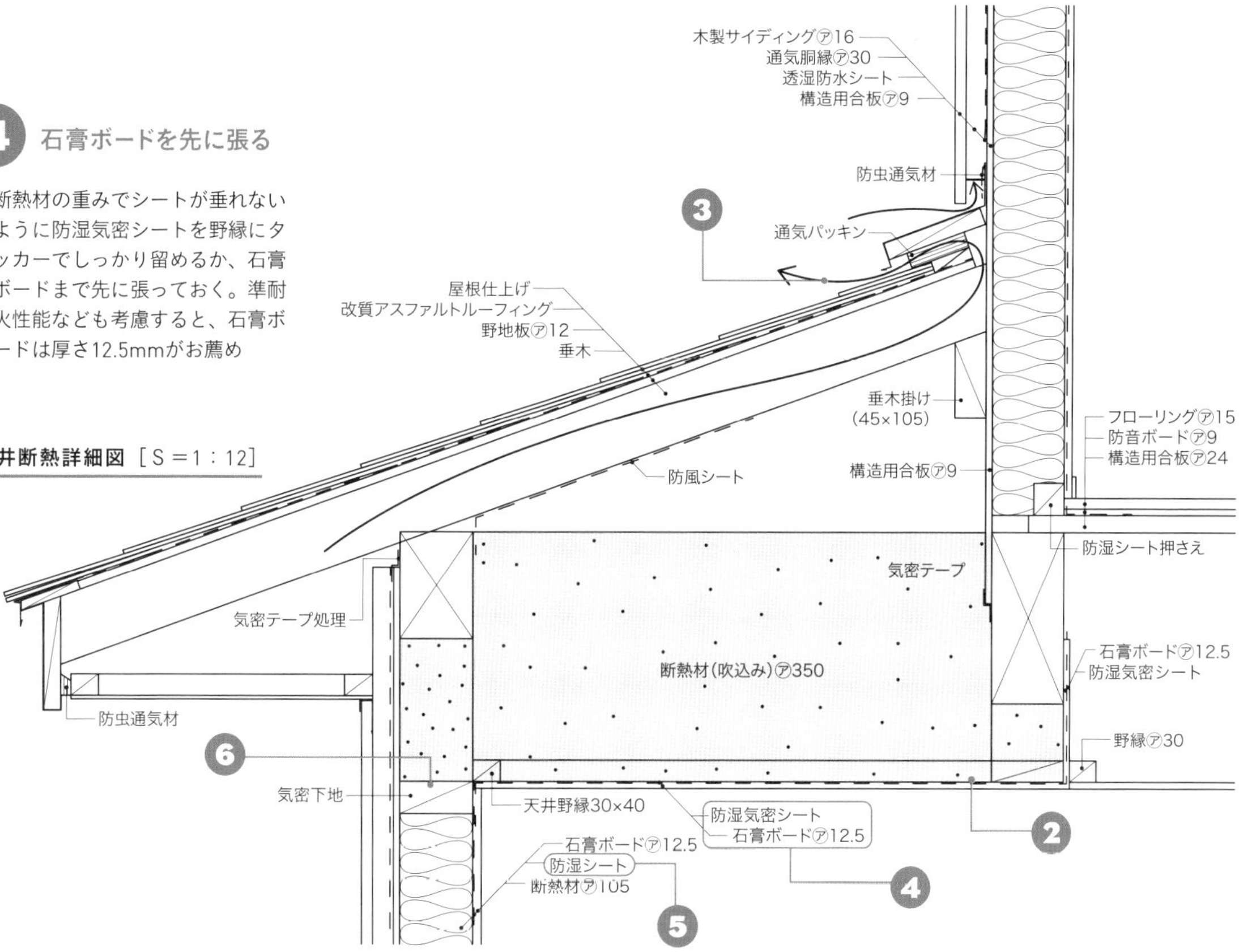
木製サイディングⓅ16
通気胴縁Ⓟ30
透湿防水シート
構造用合板Ⓟ9
防虫通気材
3
通気パッキン
屋根仕上げ
改質アスファルトルーフィング
野地板Ⓟ12
垂木
垂木掛け
(45×105)
構造用合板Ⓟ9
フローリングⓅ15
防音ボードⓅ9
構造用合板Ⓟ24
防風シート
防湿シート押さえ
気密テープ
気密テープ処理
断熱材(吹込み)Ⓟ350
石膏ボードⓅ12.5
防湿気密シート
防虫通気材
6
野縁Ⓟ30
気密下地
天井野縁30×40
防湿気密シート
石膏ボードⓅ12.5
2
石膏ボードⓅ12.5
防湿シート
断熱材Ⓟ105
4
5

6 気密用の下地で準耐火仕様に

気密のための木下地はファイヤーストップとして機能するので、準耐火構造に対応できる

野縁
防湿気密シート
気密下地

5 1階外壁→下屋天井を連続させる

1階外壁と下屋天井の取合い部は、天井の防湿気密シートを外壁の気密下地まで張り下げて石膏ボードで押さえることで、気密ラインを連続させる

2 屋根面の取合い

屋根断熱は吹込みがお勧め

ここでは、下屋を屋根断熱（吹込み）にした場合の構成について紹介する。断熱層の下端は野縁で防湿気密シートを押さえ、上端も気密を意識して9㎜厚の野地板で押さえる。この納まりを応用すれば、1階の天井仕上げを勾配天井にすることも可能だ。なお屋根断熱は、火打ち梁周辺の断熱材の充填性や施工性を考慮するなら、吹込みの方が適している。［岸野浩太］

屋根断熱詳細図［S＝1：12］

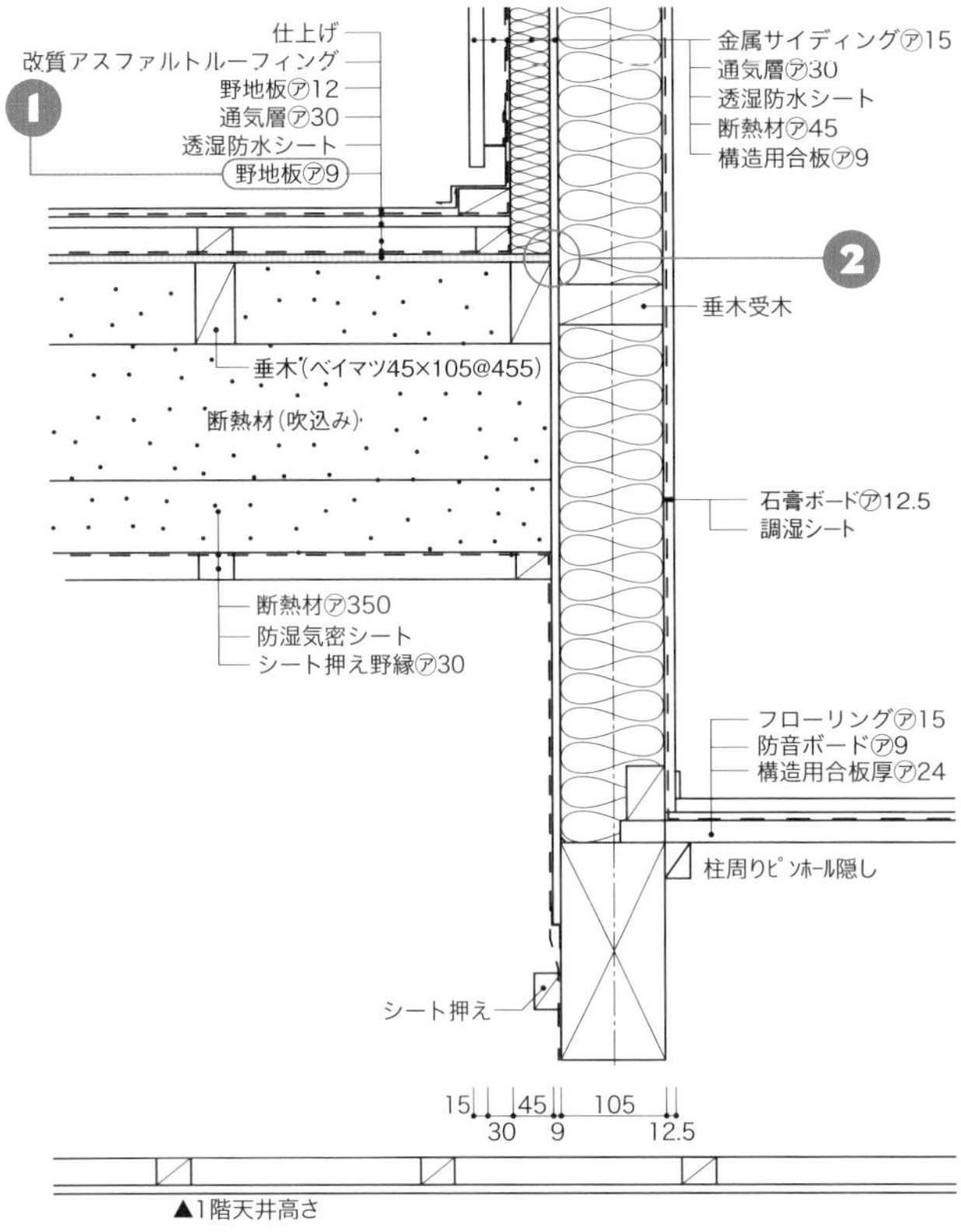

仕上げ
改質アスファルトルーフィング
野地板㋐12
通気層㋐30
透湿防水シート
野地板㋐9
1
金属サイディング㋐15
通気層㋐30
透湿防水シート
断熱材㋐45
構造用合板㋐9
2
垂木受木
垂木（ベイマツ45×105@455）
断熱材（吹込み）
石膏ボード㋐12.5
調湿シート
断熱材㋐350
防湿気密シート
シート押え野縁㋐30
フローリング㋐15
防音ボード㋐9
構造用合板厚㋐24
柱周りﾋﾟﾝﾎｰﾙ隠し
シート押え
15
30
45
9
105
12.5
▲1階天井高さ

1 野地板もしっかり気密

気密性の観点からは、断熱材の上端を押さえる野地板はそれほど重要ではない。しかし断熱層の中に空気が入って、吹込み断熱材が動いてしまわないように、屋根断熱の気密と同じ納まりにした方が安全。野地板は垂木や受け材に釘などでしっかり固定する

防湿シート下地
垂木受け

2 下屋と壁の取合いはシーリング

野地板と2階外壁下地（構造用合板）との取合い部など、気密が気になるところはシーリングで補強しておくと安心。補強については図面上に特記して、現場にしっかり伝える

気密テープ
シーリング

3 躯体で気密確保

垂木掛けや面戸板は、野地板でしっかりと気密が取れるように、垂木の勾配に合わせてカットする。気密テープははがれたり、劣化したりする可能性があるので、躯体でしっかりと気密を確保することが大切

垂木掛け
垂木

4 下屋と2階外壁の気密ライン

2階外壁の構造用合板を2階床梁まで張って、気密テープを張る。下屋の断熱ラインの下端に張る防湿気密シートも同じように梁まで垂れ下げて気密処理する

気密テープ

5 2重防水で万全を期す

下屋は２重防水にして、断熱材に雨水が浸入しない構造とする。１層目の野地板と２層目の野地板の間の通気層は30mmほど確保する

通気胴縁
野地板
透湿防水シート

屋根断熱詳細図［S＝1：12］

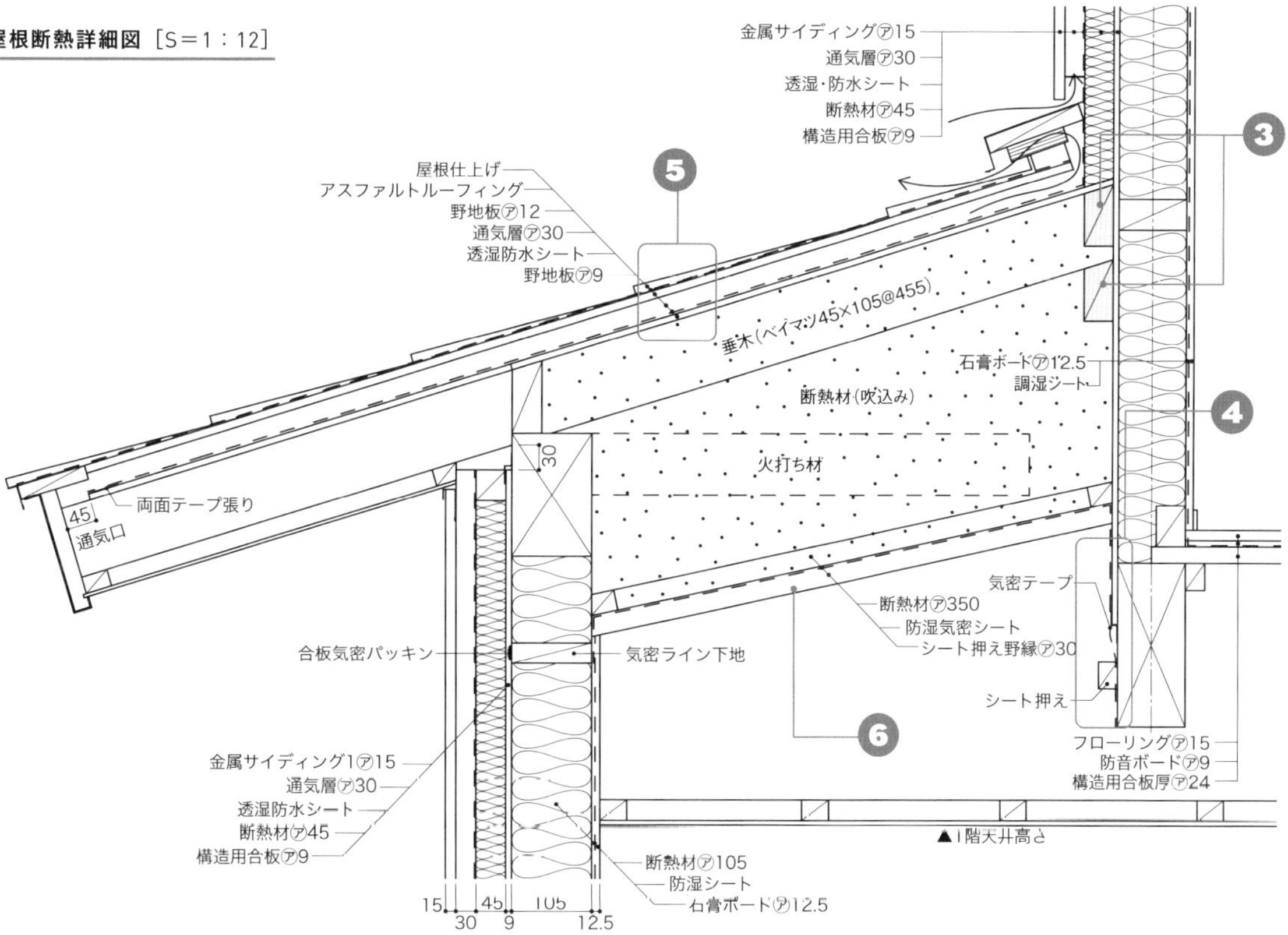
金属サイディング㋐15
通気層㋐30
透湿・防水シート
断熱材㋐45
構造用合板㋐9
3
屋根仕上げ
アスファルトルーフィング
野地板㋐12
通気層㋐30
透湿防水シート
野地板㋐9
5
垂木（ベイマツ45×105@455）
石膏ボード㋐12.5
調湿シート
断熱材（吹込み）
4
火打ち材
30
両面テープ張り
45
通気口
気密テープ
断熱材㋐350
防湿気密シート
シート押え野縁㋐30
合板気密パッキン
気密ライン下地
シート押え
6
フローリング㋐15
防音ボード㋐9
構造用合板厚㋐24
金属サイディング1㋐15
通気層㋐30
透湿防水シート
断熱材㋐45
構造用合板㋐9
▲1階天井高さ
断熱材㋐105
防湿シート
石膏ボード㋐12.5
15
30
45
9
105
12.5

6 ボードを先に張る

吹込みの屋根断熱は、断熱材の圧力で防湿気密シートが膨らむので、後から石膏ボードを張ろうとしてもうまく張れない。勾配天井にする場合は13頁参照

開口部の断熱

サッシの種類に応じて気密の納まりを変える

開口部は、豊かな眺望・通風（換気）・採光を得るために重要だが、断熱・気密の面では弱点にもなり得る。近年はアルミ・アルミ樹脂・樹脂・木などサッシの選択肢が広がり、性能も向上しているが、十分な断熱・気密・防水を確保するためには、納まりに配慮する必要がある。ここでは樹脂サッシと木サッシを例に、そのポイントを紹介する。

［岸野浩太］

1 開口部の4周を気密

外壁に構造用合板を張り終えたら、まぐさや柱とのジョイント部に気密テープを張る。基本的にすべてのサッシに共通

気密テープ

2 下端はシートを内側まで折り込む

サッシの下端は、透湿防水シートをサッシの室内側まで折り込む。隅部は入隅専用の防水テープなどで補強する

防水テープ
透湿防水シート

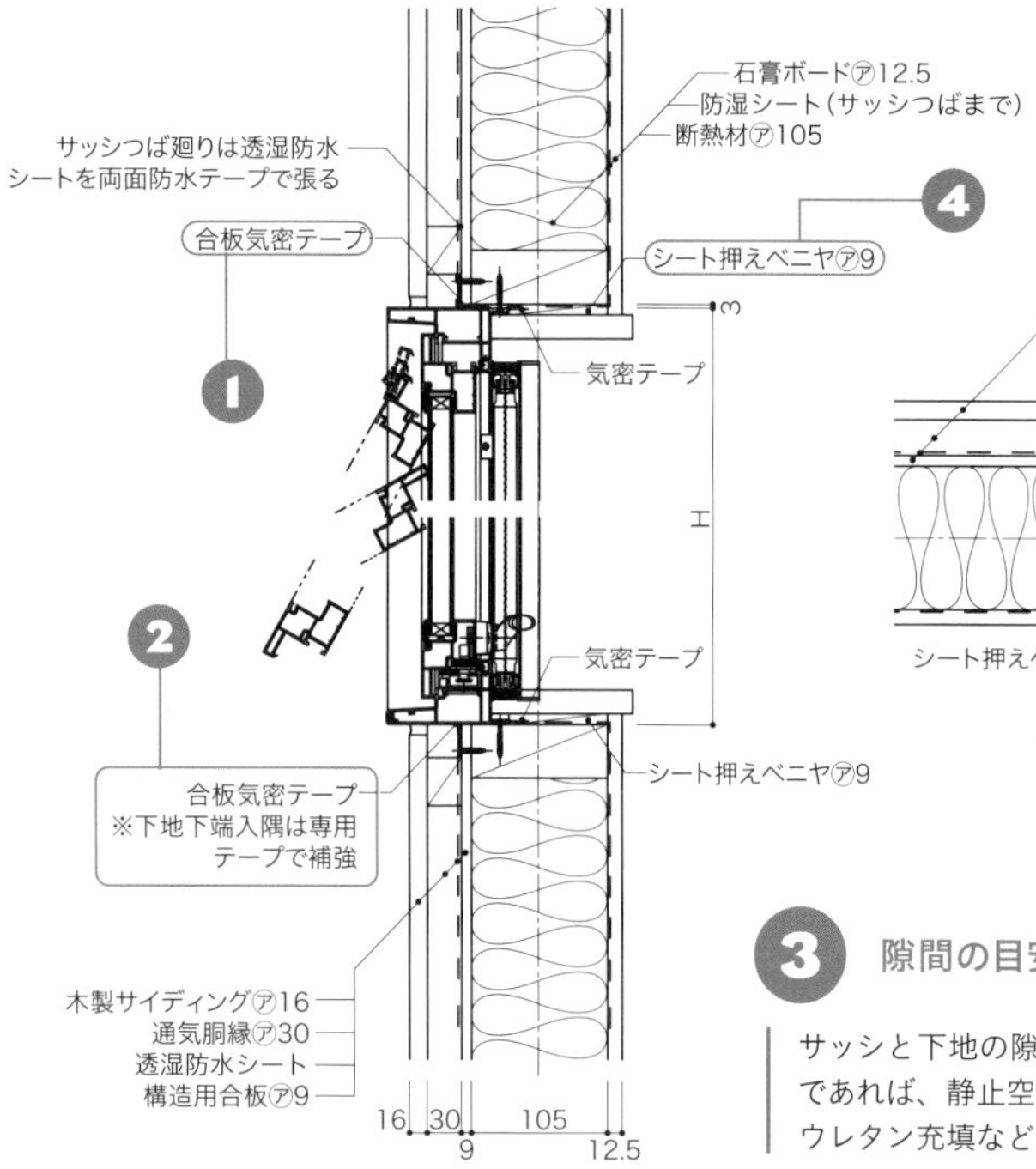

石膏ボード㋐12.5
防湿シート（サッシつばまで）
断熱材㋐105
サッシつば廻りは透湿防水シートを両面防水テープで張る
合板気密テープ
4
シート押えベニヤ㋐9
3
1
気密テープ
H
2
気密テープ
合板気密テープ
※下地下端入隅は専用テープで補強
シート押えベニヤ㋐9
木製サイディング㋐16
通気胴縁㋐30
透湿防水シート
構造用合板㋐9
16
30
105
9
12.5

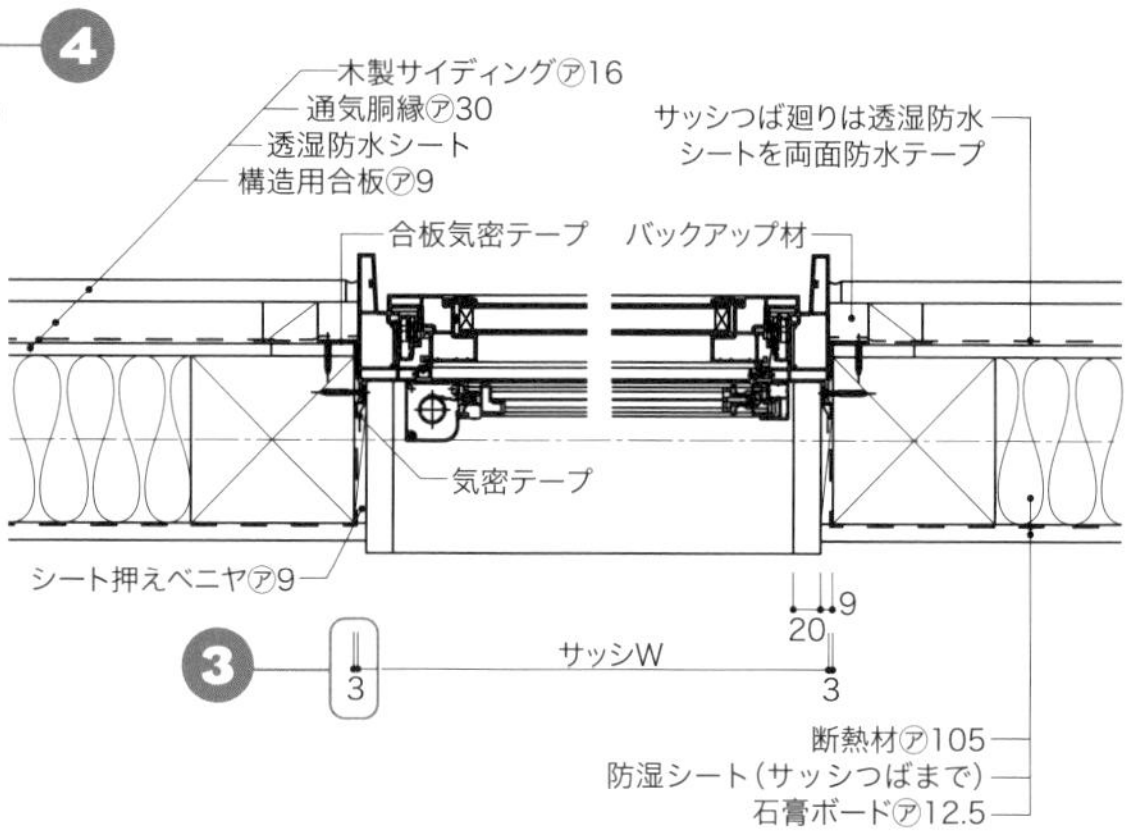

木製サイディング㋐16
通気胴縁㋐30
透湿防水シート
構造用合板㋐9
サッシつば廻りは透湿防水シートを両面防水テープ
合板気密テープ
バックアップ材
気密テープ
シート押えベニヤ㋐9
9
20
3
サッシW
3
3
断熱材㋐105
防湿シート（サッシつばまで）
石膏ボード㋐12.5

樹脂サッシ（半外付け）詳細図［S＝1：10］

3 隙間の目安は3㎜

サッシと下地の隙間が3㎜程度であれば、静止空気となるためウレタン充填などの処理は不要

2 シートの切込みを防水

4隅の透湿防水シートの切込み部分は防水テープで上から張る

防水テープ

4 シートを板で押さえる

室内側の防湿シートをサッシのつばまで折り込み、気密テープを張った上から板で押さえると、窓枠と窓台の間に空気層ができず断熱性が高まる。板の厚みはサッシのつばの厚み以上とする（ここでは9㎜）

防湿シート
シート押さえ

5 透湿防水シートを折り込む

透湿防水シートは4周すべてサッシのつばよりも室内側に折り込む

透湿防水シート

樹脂サッシ（内付け）詳細図［S＝1：15］

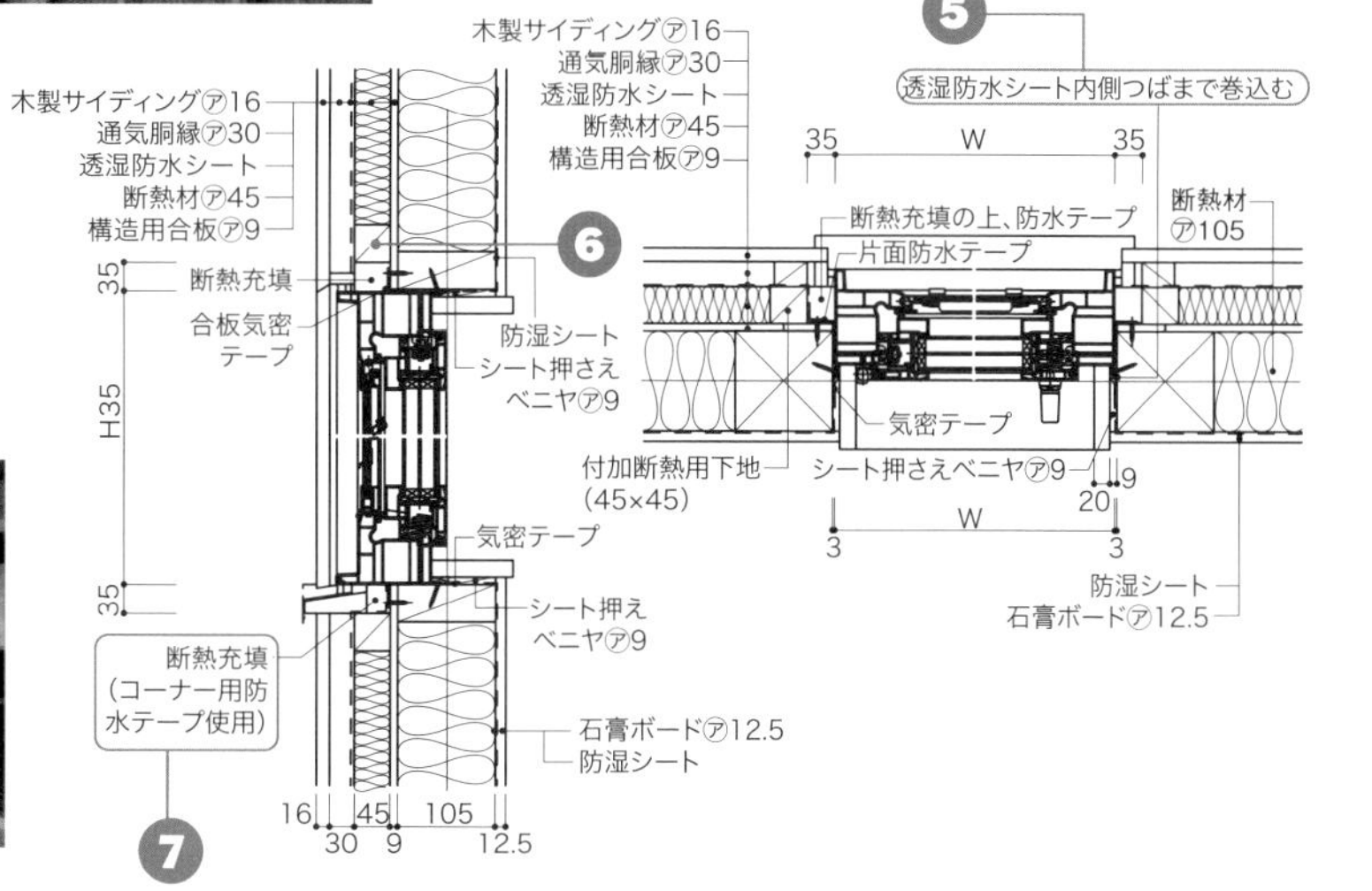
木製サイディング㋐16
通気胴縁㋐30
透湿防水シート
断熱材㋐45
構造用合板㋐9
35
断熱充填
合板気密テープ
H35
35
断熱充填（コーナー用防水テープ使用）
7
6
防湿シート
シート押さえベニヤ㋐9
気密テープ
シート押えベニヤ㋐9
石膏ボード㋐12.5
防湿シート
16 45 105
30 9 12.5
木製サイディング㋐16
通気胴縁㋐30
透湿防水シート
断熱材㋐45
構造用合板㋐9
5
透湿防水シート内側つばまで巻込む
35 W 35
断熱充填の上、防水テープ
片面防水テープ
断熱材㋐105
気密テープ
付加断熱用下地（45×45）
シート押さえベニヤ㋐9
9
20
W
3 3
防湿シート
石膏ボード㋐12.5

6 開口部の周囲を囲む

外壁の付加断熱用の下地はサッシのつばを囲むように取り付ける。厚みは断熱材の厚みにそろえる（ここでは45mm）

付加断熱用下地

7 サッシの熱橋対策

外側のサッシのつばは、防水テープを張った上から断熱材を充填することで熱橋を防止する

防水シート

断熱材

8 シートのジョイントはサッシ心

木サッシはつばがないので内付けになる場合が多い。透湿防水シートと防湿気密シートのジョイント部は、膨張パッキンの心が位置する、サッシの心に合わせる

膨張パッキン
透湿防水シート
防湿気密シート

9 膨張パッキンで気密防水

木サッシはつばがないので、雨水が室内に浸入しやすく、気密も取りづらい。サッシの4周に膨張パッキンを入れて、気密・防水性を高めるとよい。膨張パッキンは熱に反応して膨らむので、膨らむ前に素早くサッシを取り付ける

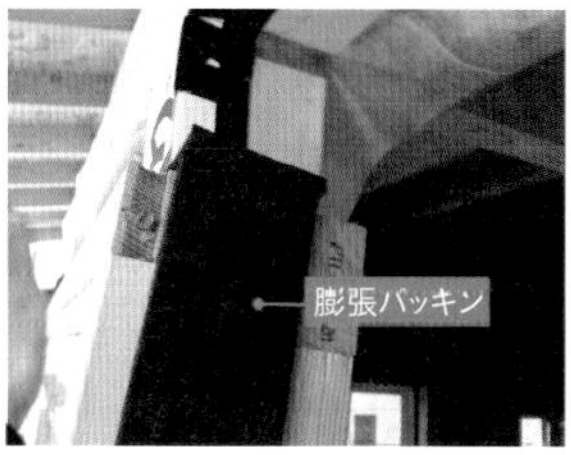
膨張パッキン

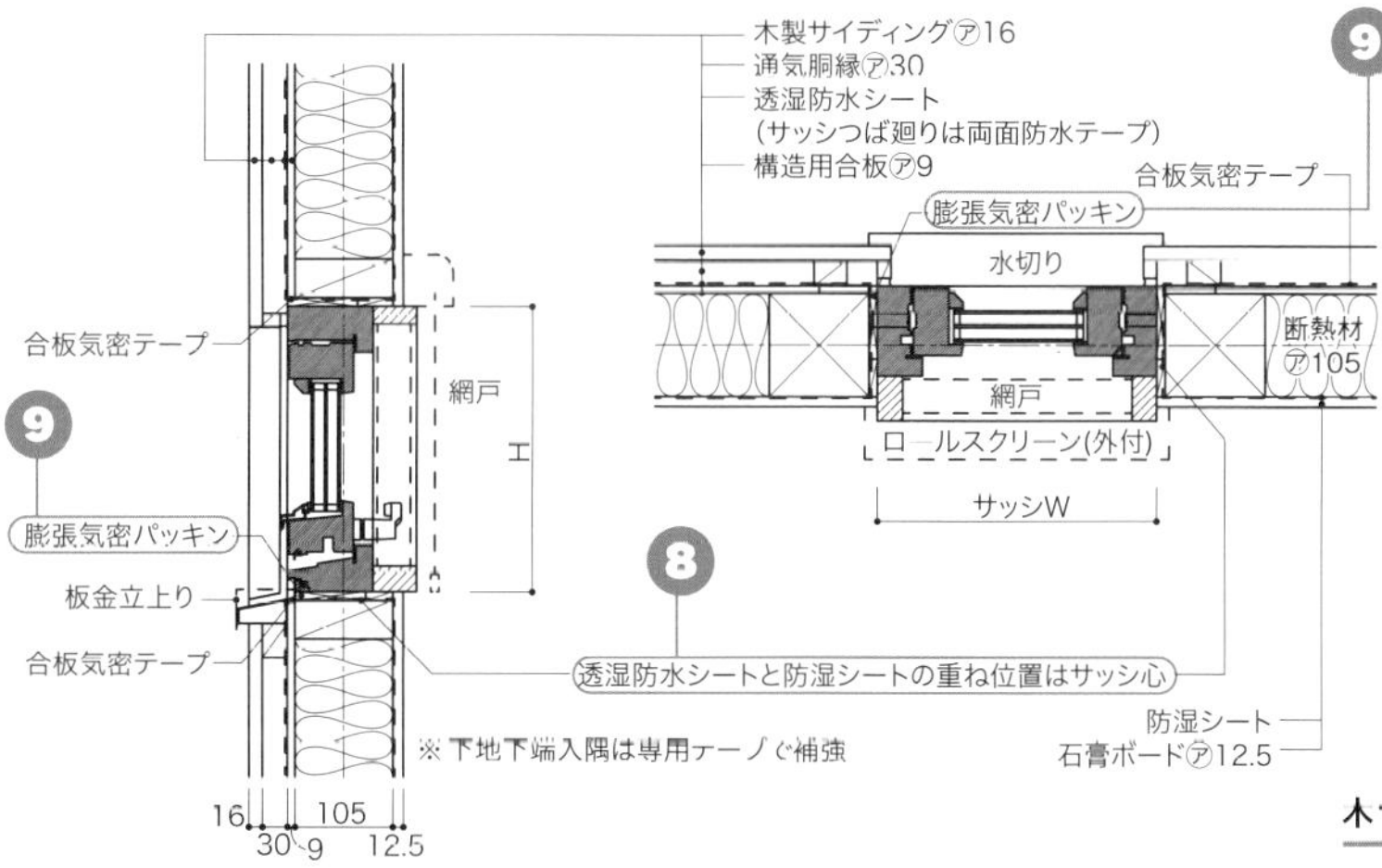
木製サイディング㋐16
通気胴縁㋐30
透湿防水シート
（サッシつば廻りは両面防水テープ）
構造用合板㋐9
合板気密テープ
9
膨張気密パッキン
水切り
断熱材㋐105
網戸
ロールスクリーン(外付)
サッシW
合板気密テープ
9
膨張気密パッキン
板金立上り
合板気密テープ
網戸
H
8
透湿防水シートと防湿シートの重ね位置はサッシ心
防湿シート
石膏ボード㋐12.5
※下地下端入隅は専用テープで補強
16 105
30 9 12.5

木サッシ（内付け）詳細図［S＝1：15］

Column

断熱の仕様はこう決める！

屋根・床の断熱仕様をどう組み合わせるか

多種多様な工法のなかから断熱の仕様を選ぶとき、重要な基準となるのが〝断熱の場所〟である。断熱・気密と聞くと、性能や数値に目が行きがちになるが、同じ数値でも〝断熱の場所〟によって体感温度は異なる。また、予算・メンテナンス・施工性を左右するのも〝断熱の場所〟だ。予算・間取り・コンセプトに合った断熱工法を選択できるように、ここではそれぞれの組み合わせやメリット・デメリットを紹介する

[岸野浩太]

屋根断熱

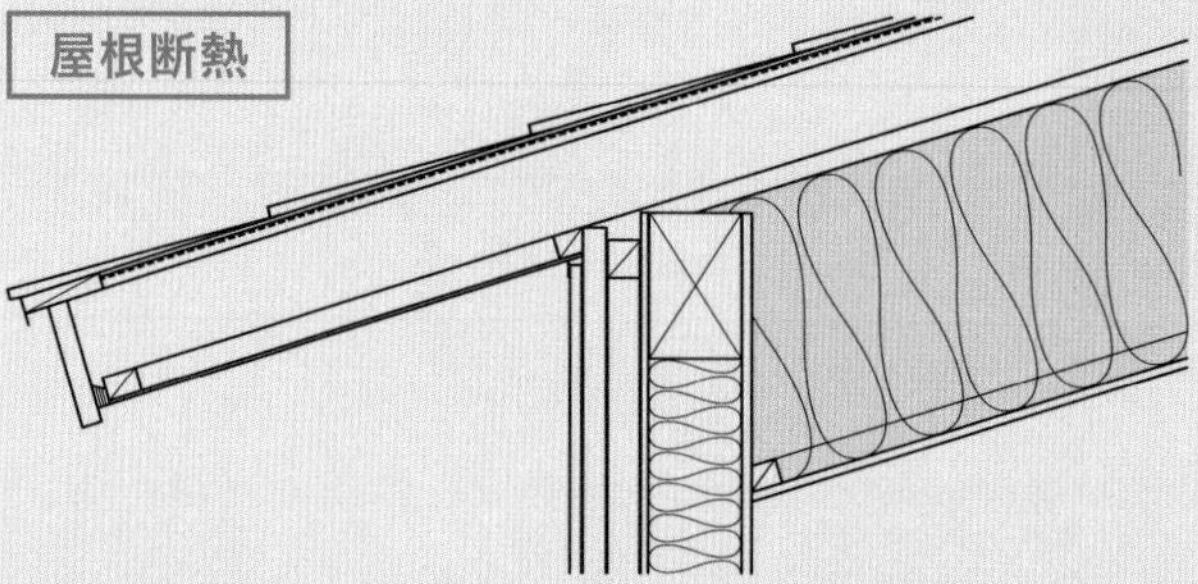

デメリット

施工に手間がかかるため上棟日に屋根の防水シートまで工事するのが大変。点検やメンテナンスが難しい。材料に高耐久材を利用するため費用がかさむ。天井が高くなり気積が大きくなるので、空調が行き渡るのに時間がかかる

メリット

勾配天井にして空間に広がりを与えたり、小屋裏をロフトや収納・空調室などに活用したりできる。２階の天井が高くなるので暑くなりにくい。また、一旦温まると冷めにくい。超高断熱の全館冷暖房に向いている

天井断熱

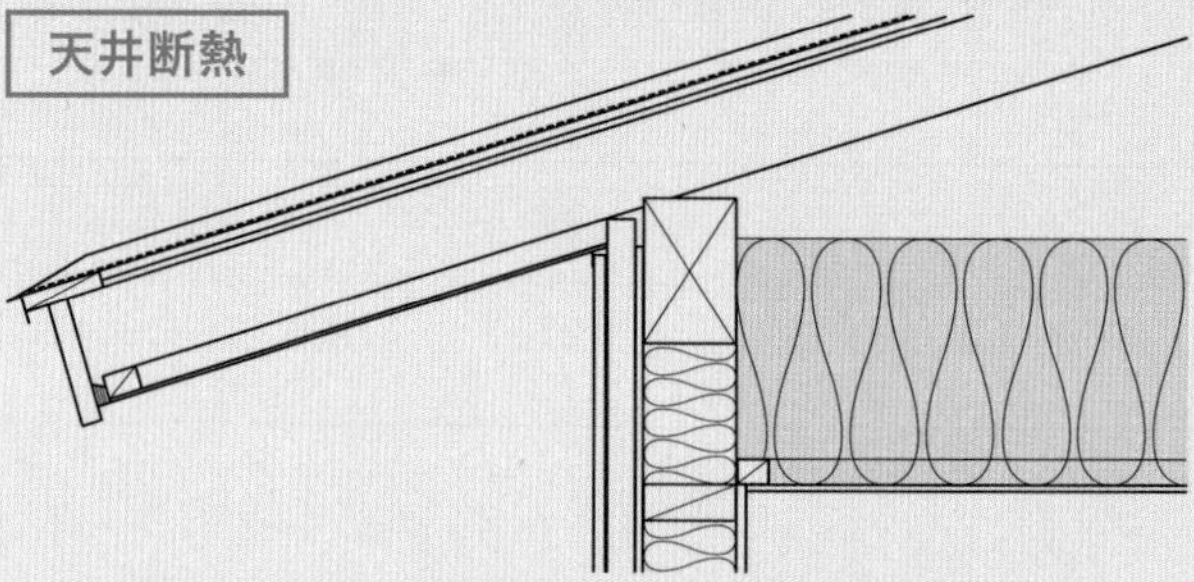

デメリット

天井付近に熱が溜まるため夏の暑さに弱い。天井裏の配管や配線が断熱ラインに絡むので施工が大変。小屋裏空間が使えないため狭小住宅には向かない。敷き込みタイプの断熱材は施工が難しい。ただし、これらのデメリットは「桁上断熱」[11頁参照]にすると緩和できる

メリット

構造が単純なので上棟日に無理なく屋根防水まで施工できる。気積が小さく空調の効きが早いため間欠冷暖房に向いている。冬はとくに暖かい。施工が容易で比較的安価、断熱材の厚みも自由に設定できる。メンテナンスしやすい

床断熱

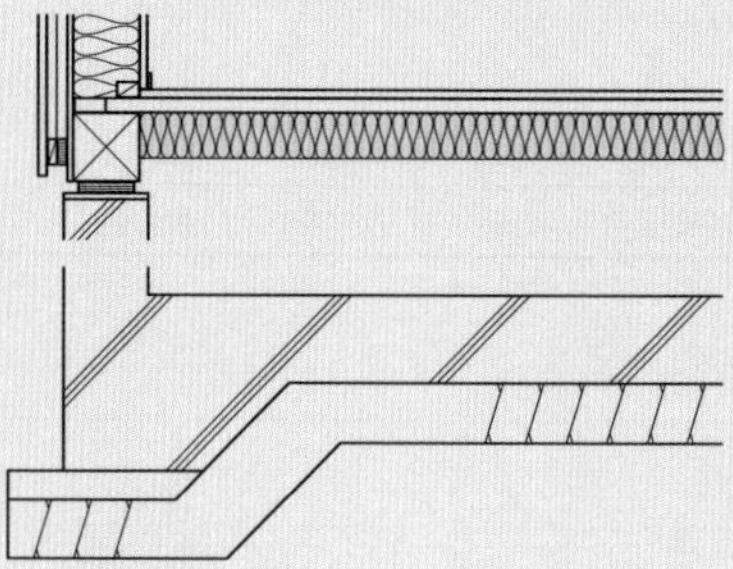

デメリット

床下が外気と同じになるので、温度変化の影響を受けやすい。給排水の気密処理が難しく、給湯管が冷えやすい。施工に手間がかかる。玄関や浴室など部分的に基礎断熱にしなければならないところとの取合いが難しい

メリット

床の表面温度が上がるので冬は暖かい。断熱ラインを外側から点検可能で、構造も単純なためシロアリの発見やメンテナンスがしやすい。空間の気積が小さくなるので空調の効きが早い。食品用の床下収納をつくれる

基礎断熱

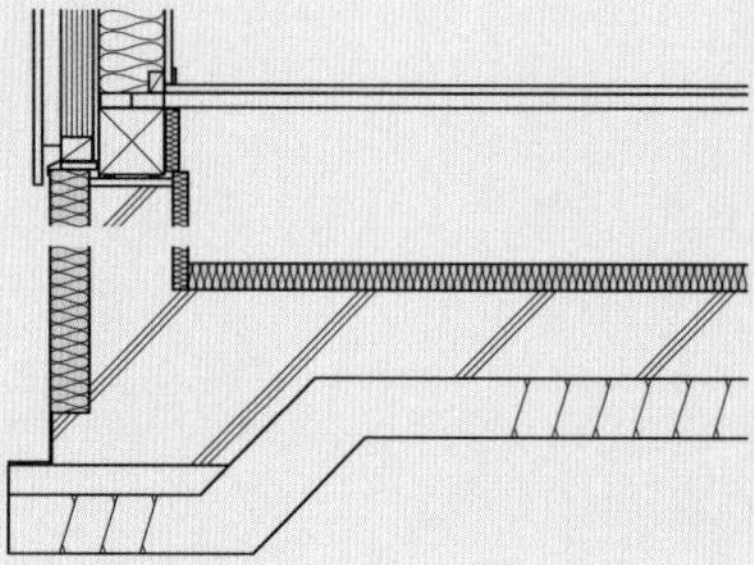

デメリット

断熱ラインの外から点検するのが難しく構造も複雑なため、シロアリを発見しづらい。空調の効きが比較的遅く、床の表面温度も上がりにくい。工事中から基礎の乾燥状況を注視する必要があり、竣工後の床下の換気計画も必要

メリット

施工が容易なので品質を担保しやすい。床の表面温度が低めなので夏は涼しい。給排水など床貫通部の気密処理が必要ない。給湯が冷めにくい。床下も室内環境に近いためピットリビングや床下収納をつくりやすい。断熱材の厚みを変化させやすい

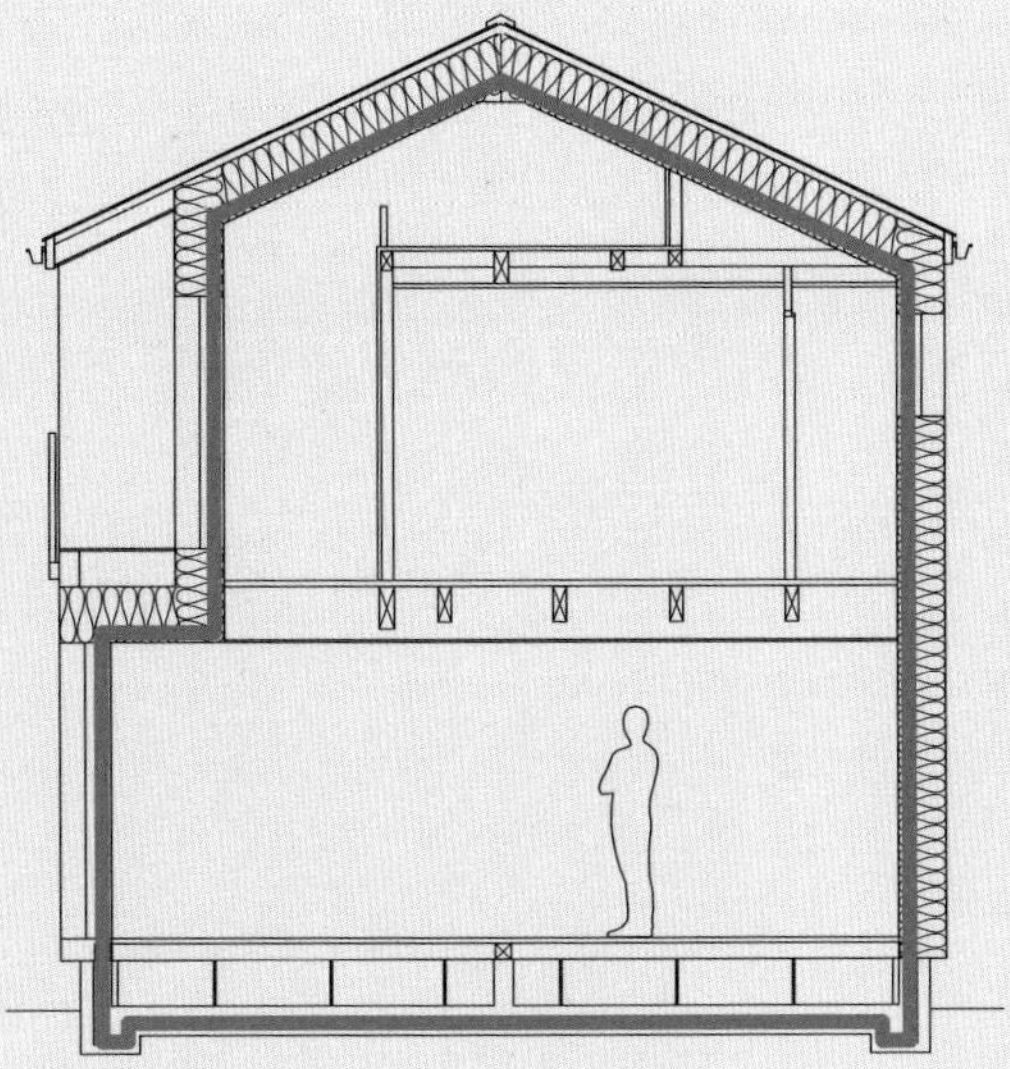

温熱環境重視型

屋根断熱+基礎断熱の仕様。メンテナンスに難はあるが、1年中快適に暮らすことに優れた工法の組み合わせ。空調の効きは若干遅いが、一度設定温度になるともちがよい。建物の空間を最大限に利用することができる。超高断熱の24時間全館冷暖房に適している

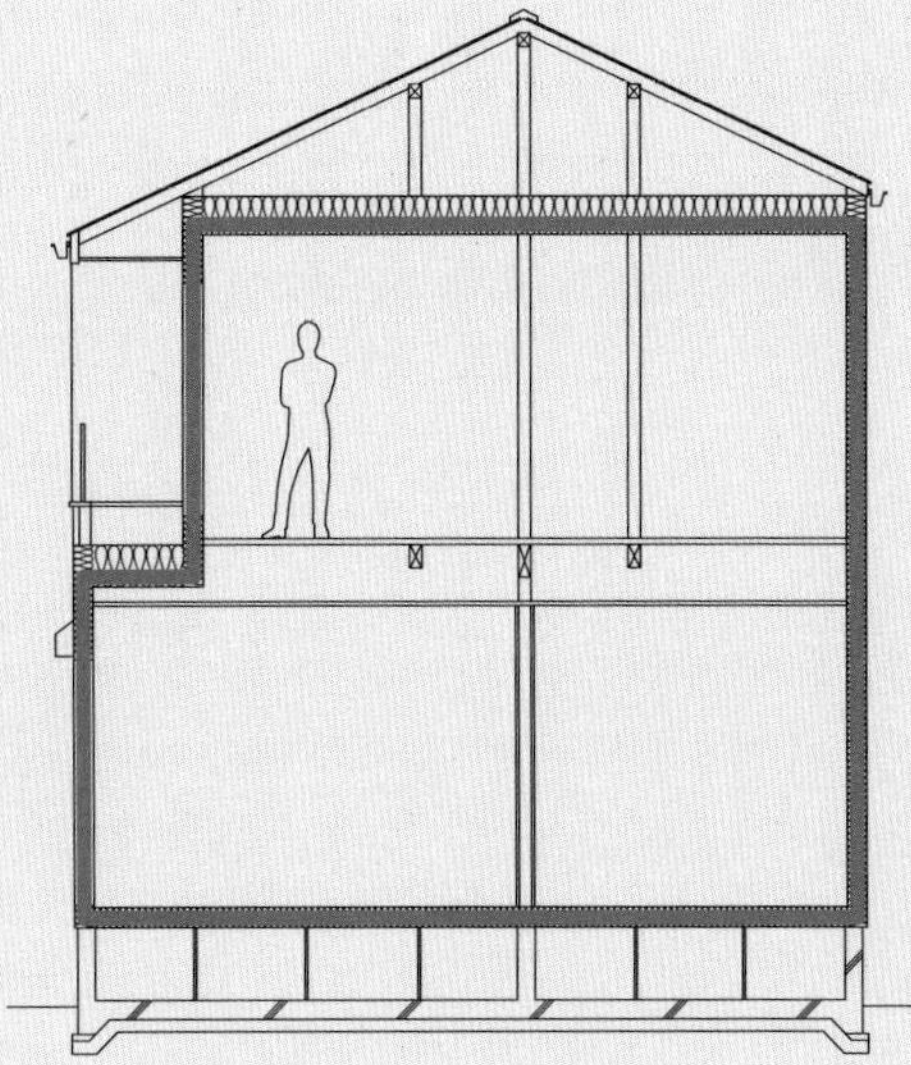

メンテナンス重視型

天井断熱+床断熱の仕様。床下も小屋裏も断熱ラインを外側から点検できるので、メンテナンスしやすい。シロアリや雨漏りのリスクを一番に考えるのであればこれがよい。気積が小さいので空調の効きが早い。間欠冷暖房の場合にとくに向いている

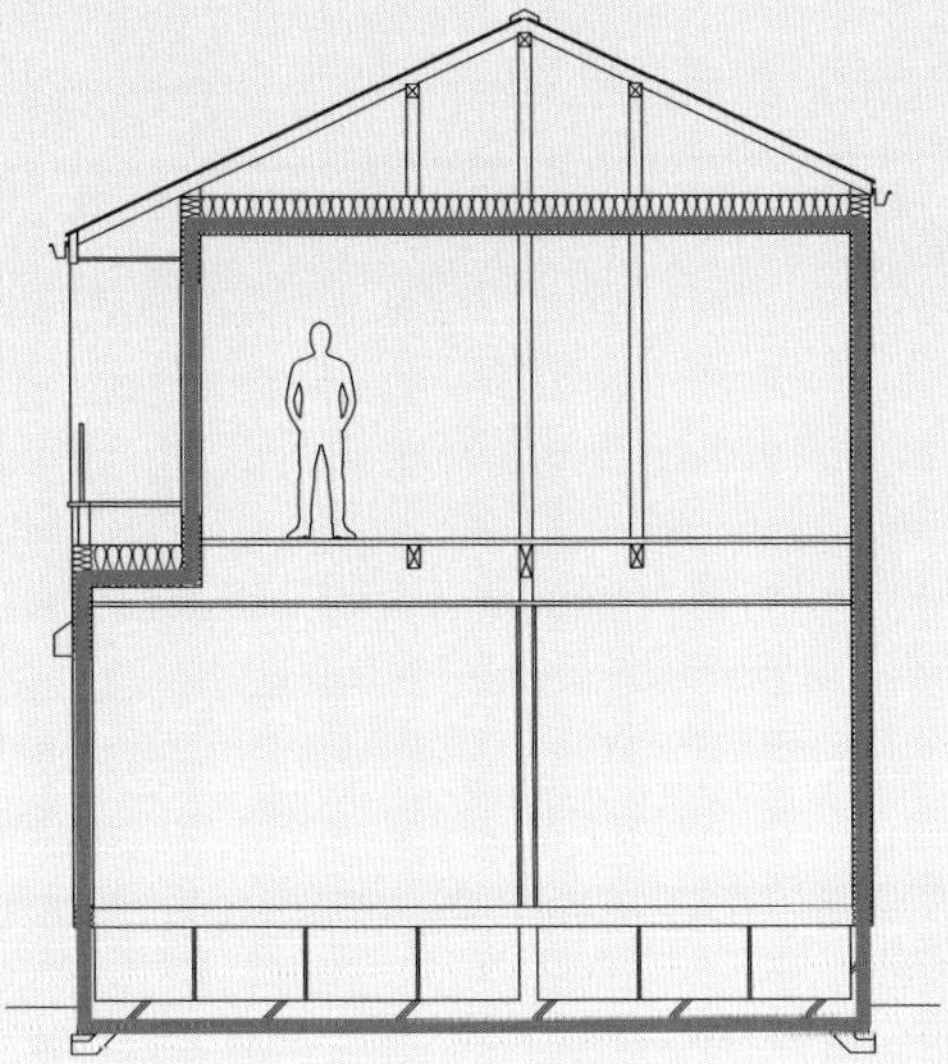

コスト重視型

天井断熱+基礎断熱の仕様。施工性に優れているため、施工コストを抑えられる。4つの工法のなかで一番品質が安定する工法である。予算的に厳しい条件で、数的性能を上げたい場合に有効

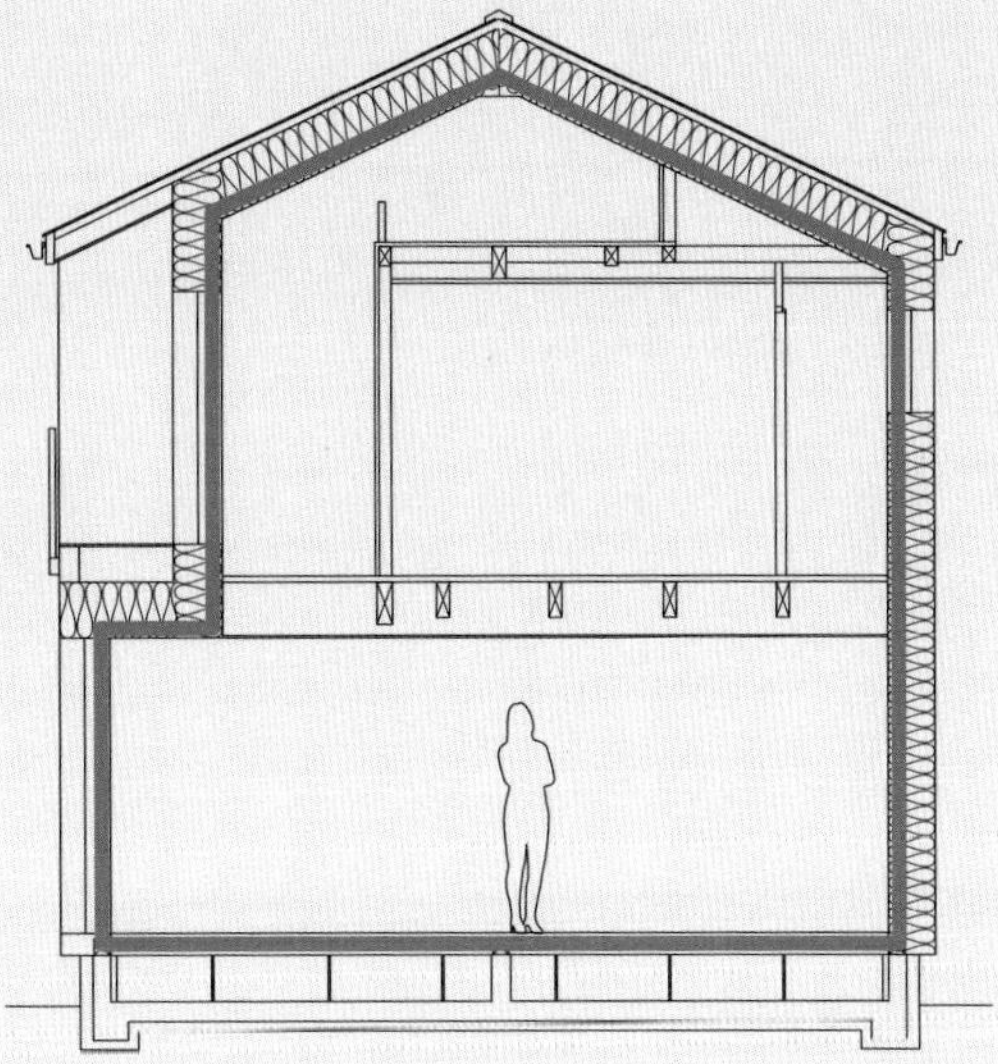

2階リビング型

2階リビングは家電やキッチンなどの熱で暑くなりやすいので、屋根断熱がよい。一方、1階は2階に熱が昇って若干寒くなるので、床の断熱性を高めて暖かさを感じやすくする。とはいえ、普段は2階に居て、1階で寝るときは布団に入るので、暖房をつけなくてもよい場合が多い。実は無暖房に一番近づけやすい。

平面詳細図

柱・壁の納まりを細かく描く

平面詳細図（筆者の設計事務所では1／50スケール）には、「平面上に見えるものはすべて描く」ことを基本にしている。柱・壁の納まり（下地・仕上げの仕様、耐力壁の位置など）や、設備機器・持込み家具などの配置も、サイズを含めて正確に描き込むことが大切だ。筆者の場合、配管ルートや照明器具のプロットなどは設備図に描き、平面詳細図1枚で建築工事に関わる情報を理解してもらえるように心がけている。

平面詳細図は施工図の役割を担うため、ほかの詳細図のキープランとして機能しなければならない。ここではその点を踏まえて、施工者にとって見やすい図面にするための作図法を紹介する。［瀬野和広］

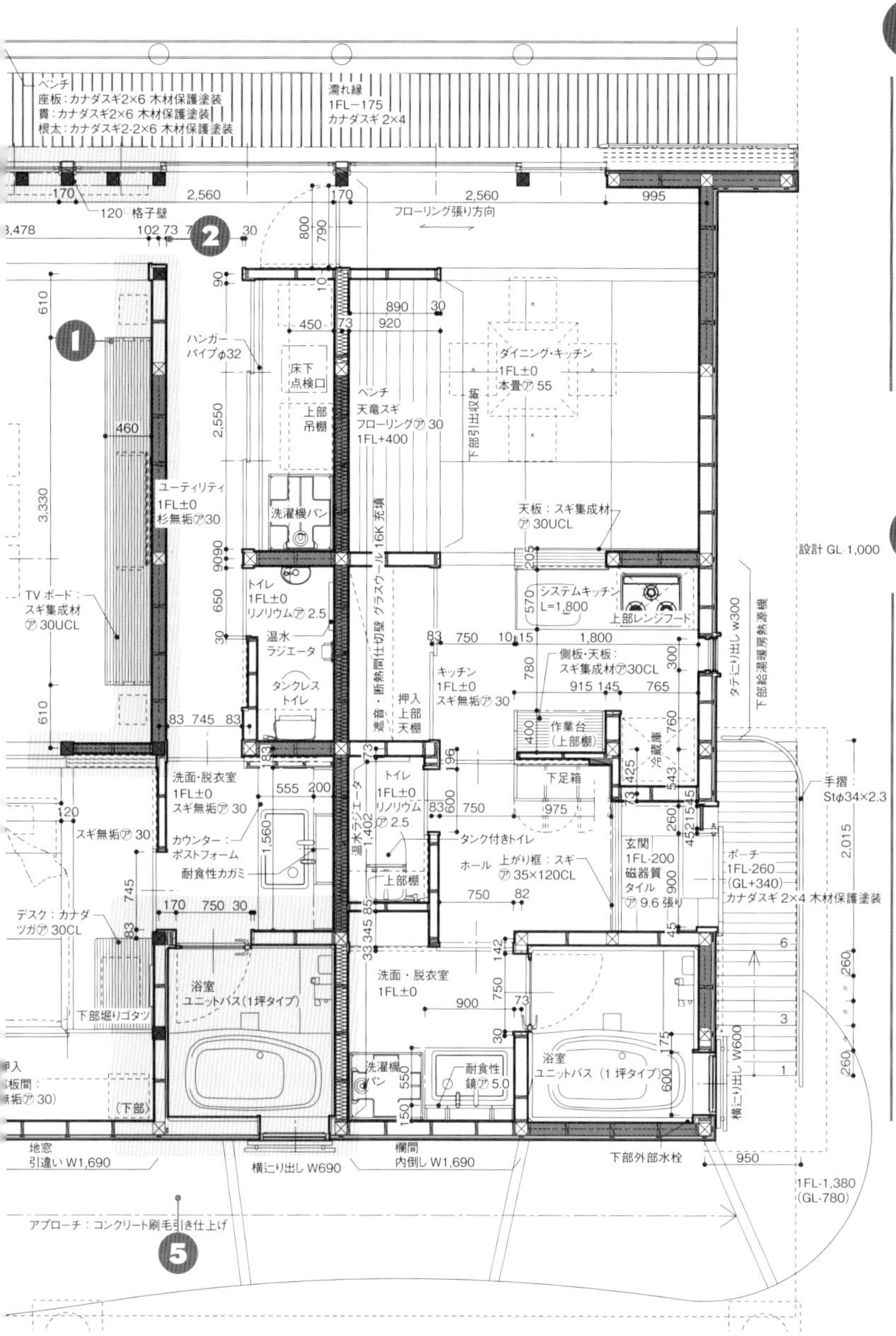

ベンチ
座板：カナダスギ2×6 木材保護塗装
貫：カナダスギ2×6 木材保護塗装
根太：カナダスギ2-2×6 木材保護塗装
濡れ縁
1FL−175
カナダスギ 2×4
格子壁
フローリング張り方向
ハンガーパイプφ32
床下点検口
上部吊棚
ベンチ
天竜スギ
フローリング㋐30
1FL+400
ダイニング・キッチン
1FL±0
本畳㋐55
下部引出収納
ユーティリティ
1FL±0
杉無垢㋐30
洗濯機パン
天板：スギ集成材㋐30UCL
システムキッチン L=1,800
上部レンジフード
TVボード：スギ集成材㋐30UCL
トイレ
1FL±0
リノリウム㋐2.5
温水ラジエータ
タンクレストイレ
押入
上部天棚
遮音・断熱間仕切壁 グラスウール16K 充填
キッチン
1FL±0
スギ無垢㋐30
側板・天板：スギ集成材㋐30CL
作業台（上部棚）
冷蔵庫
タテ:こり出し w300
下部給湯暖房熱源機
設計 GL-1,000
洗面・脱衣室
1FL±0
スギ無垢㋐30
カウンター：ポストフォーム
耐食性カガミ
トイレ
1FL±0
リノリウム㋐2.5
温水ラジエータ
下足箱
タンク付きトイレ
ホール 上がり框：スギ㋐35×120CL
上部棚
玄関
1FL-200
磁器質タイル㋐9.6張り
ポーチ
1FL-260
(GL+340)
カナダスギ 2×4 木材保護塗装
手摺
Stφ34×2.3
デスク：カナダツガ㋐30CL
下部堀りゴタツ
浴室
ユニットバス（1坪タイプ）
洗面・脱衣室
1FL±0
洗濯機パン
耐食性鏡㋐5.0
浴室
ユニットバス（1坪タイプ）
横こり出し W600
地窓
引違い W1,690
横こり出し W690
欄間
内倒し W1,690
下部外部水栓
1FL-1,380
(GL-780)
アプローチ：コンクリート刷毛引き仕上げ

1 耐力壁の配置を示す

耐力壁
（構造用合板㋐9）

耐力壁の配置は、構造上、重要な要素。取り付け位置を間違えれば、壁量バランス［※］が悪くなり、耐震性を損ねかねない。施工者が最も頻繁に目を通す平面詳細図に位置をプロットしておけば、ミスを防げる

2 4種類の線で図面を描く

柱（外形線・太い線）
格子壁（見え掛り線・細い線）

4種類の線を使い分ければ、メリハリがついて見やすくなる。下地などの細い線については、濃度は落とさないことで視認性を維持する。施工者がA3で出力することも考慮して、変換されたスケールについて図面に表記することも重要（A2出力だと1／50だが、A3出力だと1／75）

持込み家具·家電をリスト化

	名称	寸法（mm）	備考
1	乾燥機	w630×d520×h700	洗濯機
2	洋服ダンス	w1,450×d610×h2,050	WIC
3	和ダンス	w1,100×d610×h1,700	WIC
4	引出し収納	w400×d740×h700	WIC
5	冷蔵庫	w600×d700×h1,700	キッチン
6	引出し収納	w390×d530×h180〜300	ユーティリティ収納
7	着物引出し	w1,050×d450×h200	WIC
8	ステレオ	w350×d350×h410	ダイニング·キッチン
9	スピーカー×2	w280×d270×h510	ダイニング·キッチン

持込みが決まっている家具・家電はリスト化して平面詳細図に載せる。サイズを記入して確実に納まるよう現場と共有する

3 床材の張り方を指示

式台は板目
(見え掛り線)
フローリングは
長手方向、乱
尺張り

意匠に大きくかかわるため、床の仕上げ材やフローリングの向きを指示する矢印記号を入れる（上がり框の目地・木目や土間タイルの張り方なども入れる）

4 真壁・大壁を区別する

大壁
真壁
化粧柱

大壁納まりと真壁納まりが混在する場合は、柱の露出の有無を色分けして表示。具体的な納まりは枠廻り詳細図で伝える

5 既製品は規格寸法を押える

天井裏高さをメーカー
規定により250mm確保
ユニットバス

ユニットバスやシステムキッチンは、製品名や寸法を示すことで、施工者が正確に見積りできるようになる。規格寸法が決まっているので、取り付け位置（躯体・配管との取合い）は慎重に検討する［94〜95頁参照］

6 現場での検討事項を明記

メジャーで
深さを確認
雨水浸透桝
1
2

スロープのアプローチを計画。ここでは勾配は1／20を目指す数値設定（実際には1／15）［❶］、現場で敷地高低差を確認したうえで、外構工事の段階で勾配を決めた［❷］

平面詳細図［S＝1：80］（元図［S＝1：50］）

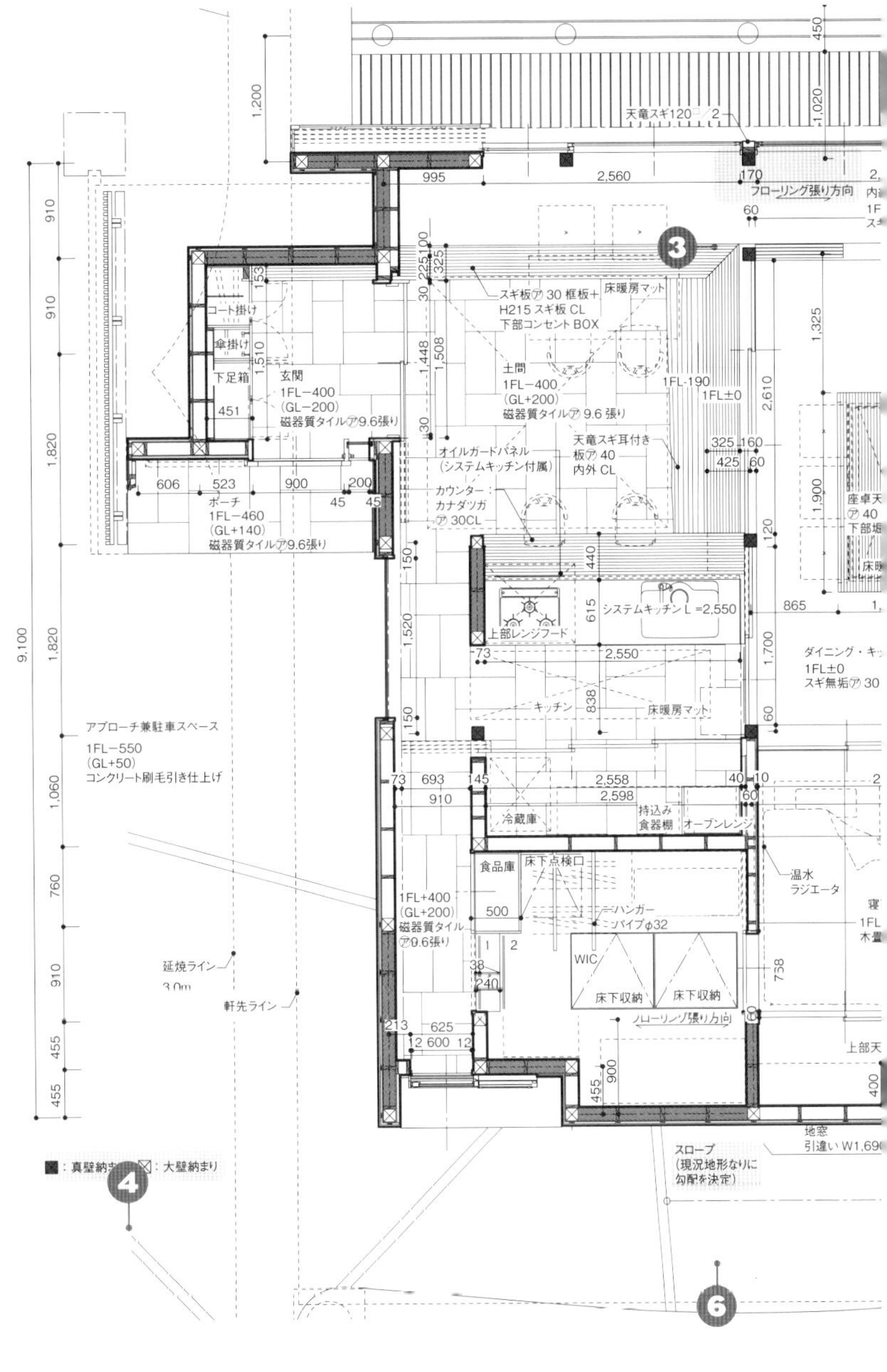
天竜スギ120□-2
フローリング張り方向
スギ板㋐30 框板＋
H215 スギ板 CL
下部コンセント BOX
床暖房マット
コート掛け
傘掛け
下足箱
玄関
1FL−400
(GL−200)
磁器質タイル㋐9.6張り
土間
1FL−400
(GL+200)
磁器質タイル㋐9.6張り
1FL-190
1FL±0
オイルガードパネル
(システムキッチン付属)
天竜スギ耳付き
板㋐40
内外CL
カウンター：
カナダツガ
㋐30CL
ポーチ
1FL−460
(GL+140)
磁器質タイル㋐9.6張り
上部レンジフード
システムキッチン L＝2,550
キッチン
床暖房マット
ダイニング・キッチン
1FL±0
スギ無垢㋐30
アプローチ兼駐車スペース
1FL−550
(GL+50)
コンクリート刷毛引き仕上げ
冷蔵庫
持込み
食器棚
オーブンレンジ
食品庫
床下点検口
ハンガー
パイプφ32
温水
ラジエータ
1FL+400
(GL+200)
磁器質タイル
㋐9.6張り
WIC
床下収納
床下収納
フローリング張り方向
延焼ライン
3.0m
軒先ライン
上部天
地窓
引違い W1,690
スロープ
(現況地形なりに
勾配を決定)
座卓天
下部垢
寝
■：真壁納まり
☒：大壁納まり

※ 4分割法（階ごと・方向ごとに建物の両側1／4の部分について、地震力に対する必要壁量と存在壁量を求め、壁量の偏りがないかを確かめる方法）を用いて確認するのが最も簡便な方法

平面詳細図2

各部の基準となる寸法を細かく記載

平面詳細図はすべての基本となる図面なので、断面図や展開図などのほかの図面との情報に齟齬が生じた場合も、平面詳細図を基準に判断する。そのため、実施図面の中でもとくに重要な図面といえる。

　平面詳細図で最も重要な情報は「寸法」である。必要な寸法は単に細かく記載するだけでなく、情報の付与の仕方に一定のルールを設けると、現場が設計者の意図やつくり方を理解しやすくなる。

　また、図面が見にくいと、正しい情報も正確に伝わらないので、線の太さ、文字の位置、ハッチングなどにも気を配り図面の体裁を整える工夫が必要だ。必要な情報を現場がスムーズに理解できるようにしたい。

［関本竜太］

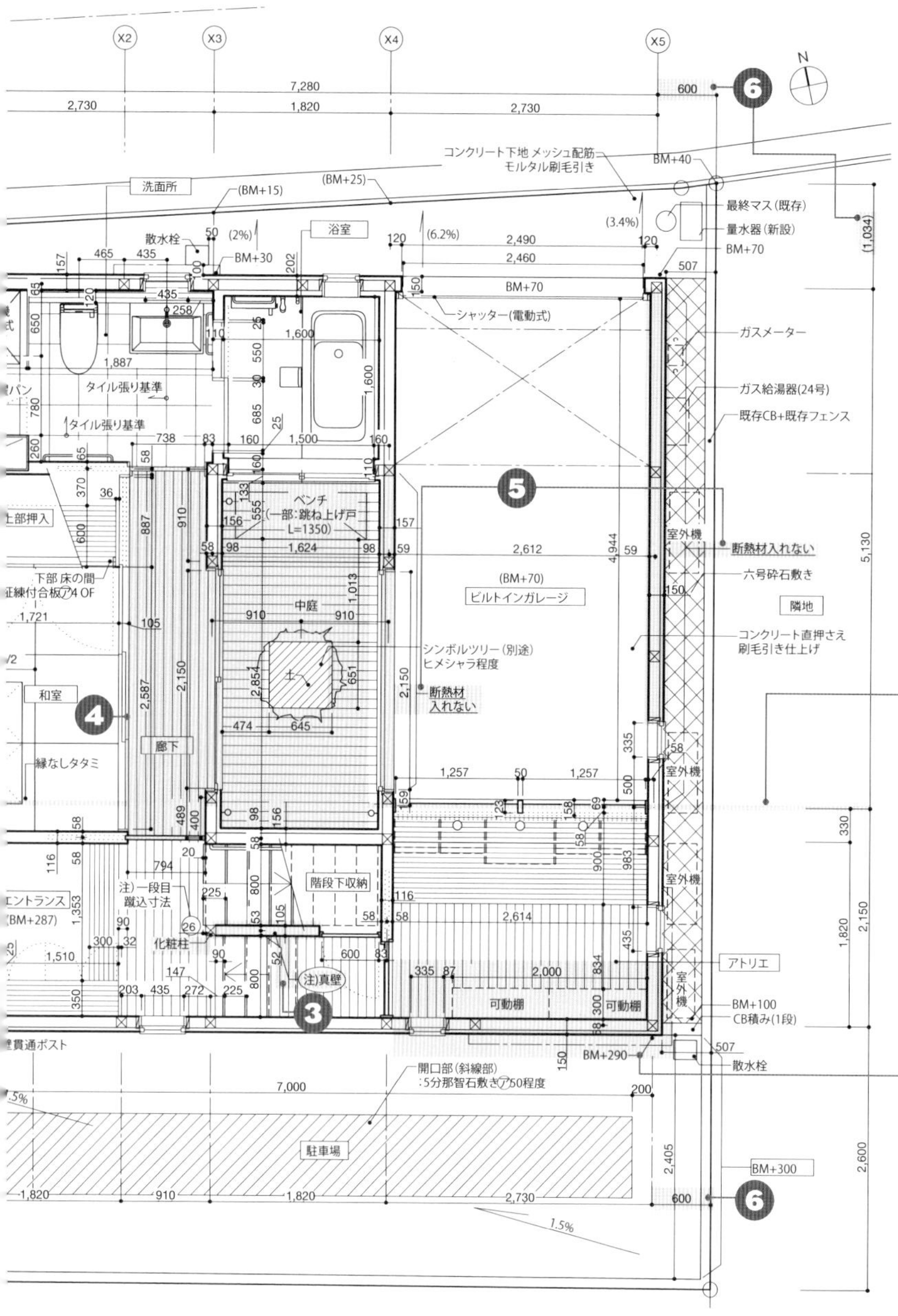

1 面積算定用の通り心

駐車場と駐輪場の床面積は、延べ面積の1／5まで、容積率の算定面積に算入しなくてもよい（令2条1項4号、3項）。アトリエの壁面線はこの面積算定上の重要な壁通りとなるため、構造上の通りとは別に通り心を設定した

2 可能な限り寸法を記載する

平面図はすべての基本となる図面であり、窓位置や建具の位置はもとより、それらと造作との相関関係もすべて伝わるようにしたい。現場でスケールをあてる必要がないように、必要な寸法は可能な限り記載する

3 注意事項は特記する

真壁の化粧柱

1階階段の踊り場の化粧柱はこの住宅で唯一「真壁納まり」となっている。例外的な設計上の意図は注を付けて強調すると伝わりやすい

中庭
フローリングの板目方向

4 床張りの方向を指示

各床面のフローリングを張る方向をハッチングで表記し、板の幅などの違いもイメージできるようにしている

5 不要な断熱材は充填しない

アトリエ
断熱材なし

「ガレージと中庭」や「ガレージと外部」を隔てる壁は断熱不要なので、断熱材を充填しない旨を明記している

6 平面詳細図と配置図を兼ねる

507mm（外壁面から）

図面に納まる規模であれば、可能な限り配置図は平面詳細図に組み込んで、隣地や道路境界線と建物との関係を伝える。ここでは、建物の配置が敷地東側の辺に平行していることを示すために、X5通りから敷地境界線までの間隔600mmを上下に記載した。また、Y方向は敷地南東側からの追い、反対側は寸法に（ ）を付けて、成り行き寸法（近似値）であることを示している

平面詳細図［S＝1：80］（元図［S＝1：50］）

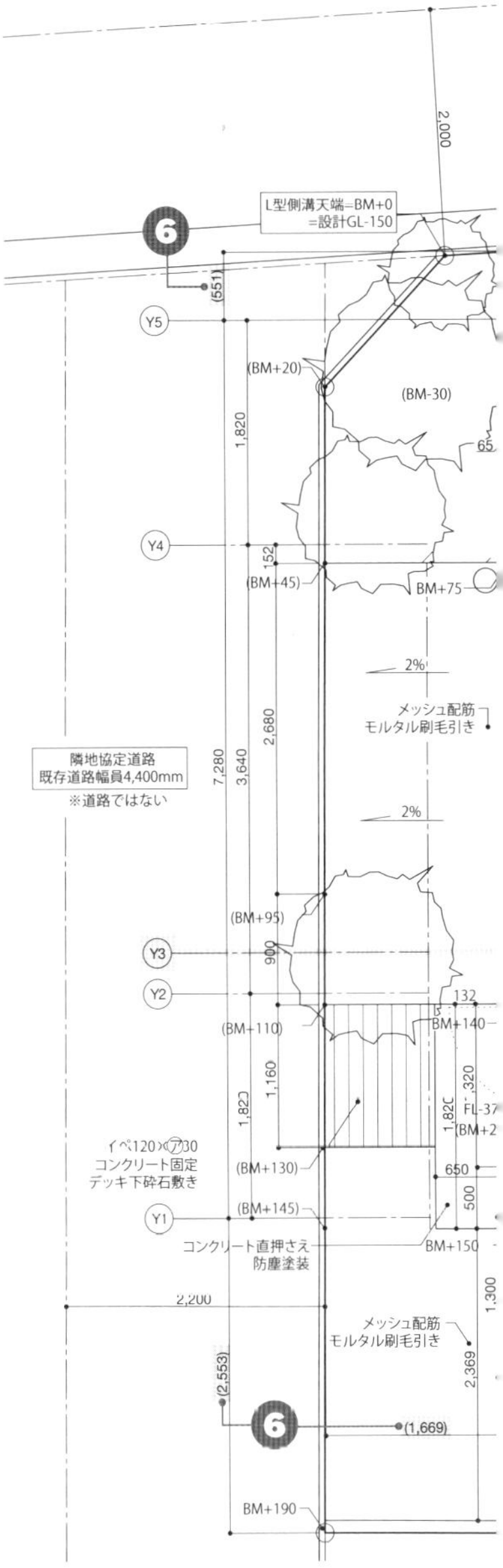
2,000
L型側溝天端=BM+0
=設計GL-150
6
(551)
Y5
(BM+20)
(BM-30)
1,820
Y4
152
(BM+45)
BM+75
2%
メッシュ配筋
モルタル刷毛引き
隣地協定道路
既存道路幅員4,400mm
※道路ではない
7,280
3,640
2,680
2%
(BM+95)
Y3
900
Y2
132
(BM+110)
BM+140
1,160
320
コンクリート固定
デッキ下砕石敷き
(BM+130)
650
500
Y1
(BM+145)
コンクリート直押さえ
防塵塗装
BM+150
2,200
1,300
メッシュ配筋
モルタル刷毛引き
2,369
(2,553)
6
(1,669)
BM+190

平面詳細図3

設備の取り付け位置まで描く

平面詳細図は、居室の配置はもちろん、開口部の位置、造作家具の幅や奥行き、各居室の天井高を示すだけではない。居室に取り付く設備機器全般の位置を描き、日常生活に支障をきたさない設備の配置を検討するための図面でもあると考えておきたい。

　とくに設備機器は、現場監督や大工、設備業者など、さまざまな人が情報を共有できるように、1枚の平面詳細図のなかに配置を記入する。さらに、給排水心（通常は給排水衛生図［126・127頁参照］）や照明の位置（通常は天井伏図［52〜53頁参照］・電気設備図［128〜135頁参照］）まで描いて、不具合がないことを確認するとよい。

［本間至］

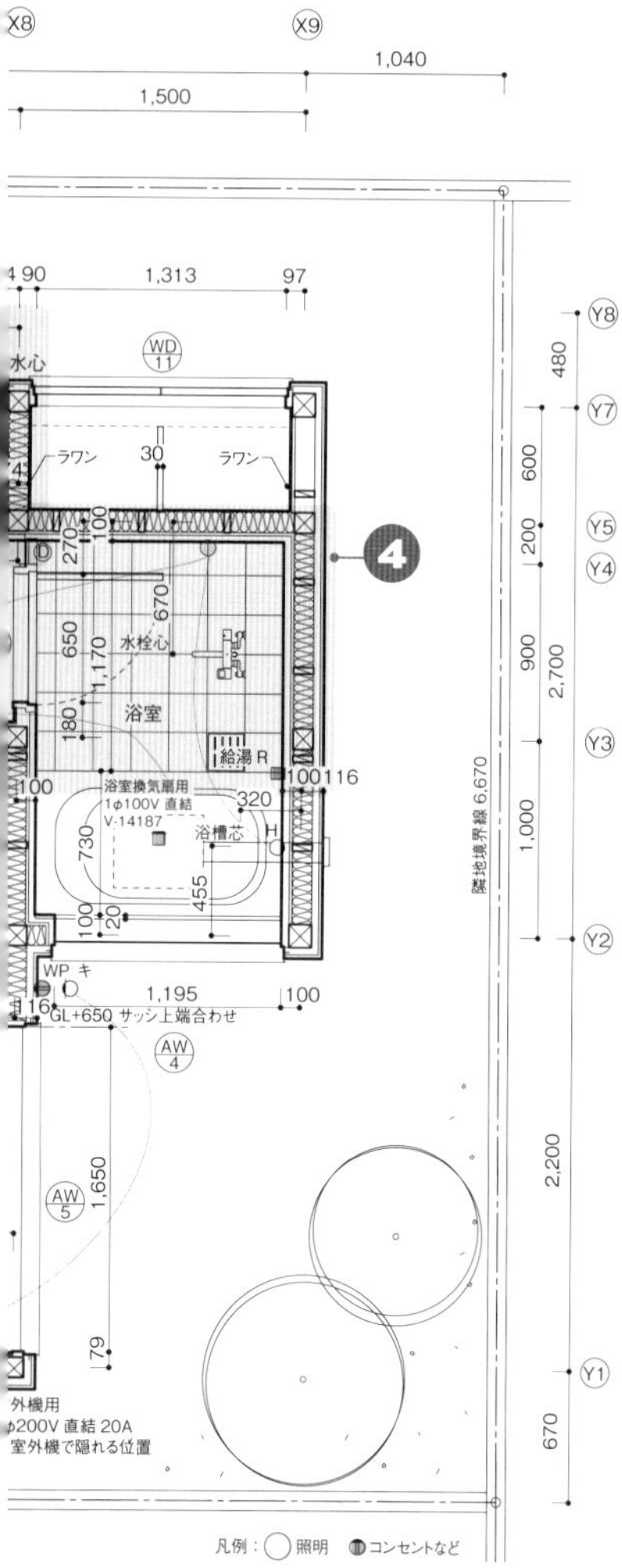

X8
X9
1,040
1,500
4 90
1,313
97
Y8
Y7
Y5
Y4
Y3
Y2
Y1
480
600
200
900
2,700
1,000
2,200
670
水心
WD 11
ラワン
30
ラワン
100
270
670
650
1,170
水栓心
180
浴室
給湯 R
100116
100
浴室換気扇用
1φ100V 直結
V-14187
320
浴槽芯
H
730
455
100
20
WP キ
1,195
100
116
GL+650 サッシ上端合わせ
AW 4
AW 5
1,650
79
隣地境界線 6,670
外機用
φ200V 直結 20A
室外機で隠れる位置
4
凡例：照明　コンセントなど

1 高さ方向の情報を記載

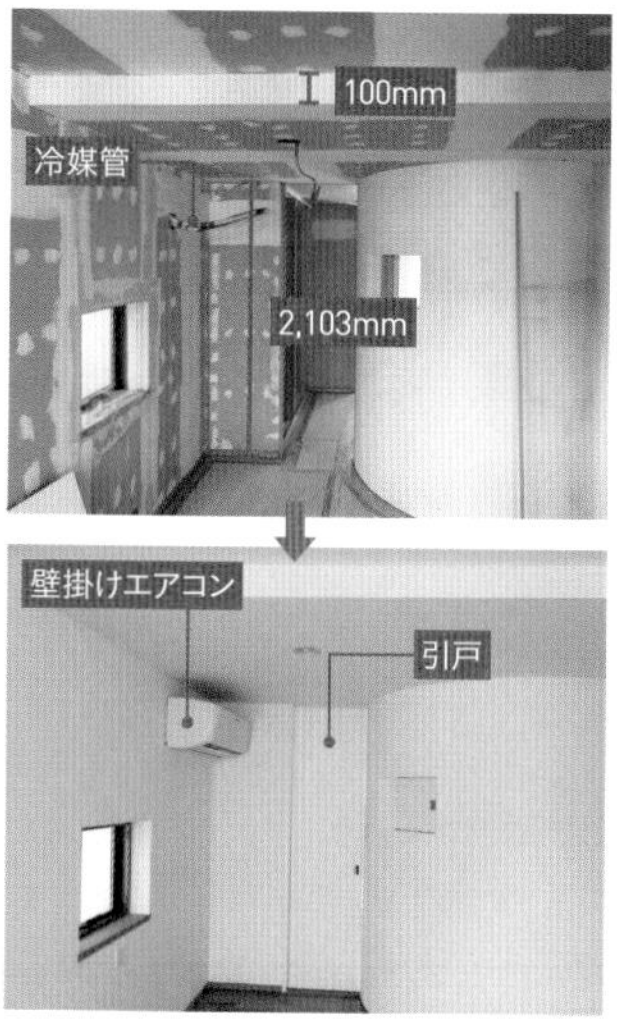

100mm
冷媒管
2,103mm
壁掛けエアコン
引戸

天井高を記入し、1枚の図面で高さも把握できるようにする。天井高の切り替え位置も記入すると、平面上の何を基準として決めているかが分かる。ここでは収納ボックスの左端が基準

2 給湯器の配管は機器で隠す

冷媒管
ガス管
給湯管
給水管
電気配線
上部で固定
（質量600kg以下）
給湯器
コンクリート
ブロック

土台上や基礎立上りから外部に出した設備配管はなるべく隠蔽したいところ。機器本体で隠れる位置に配管設備を取り出すように指示しておくとよい［※］

3 給排水管の位置は通り心からの寸法を記載する

給排水衛生設備の配管工事は、仕上げ工事前に行われる［❶］。通り心（柱心）からの寸法を記載しておけば正確な位置に取り付けられる［❷・❸］

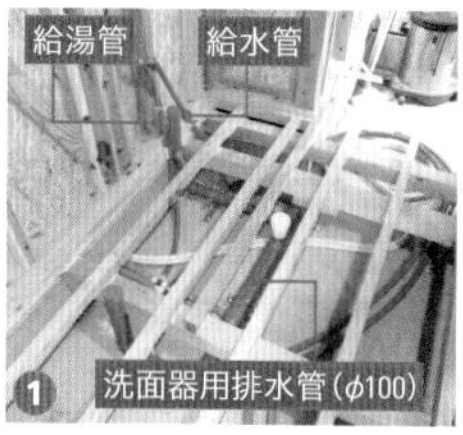

給湯管
給水管
1
洗面器用排水管（φ100）

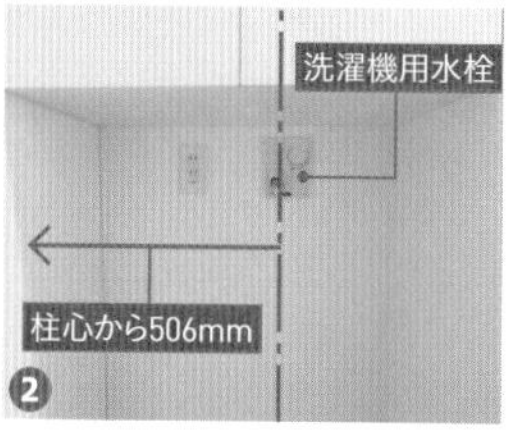

洗濯機用水栓
柱心から506mm
2

洗濯機用水栓
3

4 見え掛り情報を描く

タイルの大きさを
そろえられるように
検討する

タイルの割付けの位置を示すときは、張り始めの位置に関わる開口寸法や、設備機器の取り付け位置寸法も記入する。詳細は浴室詳細図で指示［98〜108頁参照］

竣工

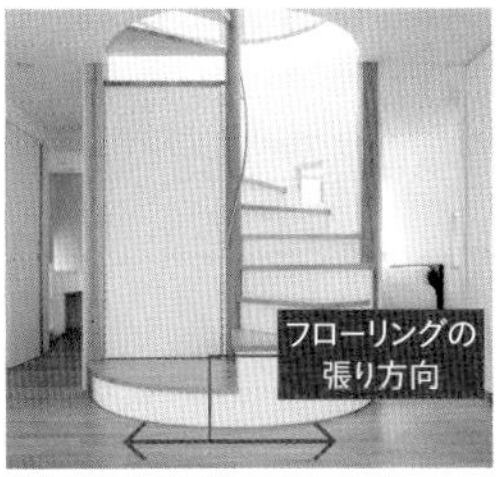
フローリングの
張り方向

子供室から螺旋階段の方向をみる。フローリングの向きは短手方向［写真：大沢誠一］

5 PSは必要最小寸法を記載する

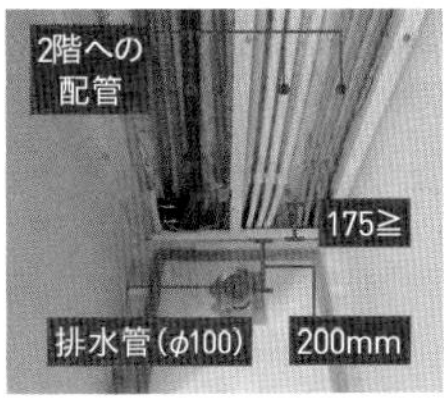
2階への
配管
175≧
排水管(φ100)
200mm

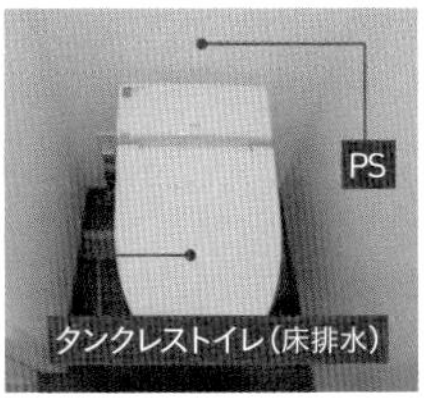
PS
タンクレストイレ(床排水)

工事の作業性、竣工後のメンテナンスを考えて、給排水、冷暖房、電気などの配管スペースをつくる際には、PSの寸法（必要最小寸法）を記載する。ここでは、2階にLDKを配し、床暖房のための配管も上下階を行き来するので、1階トイレの壁をふかしてPSを確保［105頁参照］

6 照明位置も平面詳細図に描く

配線ダクト

照明の位置を描くことで照明以外の要素との位置関係を明確に示すと同時に天井の下地（野縁）を組む際、照明を避けて野縁を組んでほしいことが伝わる［132〜135頁参照］

平面詳細図［S＝1：60］(元図［S＝1：20］)

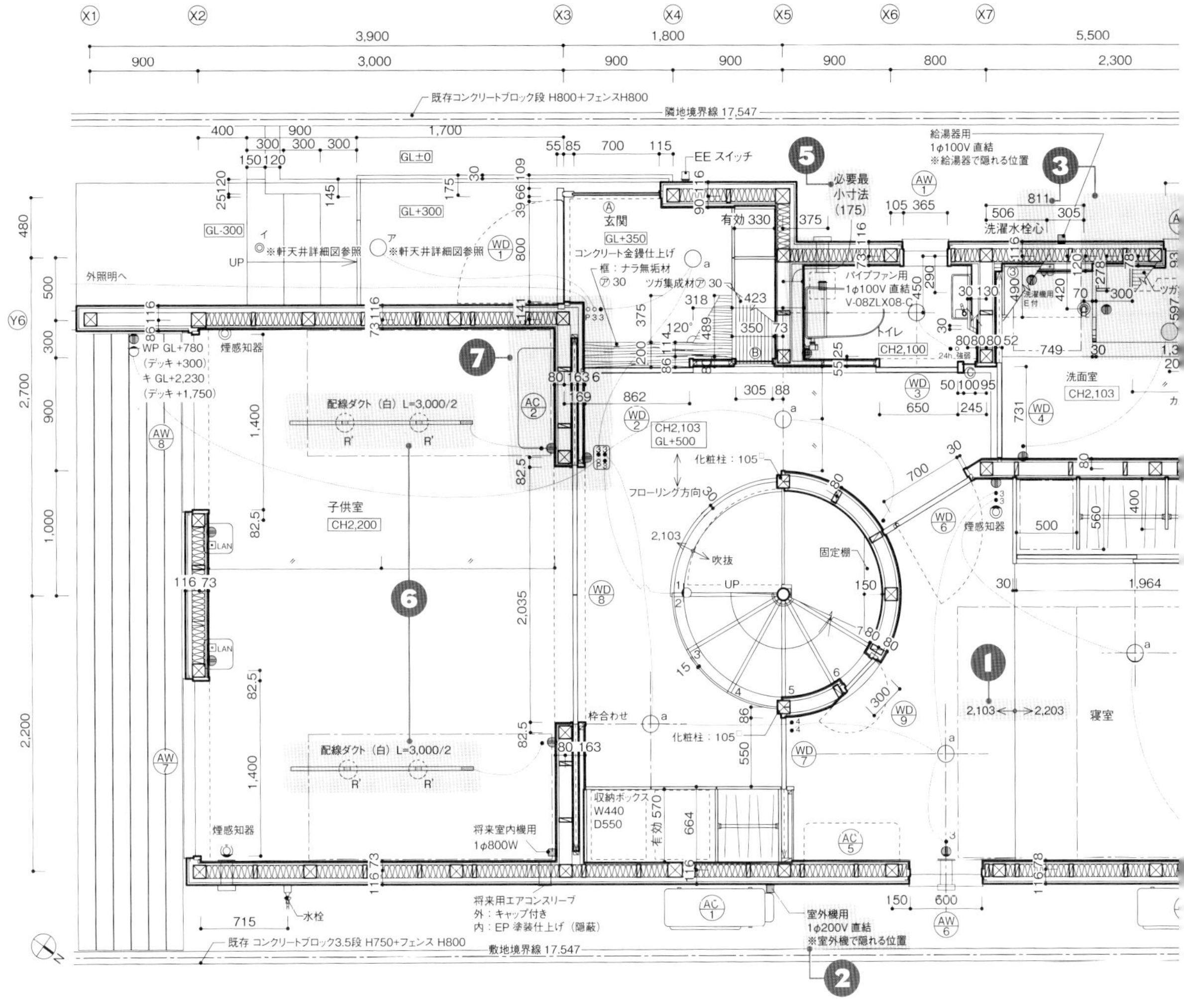
既存コンクリートブロック段 H800＋フェンスH800
隣地境界線 17,547
EE スイッチ
必要最
小寸法
(175)
給湯器用
1φ100V 直結
※給湯器で隠れる位置
洗濯水栓心
玄関
GL+350
コンクリート金鏝仕上げ
框：ナラ無垢材
ツガ集成材
パイプファン用
1φ100V 直結
V-08ZLX08-C
トイレ
CH2,100
洗面室
CH2,103
外照明へ
煙感知器
配線ダクト（白）L=3,000/2
子供室
CH2,200
CH2,103
GL+500
化粧柱：105
フローリング方向
吹抜
固定棚
UP
枠合わせ
寝室
収納ボックス
W440
D550
将来室内機用
1φ800W
将来用エアコンスリーブ
外：キャップ付き
内：EP 塗装仕上げ（隠蔽）
室外機用
1φ200V 直結
※室外機で隠れる位置
水栓
既存 コンクリートブロック3.5段 H750+フェンス H800
敷地境界線 17,547

7 内部耐力壁とエアコン・建具の取合いをチェックする

設備配管を引き回すうえで問題となるのが内部耐力壁との取合いである。面材耐力壁を配管が貫通してしまうのは好ましくないので、その部分は筋かいにして、構造耐力上支障をきたさないようにしたい

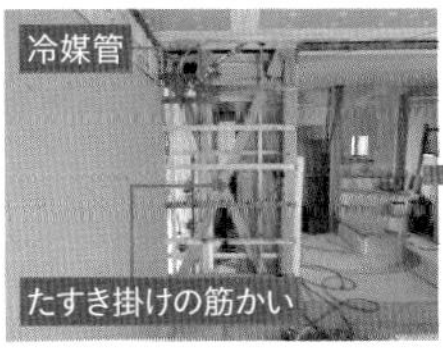
冷媒管
たすき掛けの筋かい

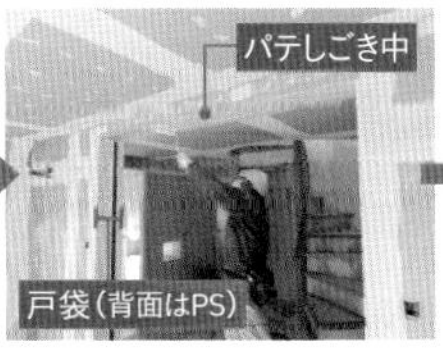
パテしごき中
戸袋(背面はPS)

壁掛けエアコン
戸袋に納まる引込み戸

※ 東日本大震災では、アンカーボルトによる基礎への緊結が不十分で、住宅の貯湯タンク式電気給湯器の転倒が多数発生。平12建告1388号の技術的基準が一部改正され、質量600kg以下の据置き型給湯器を仕様規定により固定する場合は、上部をアングル・ビスなどで固定する。底部は固定不要

平面詳細図4

床の仕上げや特記内容が一目で理解できるように描く

平面詳細図は最も基本となる図面である。筆者の事務所では、可能であれば1／30スケール、用紙に入らなければ1／50スケールで描くことにしている。動線や物の出し入れを具体的にシミュレートするためには、最低でもこのくらいの大きさが平面詳細図に必要だと考えている。基本的なタイルの割り付け方、壁、家具の納まりなど、施工図を起こす可能性がある部分の情報は可能な限り網羅するようにしたい。

　間柱や断熱材など、実際の現場工事を想定するために必要な情報を伝えることも大切だ。このほか、設計上、または施工上の問題点や注意点を事前に発見・確認・検討するための手段としても大いに役立てたい。

［彦根明］

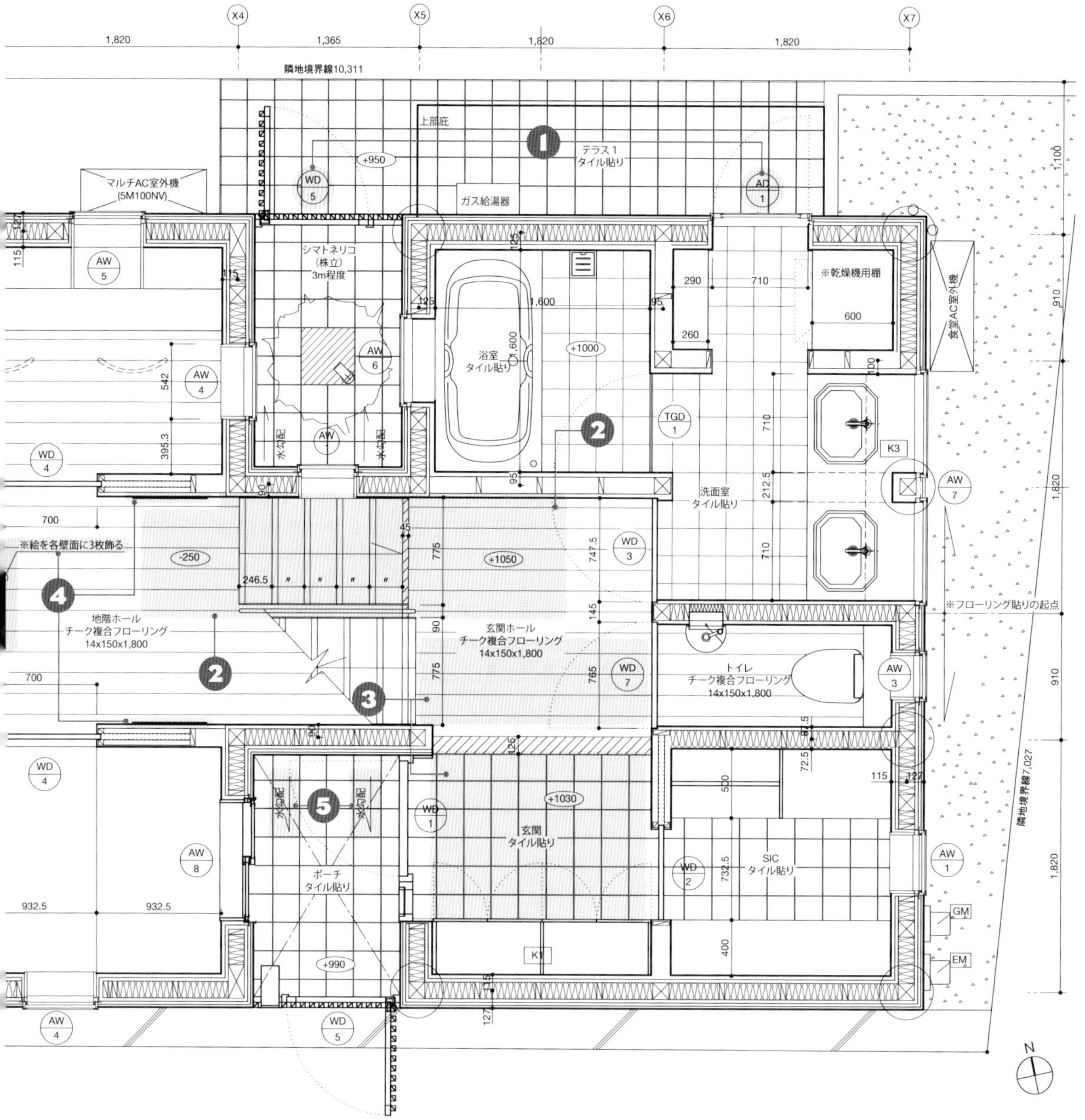

1 建具素材の違いを伝える

木製

アルミ製

この家は、建具を木製とアルミ製に分けて設置しているため、各部の建具がどちらにあたるかを明記している。玄関、室内、勝手口の建具が木製、外部開口部がアルミ製

2 同一フロアで床高が異なる場合はGLで表記

玄関ホール（GL+1,050）
地階ホール（GL-250）

1階の東側半分が地上階、西側半分が地階となっているため図面上にその情報を記載する。地階ホールとそれにつながる客間書斎はGL-250、　玄関ホールはGL+ 1,050というように高さを明記している

3 床仕上げの違いが一目で分かるようにする

玄関ホールフローリング張り
玄関土間タイル張り

床の仕上げを図面上で指示するとともに、直観的に違いが理解できるようにハッチングを変えている。玄関ホール、地階ホール、書斎のフローリングの張り起点は統一して指示した（柱の通り心とリンクしている）。客間の畳の方向と寸法も具体的に指示している

4 内装に関わる重要事項は特記する

3枚の絵の飾り場所は建築主の重要な要望の一つであった。その重要性を現場に伝えて施工上の注意を促している。文字で特記するだけでなく、具体的な絵の配置を描き込んで確実に伝える

5 ポーチの水勾配を記載

3方が外壁に囲まれた中庭はタイルを張りポーチとしても機能する。中庭の上部には天窓の屋根を設けているが、門扉側は格子が取りつくだけなので、雨水が吹き込んでくる。防水に問題が生じないように外側に勾配をつける旨を明記しておく

平面詳細図［S＝1：50］

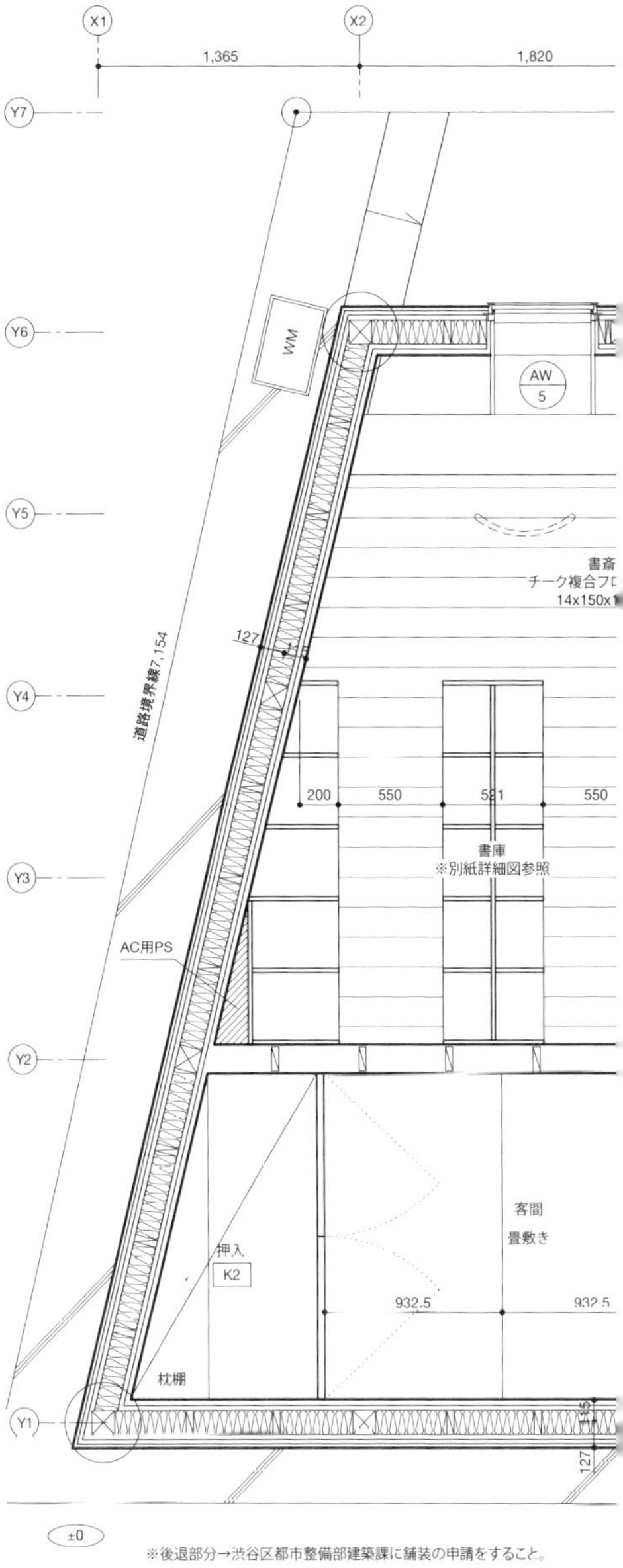
X1
X2
1,365
1,820
Y7
Y6
Y5
Y4
Y3
Y2
Y1
WM
AW
5
書斎
チーク複合フロ
14x150x1
127
道路境界線7,154
200
550
521
550
書庫
※別紙詳細図参照
AC用PS
客間
畳敷き
押入
K2
932.5
932.5
枕棚
127
±0
※後退部分→渋谷区都市整備部建築課に舗装の申請をすること。

矩計図

高さ方向の情報や仕上げについて網羅する

矩計図には、平面詳細図同様、断面に見えるものをすべて描くことが大切。とくに重要なのは高さの数値情報で、矩計図の寸法が現場での重要な基準となる。フローリングの厚さにいたるまで正確に描くようにしたい。床・壁・天井・屋根の部材構成も見やすく記載する。展開図の役割も兼ねるので、見え掛りとなる壁や建具も表記しておきたい。

矩計図は立体的なキープランとして、常に平面詳細図と連動させて確認できるツールとなるように作製したい。そのため仕上げなどの表記も、平面詳細図と同様の内容を記載し、施工者がどちらの図面を見ても現場で判断できるようにすることが肝心である。［瀬野和広］

矩形図 ［S＝1：60］（元図 ［S＝1：30］）

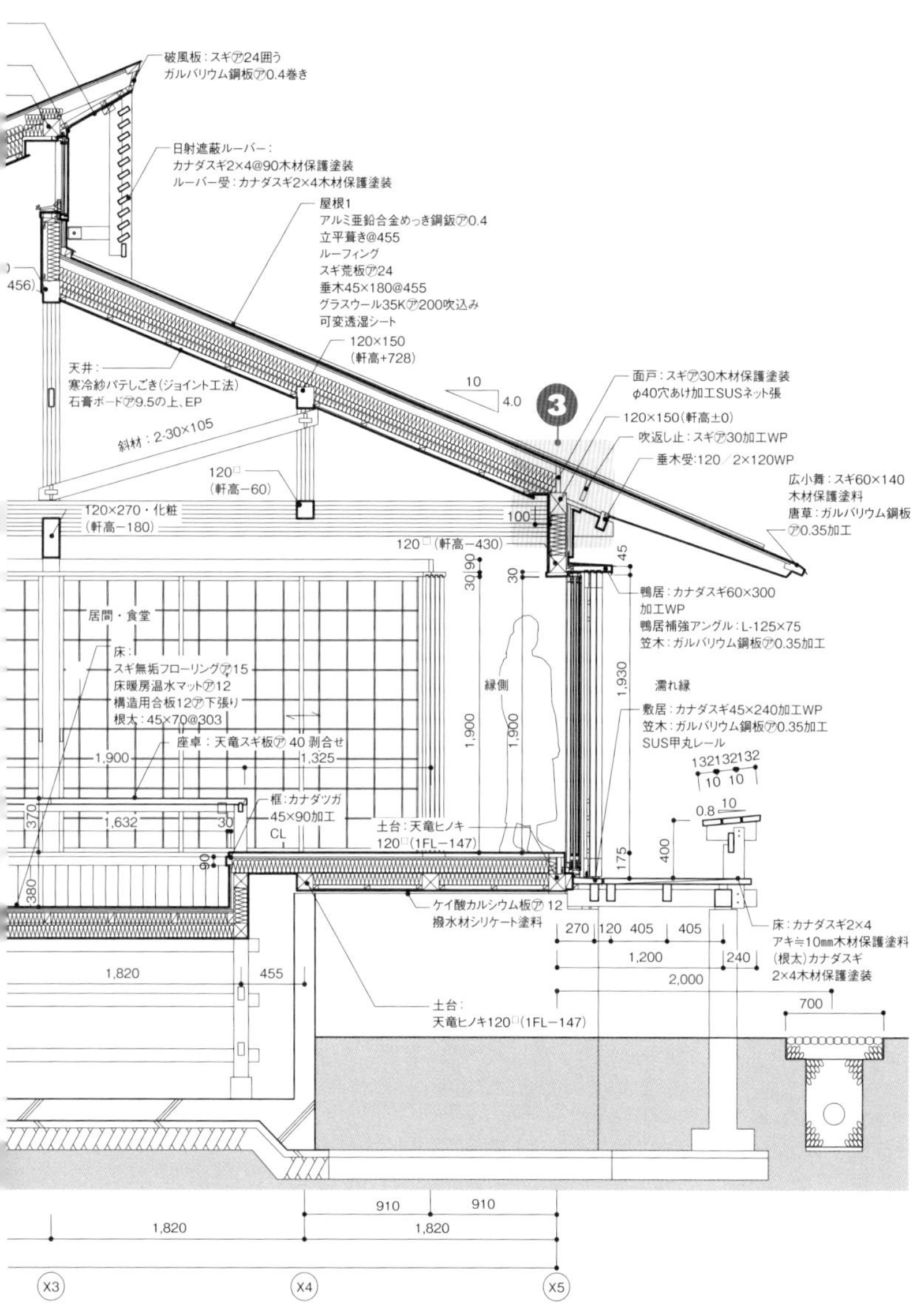

破風板：スギ㋐24囲う
ガルバリウム鋼板㋐0.4巻き
日射遮蔽ルーバー：
カナダスギ2×4@90木材保護塗装
ルーバー受：カナダスギ2×4木材保護塗装
屋根1
アルミ亜鉛合金めっき鋼鈑㋐0.4
立平葺き@455
ルーフィング
スギ荒板㋐24
垂木45×180@455
グラスウール35K㋐200吹込み
可変透湿シート
456)
120×150
(軒高+728)
天井：
寒冷紗パテしごき（ジョイント工法）
石膏ボード㋐9.5の上、EP
10
4.0
3
斜材：2-30×105
120□
(軒高−60)
120×270・化粧
(軒高−180)
面戸：スギ㋐30木材保護塗装
φ40穴あけ加工SUSネット張
120×150（軒高±0）
吹返し止：スギ㋐30加工WP
垂木受:120／2×120WP
広小舞：スギ60×140
木材保護塗料
唐草：ガルバリウム鋼板
㋐0.35加工
100
120□（軒高−430）
30 90
30
45
鴨居：カナダスギ60×300
加工WP
鴨居補強アングル：L-125×75
笠木：ガルバリウム鋼板㋐0.35加工
居間・食堂
床：
スギ無垢フローリング㋐15
床暖房温水マット㋐12
構造用合板12㋐下張り
根太：45×70@303
縁側
1,900
1,900
1,930
濡れ縁
敷居：カナダスギ45×240加工WP
笠木：ガルバリウム鋼板㋐0.35加工
SUS甲丸レール
132132132
10 10
座卓：天竜スギ板㋐ 40 剥合せ
1,900
1,325
0.8
10
370
1,632
30
框：カナダツガ
45×90加工
CL
土台：天竜ヒノキ
120□（1FL−147）
400
175
90
380
ケイ酸カルシウム板㋐ 12
撥水材シリケート塗料
270 120 405 405
1,200 240
2,000
床：カナダスギ2×4
アキ≒10㎜木材保護塗料
（根太）カナダスギ
2×4木材保護塗装
1,820
455
土台：
天竜ヒノキ120□（1FL−147）
700
910 910
1,820 1,820
X3
X4
X5

1 構造材の取合いが一目で分かるように描く

小屋束
くも筋かい
小屋梁

矩計図はまず妻側断面を作図している。この事例では、必要な部位の高さや形状が妻側の図面でほぼ押さえられるうえ、平側方向各部の高さも割り出せるからだ。2方向から見れば、横架材など部材どうしの取合いも確認できる

2 線の太さを有効的に使い分ける

小屋梁
（太い線）
鴨居（細い線／見え掛り）

見え掛り面の意匠情報を描くときは、断面情報が見づらくならないよう線種を使い分ける。見え掛り部分は細い線（0.05㎜）で記載し、位置関係を示す。造作家具などの重要な高さ寸法も、見え掛りでも記載する場合がある。ここでは障子の姿図を描き、梁下に納まるイメージを施工者に伝えた

❸ 細部を描き込む

軒先詳細図[S=1:15](元図[S=1:8])

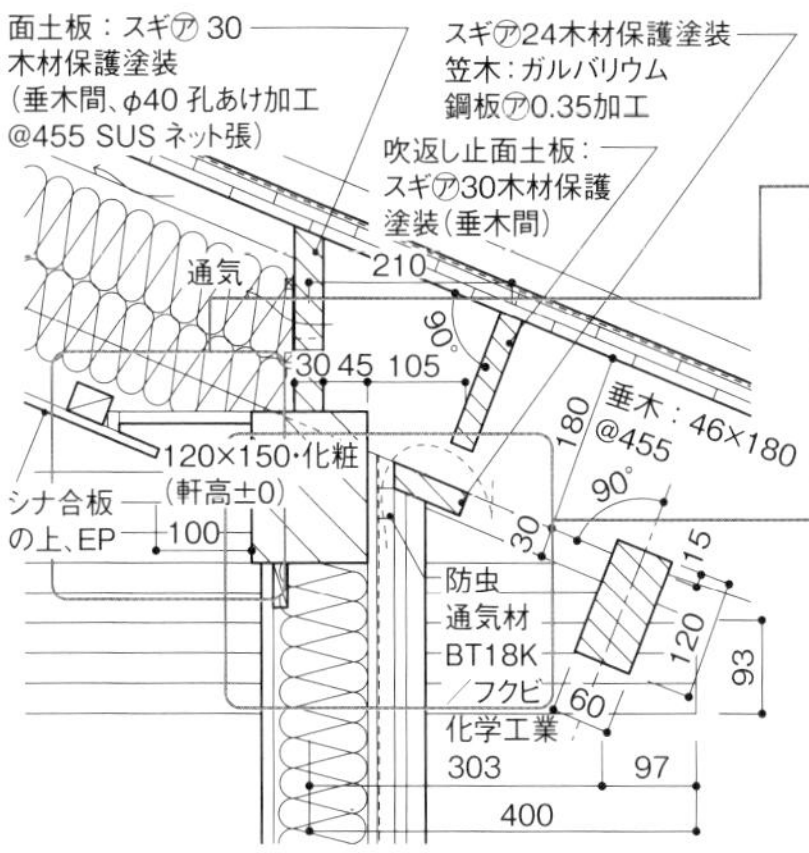
面土板：スギ㋐ 30
木材保護塗装
(垂木間、φ40 孔あけ加工
@455 SUS ネット張)
スギ㋐24木材保護塗装
笠木：ガルバリウム
鋼板㋐0.35加工
吹返し止面土板：
スギ㋐30木材保護
塗装(垂木間)
通気
210
90°
30 45 105
180
垂木：46×180
@455
90°
120×150・化粧
(軒高±0)
シナ合板
の上、EP
100
30
15
防虫
通気材
BT18K
フクビ
化学工業
120
93
60
303
97
400

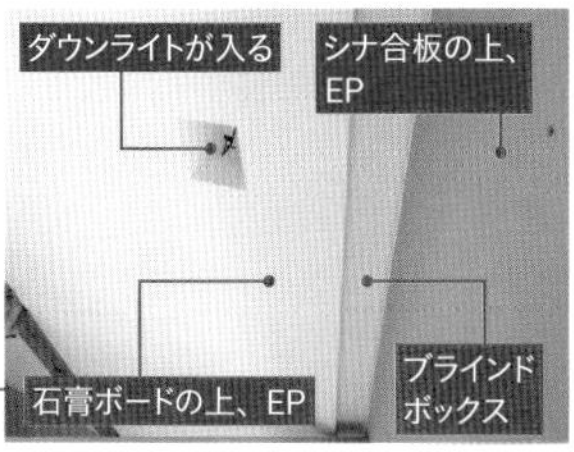
ダウンライトが入る
シナ合板の上、EP
石膏ボードの上、EP
ブラインドボックス

鴨居
野地板
既製品アルミサッシ(非防火)
垂木

CAD作図の利点を生かし、拡大すればそのまま枠廻り詳細図になるよう描く

❹ 仕上げの取合いが分かるように描く

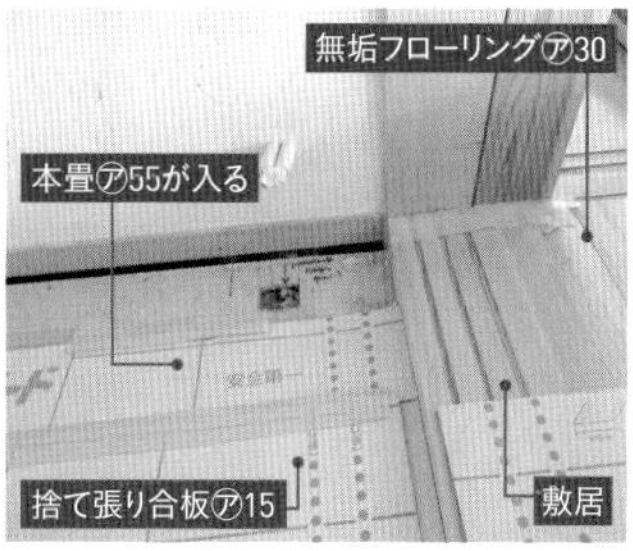
無垢フローリング㋐30
本畳㋐55が入る
捨て張り合板㋐15
敷居

本事例の設計では、畳とフローリングを同じ高さで納めるために、畳側の根太レベルを下げている。下地の大まかな構成を図面中に描き、細かい寸法や材料の取合いなどは詳細図に別途記載する

❺ 矩計図で部材構成を網羅

1
ラスモルタル㋐20、
リシン仕上げ

2
縦胴縁
遮熱透湿機能付き
外壁防水シート

3
耐力壁(調湿機能付き)

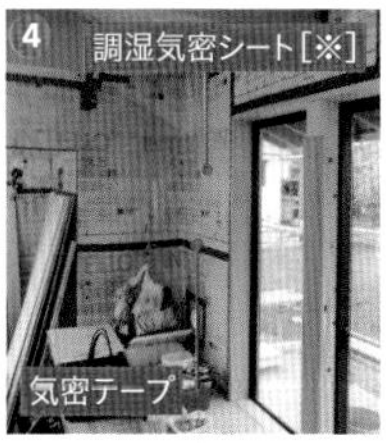
4
調湿気密シート[※]
気密テープ

5
押入れの仕上げ材
(キリ板)

ほかの図面と部材の情報を連動させ、どの図面を見ても部材構成が分かるようにしたい。正確な見積りを促すため、細かく記載。写真は外壁側から❶外壁仕上げ、❷外壁下地、❸耐力壁、❹内壁下地、❺内壁仕上げ

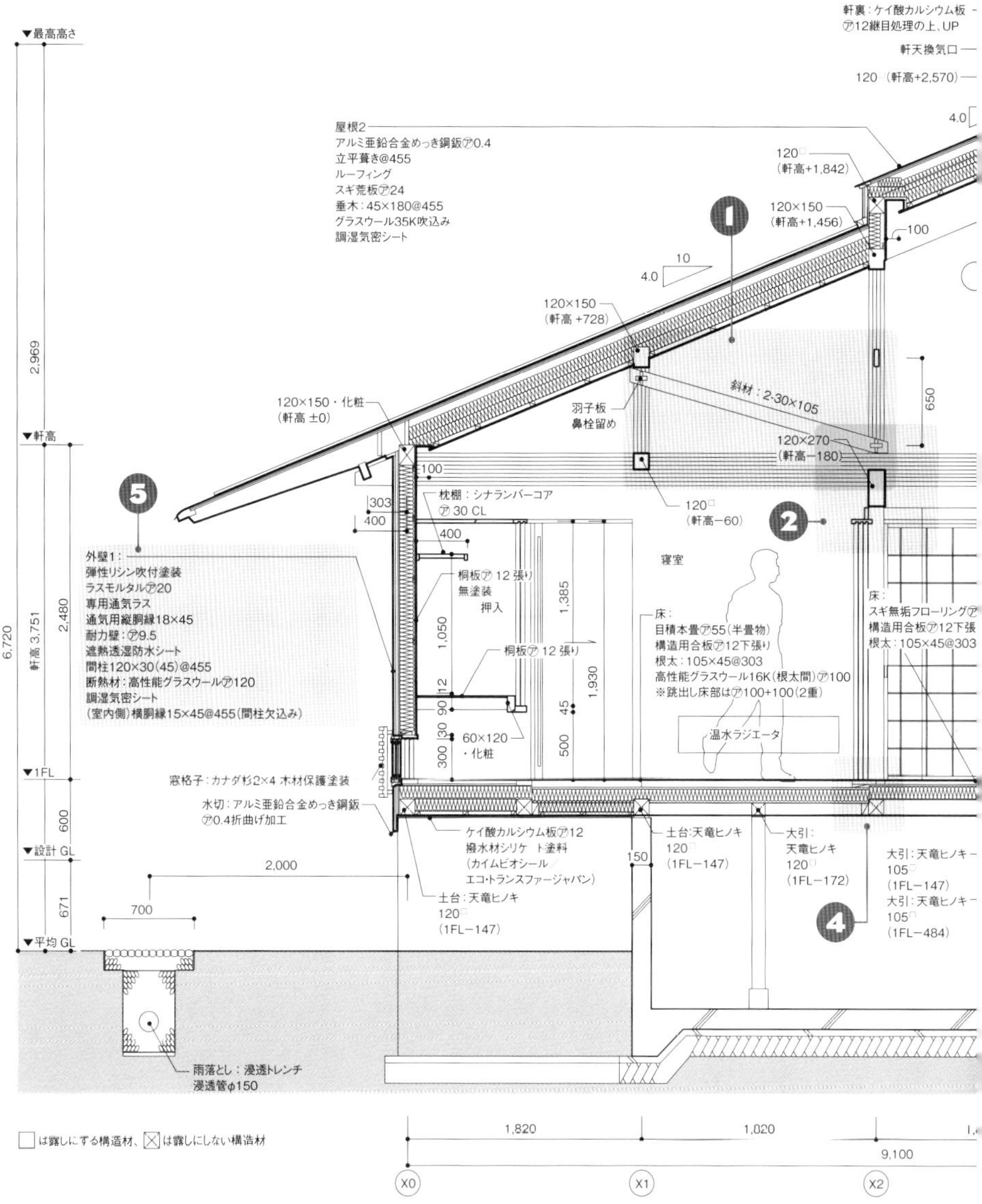
▼最高高さ
▼軒高
▼1FL
▼設計 GL
▼平均 GL
2,969
6,720
軒高 3,751
2,480
600
671
軒裏：ケイ酸カルシウム板
㋐12継目処理の上、UP
軒天換気口
120□(軒高+2,570)
4.0
屋根2
アルミ亜鉛合金めっき鋼鈑㋐0.4
立平葺き@455
ルーフィング
スギ荒板㋐24
垂木：45×180@455
グラスウール35K吹込み
調湿気密シート
120□
(軒高+1,842)
120×150
(軒高+1,456)
100
10
4.0
120×150
(軒高 +728)
羽子板
鼻栓留め
斜材：2-30×105
650
120×150・化粧
(軒高 ±0)
120×270
(軒高−180)
100
303
400
枕棚：シナランバーコア
㋐ 30 CL
400
120□
(軒高−60)
外壁1：
弾性リシン吹付塗装
ラスモルタル㋐20
専用通気ラス
通気用縦胴縁18×45
耐力壁：㋐9.5
遮熱透湿防水シート
間柱120×30(45)@455
断熱材：高性能グラスウール㋐120
調湿気密シート
(室内側)横胴縁15×45@455(間柱欠込み)
桐板㋐ 12 張り
無塗装
押入
1,385
1,050
桐板㋐ 12 張り
1,930
12
90
30
300
45
500
60×120
・化粧
寝室
床：
目積本畳㋐55(半畳物)
構造用合板㋐12下張り
根太：105×45@303
高性能グラスウール16K(根太間)㋐100
※跳出し床部は㋐100+100(2重)
温水ラジエータ
床：
スギ無垢フローリング㋐
構造用合板㋐12下張
根太：105×45@303
窓格子：カナダ杉2×4 木材保護塗装
水切：アルミ亜鉛合金めっき鋼鈑
㋐0.4折曲げ加工
ケイ酸カルシウム板㋐12
撥水材シリケート塗料
(カイムビオシール／
エコ・トランスファージャパン)
土台：天竜ヒノキ
120□
(1FL−147)
土台：天竜ヒノキ
120□
(1FL−147)
150
大引：
天竜ヒノキ
120□
(1FL−172)
大引：天竜ヒノキ
105□
(1FL−147)
大引：天竜ヒノキ
105□
(1FL−484)
2,000
700
雨落とし：浸透トレンチ
浸透管φ150
1,820
1,820
9,100
X0
X1
X2
□は露しにする構造材、☒は露しにしない構造材

※低湿時には防湿材となる一方、高湿時には透湿材となる気密シート。壁体内結露を防止する

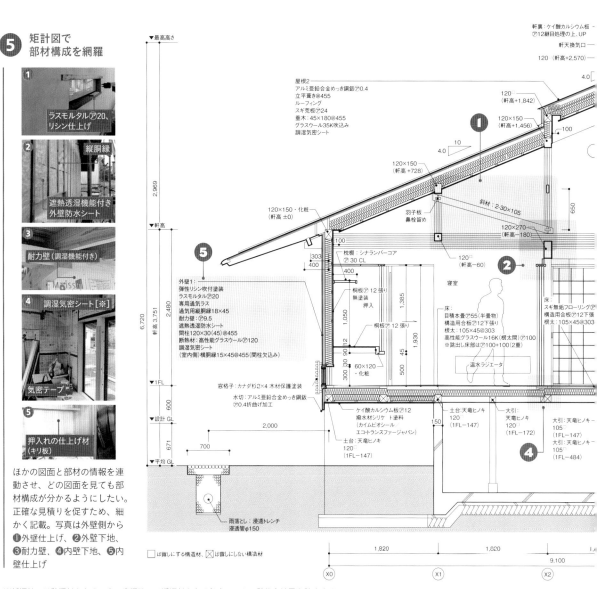

断面図

高さと納まりの指示は図面を分ける

筆者の設計事務所では1／20の全体矩計図は描かず、1／50の断面図を数カ所に分けて描いている。断面図では、建物全体の高さ寸法を分かりやすく示し、寸法設定の基準として躯体を描き込むが、仕上げや下地の詳細はあえて描かない。床・壁・天井の懐はグレーに塗り、内部空間のボリュームバランスを把握しやすくしている。

通常矩計図で表現される軒先、棟、基礎・土台廻りの詳細は、断面詳細図で別途伝える。同時に、高さ方向の細かい検討が必要な箇所は、断面詳細図でディテールを明確にする。ここでは螺旋階段部分の断面図について解説する。　［本間至］

断面図［S＝1：100］(元図［S＝1：50］)

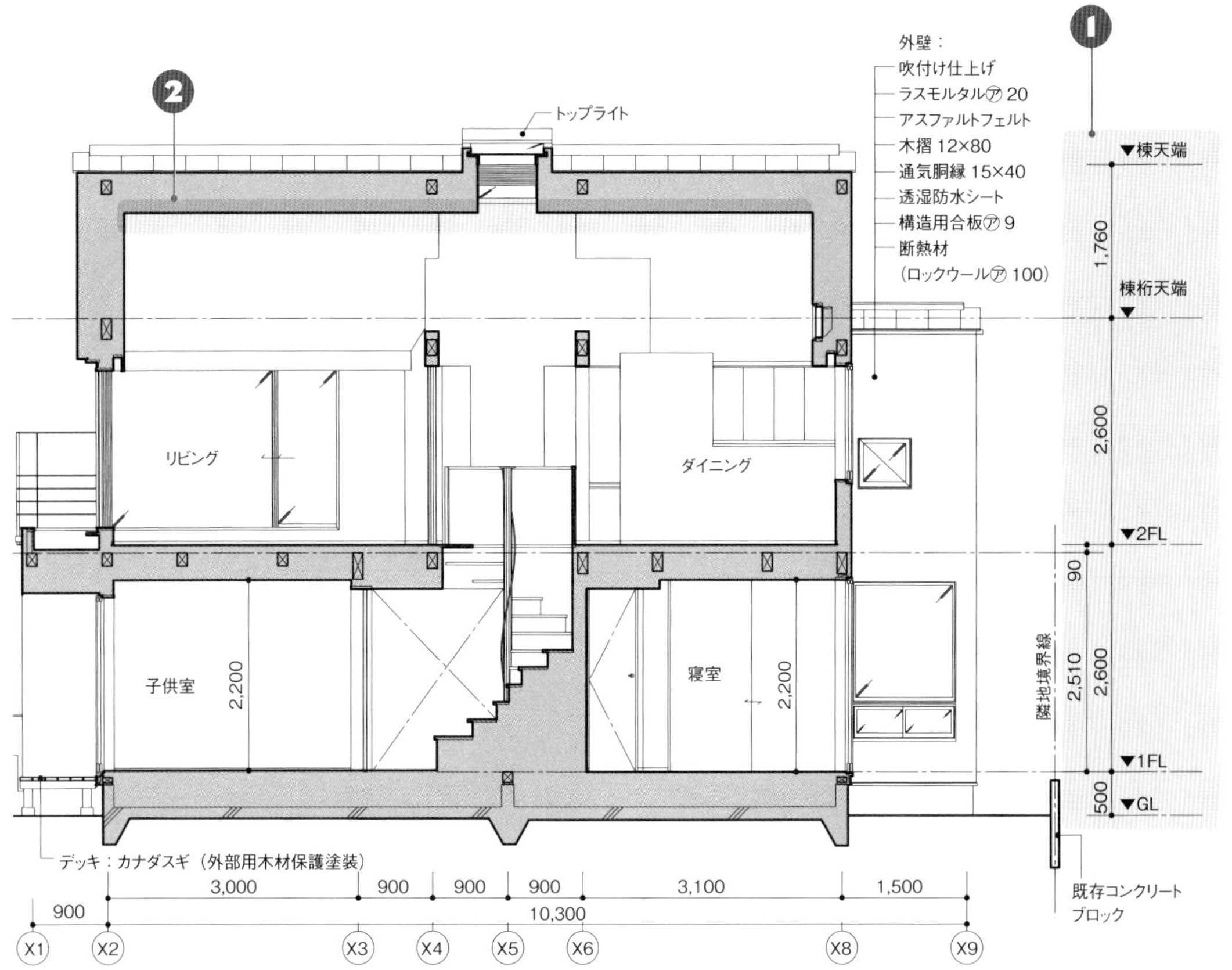

1
2
外壁：
吹付け仕上げ
ラスモルタル㋐20
アスファルトフェルト
木摺12×80
通気胴縁15×40
透湿防水シート
構造用合板㋐9
断熱材
(ロックウール㋐100)
トップライト
▼棟天端
棟桁天端
▼2FL
▼1FL
▼GL
1,760
2,600
90
2,510
2,600
500
隣地境界線
リビング
ダイニング
子供室
寝室
2,200
2,200
デッキ：カナダスギ（外部用木材保護塗装）
3,000
900
900
900
3,100
1,500
900
10,300
X1
X2
X3
X4
X5
X6
X8
X9
既存コンクリートブロック

1 各階の基準となる高さ寸法を記載

垂直方向の寸法は、階高の寸法および、床面と水平構造材の寸法関係が分かるように記入している。水平方向の寸法記入に際しては、平面図と符合しやすくするために、通り心番号も必要に応じて記入している

2 まぎらわしい情報は記載しない

1階の居室の天井高さは記載しているが、2階の天井高さは勾配天井となっており階高の基準線が図中で明確になりにくいので、あえて記入していない

棟部詳細図 [S=1：20]（元図 [S=1：10]）

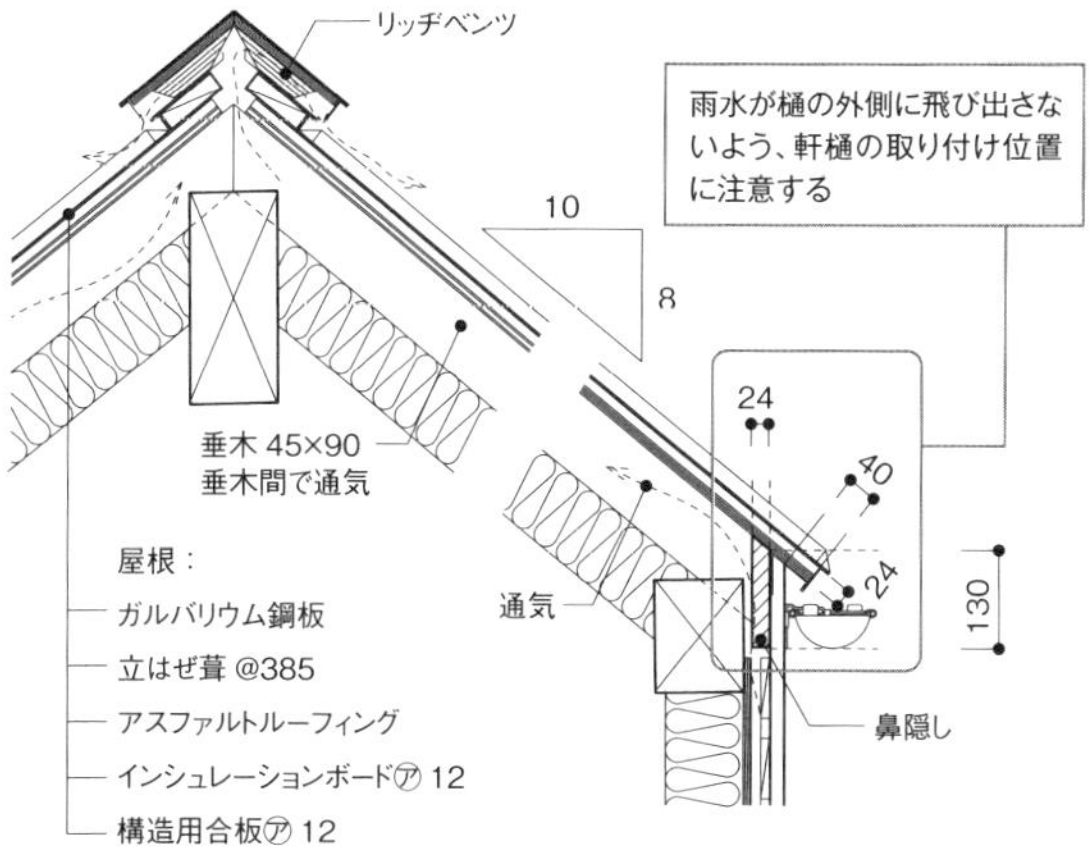
リッヂベンツ
雨水が樋の外側に飛び出さないよう、軒樋の取り付け位置に注意する
10
8
24
40
24
130
垂木 45×90
垂木間で通気
屋根：
ガルバリウム鋼板
立はぜ葺 @385
アスファルトルーフィング
インシュレーションボード㋐12
構造用合板㋐12
通気
鼻隠し

けらば詳細図 [S=1：12]（元図 [S=1：10]）

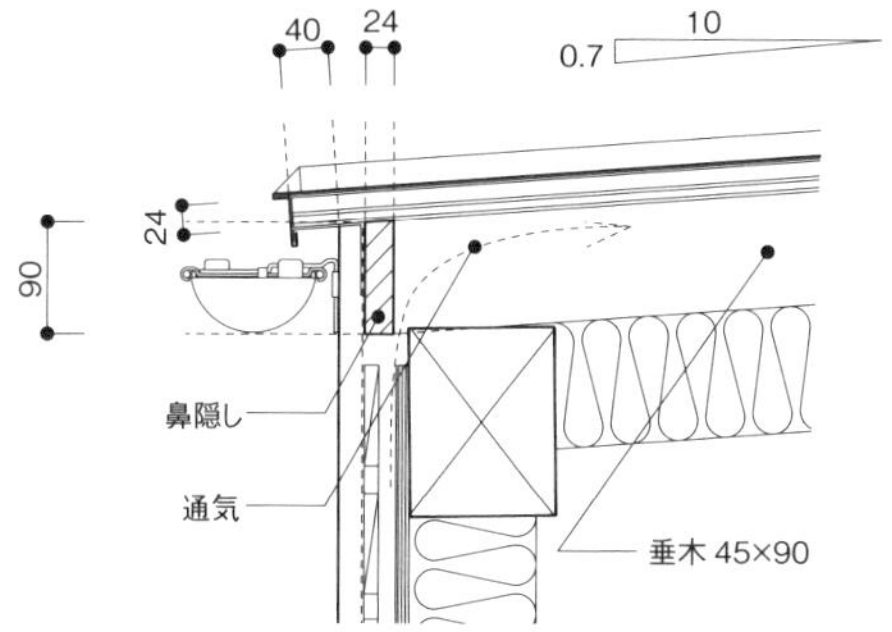
40
24
10
0.7
24
90
鼻隠し
通気
垂木 45×90

棟部・軒先・けらばの断面詳細図

屋根全般の納まり（通気ルートの確保など）を含め、外壁と屋根の取合い（軒樋との取合いなど）は断面詳細図で伝える。この建物では、通気は垂木間で行う棟換気とし、敷地の奥側は半丸の軒樋を取り付けている。軒樋は、既製品の仕様書を参考に、屋根面や鼻隠しからのクリアランスを明確に指示する

基礎断面詳細図 [S=1：20]（元図 [S=1：10]）

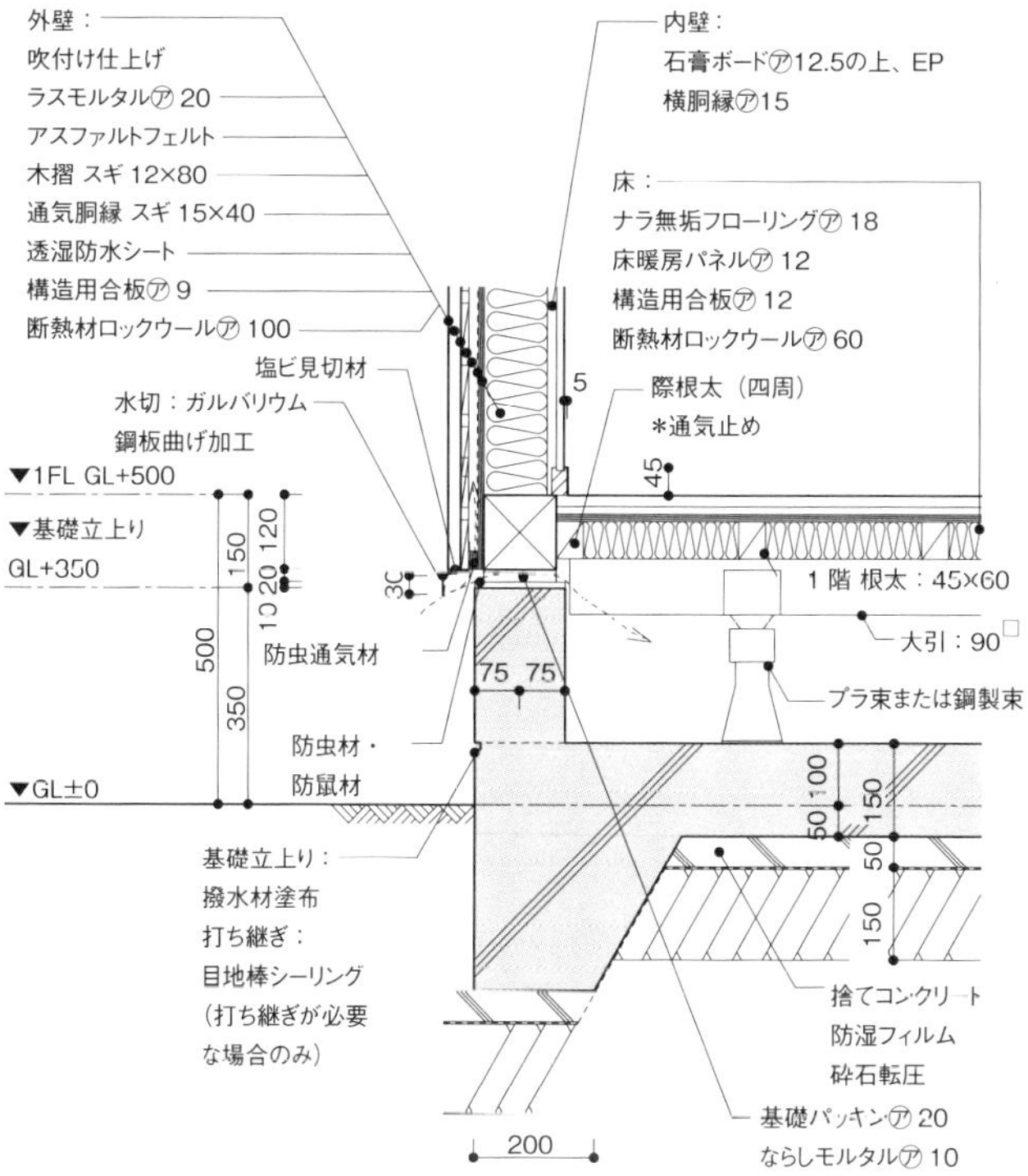
外壁：
吹付け仕上げ
ラスモルタル㋐20
アスファルトフェルト
木摺 スギ 12×80
通気胴縁 スギ 15×40
透湿防水シート
構造用合板㋐9
断熱材ロックウール㋐100
塩ビ見切材
水切：ガルバリウム
鋼板曲げ加工
▼1FL GL+500
▼基礎立上り
GL+350
防虫通気材
防虫材・
防鼠材
▼GL±0
基礎立上り：
撥水材塗布
打ち継ぎ：
目地棒シーリング
（打ち継ぎが必要
な場合のみ）
内壁：
石膏ボード㋐12.5の上、EP
横胴縁㋐15
床：
ナラ無垢フローリング㋐18
床暖房パネル㋐12
構造用合板㋐12
断熱材ロックウール㋐60
際根太（四周）
*通気止め
5
45
1階 根太：45×60
大引：90□
プラ束または鋼製束
75 75
120
150
20
10
30
500
350
100
50
150
50
150
捨てコンクリート
防湿フィルム
砕石転圧
基礎パッキン㋐20
ならしモルタル㋐10
200

基礎・土台廻りの断面詳細図

土台
防虫通気材
打ち継ぎ部
アンカーボルト

水切（板金加工）
通気口

設計GLを基準とした基礎立上りや土台の高さ、外壁・内壁・床の取合いを示す。通常、本事例のように基礎の耐圧版は設計GLよりも高く設定する。耐圧版と立上りを一体打設しないケースでは、打ち継ぎ部分を目地で逃げ、さらにシーリングすることで防水処理を行うか、立上り内部に止水材を入れるよう指示しておく

竣工

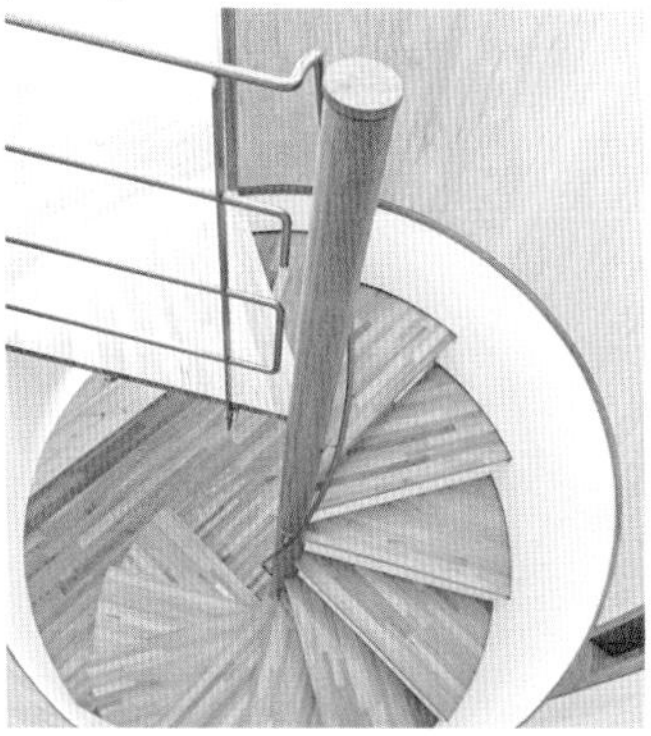

螺旋階段の見下げ。フローリングと段板は突き付けて納めた

断面詳細図 [S＝1：40]（元図 [S＝1：20]）

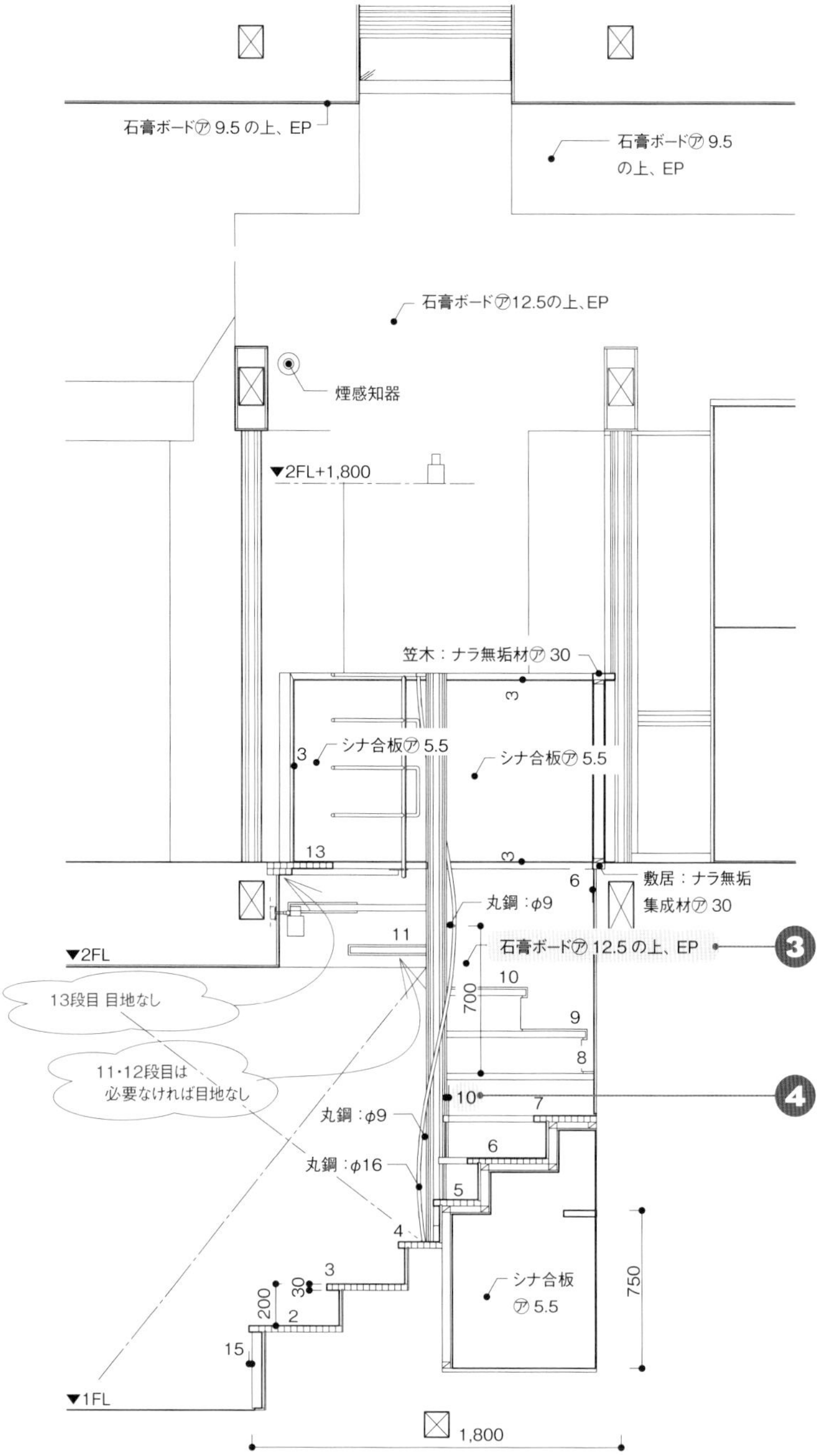

石膏ボード㋐9.5の上、EP
石膏ボード㋐9.5の上、EP
石膏ボード㋐12.5の上、EP
煙感知器
▼2FL+1,800
笠木：ナラ無垢材㋐30
3
3
シナ合板㋐5.5
シナ合板㋐5.5
13
3
6
敷居：ナラ無垢集成材㋐30
丸鋼：φ9
11
▼2FL
石膏ボード㋐12.5の上、EP
10
700
9
8
13段目 目地なし
11・12段目は必要なければ目地なし
10
7
丸鋼：φ9
6
丸鋼：φ16
5
4
3
30
200
2
シナ合板㋐5.5
750
15
▼1FL
1,800

3 曲げ合板で塗装仕上げを行う場合はパテ処理を入念に

2階部分
1階部分

パテ処理後の曲げ合板

階段壁のアール部分は、実施設計時は下地を石膏ボードで製作する予定だったが、曲面をきれいに出すため、現場との打ち合わせで曲げ合板に変更した。合板の場合は塗装前の下地処理に注意。平滑にするため、パテしごきとペーパー掛けを繰り返し行う必要がある

4 蹴込み板と支柱は目地で見切る

見切材（プラスチック）
蹴込み板（石膏ボード㋐9.5）

蹴込み板
見切あり

階段の蹴込み板と支柱の取合いは、10mmの目地（塩ビの見切材）で縁を切ることを図面で指示している

階段13段目詳細図 ［S＝1：40］（元図 ［S＝1：20］）

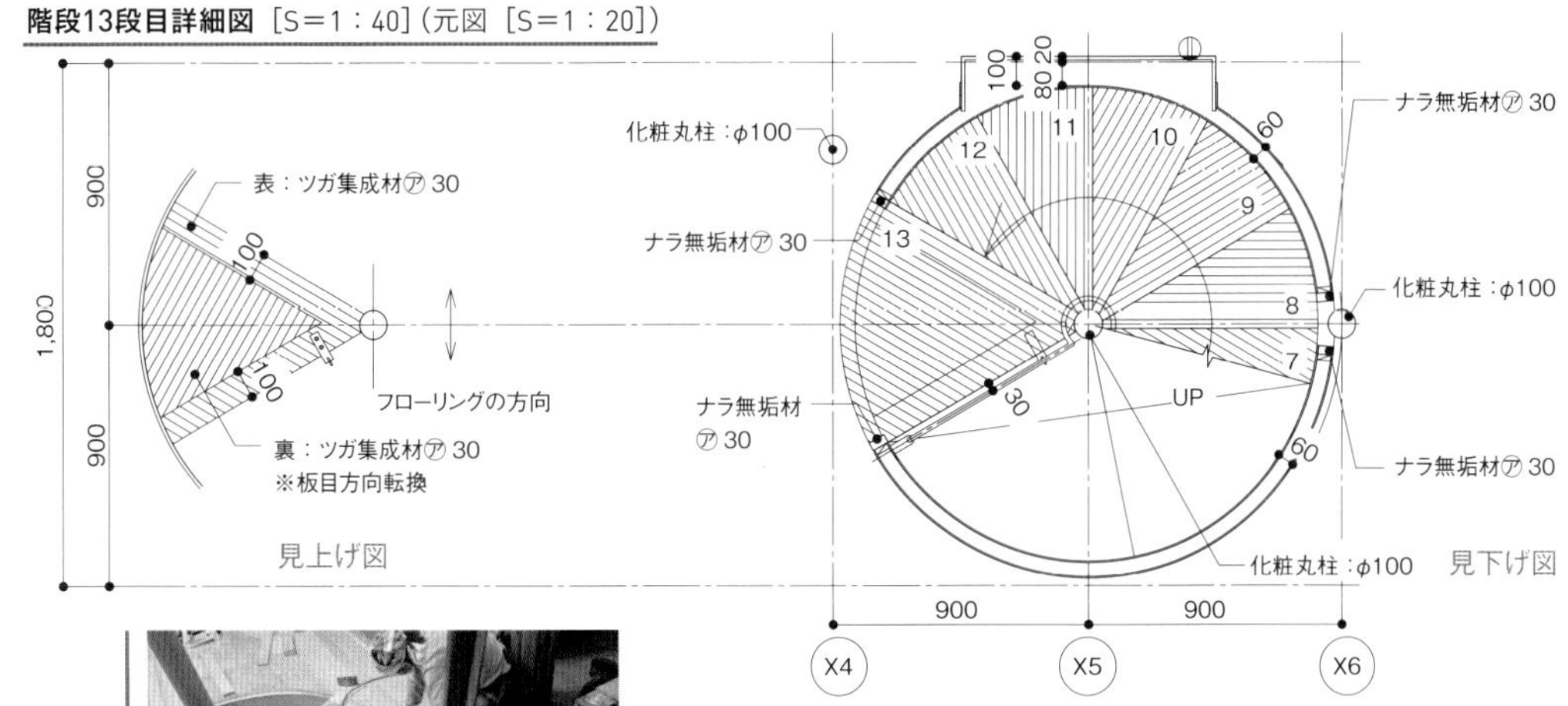
化粧丸柱：φ100
表：ツガ集成材㋐30
裏：ツガ集成材㋐30
※板目方向転換
フローリングの方向
見上げ図
ナラ無垢材㋐30
ナラ無垢材
㋐30
化粧丸柱：φ100
UP
見下げ図
1,800
900
900
100
80
20
60
30
X4
X5
X6
13
12
11
10
9
8
7

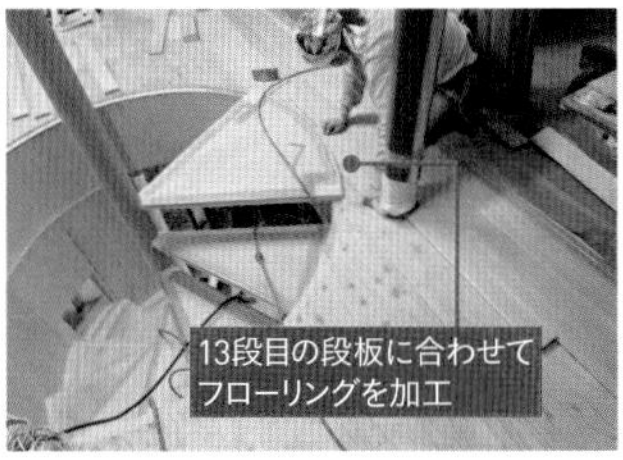
13段目の段板に合わせて
フローリングを加工

段板と2階床の取合いを決める

13段目が2階床と同面で、螺旋階段の一部となるので、ほかの段板と同じく集成材とした。床材と縁を切ることになるが、先に段板をアールにカットしてから、その段板に合わせてフローリングをカットし、すり合わせている。断面詳細図で、段板とフローリングの高さを指示する一方、平面詳細図でフローリングの方向と集成材（目地）の方向を指示［28・29頁参照］

手摺受詳細図 ［S＝1：1］（元図 ［S＝1：10］）

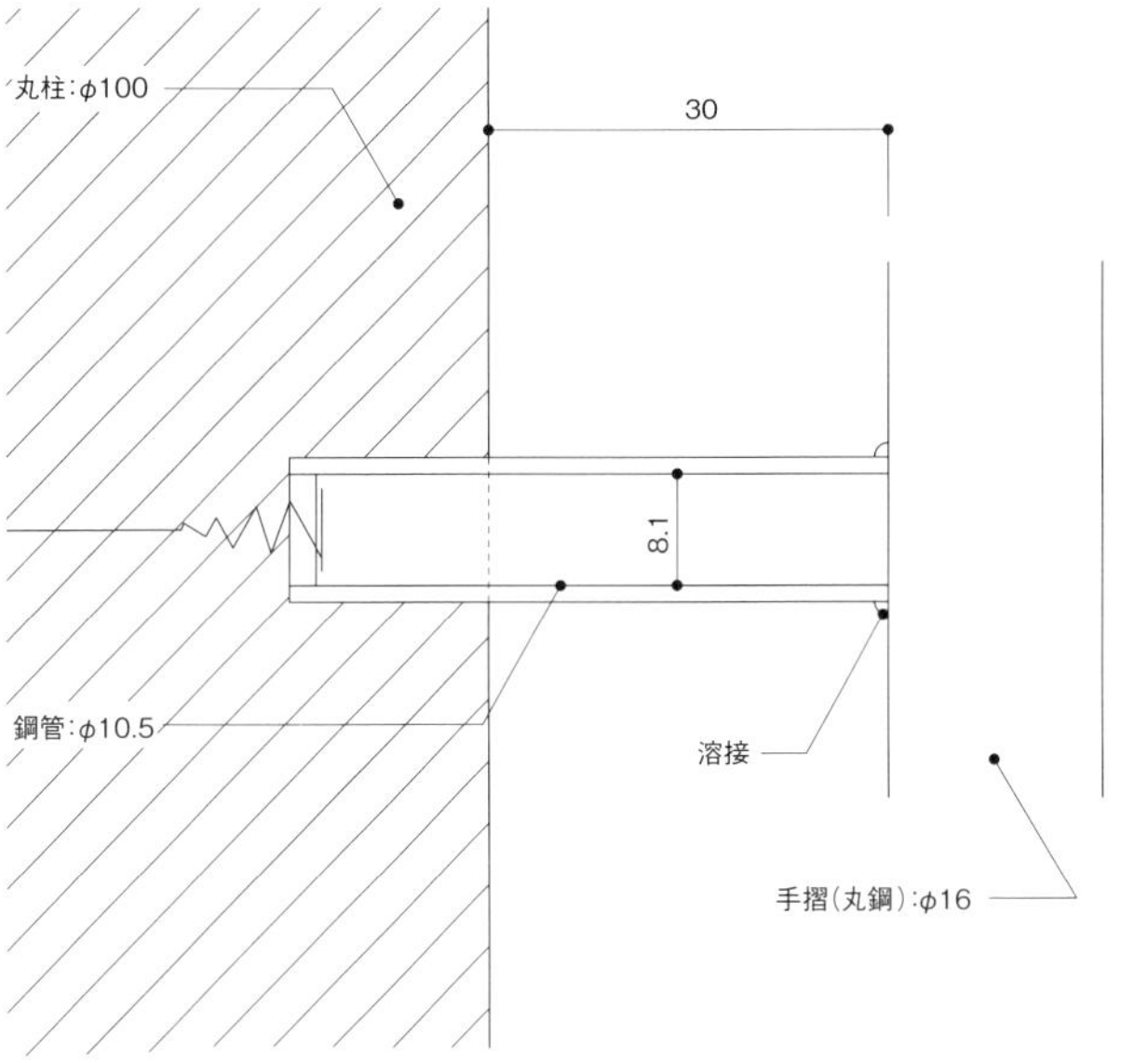
丸柱：φ100
30
8.1
鋼管：φ10.5
溶接
手摺（丸鋼）：φ16

支柱と手摺の固定方法を決める

受けプレート
手摺
支柱

階段支柱と手摺の納まりは、実施設計時、受けの丸鋼を支柱に刺す予定だったが、接着剤に頼ることになり固定が不安定となる。施工者との打ち合わせのうえ、丸鋼に受けプレートを取り付け、そのプレートを支柱にビスで留める納まりに変更

蹴上げ詳細図 ［S＝1：8］（元図 ［S＝1：5］）

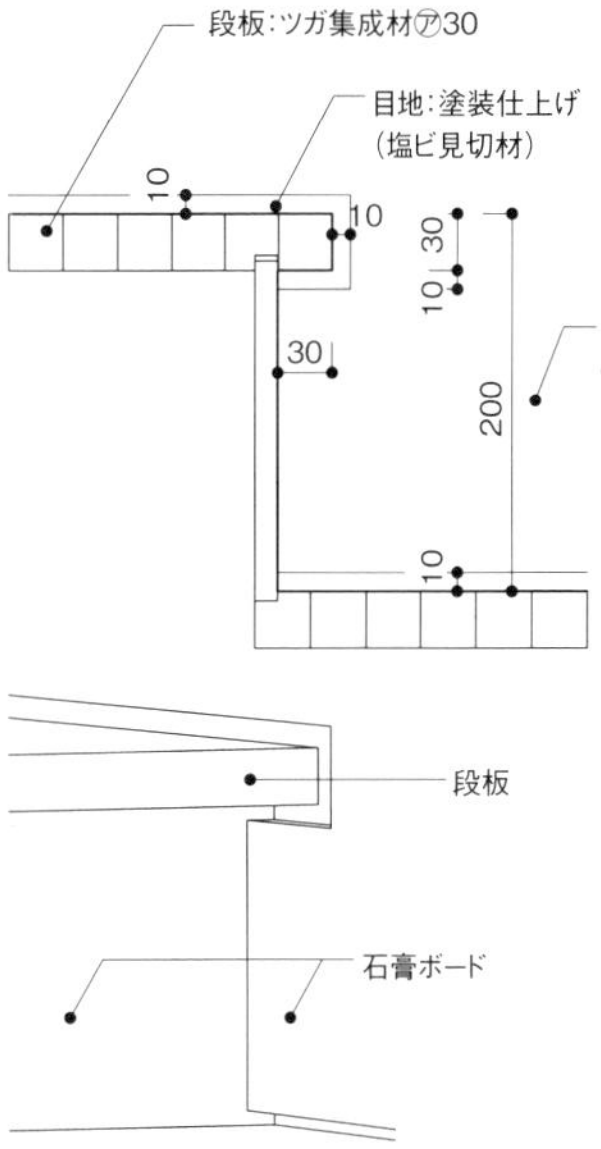
段板：ツガ集成材㋐30
目地：塗装仕上げ
（塩ビ見切材）
10
30
200
石膏ボード
㋐12.5
の上、EP
段板
石膏ボード

段板と壁の取合いには目地が必要

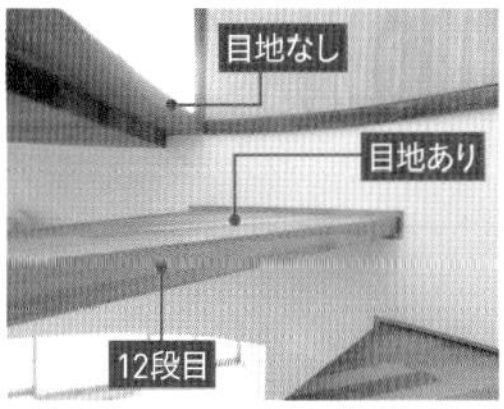
目地なし
目地あり
12段目

段板と壁の取合いは、必要に応じて目地を入れるように指示。段板には普通の床以上に、昇降の際に負荷ががかるため、段板と壁との取合い部分に亀裂が発生しやすくなる。目地で逃げをつくることで、亀裂が見えにくくなる

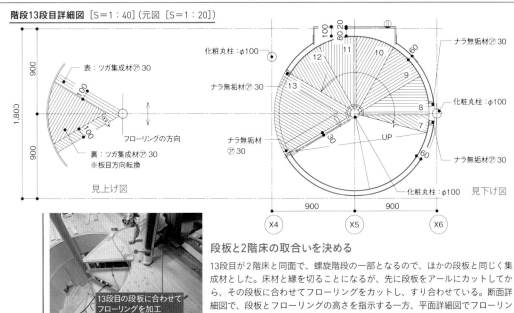

立面図

メーター類をうまく納めて建物の外観を美しく整える

立面図は、建物のプロポーションを検討・確認するための図面であるとともに、４面の外壁面に現れる要素を描く図面である。外観の美しさに影響を及ぼす、バルコニーの手摺や雨樋（軒樋・竪樋）、ポストや表札、室外機・メーター類なども、その取り付け位置や大きさなどを細かく指示したい。とくに、目につきやすい竪樋を通す位置は慎重に検討する必要がある。インターホンや表札、門扉と郵便ポストが取り付く場合は、その指示も立面図で行う。ただし、１／50の図面では細かい寸法まで指示できないので、その部分については別途詳細図（ここでは１／20のスケール）で細かく指示を行う。

［本間至］

妻側立面図［S＝1：80］（元図［S＝1：50］）

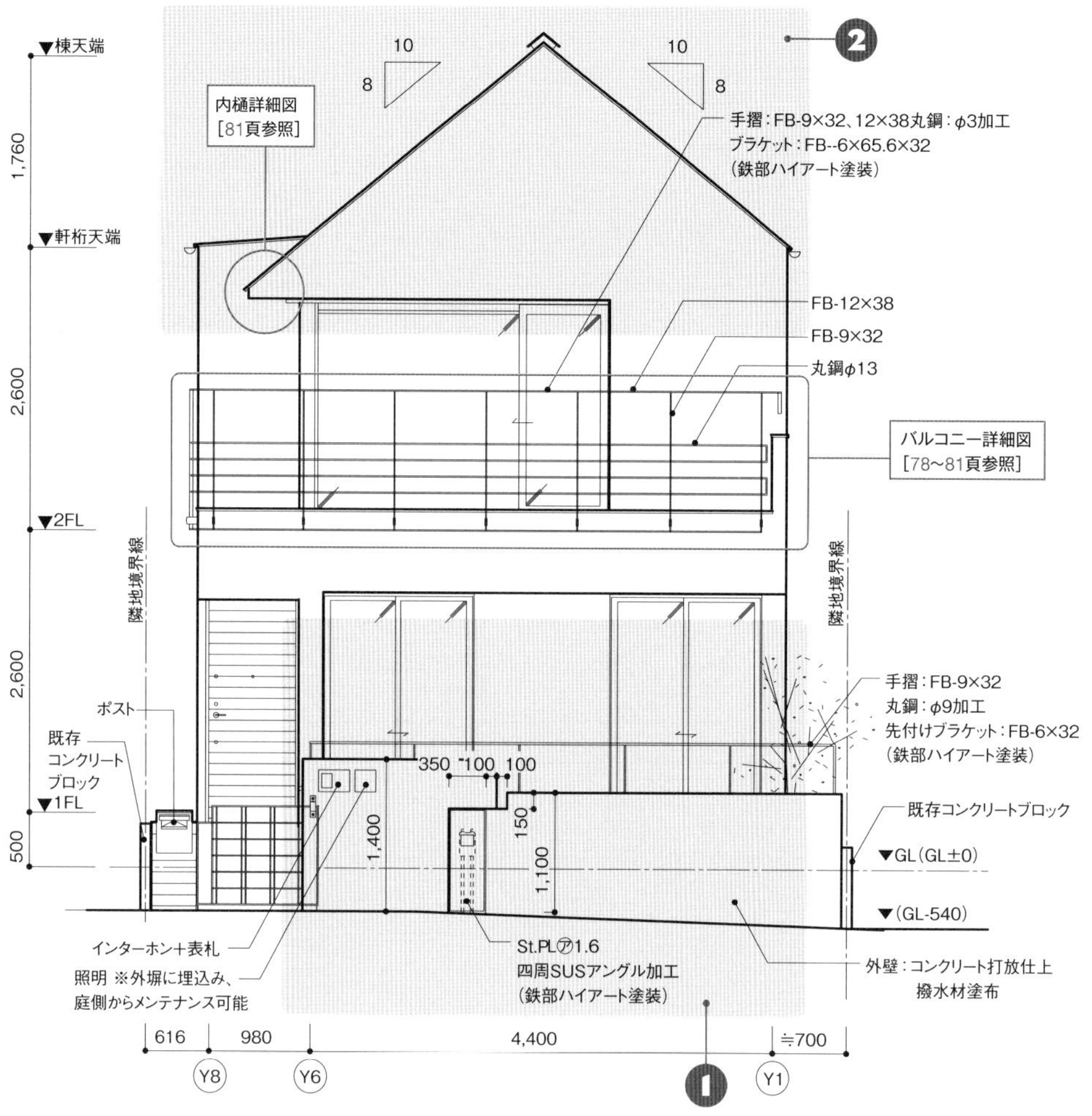

パネルで隠されたガスメーター
量水メーター
敷地内最終枡

コンクリート天端の指示（蓋の位置）
配筋
内扉のレール

スッキリポール［※］
量水メーター
敷地内最終枡

❶ メーター類を隠しつつ敷地の手前側にすっきりまとめる方法

立面図を検討する際は、設備関係のメーターの位置も大切な要素となる。メーターを検針する係員が敷地の奥まで入り込むことがないように手前側にまとめることが大切だが、外観にメーターが無造作に取り付くのも避けたいところ。この建物では、門扉の近くにすべてのメーターを置いている。電気メーターは「スッキリポール」［※］に取り付け、ガスメーターは塀の一部に埋め込み、パネルで隠している。駐車場に設置した水道メーターはコンクリート打設時に埋め込んだ。水道メーターの位置は、駐車したときに自動車で隠れる位置としている。立面図上に立ち現れない要素（量水メーターや敷地内最終枡）は、給排水衛生図［126・127頁参照］に記す

10
8
10
8
植栽（予定）
1,400mm
1,100mm
コンクリート塀

郵便ポスト
門扉

❷ 外壁や屋根のプロポーションを決める

立面図では、屋根や外壁の仕様を決める。勾配屋根は、勾配や軒の出の意図を示し、軒の出が十分でない場合は、雨樋の指示を行う。外壁は、開口部や手摺・塀などの指示が重要。この建物では、コンクリート塀の高さがポイントで、道路正面から見た際に、外から内への視線を遮りすぎず、塀の圧迫感をださないために、植栽が道路側に顔を出すような高さを決めている

※ 電線をまとめて受け入れ、地中内から屋内に配線できるポール。外壁から電線を引き込む必要がない。パナソニック エコソリューションズ社の製品

平側立面図 [S=1：80]（元図 [S=1：50]）

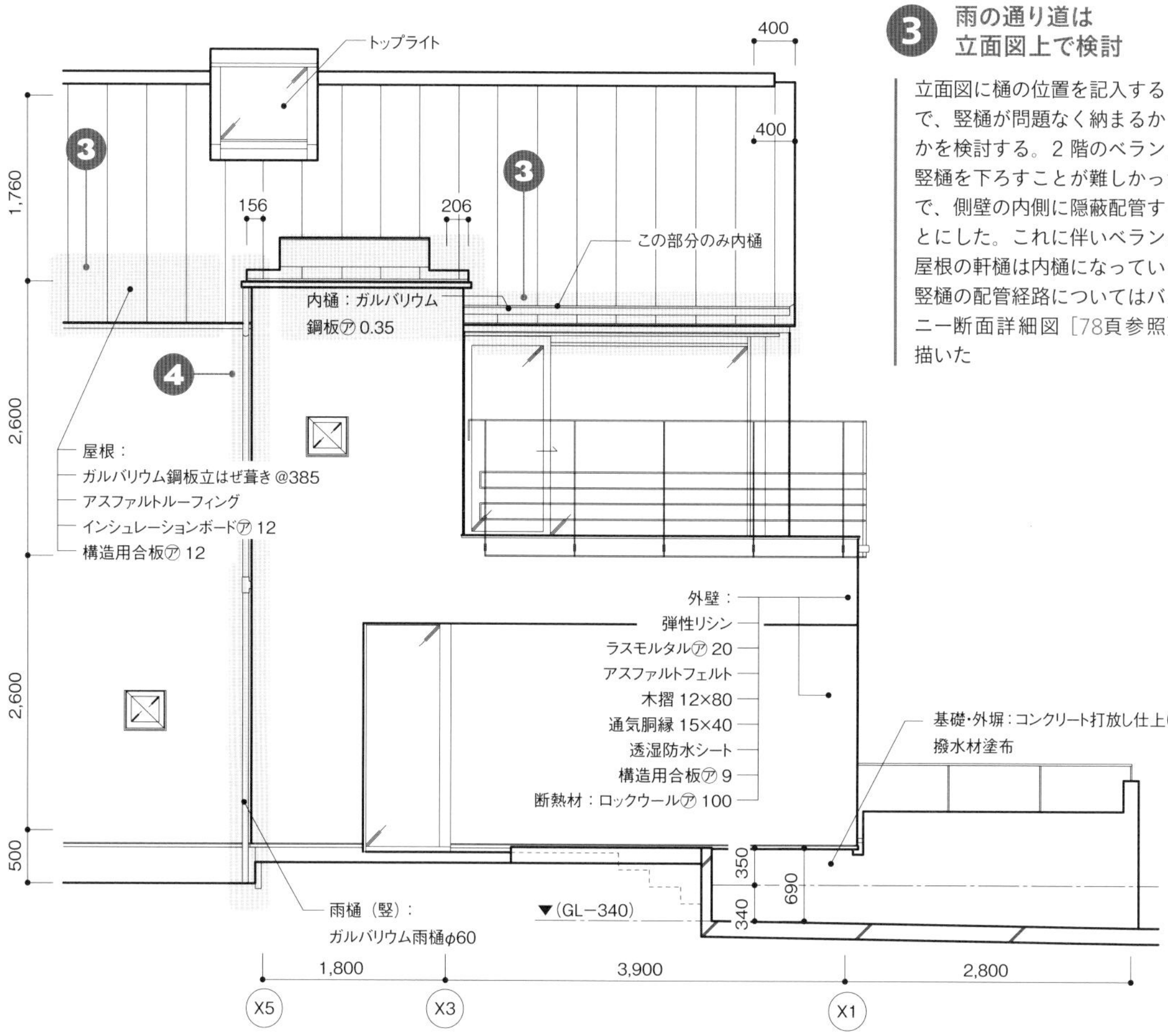
トップライト
400
400
1,760
156
206
3
3
この部分のみ内樋
内樋：ガルバリウム
鋼板㋐0.35
4
2,600
屋根：
ガルバリウム鋼板立はぜ葺き@385
アスファルトルーフィング
インシュレーションボード㋐12
構造用合板㋐12
外壁：
弾性リシン
ラスモルタル㋐20
アスファルトフェルト
木摺12×80
通気胴縁15×40
透湿防水シート
構造用合板㋐9
断熱材：ロックウール㋐100
2,600
基礎・外塀：コンクリート打放し仕上げ
撥水材塗布
500
350
690
340
雨樋（竪）：
ガルバリウム雨樋φ60
▼(GL−340)
1,800
3,900
2,800
X5
X3
X1

3 雨の通り道は立面図上で検討

立面図に樋の位置を記入することで、竪樋が問題なく納まるかどうかを検討する。2階のベランダは、竪樋を下ろすことが難しかったので、側壁の内側に隠蔽配管することにした。これに伴いベランダ側屋根の軒樋は内樋になっている。竪樋の配管経路についてはバルコニー断面詳細図［78頁参照］を描いた

4 樋を目立たなくするために細部に気を配る

軒樋
竪樋

内樋

建物の奥側は目につきにくいので軒樋と縦樋を設置した。ただし、このような場合でも竪樋は外壁の入隅部分に設置するなど、より目立たなくなるようにしたい。また、内樋も今回のように屋根が急勾配だと遠目からは見えてしまう。そうすると、内樋の内部が露になるので、内樋の内部も屋根と同じ仕上げにして同化させた［81頁参照］

立面図 ［S＝1：40］（元図 ［S＝1：20］）

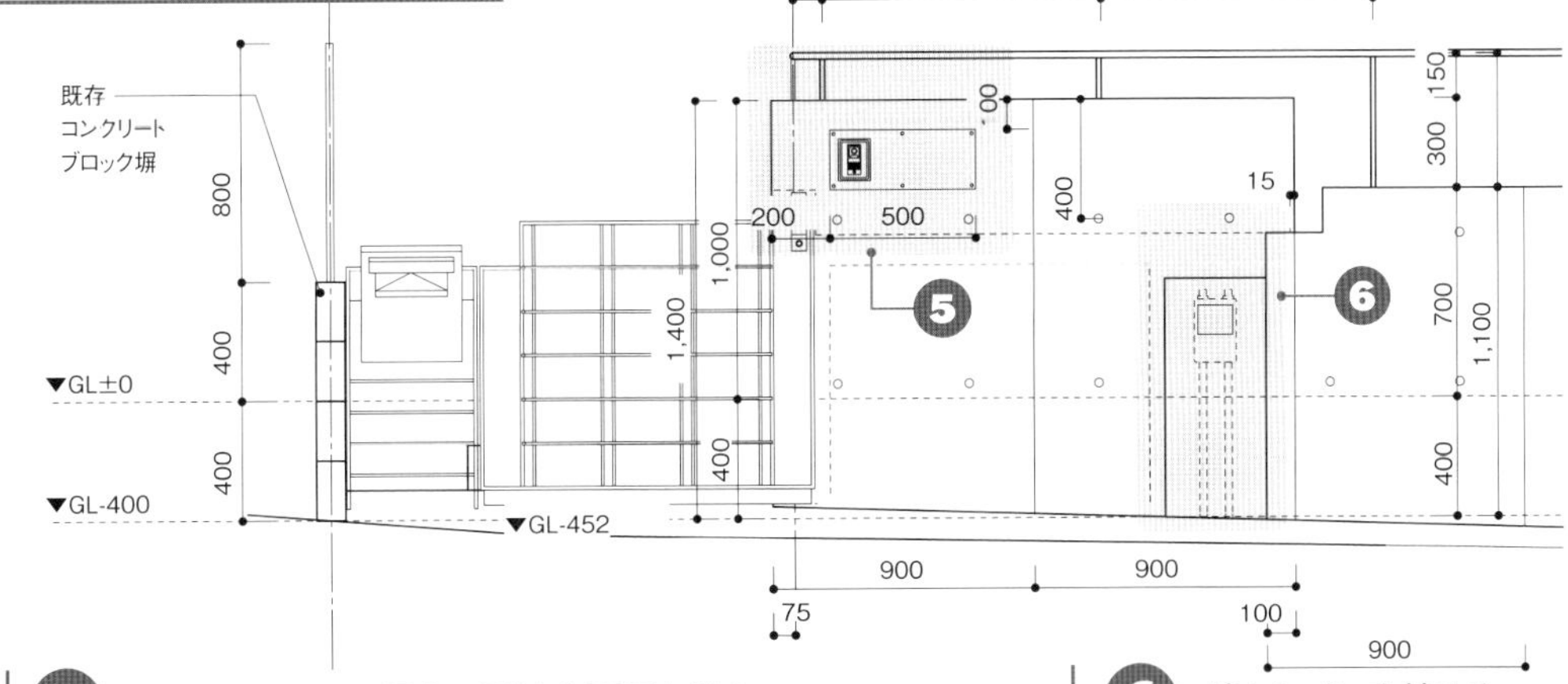
既存
コンクリートブロック塀
800
400
400
▼GL±0
▼GL-400
▼GL-452
100
1／5（≒953）
1／5（≒953）
150
300
15
200
500
1,000
1,400
400
400
700
1,100
400
5
6
900
900
75
100
900

5 設備類をまとめる場合は別途立面図を描く

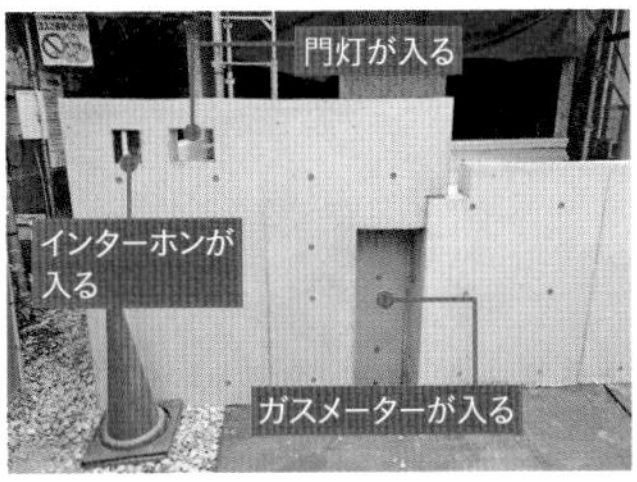
門灯が入る
インターホンが入る
ガスメーターが入る

インターホン
門灯が入る

電気配線はコンクリート打設前に行う

本インターホン・表札・門灯などの要素をデザインに組み込む場合は、1／20スケール程度の立面図を別途作成するとよい。ここでは、コンクリート塀の一部高くなった部分にインターホン・門灯兼表札・ガスメーターをまとめた。門灯兼表札は内部の照明器具に水が浸入しないように、内側にもう一枚、透明アクリル板のカバーを設けている［写真（右下）：大沢誠一］

6 ガスメーターを納める

ガスメーターを隠すパネル

ガスメーターなどが配置されている部分で塀全体の高さをそろえると圧迫感が出るので、ガスメーターのあたりを境に塀を少し低くした。上に丸鋼を一本通せば、高さの違いによる違和感を解消できる。また、ガスメーターを製作のプレートで隠蔽して、すっきりとした外観にしている

門灯断面詳細図 ［S＝1：8］（元図 ［S＝1：20］）

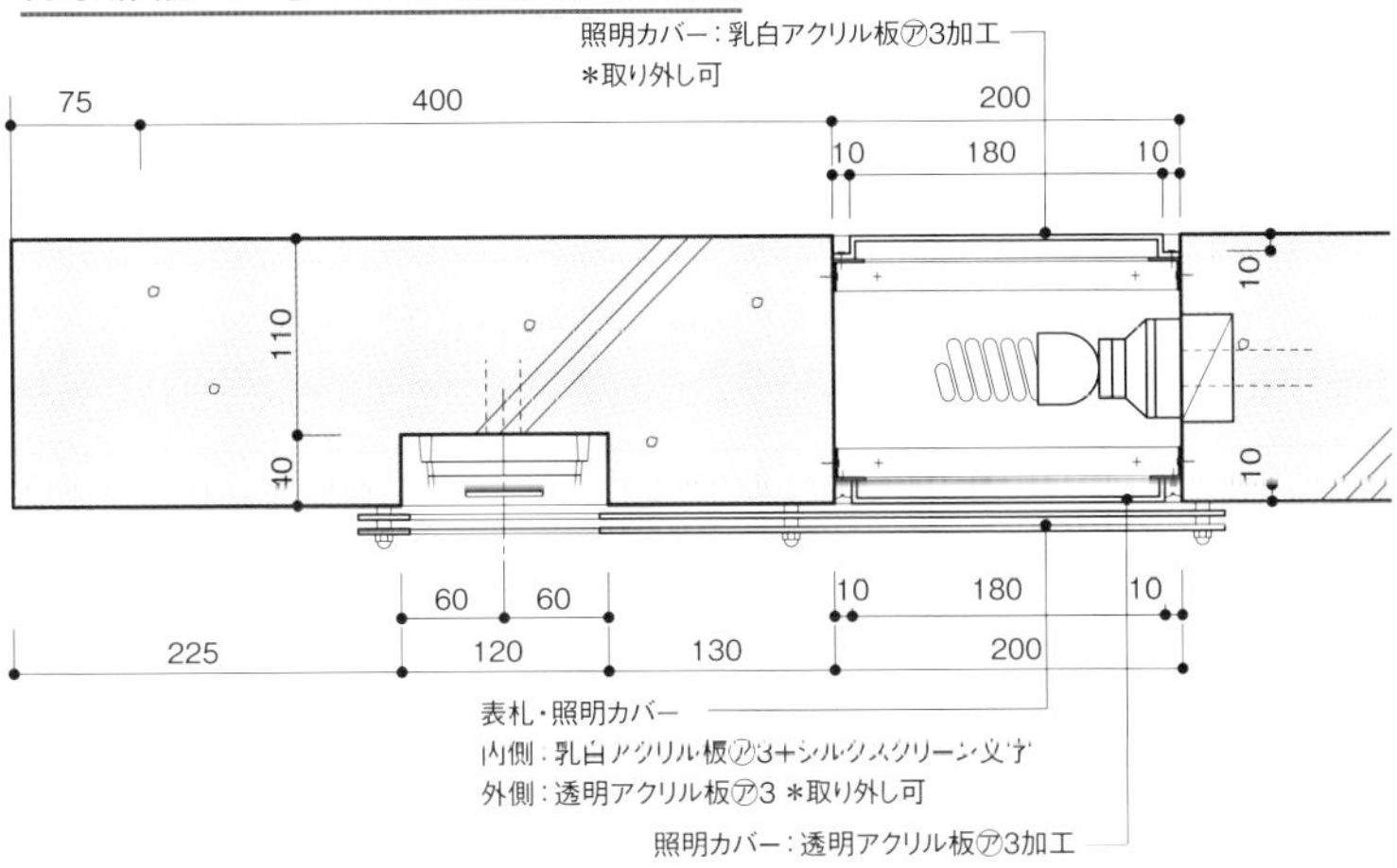
照明カバー：乳白アクリル板㋐3加工
＊取り外し可
75
400
200
10
180
10
110
40
10
10
60
60
225
120
130
200
10
180
10
表札・照明カバー
内側：乳白アクリル板㋐3＋シルクスクリーン文字
外側：透明アクリル板㋐3 ＊取り外し可
照明カバー：透明アクリル板㋐3加工

透明アクリル板で防水

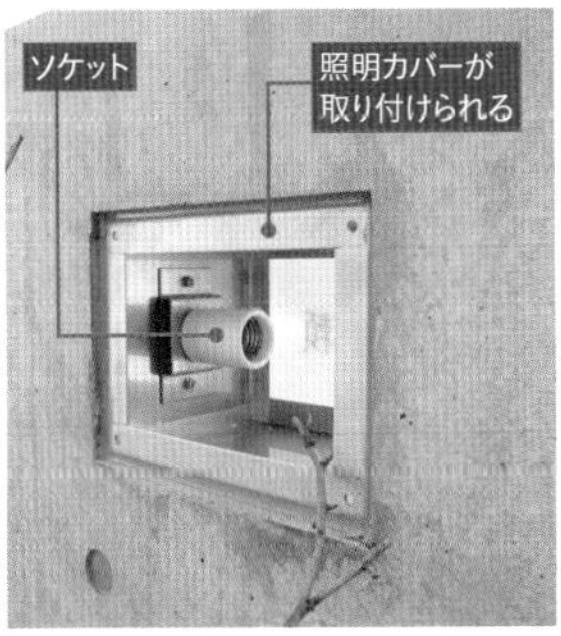
ソケット
照明カバーが取り付けられる

門灯兼表札の塀内側の防水用のアクリルカバーは、電球の取替えを考慮して、取り外しができるようにした

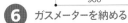

立面図2

仕上げ材と開口部・設備の取合いを細かく決める

立面図は、意匠上のプロポーションや開口部の配置などを表現する図面だが、それだけではなく、外観に表出する設備機器の配置や、各仕上げの取合いの整合性などを確認するための図面でもある。

本事例のように外壁面を板金仕上げとする場合は、板金の割付けを正確に指示しておくことが重要である。ただし、板金加工は職人の技量にもよるが、ある程度の施工誤差が生じるので、その誤差を吸収し、きれいに納められるように注意したい。ここでは各設備機器の配置と、板金横葺き仕上げにする場合の注意点について解説する。［関本竜太］

1 板金ジョイント部とベントキャップは干渉させない

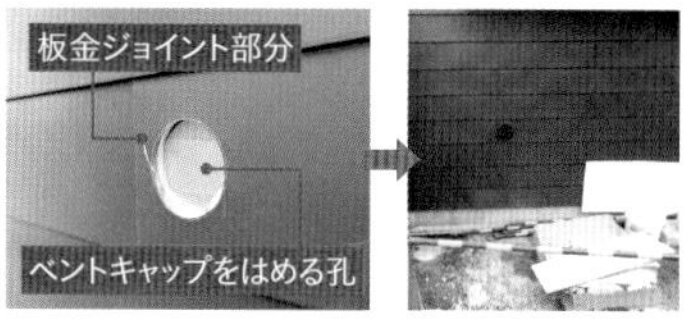

板金ジョイント部分
ベントキャップをはめる孔

ベントキャップは板金のジョイント部と干渉しない位置にすることが望ましい。この住宅は壁付けのパイプファンの位置（室内）は展開図に、ベントキャップの位置（屋外）は立面図にそれぞれ示し、整合性をとっている

2 ポスト枠による開口の位置を指示

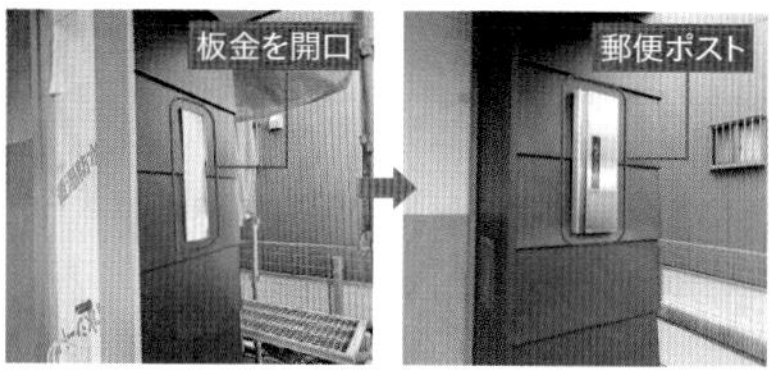

板金を開口
郵便ポスト

郵便ポストは、板金を一部カットして取り付けたいので板金をカットする位置を立面図上に正確に示している

西側立面図 [S＝1：100]（元図 [S＝1：50]）

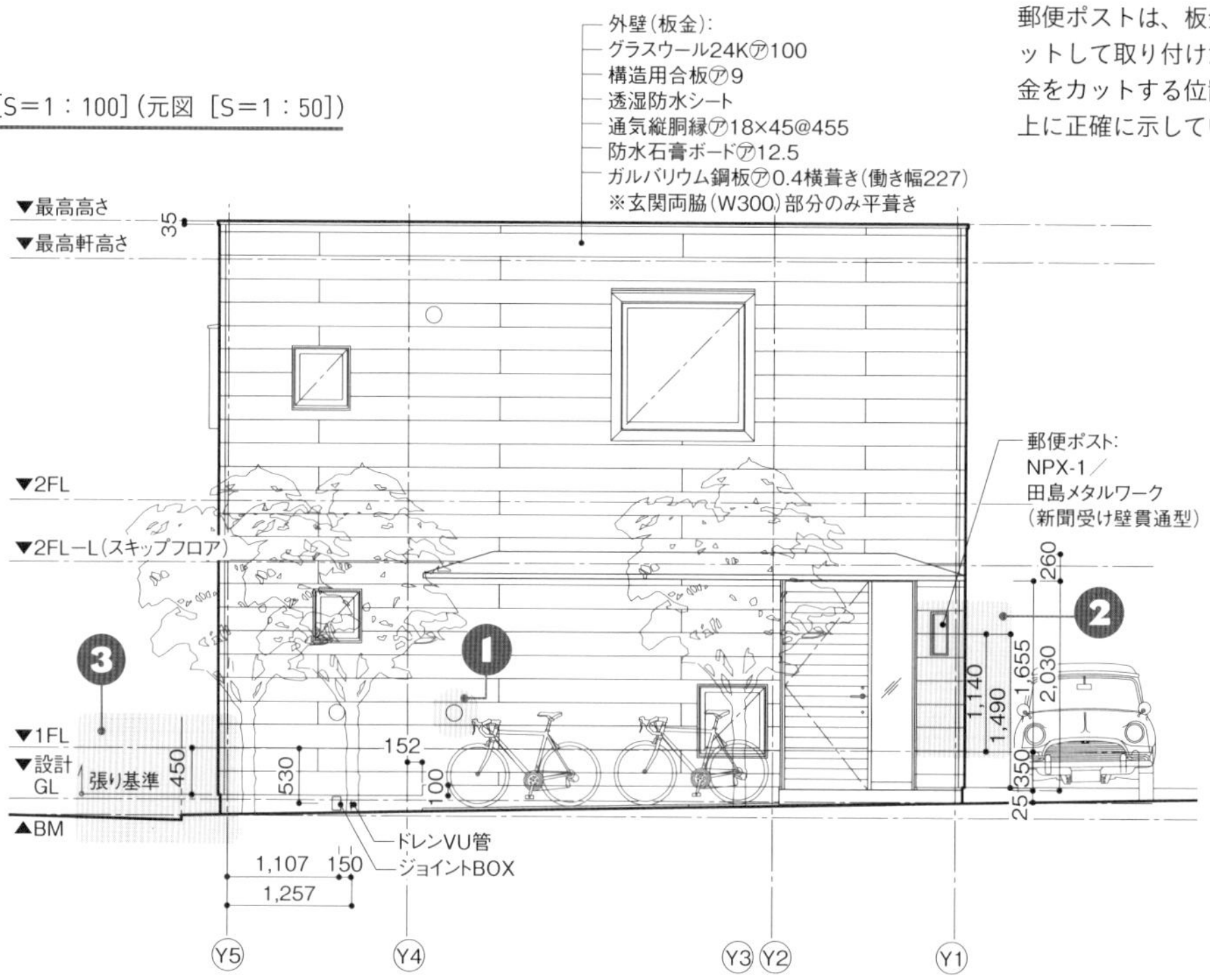

外壁（板金）:
グラスウール24K㋐100
構造用合板㋐9
透湿防水シート
通気縦胴縁㋐18×45@455
防水石膏ボード㋐12.5
ガルバリウム鋼板㋐0.4横葺き（働き幅227）
※玄関両脇（W300）部分のみ平葺き
▼最高高さ
35
▼最高軒高さ
▼2FL
▼2FL−L（スキップフロア）
郵便ポスト:
NPX-1／
田島メタルワーク
（新聞受け壁貫通型）
260
2
3
1
1,140
1,490
1,655
2,030
350
25
▼1FL
▼設計GL
張り基準
450
530
152
100
▲BM
ドレンVU管
ジョイントBOX
1,107
150
1,257
Y5
Y4
Y3
Y2
Y1

3 胴縁を基礎立上りにかぶせて板金の張り始め位置を低くする

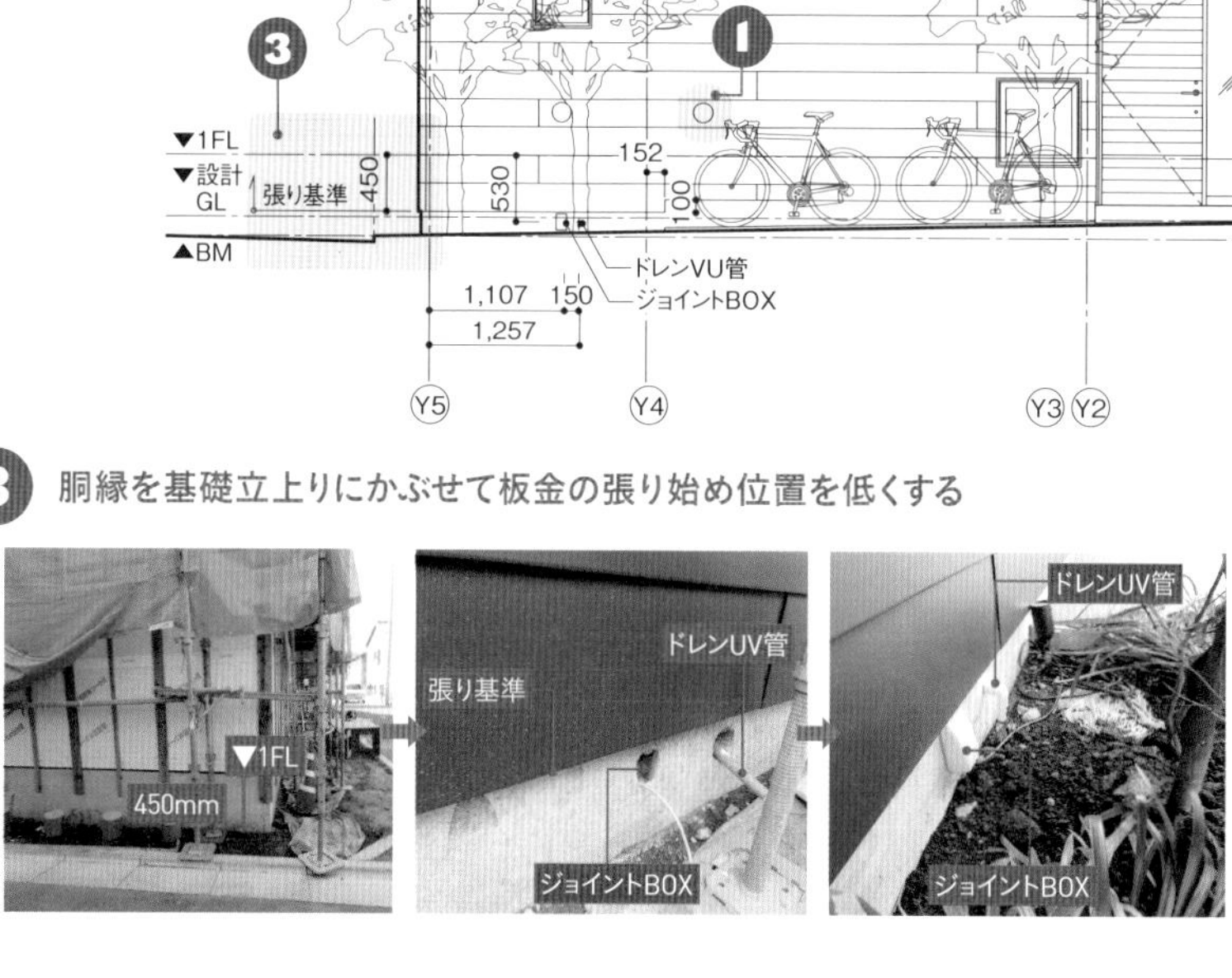

▼1FL
450mm
張り基準
ドレンUV管
ジョイントBOX
ドレンUV管
ジョイントBOX

基礎の立上り部分をあまり見せたくない場合は、板金を張り始める位置を低く設定する。この場合縦胴縁は基礎立上りの一部を覆うように取り付ける（写真左）。このとき、基礎立上り部に外部照明用のジョイントボックスや外部コンセントなどを設けると、干渉するので、立面図上にそれらの位置を明記しておくことが大切

竣工

西側から見た建物外観。設備機器のスペースを除いて、板金が基礎立上りの大部分を覆っている

建物北面。シャッターの天端と板金のジョイント部がそろっているので、水平方向の目地がきれいに見える

4 出窓の板金仕上げは立面図上で納まりを指示

留め

小庇

出窓廻りを板金で仕上げる場合は、板金の縦勝ち、横勝ちについて図面上で指示しておく。今回は留めで納めた。出窓の小庇は、立面図で表現しきれないので、小屋伏図に見え掛り線を描いて伝える［118・119頁参照］

ダクト扇孔
板金ジョイント
ベントキャップ

5 ダクト扇は通り心を基準に位置を明記

浴室の換気扇は、ダクト扇（天井内でダクトを引き回す必要がある）のため、立面図に2階床レベルからの位置と通り心（X3）からの位置を記している。板金は多少の施工誤差が生じるので、板金のジョイントとベントキャップの干渉を厳密に避けるには、現場での微調整が必須

北側立面図［S＝1：100］（元図［S＝1：50］）

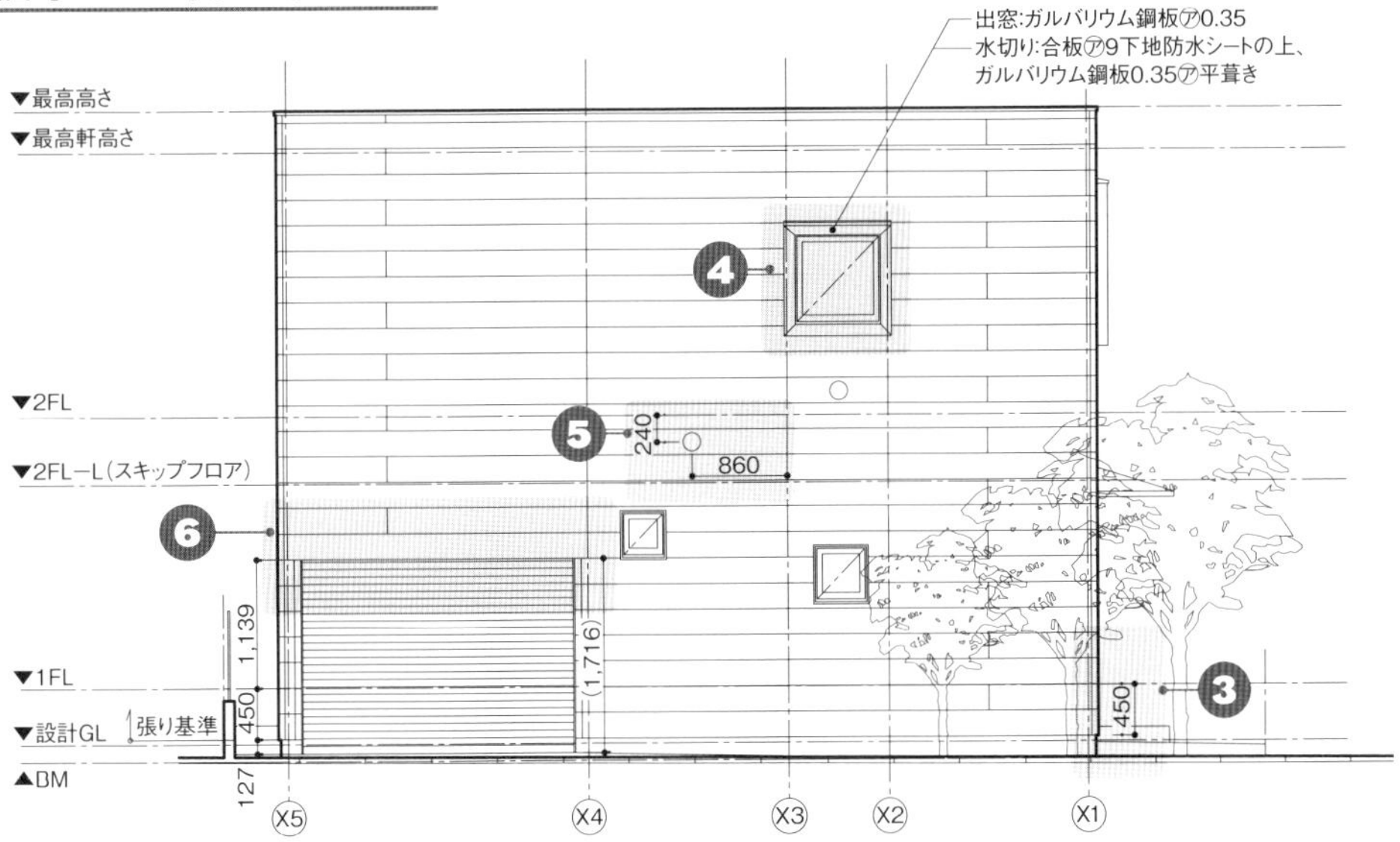
出窓:ガルバリウム鋼板㋐0.35
水切り:合板㋐9下地防水シートの上、
ガルバリウム鋼板0.35㋐平葺き
▼最高高さ
▼最高軒高さ
▼2FL
▼2FL−L（スキップフロア）
▼1FL
▼設計GL
張り基準
▲BM
4
5
6
3
240
860
1,139
450
127
(1,716)
450
X5
X4
X3
X2
X1

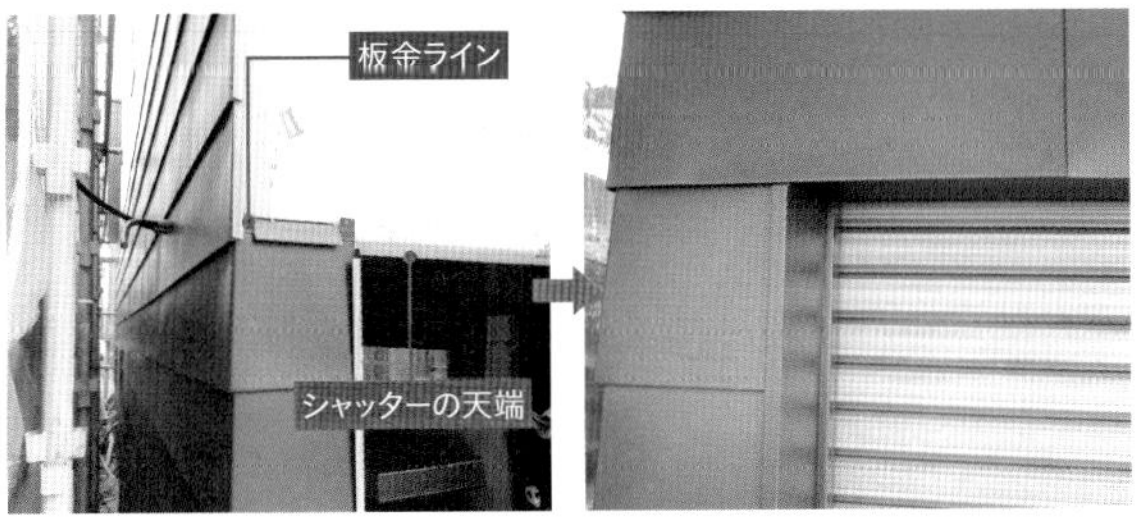
板金ライン
シャッターの天端

6 板金の施工誤差を加味してシャッターを発注する

板金の割付けを正確に行ったとしても、実際の施工では板金のジョイント部で誤差が生じ、図面どおりに納まらないことがある。そのため、図面上に基準となる数値を（ ）などで示し、その近似値で調整できるよう心がける。ここではシャッタート端ラインを板金ラインに合わせるため、現場と相談し、シャッターを後発注することで板金優先の割付け納まりとした。その結果、数mm程度の施工誤差に納まった

現場打ち合わせで板金（横葺き）とアルミサッシを美しく納める

開口部詳細図 [S=1：4]（元図 [S=1：2]）**（縦断面）**

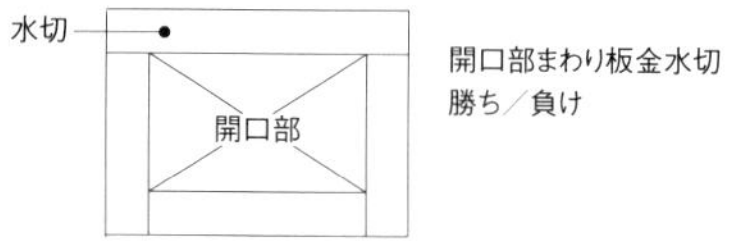

水切
開口部
開口部まわり板金水切
勝ち／負け

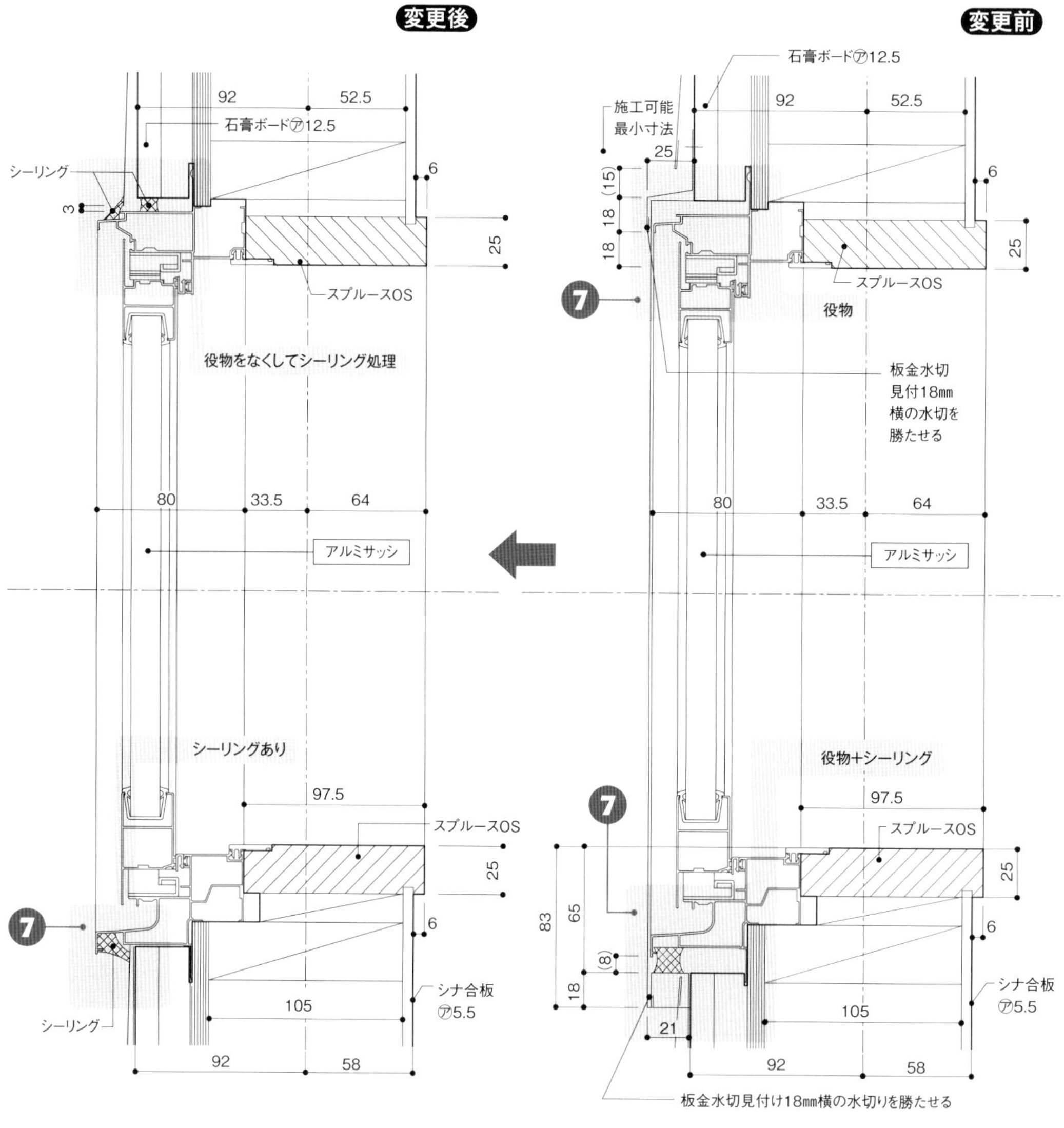

変更後
92
52.5
石膏ボード㋐12.5
シーリング
6
3
25
スプルースOS
7
役物をなくしてシーリング処理
80
33.5
64
アルミサッシ
シーリングあり
97.5
スプルースOS
25
6
シナ合板
㋐5.5
105
シーリング
92
58
変更前
石膏ボード㋐12.5
施工可能
最小寸法
25
(15)
18
18
役物
板金水切
見付18mm
横の水切を
勝たせる
役物+シーリング
83
65
(8)
18
21
板金水切見付け18mm横の水切りを勝たせる

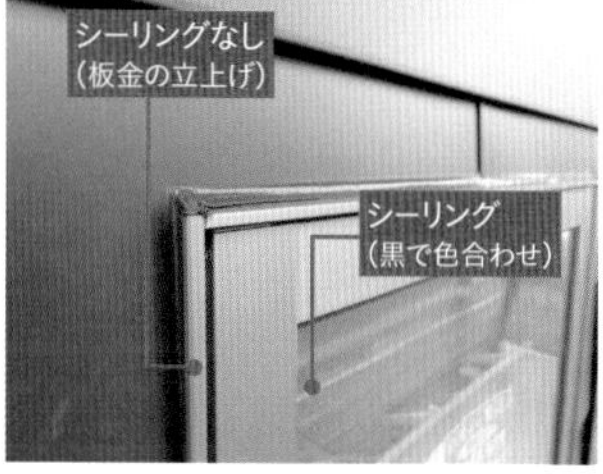

シーリングなし
（板金の立上げ）
シーリング
（黒で色合わせ）

サッシの上端はシーリングで処理し、雨水の浸入を防ぐ。左右は、板金を立ち上げてサッシに突き付けた。ただし、技術的な難易度は高い

シーリング
（黒で色合わせ）

板金に立上りを設けられない場合は、シーリングで隙間をなくすように納めた

7 現場打ち合わせで板金（横葺き）とアルミサッシを美しく納める

板金とアルミサッシの取合いは、立面図に描き切れないので、別途枠廻り詳細図を用意する。窓の納まりは、板金とサッシの間にできる隙間から漏水するリスクが高く、板金職人の技量にも左右されるので、意匠設計者の判断だけでは決められない。担当する板金職人や現場監督の理解や意欲が不可欠である。本事例では、当初の図面では窓廻りを役物＋シーリングで納めるように意図していたが、すっきりと納めるため、板金をサッシに突き付けて、折り返すことで、シーリングの使用を最小限とする納まり（場所にもよるが、サッシの上端のみはシーリング）とした

開口部詳細図［S=1：4］（元図［S=1：2］）（横断面）

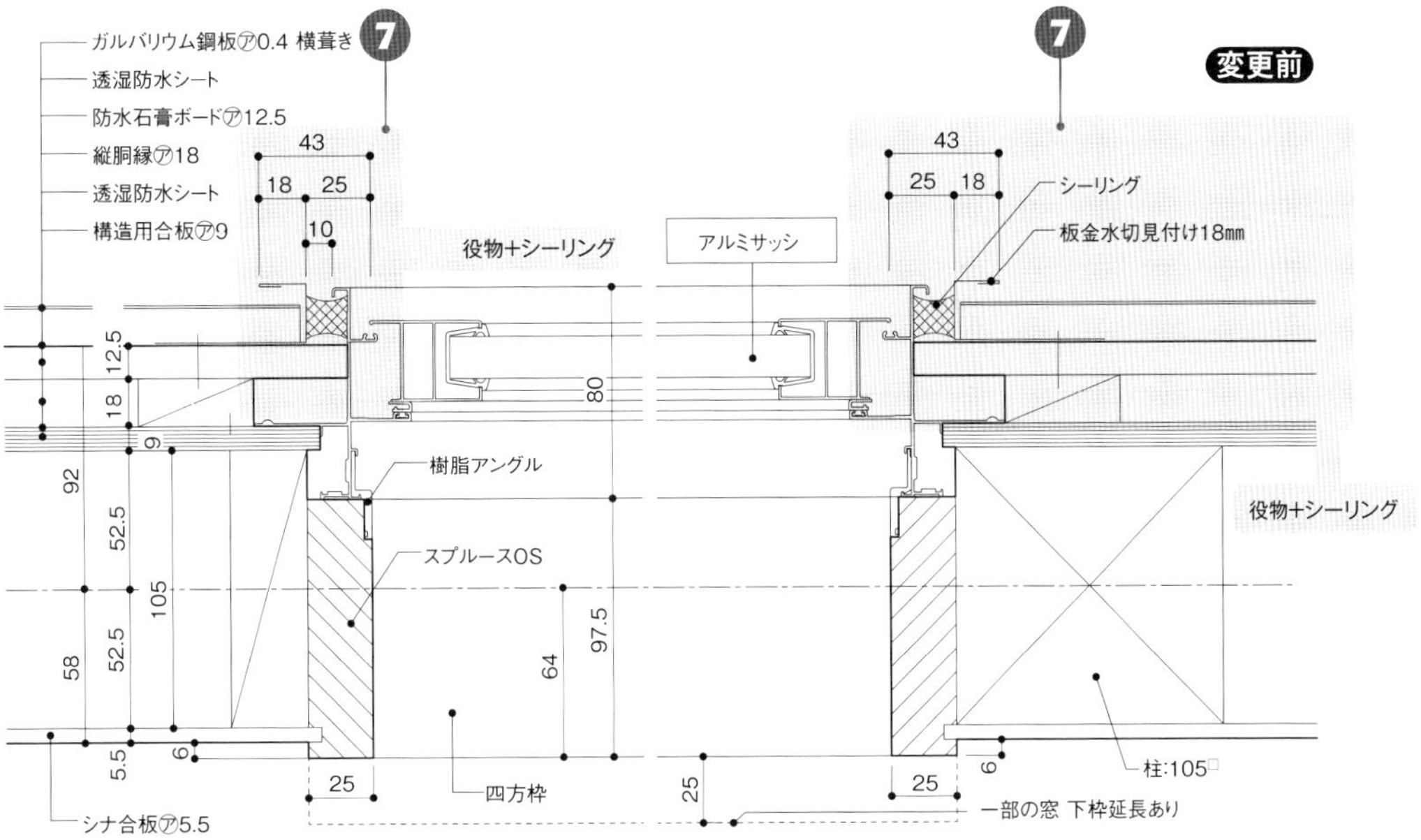
変更前
7
ガルバリウム鋼板㋐0.4 横葺き
透湿防水シート
防水石膏ボード㋐12.5
縦胴縁㋐18
透湿防水シート
構造用合板㋐9
役物+シーリング
アルミサッシ
シーリング
板金水切見付け18mm
樹脂アングル
スプルースOS
四方枠
役物+シーリング
柱:105□
一部の窓 下枠延長あり
シナ合板㋐5.5
43
18
25
10
12.5
18
9
92
52.5
105
58
52.5
5.5
6
80
97.5
64
25

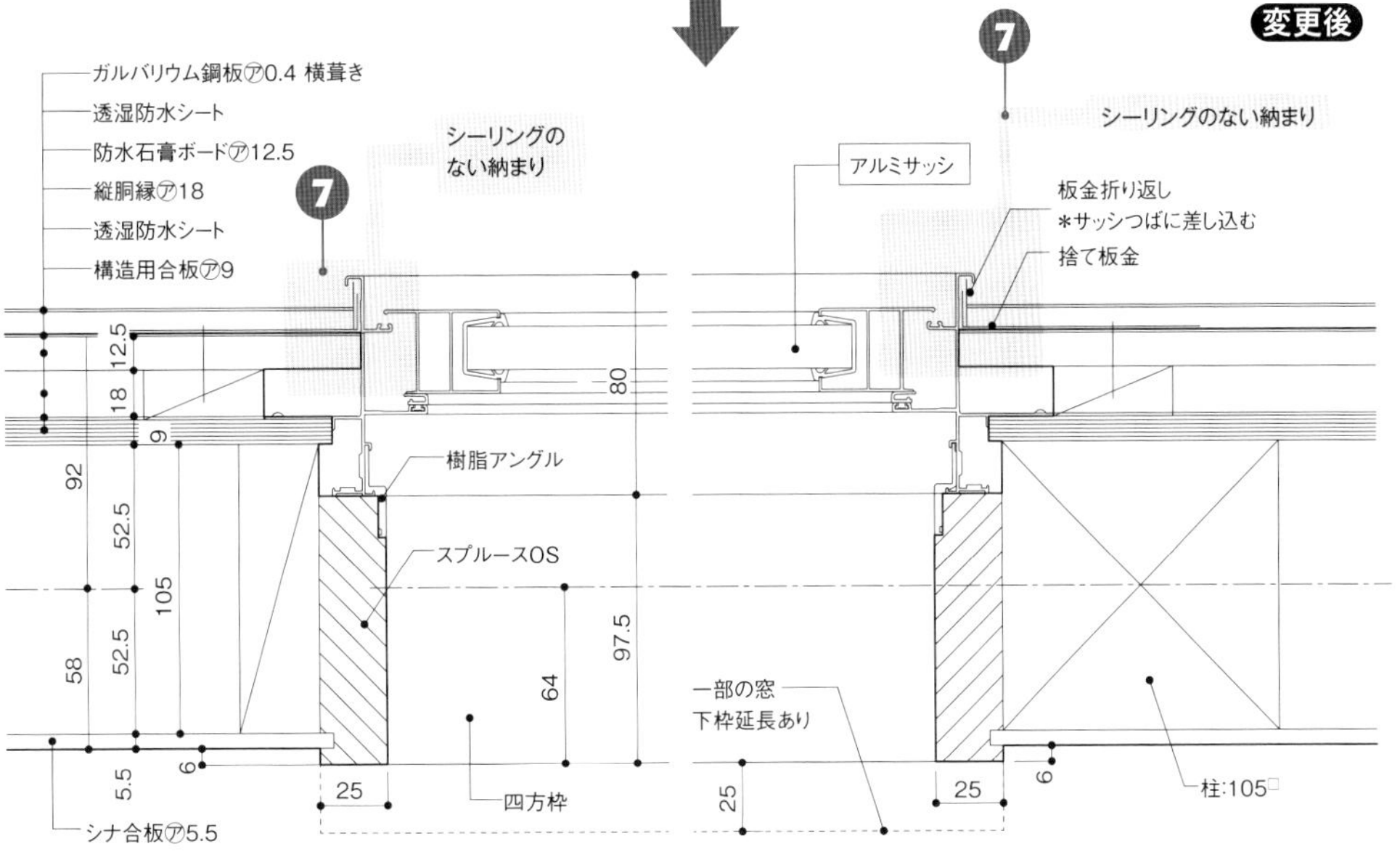
変更後
7
ガルバリウム鋼板㋐0.4 横葺き
透湿防水シート
防水石膏ボード㋐12.5
縦胴縁㋐18
透湿防水シート
構造用合板㋐9
シーリングの
ない納まり
シーリングのない納まり
アルミサッシ
板金折り返し
*サッシつばに差し込む
捨て板金
樹脂アングル
スプルースOS
一部の窓
下枠延長あり
四方枠
柱:105□
シナ合板㋐5.5
12.5
18
9
92
52.5
105
58
52.5
5.5
6
80
97.5
64
25

竣工

板金とアルミリッシが直接取り合っているので、開口部廻りがすっきりと見える

注意

この納まりは、現場での入念な打ち合わせを踏まえて実現したもの。職人の技量や開口部の設置条件によっては、危険性の高い納まりともいえるため、同様の納まりを採用するには慎重な検討が求められる。ここでは、シーリングが目につきやすい1階部分に限定的に採用し、リスクを最小限に抑えるように心がけた

展開図

躯体との取合いを考慮して図面を描く

展開図とは、各壁面の高さ寸法や仕上げの種類を記した図面であり、空間の使い勝手を決める大切な図面である。なぜならば、部屋の中で窓や造付け家具、スイッチやコンセントがどのような配置や高さになるのかは、展開図で確認するからだ。

展開図面を描く際には必ず通り心を描き、そこから寸法を追うように心がけたい。また、勾配天井など、難しい断面形状の居室に関しては、断面図（矩計図）［32・33頁参照］の補助的な役割も担うことになるので一層重要度は増してくる。壁面すべての高さ寸法を細かく確認するためには、展開図のほうが適しているといえる。

［彦根明］

階段室1階展開図 ［S＝1：60］（元図 ［S＝1：30］）

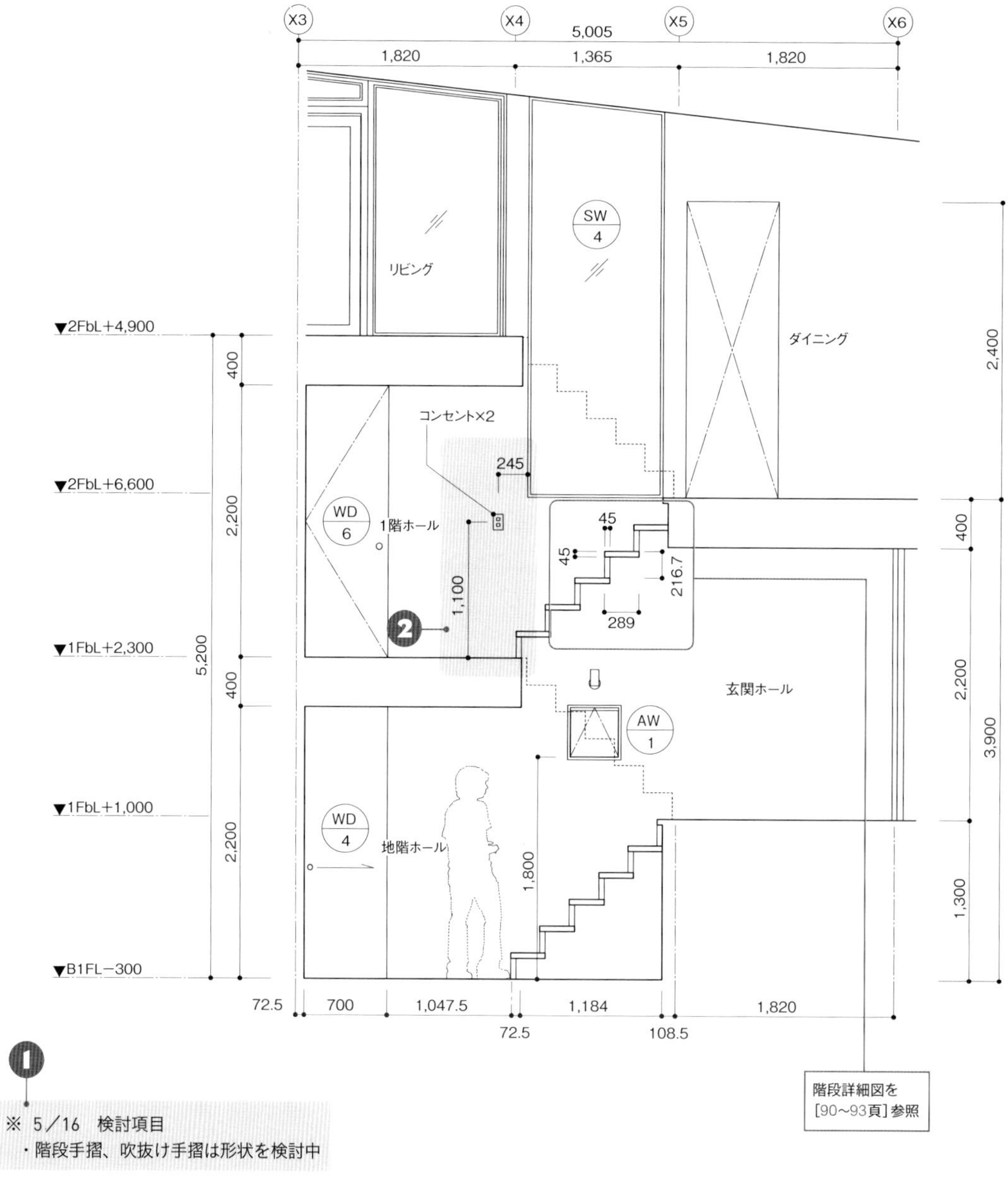

1 未決定事項は特記し、現場で相談

手摺(φ21.7)
45mm
45mm

設計時にまとまらなかった検討事項については、日付を記載し検討中であることを伝える。階段の手摺形状などは、着工後、上棟前の打ち合わせで決定。詳細は階段詳細図［90〜93頁参照］で示す

竣工

SW4

ダイニングからリビング方向を見る。写真の右側が展開図の面。建具記号は建具表［60・61頁参照］や平面詳細図［30・31頁参照］との整合性を確認する

2 スイッチ・コンセントの取り付け位置を記載

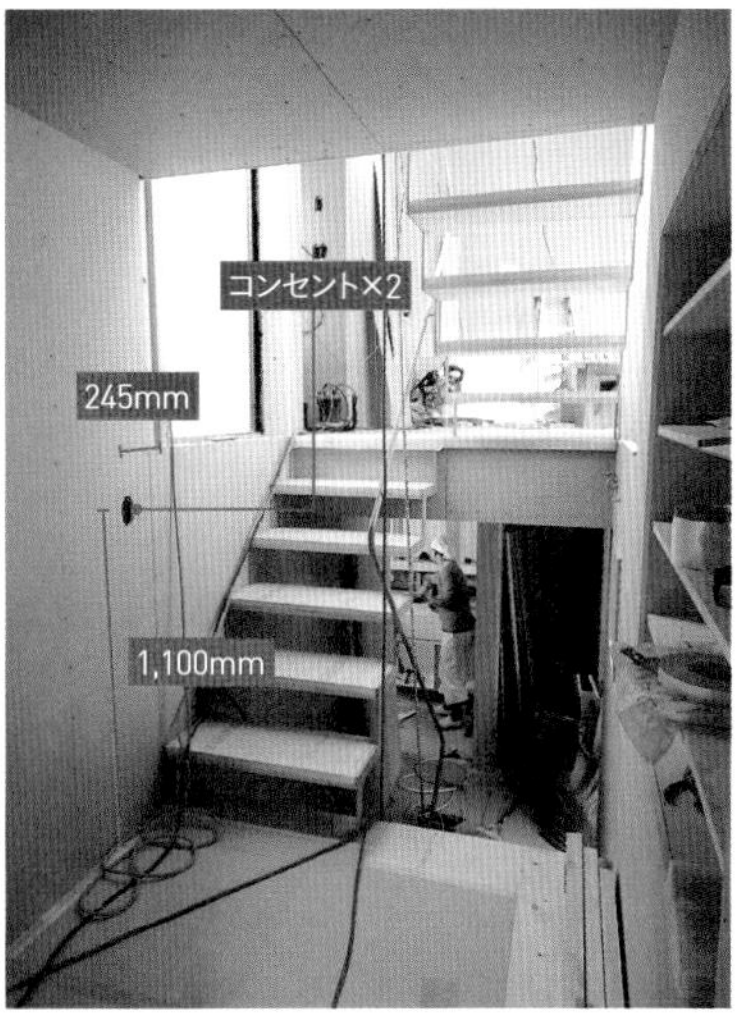
コンセント×2
245mm
1,100mm

スイッチコンセントなどの配電設備をきれいな壁面に取り付けるのは、できれば避けたい。やむを得ず取り付ける場合は、図面上で設置位置を検討してインテリアの印象を損なわないように気を付ける。とくに、意匠上のポイントとなる寸法は必ず記載する

スキップフロアを設ける場合は、建物全体の展開図を用意

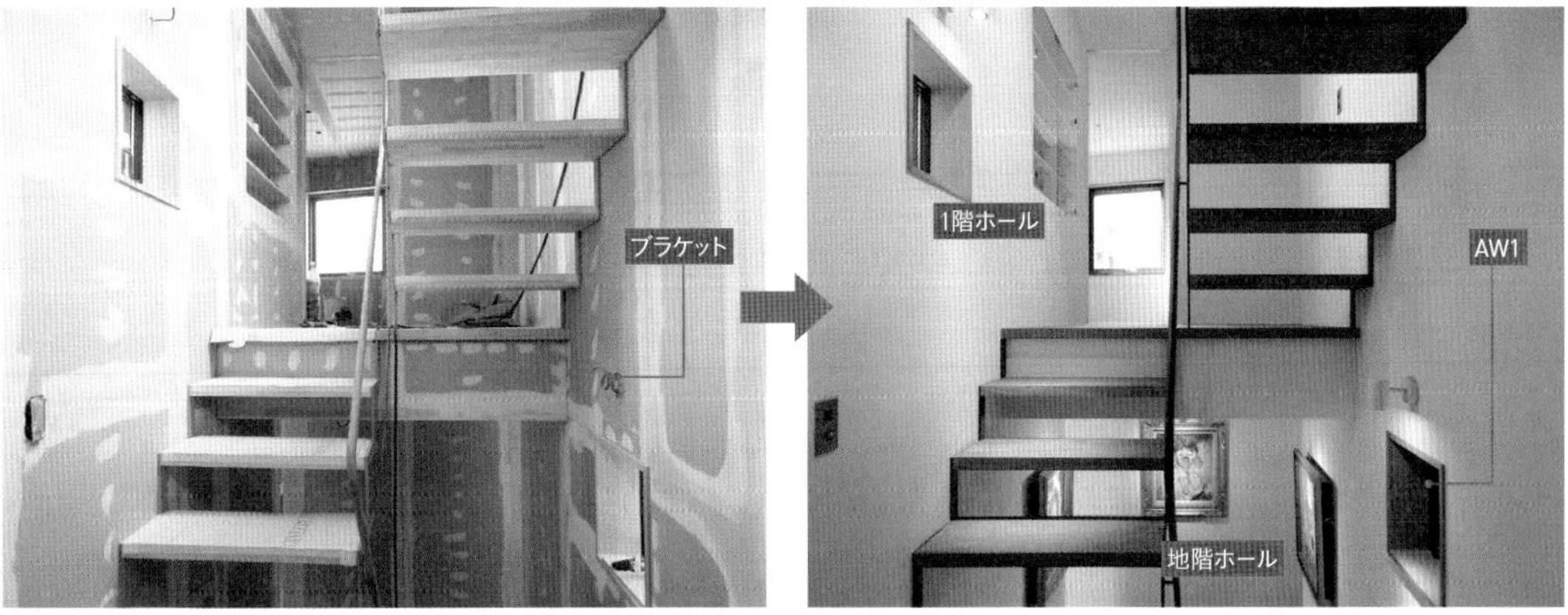
ブラケット
1階ホール
AW1
地階ホール

展開図は居室ごとに描くのが基本だが、スキップフロアなどで、部屋どうしが緩やかにつながる場合は、建物全体の展開図を用意すると施工者が位置関係を把握しやすい。意匠上重要な照明器具や開口部の取り付け位置は建物全体の高さを考慮して決めるからである［※］

※ 吹抜けの場合は展開図に壁紙の張り方、見切、仕上げ方法などの情報も記入するのが望ましい（本事例は塗装）

子供室展開図 [S=1：30]（元図 [S=1：20]）

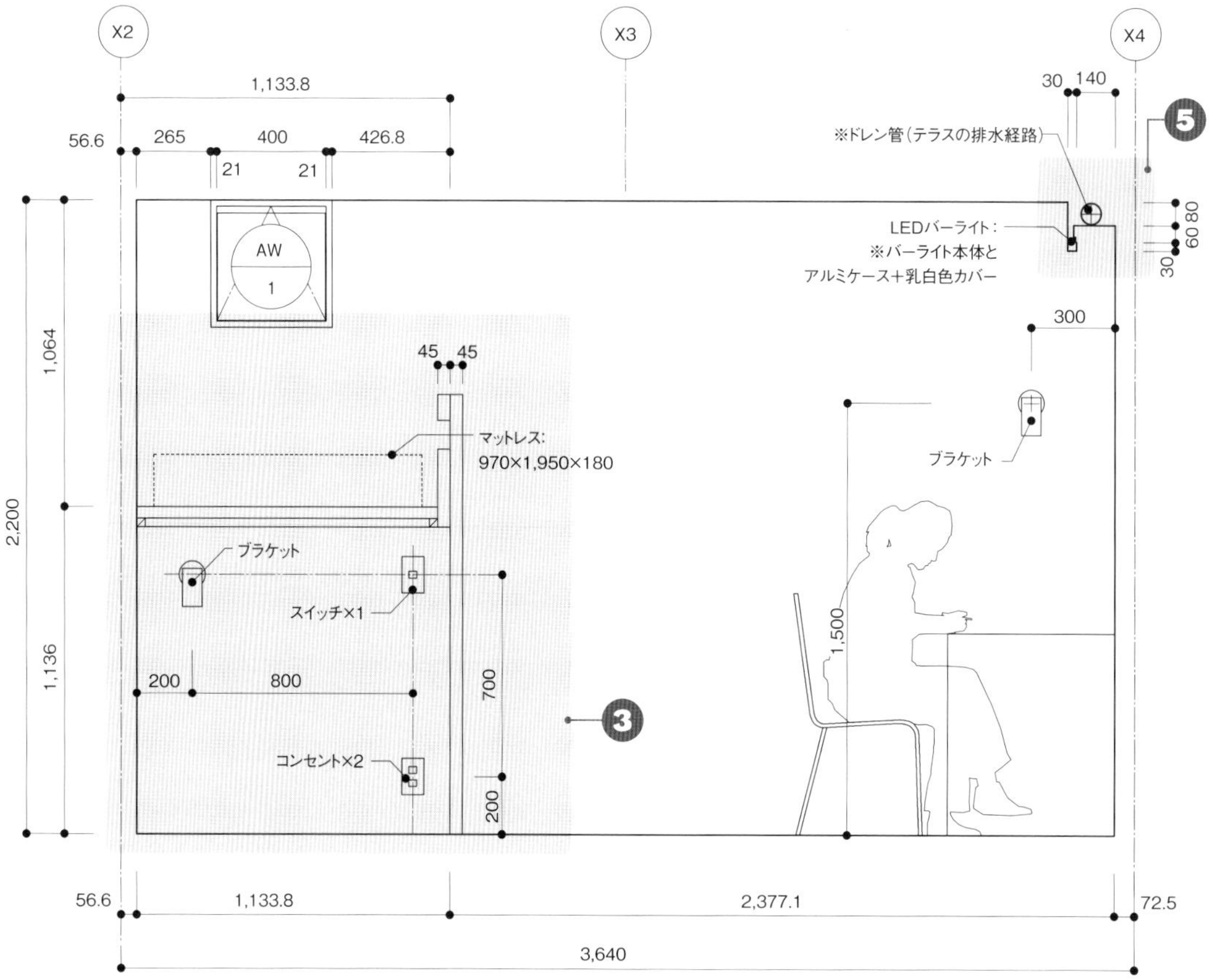
X2
X3
X4
1,133.8
56.6
265
400
426.8
21
21
30
140
※ドレン管（テラスの排水経路）
5
LEDバーライト：
※バーライト本体と
アルミケース+乳白色カバー
60
80
30
AW
1
300
1,064
2,200
1,136
45
45
マットレス：
970×1,950×180
ブラケット
ブラケット
スイッチ×1
1,500
200
800
700
3
コンセント×2
200
56.6
1,133.8
2,377.1
72.5
3,640

子供室造付けベッド平面図 [S=1：40]

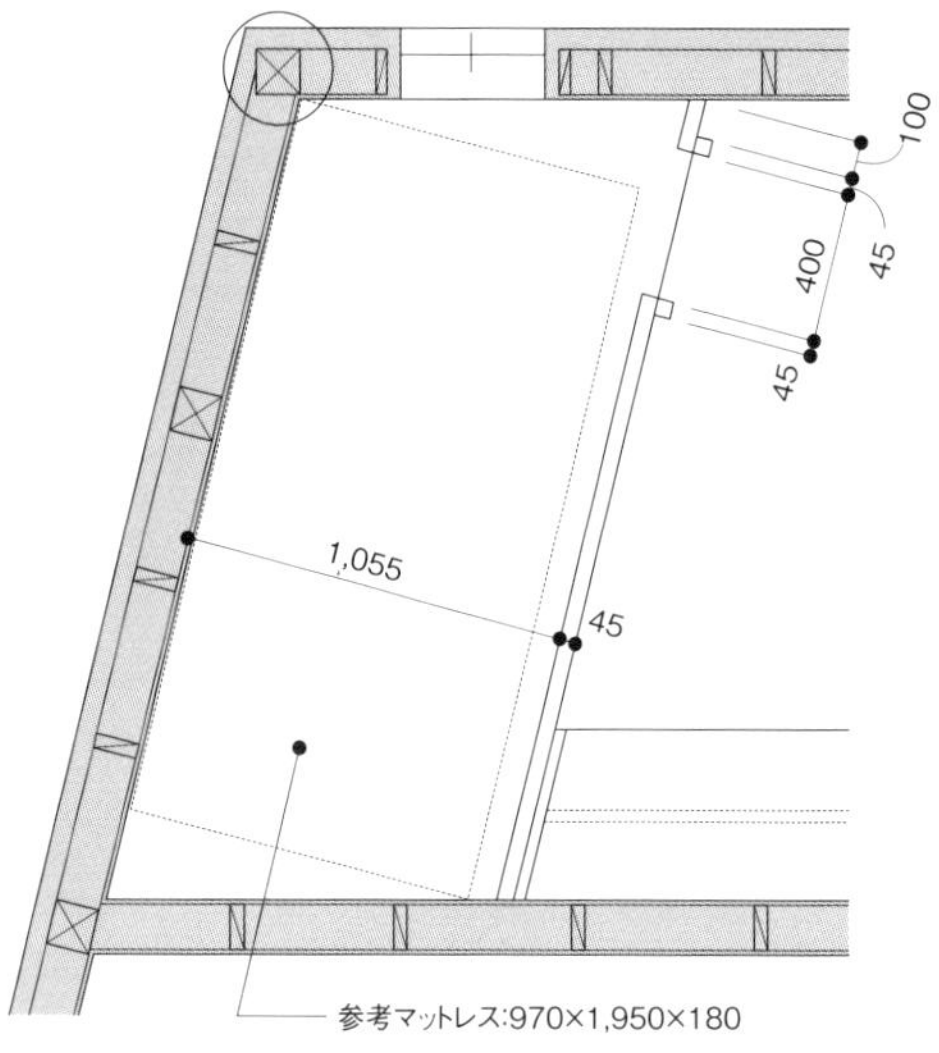
100
400
45
45
1,055
45
参考マットレス：970×1,950×180

3 ロフトベッドを造付ける場合の具体的な指示方法

1,064mm
1,136mm

子供室にロフトベッドを造付ける場合は、「ベッドのボトム（床面）から天井までの高さ」「ベッド下の高さ」を、建築主の要望などを加味して展開図上で正確に示す。ロフトベッドの幅は持ち込むマットレスの幅に依存するので、想定されるマットレスのサイズを考慮して幅を決める。ここでは、シングルサイズのマットレス（W970㎜）を斜め壁に沿ってゆったり置けるように、ロフトベッドの幅を1,100㎜に設定。展開図だけではなく平面詳細図にもその意図を記すと、施工者がさらに理解しやすくなる

子供室展開図 [S=1:40] (元図 [S=1:20])

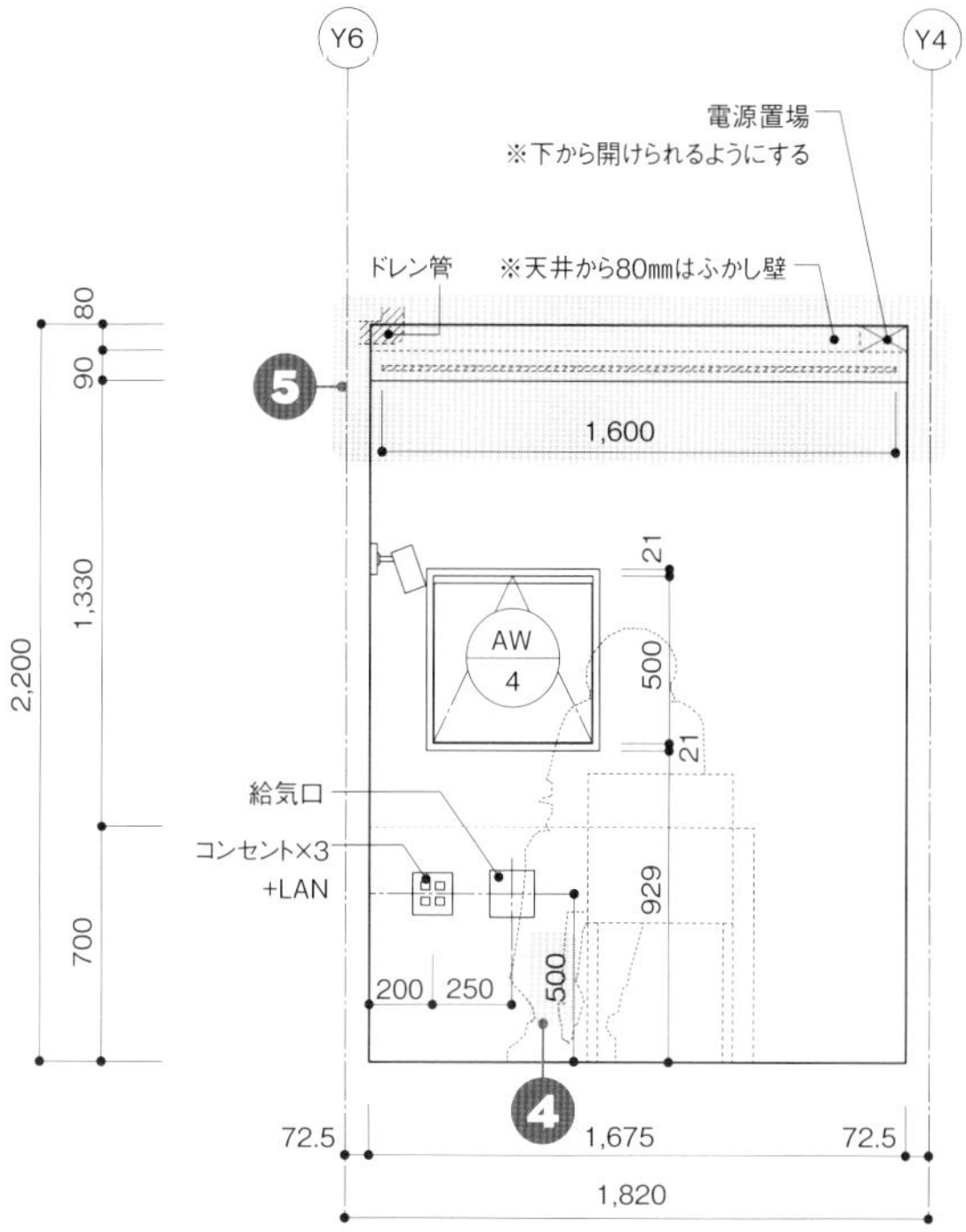
Y6
Y4
電源置場
※下から開けられるようにする
ドレン管
※天井から80㎜はふかし壁
80
90
1,600
1,330
2,200
700
21
500
21
929
AW
4
給気口
コンセント×3
+LAN
200
250
500
72.5
1,675
72.5
1,820

4 用途を想定して寸法を設定する

デスク上でパソコンなどを使用することを想定し、配線を短くできるように高さ500㎜の位置にコンセントを設置

5 壁や天井をふかす場合の対処法（間接照明の設置スペース）

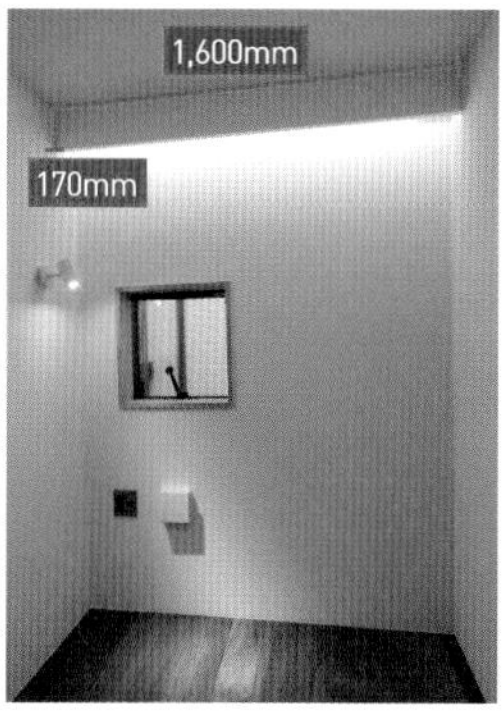
1,600mm
170mm

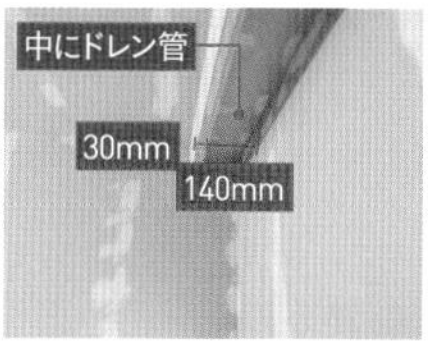
中にドレン管
30mm
140mm

LEDバーライト

躯体をよけるように設備配管を設けると、壁と天井に凹凸が生じるので、展開図にはその形状を反映させる。子供室上のバルコニーから下がるドレン管の立下りを、成が300㎜の梁をよけるように配置したので、子供室の壁・天井を一部ふかすことになり、意匠的に折り合いをつける必要が生じた。ここでは、ドレン管部分の天井を下げ、正面に幕板を張り、間接照明（コーニス照明）を設けることで、配管による壁・天井の凹凸を隠蔽いしている

軸組断面図 [S=1:60]

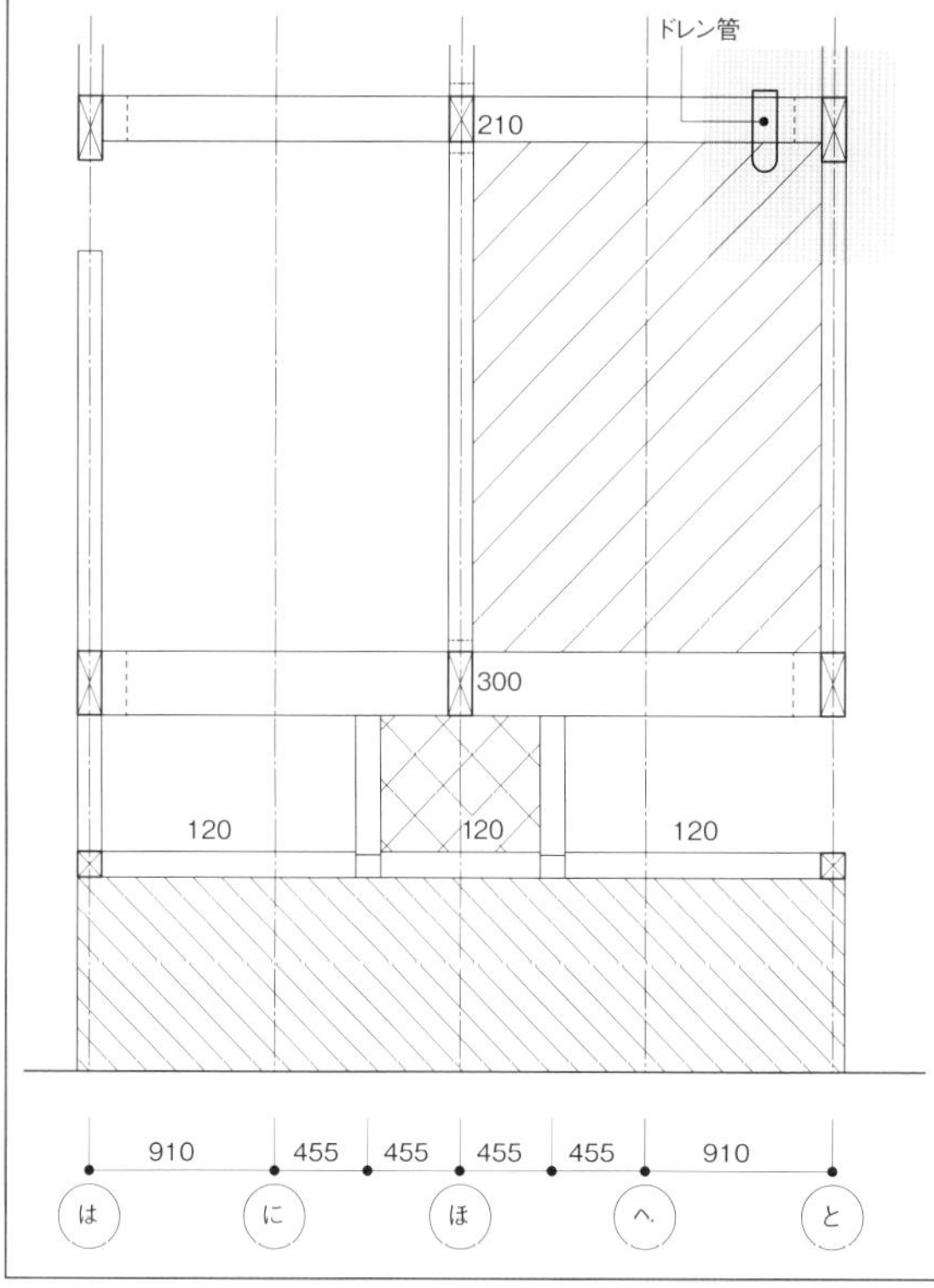
ドレン管
210
300
120
120
120
910
455
455
455
455
910
は
に
ほ
へ
と

展開図は通り心（柱・梁の断面寸法）を意識して描く

ドレンが取り付く
管の位置

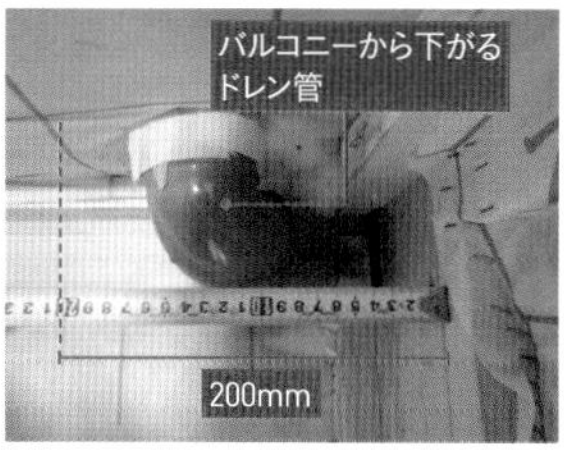
バルコニーから下がる
ドレン管
200mm

ドレン管

展開図を描くときは、柱や梁の位置（通り心）を意識して描くことが重要。仕上げ工事に先立って取り付けられるスイッチ・コンセント類の位置は、通り心を基準に決めるので注意したい。同時に、梁や柱をよけて設備配管を通す場合は、そのことを考慮しながら展開図を起こす必要がある

2階リビング展開図a面［S=1：30］

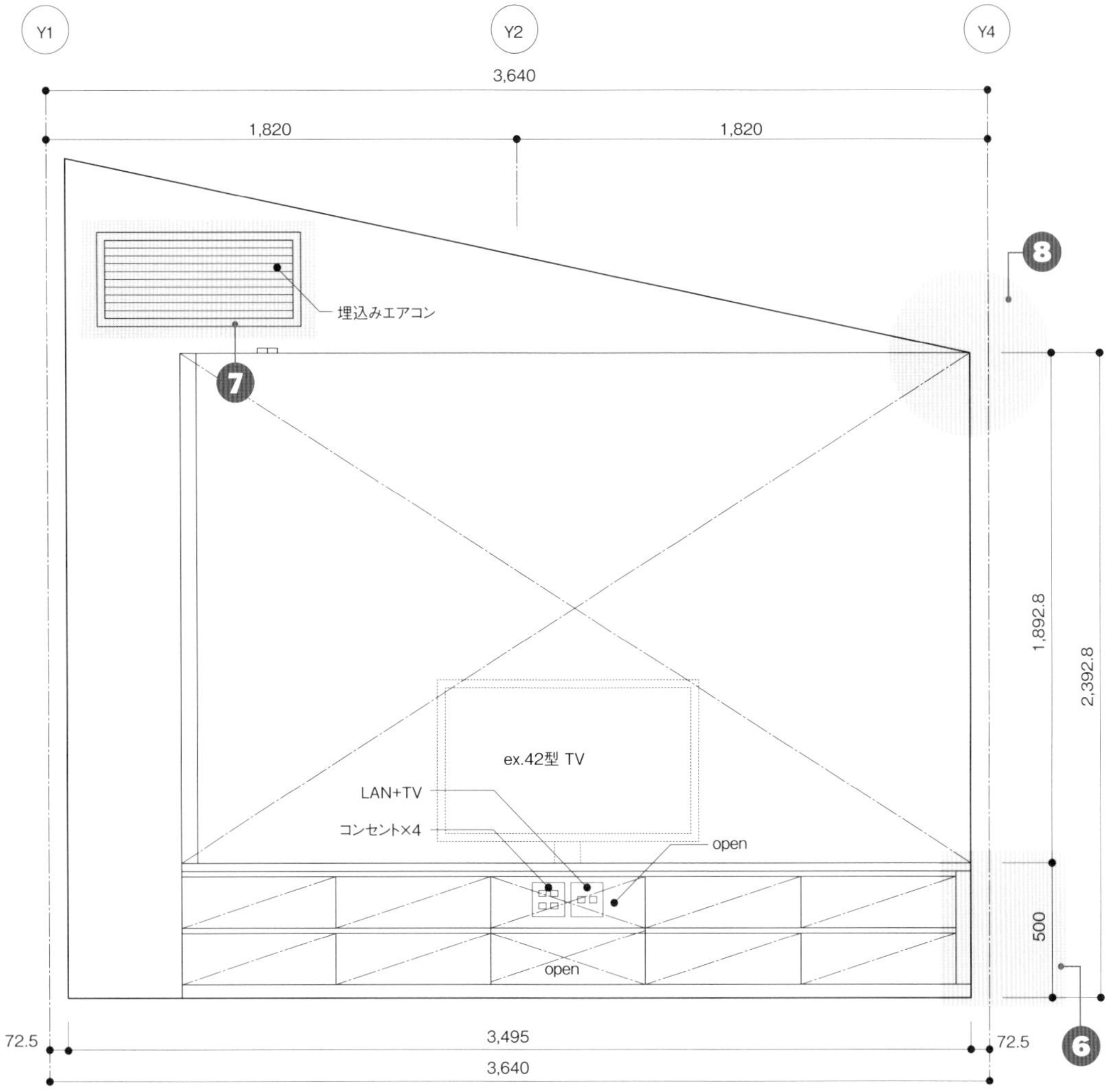
Y1
Y2
Y4
3,640
1,820
1,820
埋込みエアコン
7
8
1,892.8
2,392.8
ex.42型 TV
LAN+TV
コンセント×4
open
open
500
6
72.5
3,495
72.5
3,640

7 エアコンの取り付け位置は正確に指示

PS
エアコンの電気配管（CD管）
壁埋め込み
エアコン用の下地

壁付けエアコン・壁埋込みエアコンの取付け位置の指示は展開図で行う。展開図中に正確な寸法が示されていないのは、本事例の天井の勾配が複雑で、天井の形状を現場に入ってから決定したため［54・55頁参照］。その後、現場で取り付け位置（グリル上下の空き寸法が同じになるように調整）を指示した。壁埋込みエアコン（W785×H351×D200㎜）を取り付け、配管は下がり天井懐に隠蔽している

6 取合いは平面詳細図を併せて参照する

500mm

展開図記載の天井高をもとに、サッシ側の袖壁の出（500㎜）を平面図で確認し、石膏ボードのサイズを現場で調整した

2階平面図 ［S＝1：60］（元図 ［S＝1：50］）

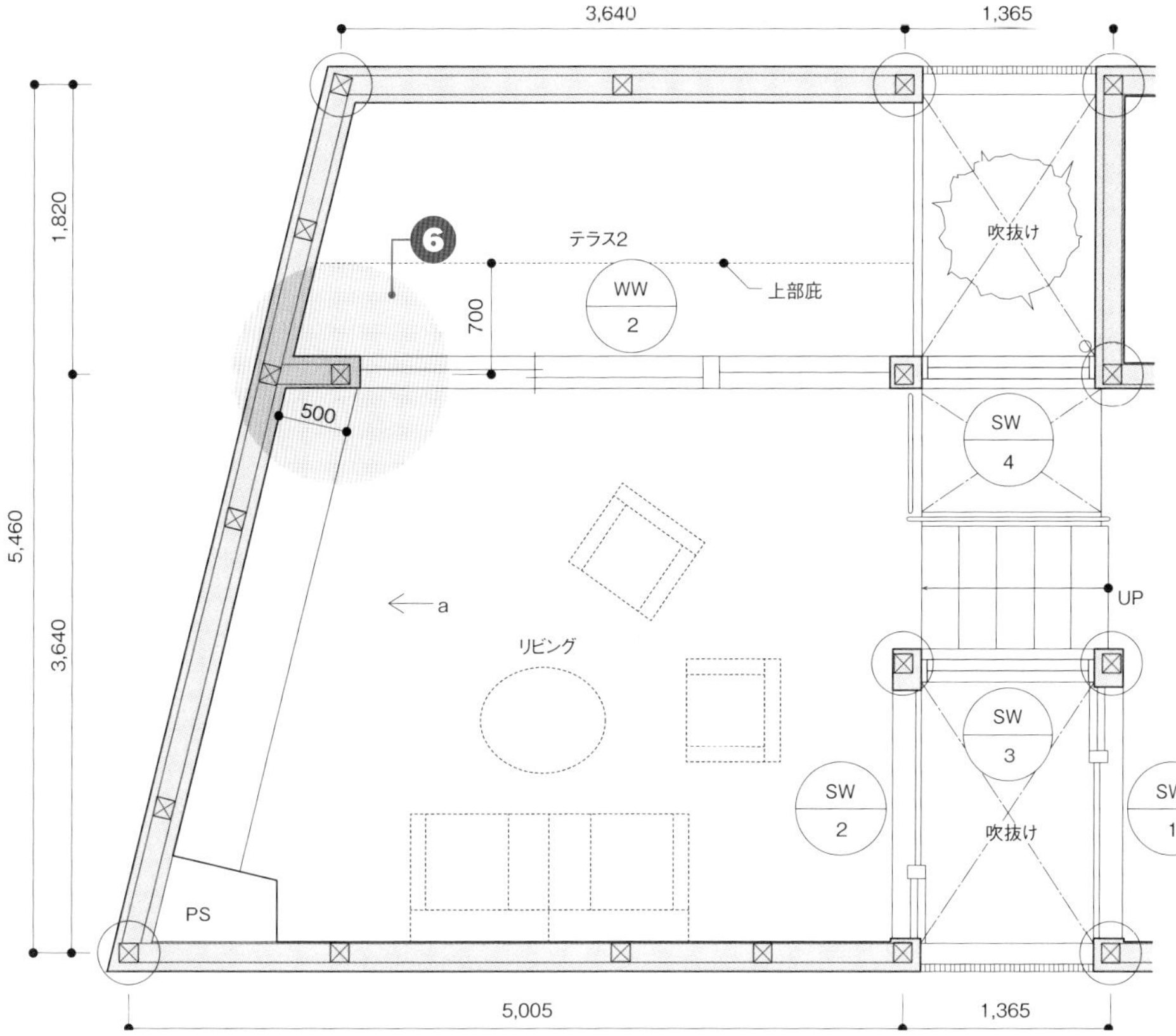
3,640
1,365
1,820
5,460
3,640
6
テラス2
700
WW
2
上部庇
吹抜け
500
SW
4
UP
a
リビング
SW
3
SW
2
SW
1
吹抜け
PS
5,005
1,365

竣工

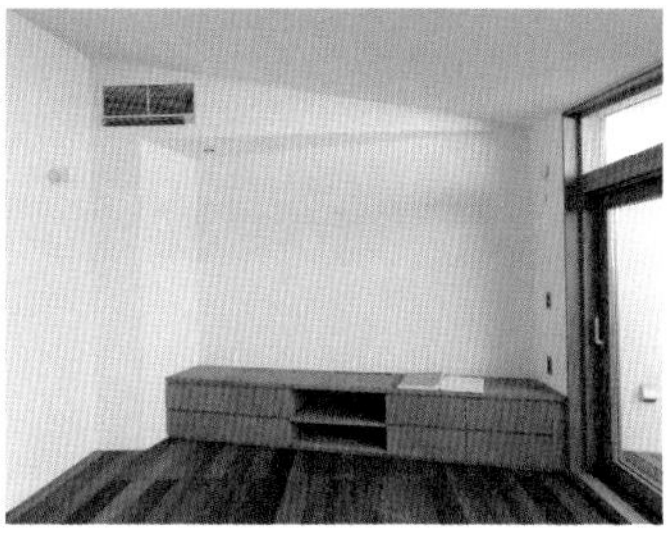

リビング展開図a面側。平行四辺形となる壁の一方を直角にふかすことで、TVボード引出しの開き勝手を確保

スキップフロアでダイニングへ続く階段側の壁面は、開口部の真上に垂壁がなく、視線の抜けがよい

8 天井と壁が複雑な場合は石膏ボードの納まりを現場で確認

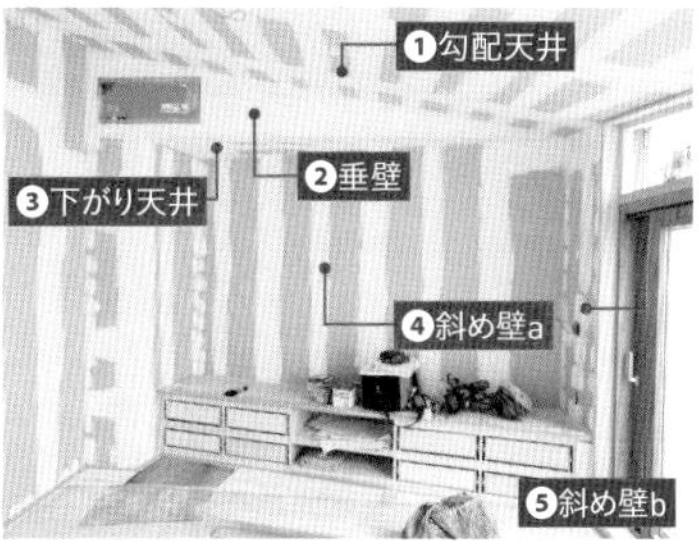
❶勾配天井
❷垂壁
❸下がり天井
❹斜め壁a
❺斜め壁b

❺斜め壁bを勝たせる

廻り縁のない天井と壁の
シームレスなつながり

本事例のように勾配天井や下がり天井が取合い、下地となる石膏ボードが複雑に絡み合うケースでは、石膏ボードの勝ち・負けを別途具体的に指示する必要がある。❶勾配天井、❷エアコンを埋め込んだ垂壁、❸下がり天井、❹斜め壁a、❺斜め壁bが一点で交わった箇所は、サッシが取り付けられる壁面（❺の石膏ボード）を基準として、それぞれの納まりを決めることできれいに仕上げることができる

天井伏図

天井の仕上げや勾配を決める

天井伏図は、天井の仕上げ方法や、天井に取り付ける（埋込む）照明・天井埋込みエアコン・浴室換気扇などの設備の取り付け位置を明示するための図面である（平面詳細図に記載する場合もある［28・29頁参照］）。基準となるのは壁仕上げ面だ。注意したいのは、天井の形状が複雑な場合である。単純な勾配天井であれば、現場とのやり取りは容易だが、勾配が複雑な場合や円形天井などの場合は、天井伏図や軸組図を利用して、ポイントとなる部分の高さを明記すると分かりやすい。

　また、茶室のように天井そのものの意匠性が高い部屋では、仕上げのバランスを確認するための絵としても重要な役割を担うことになる。　［彦根明］

1階天井伏図［S＝1：50］（元図［S＝1：70］）

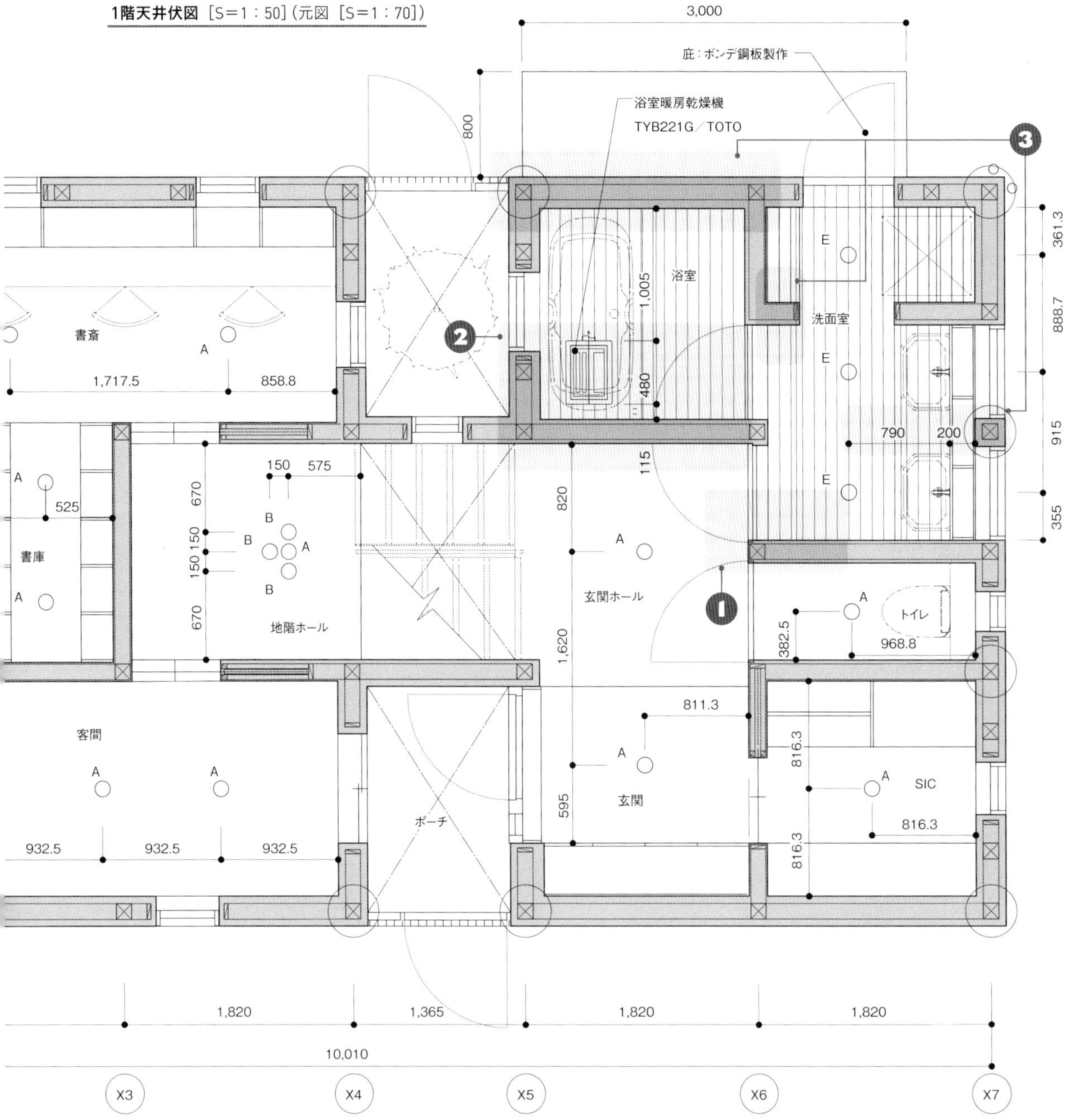

3,000
庇：ボンデ鋼板製作
浴室暖房乾燥機
TYB221G／TOTO
800
浴室
1,005
480
115
洗面室
E
790
200
361.3
888.7
915
355
書斎
A
1,717.5
858.8
書庫
525
150
575
670
150
B
地階ホール
820
玄関ホール
1,620
トイレ
382.5
968.8
811.3
816.3
SIC
玄関
595
客間
932.5
ポーチ
1,820
1,365
10,010
X3
X4
X5
X6
X7

❶ 天井仕上げの切り替えは明確に

洗面室側
(乱尺張り)
玄関廊下側(EP)

天井仕上げが切り替わる場合は、各天井材の仕上げ範囲を示す。羽目板張りの場合は、羽目板の方向を示す。張り方（りゃんこ張りや乱尺張りなど）は仕上表［63頁参照］に記載。ここでは、乱尺張りとしている

❷ 浴室乾燥機は扉との干渉に注意

内開きの扉
浴室換気扇

浴室乾燥機の取り付け位置を示している。浴室の扉が開き扉（内開き）の場合は、扉の軌道を描き、浴室乾燥機に干渉しないように留意する。機種名（会社名）を特記すれば、施工者の発注ミスを防げる

❸ 照明の取り付け位置は壁仕上げを基準にする［※］

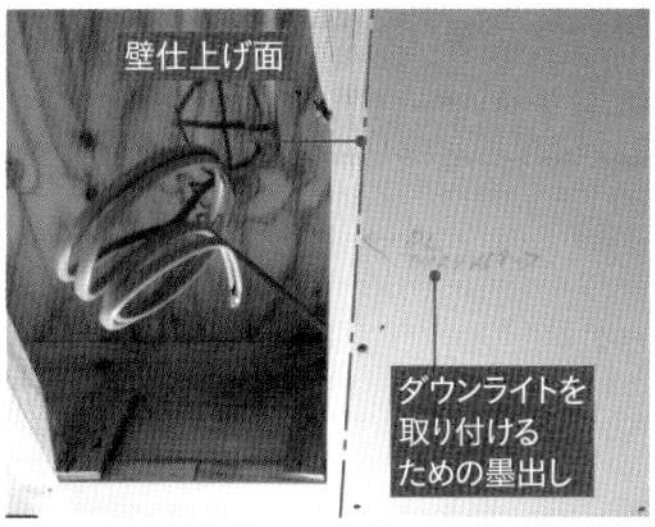
壁仕上げ面
ダウンライトを
取り付ける
ための墨出し

ダウンライトが入るので
天井仕上げ(羽目板)に
開口を設けた

羽目板張り
壁付けブラケット

天井面に取り付ける照明位置の指示のポイントは「①通り心ではなく壁仕上げ面を基準にした数値を記すこと」、「②2方向からの数値を記すこと」である。①の理由は、壁や天井に石膏ボードを張ってから照明器具を取り付けるための開口位置を決めるからである。壁面に取り付けられる壁付けブラケットや間接照明（コーブ照明）は天井伏図ではなく、展開図で指示する［134・135頁参照］

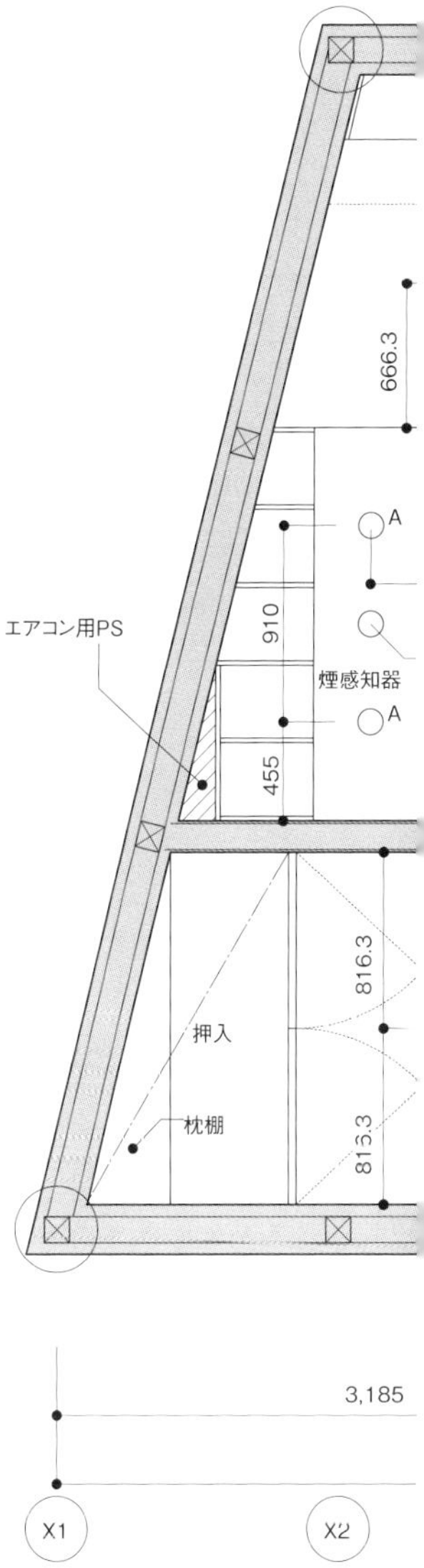
666.3
A
エアコン用PS
910
煙感知器
A
455
816.3
押入
枕棚
813.3
3,185
X1
X2

※ 寸法の追い方は設計事務所によってさまざま。通り心からの寸法を記入するケース、一方向からの寸法を記入するケースもある

2階天井伏図 [S＝1：80]（元図 [S＝1：70]）

勾配の方向を示すハッチ。右上に向かって天井は低くなる

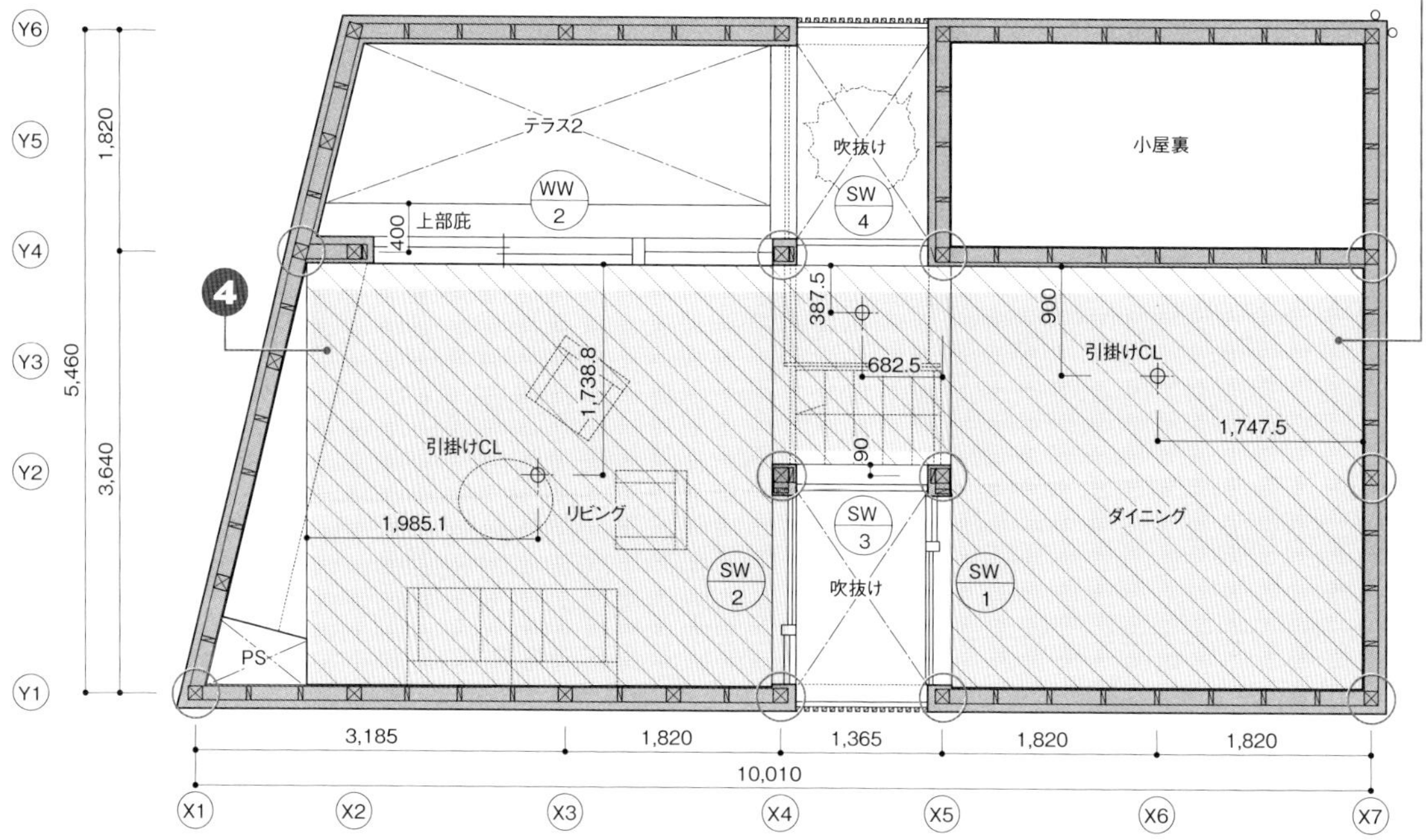

Y4通り軸組図 [S＝1：80]（元図 [S＝1：100]）

位置によって小屋梁の架け方・天井の勾配が変わることが一目で分かる。軸組図に仕上げ面の位置を追加して作図。立体的に示すほうが分かりやすい

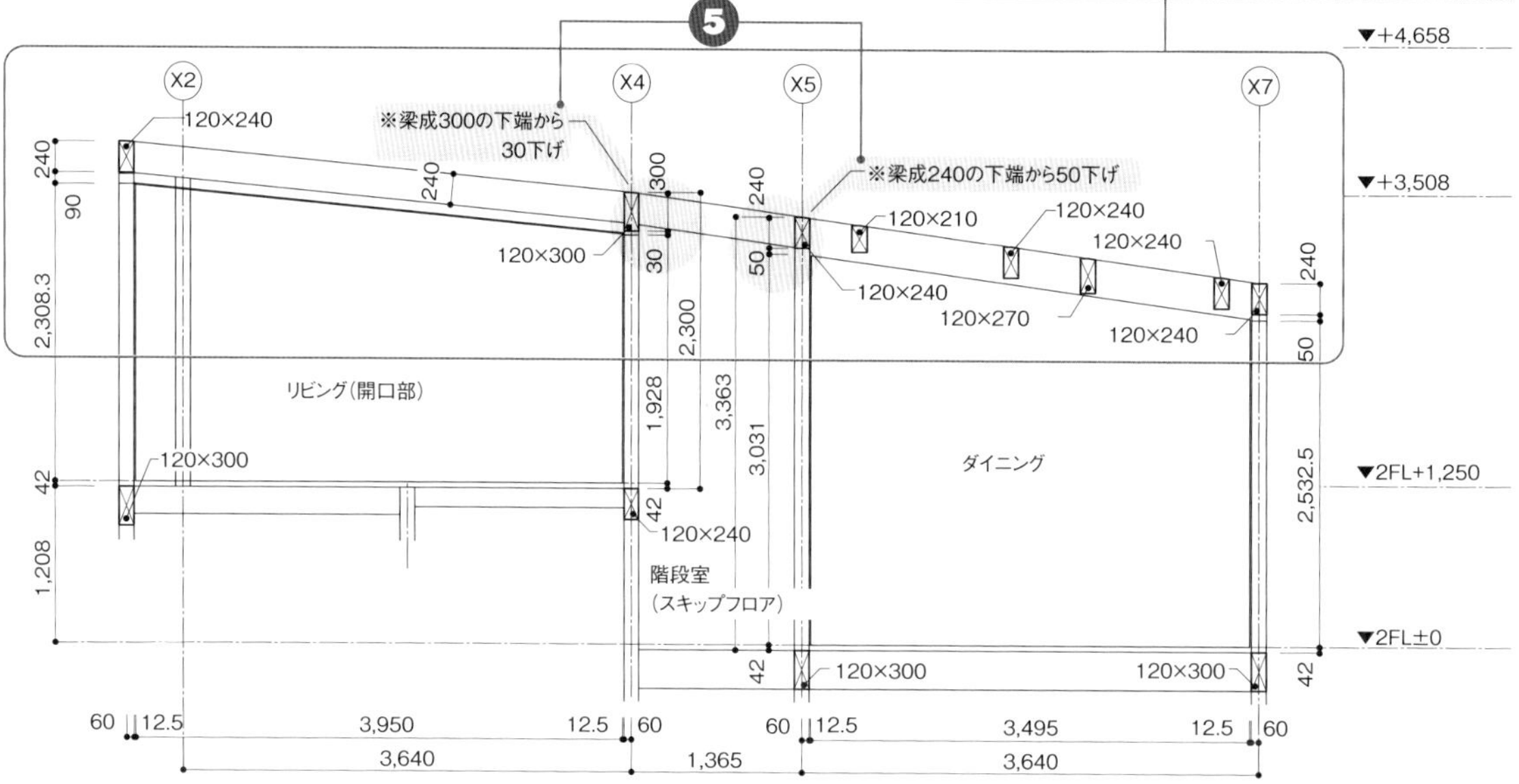

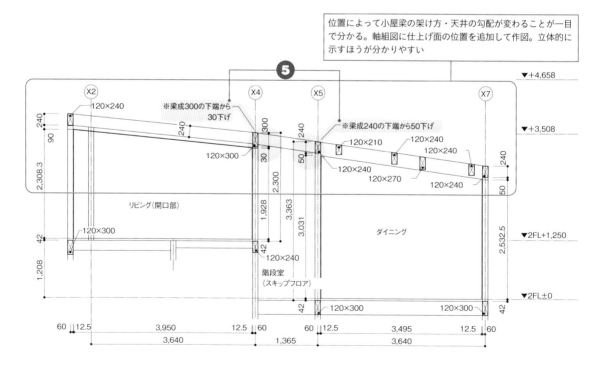

4 天井伏図＋軸組図で天井仕上げ面を決める

本事例は、北側斜線などの影響でXとY両方向に勾配をもつ複雑な勾配天井で、X1・Y1を頂点とし、X7・Y6に向かって勾配がついている。壁と天井の納まりが斜めになる◯の地点すべてで高さが異なるため、天井伏図で表せる情報量に限界がある。現場では施工用に作成した軸組図も参照しながら、組み上がった躯体にレーザー水準器をあてて天井の形状を決定した。施工精度を高めるには、梁間方向・桁行方向ともになるべく多くの通り心で軸組図を描くのがよい

❶梁の下端から30mm（50mm）の位置を天井仕上げ面とし、柱の内壁面に墨を出す
❷墨出しの位置を基準に水糸を張り、天井下地・仕上げ工事のガイドとした
❸小屋梁に直交するように野縁（30×40mm）を303mmピッチで張り付ける
❹9.5mm厚の石膏ボードを張り、パテしごきの上、塗装仕上げとした

5 天井勾配の違いを目立たせない

軸組図で特記されている「梁成300の下端から30下げ」「梁成240の下端から50下げ」はそれぞれ天井の仕上げ寸法を表している。これはリビングとダイニングの勾配の違いによる天井面の変化を極力緩やかに見せるために設定した。もちろん、階段上部の天井の仕上げ寸法だけでなく、リビングとダイニングそれぞれの天井仕上げの寸法も記載し、2階の天井全体の仕上げの位置関係が読み取れるようにしている

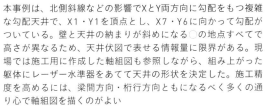

屋根伏図

屋根の種類によって描き方を変える

屋根伏図は、屋根材および葺き方の仕様を平面で表現するものである。仕上げ方や仕上げ範囲（寸法）を明確に示し、正確な積算見積りを算出するための情報源としても欠かすことができない図面である。

ここでは、屋根の形状を主に勾配屋根と陸屋根の2種類に分けて解説する。勾配屋根の場合は、屋根の勾配のほか、軒の出や雨樋の有無と取り付け位置、仕上げ材の割付けなども細かく描き込むことがポイントになる。陸屋根では、防水工法や排水溝に水を適切に導くための勾配のとり方、パラペットの高さ、笠木の仕上げ方法などに関する記載が重要となる。

屋根伏図① [S＝1：150]（元図 [S＝1：50]）〈**勾配屋根の場合**〈**瀬野和広**〉〉

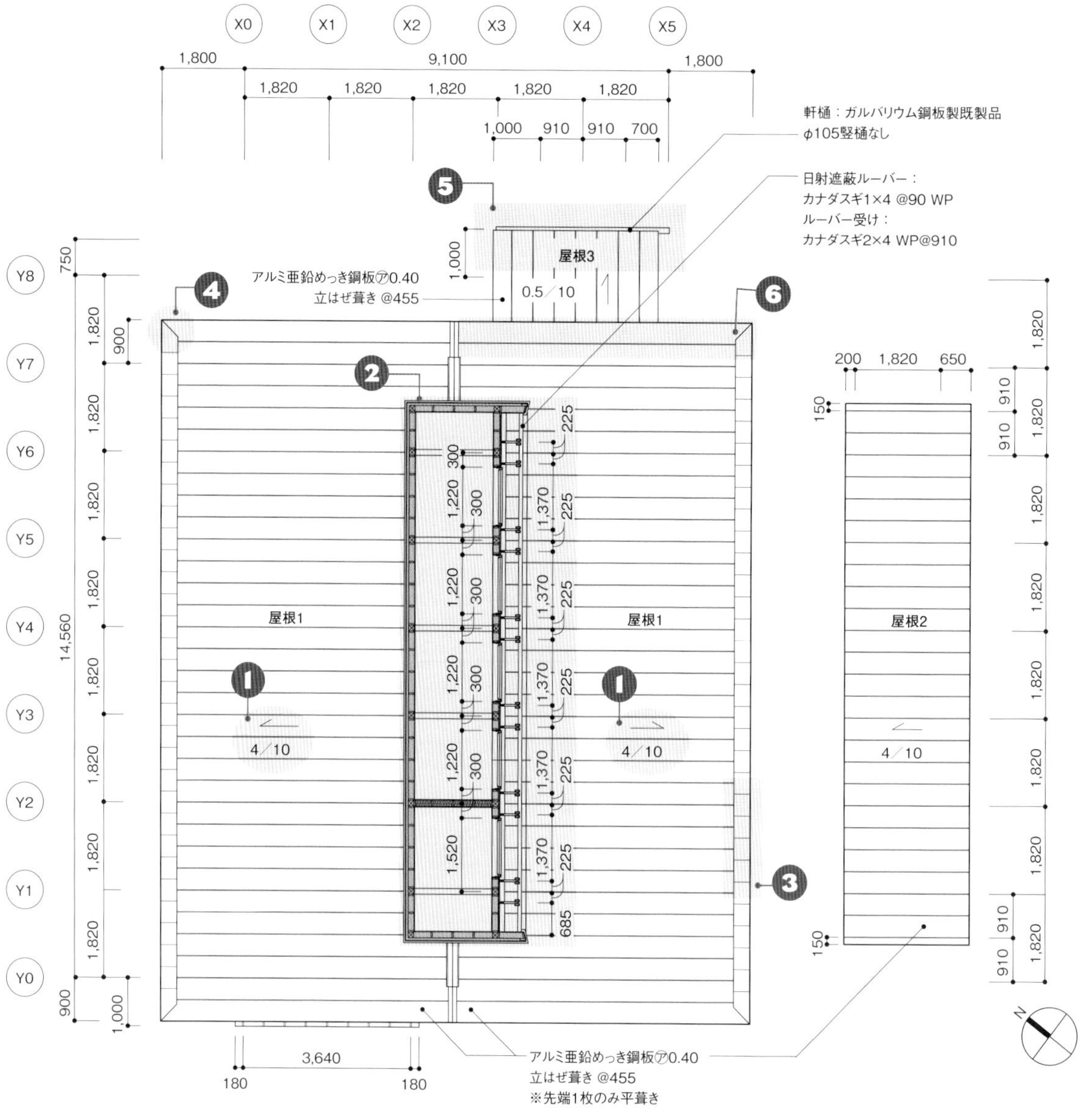

1 屋根の勾配を正確に示す

屋根の勾配がある場合は屋根伏図に勾配を示す。ここでは4寸勾配（4／10）の招き屋根としたので、勾配の度合いと方向を図面に明記した

2 越屋根部分を断面で表現する

ここでは越屋根の部分が意匠面・設備機能面で重要な役割を担っているため、屋根伏図上でこの部分についての断面を表現した。開口部の位置関係と寸法などの基本的な数値のほか、外部に取りつくルーバーの素材やピッチを記入している。後で紹介する越屋根の断面詳細図［148頁参照］の基準図として機能させている。越屋根の仕上げ範囲は別の位置に記載した

3 仕上げイメージが一目で分かるように描く

本事例は立はぜ葺きとしているが、軒先は屋根を軽く見せるために、平葺き板金が直交するように納めている。その旨は屋根伏図に示し、詳細の納まりについては軒先詳細図［149頁参照］に記載

4 板金の取合いを表記する

平側の平葺きの板金と妻側の立はぜ葺きの板金が直行する軒の角の納まりがイメージしやすいように図面上に示す。両者が取り合う軒の出隅では立はぜ葺きの板金が平葺きの板金に斜めに被さるように納めている

5 雨樋の取り付け位置を指示

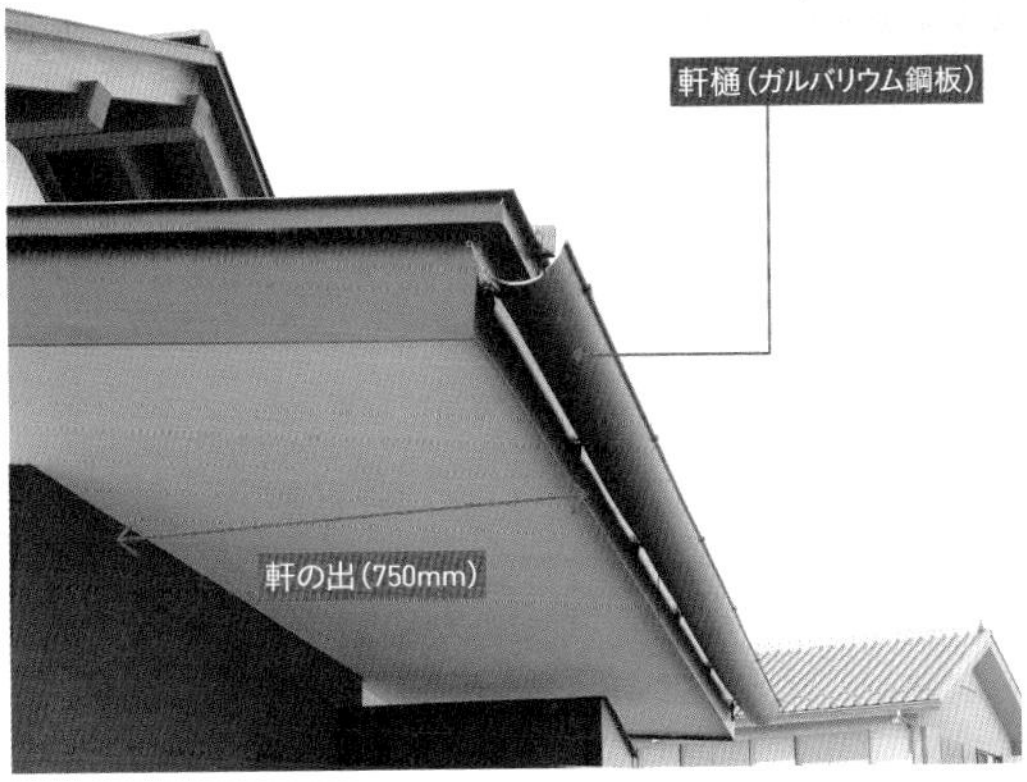

勾配屋根では、軒樋および竪樋の取り付け指示も重要。切妻屋根や招き屋根の場合は、平側に軒樋・竪樋を取り付ける。この建物では軒の出（1,800㎜）が十分に確保されている平側は軒樋をつけていないが、玄関部分は軒の出（750㎜）があまりないので、軒樋（ガルバリウム鋼板製）を取り付けた

6 けらば方向の割付けに注意

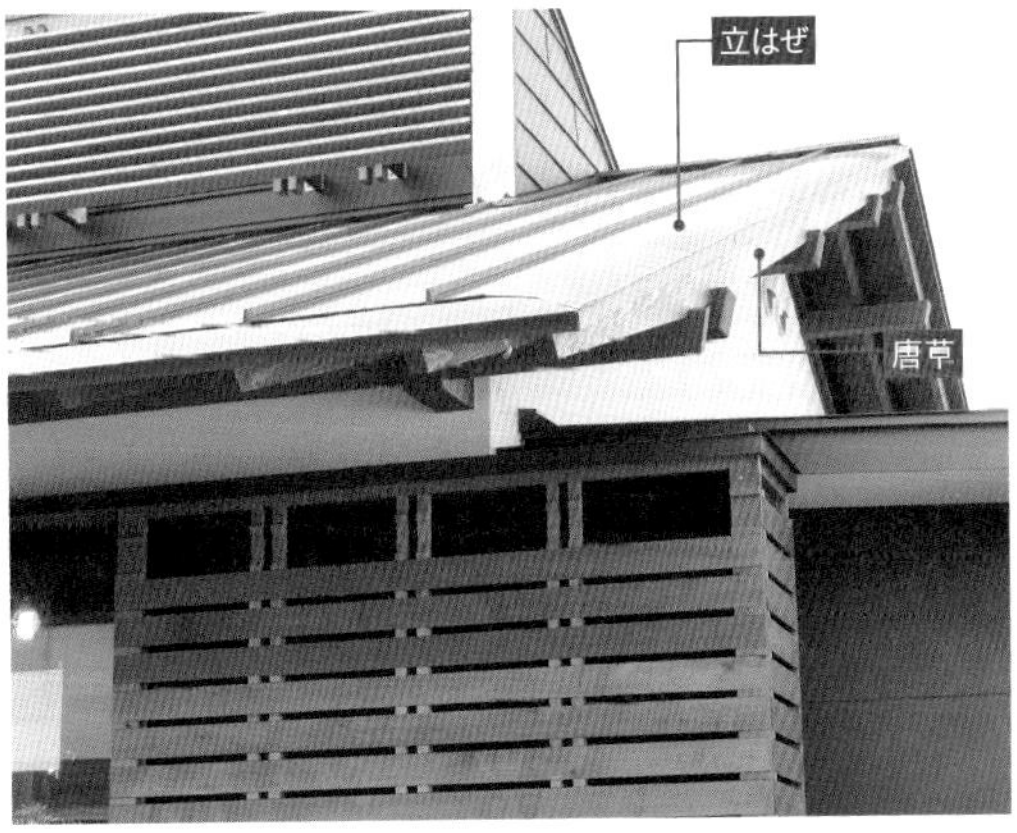

軒の出、とくにけらば方向は板金割付け寸法がアンバランスにならない数値にする（板金の割付け寸法を優先して軒の出を決定するときれいに納まる）。また端末の立はぜの位置を唐草に荷重がかかりすぎないよう注意する。ここでは、立はぜと唐草の位置は、板金の幅に合わせて455㎜程度離した

屋根伏図②［S＝1：80］(元図［S＝1：50］)　〈陸屋根の場合（関本竜太）〉

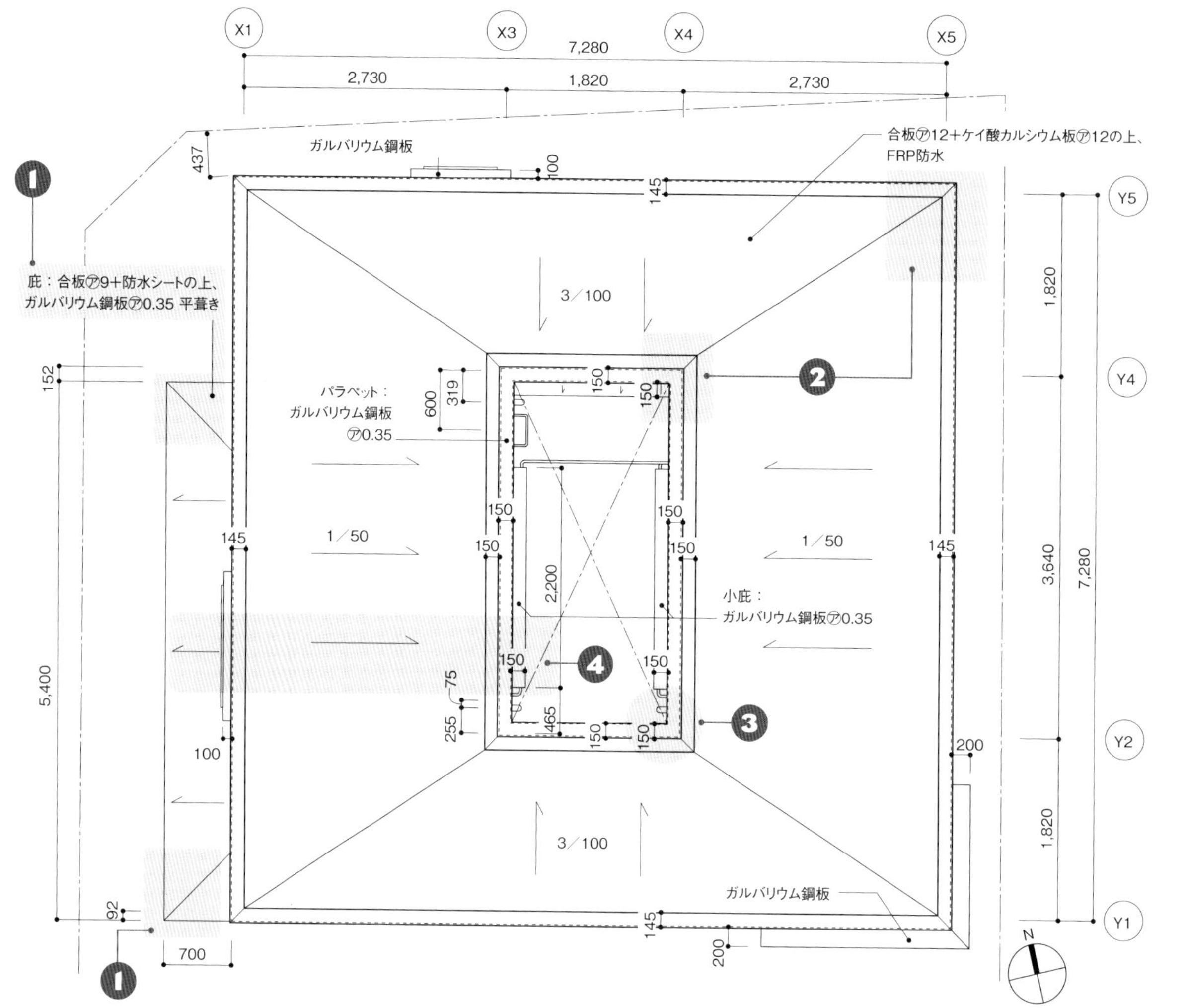
X1
X3
X4
X5
7,280
2,730
1,820
2,730
ガルバリウム鋼板
合板㋐12+ケイ酸カルシウム板㋐12の上、
FRP防水
庇：合板㋐9+防水シートの上、
ガルバリウム鋼板㋐0.35 平葺き
3／100
1／50
パラペット：
ガルバリウム鋼板
㋐0.35
小庇：
ガルバリウム鋼板㋐0.35
3／100
ガルバリウム鋼板
Y5
Y4
Y2
Y1
1,820
3,640
7,280
1,820
5,400
437
100
145
152
150
319
600
2,200
465
255
75
200
92
700
N

断面詳細図［S＝1：25］

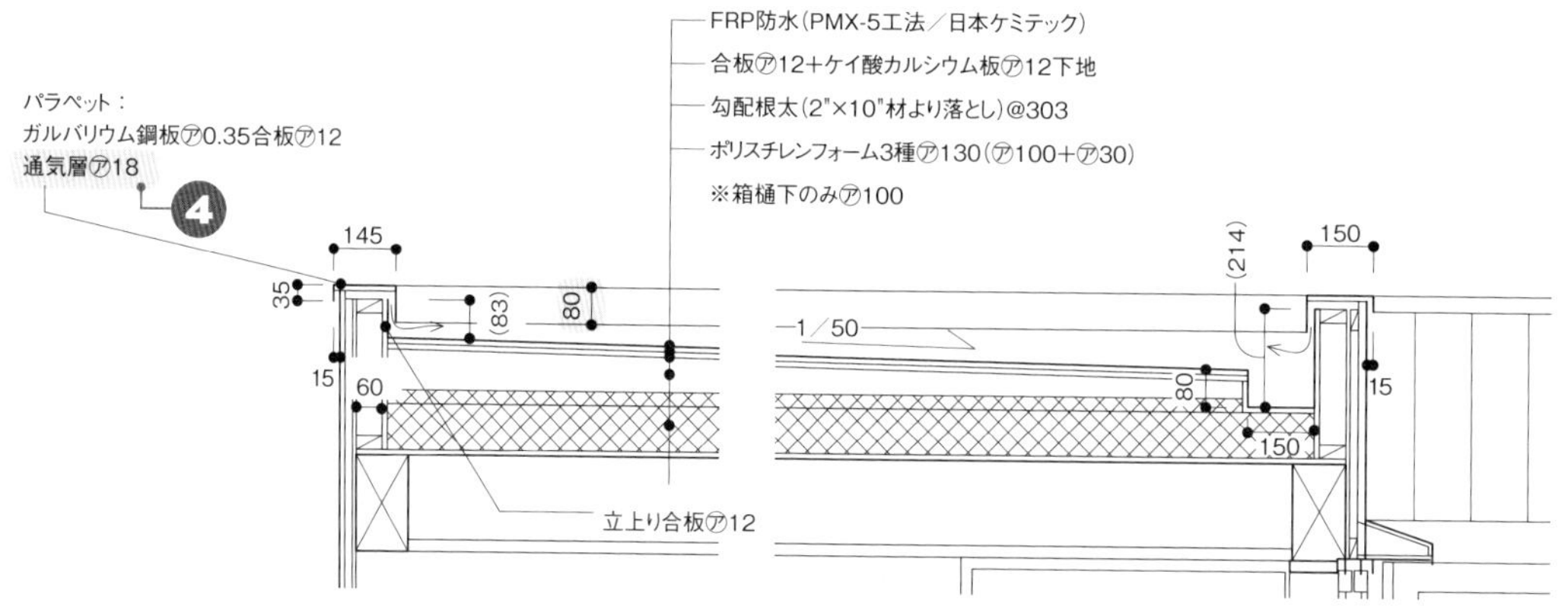
FRP防水（PMX-5工法／日本ケミテック）
合板㋐12+ケイ酸カルシウム板㋐12下地
勾配根太（2"×10"材より落とし）@303
ポリスチレンフォーム3種㋐130（㋐100+㋐30）
※箱樋下のみ㋐100
パラペット：
ガルバリウム鋼板㋐0.35合板㋐12
通気層㋐18
145
35
15
60
(83)
80
1／50
(214)
150
80
15
150
立上り合板㋐12

※ 設計施工基準に適合しない仕様とする場合でも、断面詳細図に加え、性能に関する試験データや設計施工マニュアルなどを保険申込者などが保険法人に提出し、同基準で規定する仕様と同等の性能を有すると保険法人が認めた場合は、その仕様で保険を申し込むことができる。いわば性能規定のようなもの。ロの字形プランで、中庭に竪樋の本数を4本に絞ったこの建物では、メーカーや施工者と打ち合わせたうえで、FRP防水を選択。施工者の施工責任として「3条確認」を申請して受理された。施工者は防水メーカーの防水保証（10年）があるので、事故による賠償金負担のリスクを背負うことはない

2 パラペットを低く抑えられる「3条確認」

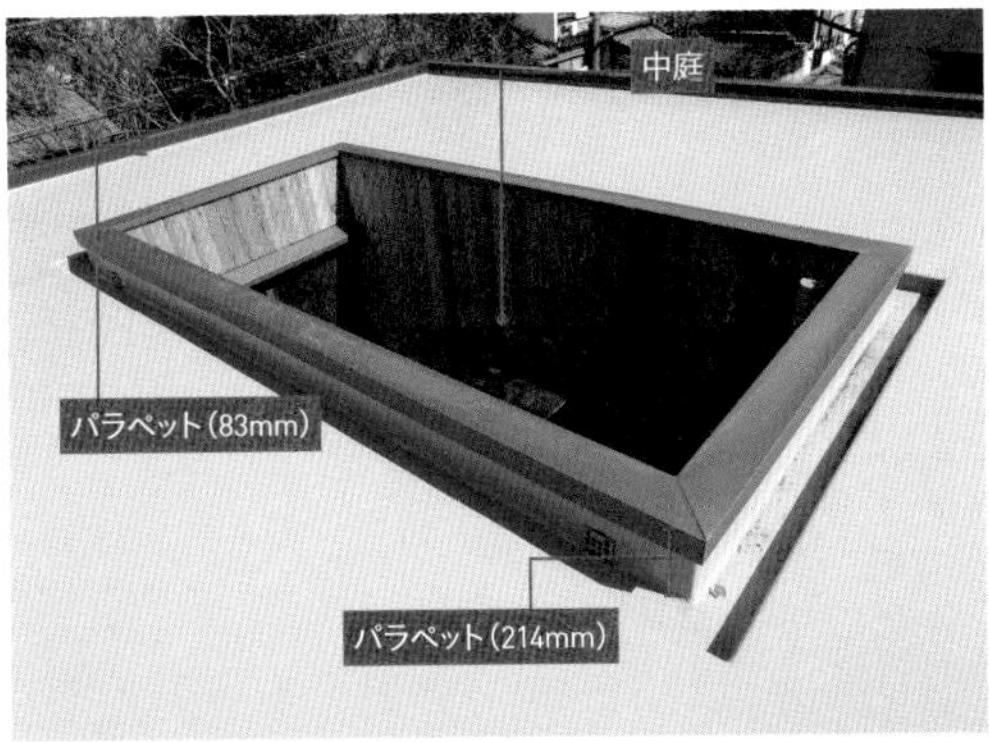
中庭
パラペット(83mm)
パラペット(214mm)

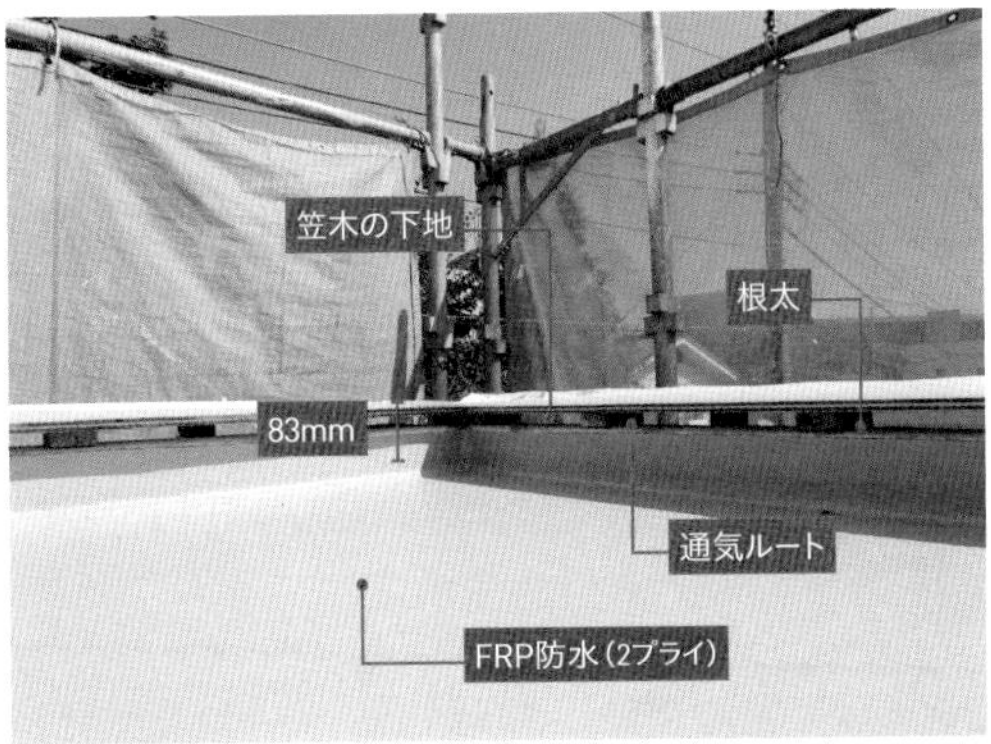
笠木の下地
根太
83mm
通気ルート
FRP防水(2プライ)

陸屋根の防水はバルコニーと同様に、住宅瑕疵担保責任保険の「設計施工基準8条」に基づき、パラペットは防水層とともに250㎜以上立ち上げなければならない。ただし、斜線制限や意匠的な理由で防水層立上りを少しでも抑えたいケースがある。通称「3条確認」[※]を利用すると、防水層立上りは250㎜未満でも実現可能である。最高高さを5.6mに抑えたこの建物では、「3条確認」を利用して防水層立上りを83㎜とした

1 見え掛りとなる部位の仕上げ方法も確認

板金の下地(合板)

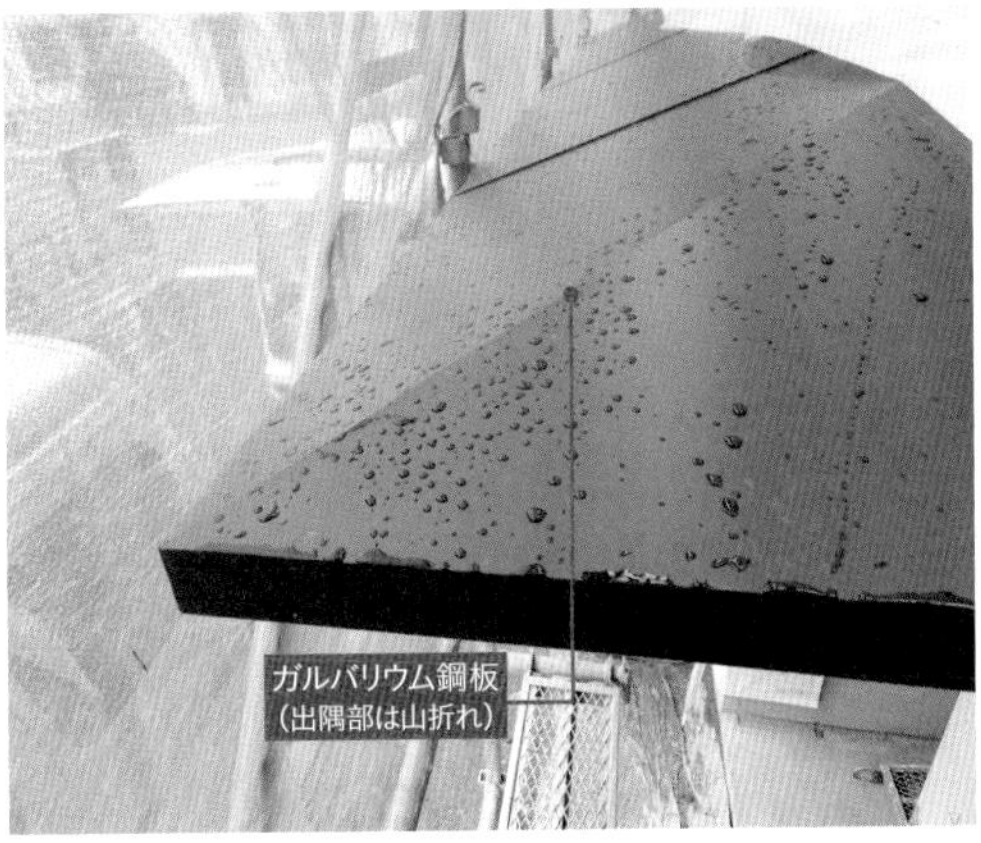
ガルバリウム鋼板
(出隅部は山折れ)

出窓や庇などの見え掛りとなる部位は仕上げ方法を確認する。ここでは、パラペットの笠木と同様に、出窓・庇も板金で仕上げた。庇は山折れ部にジョイントを設けると、見栄えがよくないので板金職人と相談し、1枚を山折りにして納めた

3 排水溝の竪樋への通り道

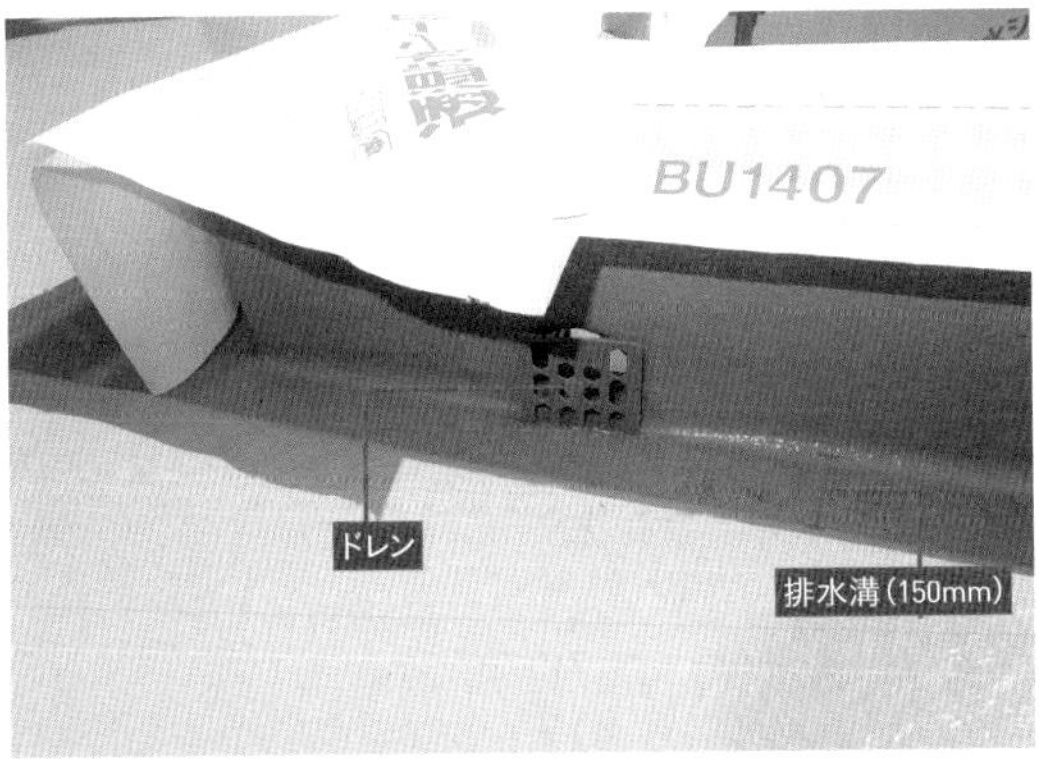
BU1407
ドレン
排水溝(150mm)

中庭の竪樋に接続するには、中庭に向かう陸屋根の勾配(ここでは1/50・3/100)の指示、排水溝確保の指示が重要となる

4 通気層の確保も忘れない

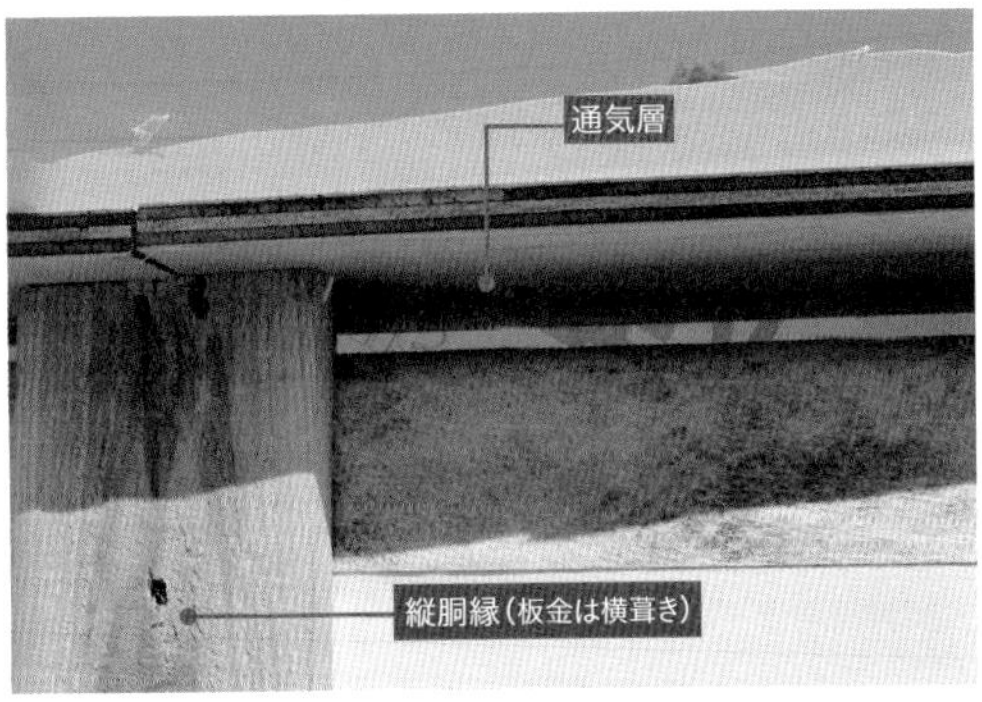
通気層
縦胴縁(板金は横葺き)

陸屋根の場合、外壁からパラペットの笠木部分を経由し、陸屋根面へと続く通気ルートを確保する。外壁面の通気胴縁(ここでは横葺きの板金仕上げのため縦胴縁)を十分に立ち上げて下地を取り付けると、通気ルートが確保できる。断面詳細図にその旨を記載する

建具表

製作建具や防火設備の指示も忘れずに

建具表とは、建具の形状や仕様などをリスト化したものである。姿図と建具表を利用して面材や枠材・金物についての指示を行うことで、施工者見積りをより正確なものとする。注意すべきは、建具を製作する場合や、建具が防火仕様となる場合だ。

製作建具は枠材などの材料を指定する必要があるほか、納まりが複雑になるので、別途用意する枠廻り詳細図（内観図や断面図）に記載する情報を建具表に盛り込むとよい。

防火仕様の建具は、使用できる材料や採用可能な製品に制約が生まれるので、その旨を建具表に明示することが肝要である。［彦根明］

SW1内観図 ［＊］［S＝1：60］（元図 ［S＝1：15］）

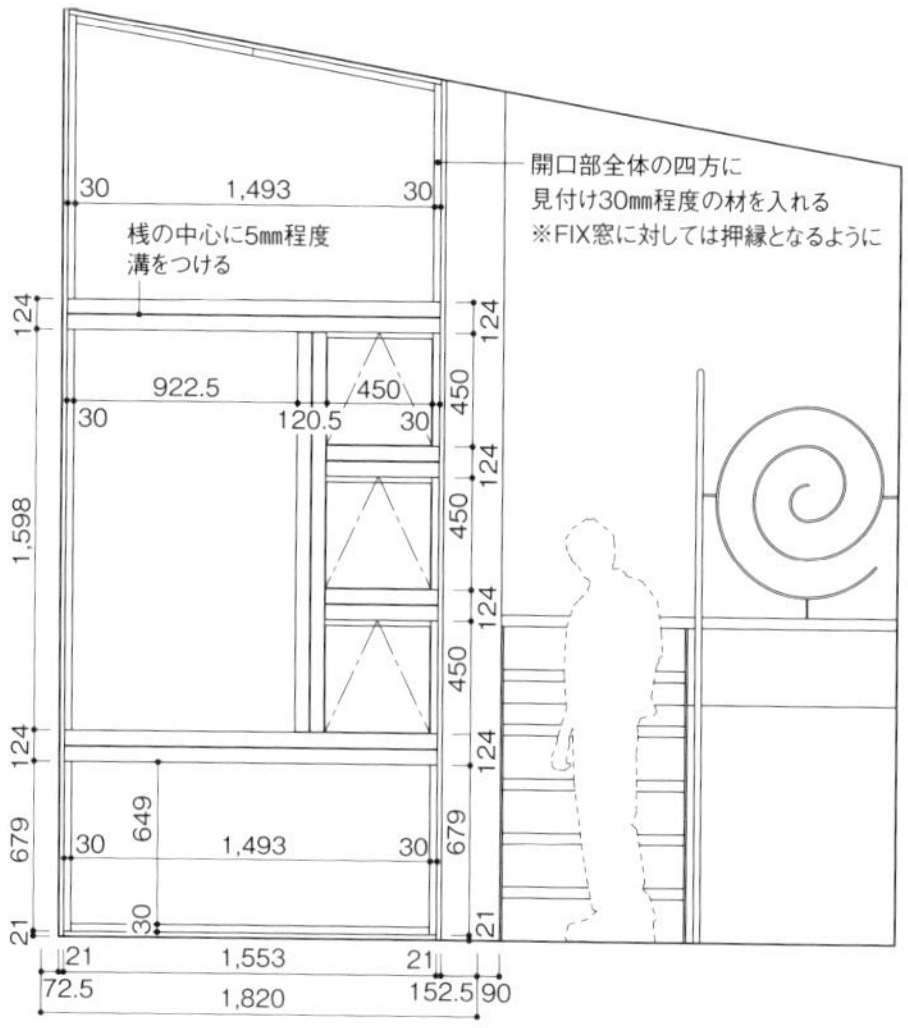

＊ 内観図とは、建具を室内側から見た図面。建具表の姿図では表現し切れない枠の細かい寸法を描いている。展開図との整合性を図る。外観図は建具を室外側から見た図面で、立面図との整合性を図る

枠廻りの細かい寸法は図に記載（内観図）

製作の建具とする場合は、1／5前後の枠廻り詳細図を描く必要がある。ここでは、工事が始まってから、枠廻り詳細図を描いた。内観図では、サッシ枠の見付け寸法はもちろん、「意匠上の理由で栈の中心に溝をつけること」や「FIX窓の固定方法」と特記している

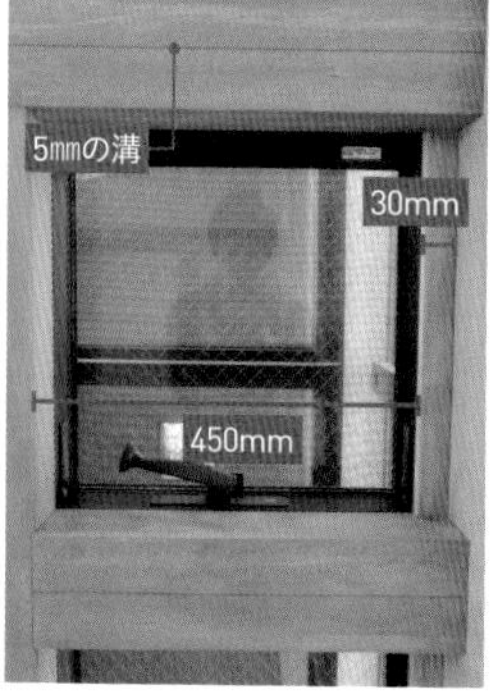

SW1建具表 ［S＝1：100］（元図 ［S−1：50］）

符号		SW1　防火設備	
	形式	横すべり出し窓＋FIX窓	
姿図		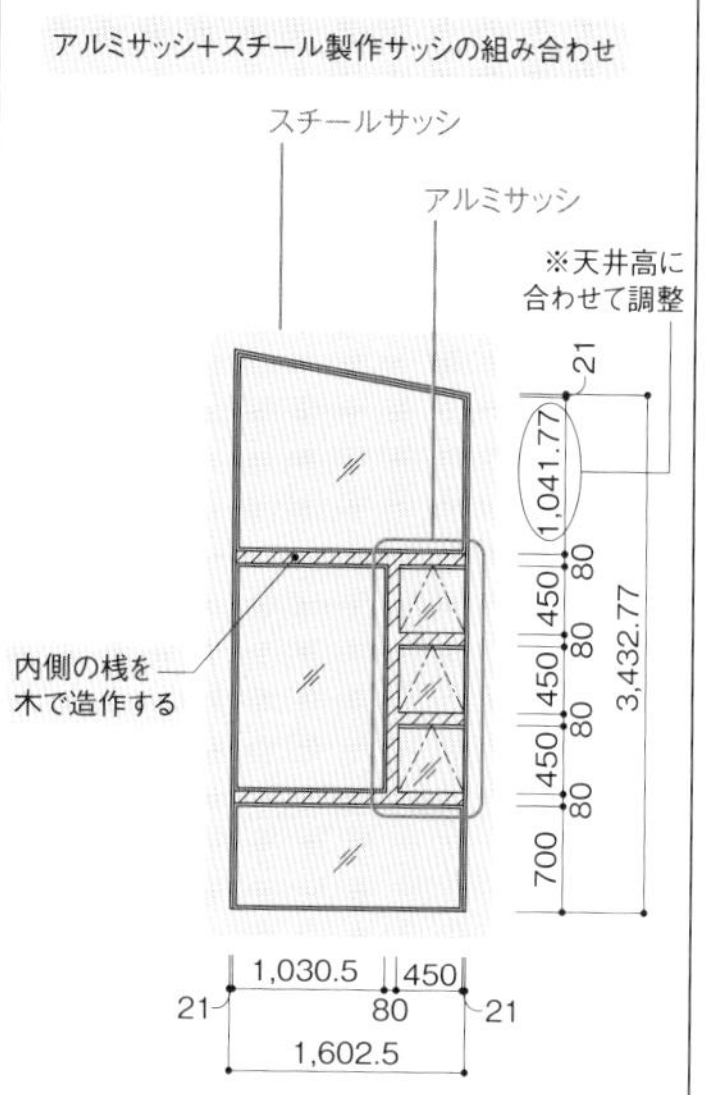	
使用箇所／数量		食堂	1
額縁	見込み・見付け	—／21	
	仕上げ	ベイツガ OS	
枠	見込み・見付け	メーカー寸法／製作部分は御相談させてください	
	仕上げ	※連窓・段窓部材は外側はスチール製とし、内側は板張り＋OSとする	
扉・見込み・仕上げ		メーカー寸法	
ガラス			
適用	沓摺	—	
	網戸	付	
	ガラリ	—	
建築金物		結露受け金物、ガルバリウム製水切	
備考		製作	

建具表に表記すべき内容

姿図は、建具本体の高さや枠の寸法を示す。意匠上重要なことも特記。ここでは「内側の栈を木で造作する」という記述が該当する

SW1断面図［S=1：30］(元図［S=1：15］)

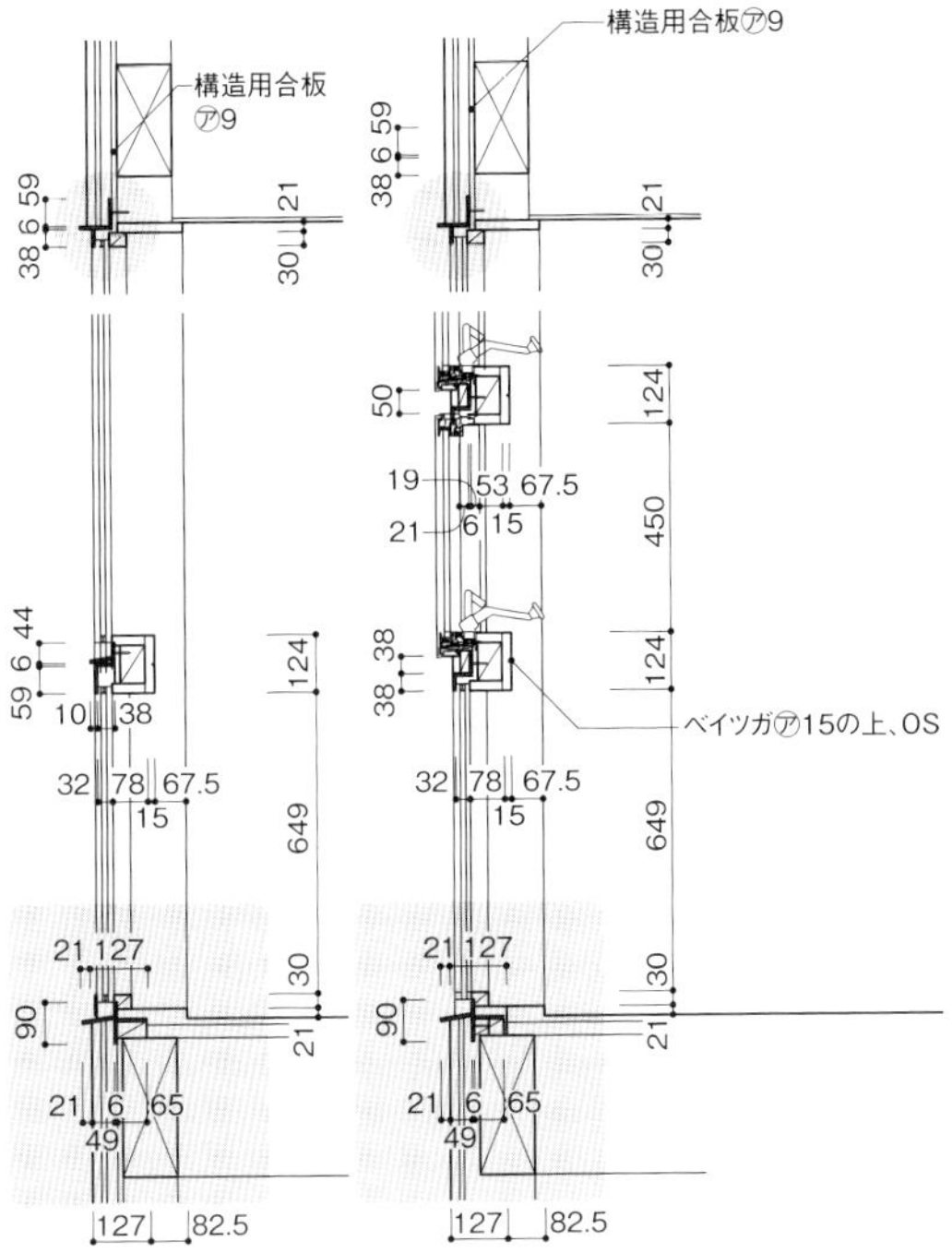
構造用合板㋐9
構造用合板㋐9
38 6 59
21
30
50
124
19
53 67.5
21
6 15
450
59 6 44
10 38
38 38
124
ベイツガ㋐15の上、OS
32 78 67.5
15
649
21 127
30
90
21
21 6 65
49
127 82.5

断面図では、サッシと躯体（外壁）との取合いや枠の見込み寸法などについて指示する。とくに、アルミサッシの枠を内側から木枠などで隠す場合は、木枠の取り付け方法を伝えること。ここでは、サッシのツバ部分に下地材を取り付け、それを三方から囲むように木枠を取り付けた

躯体との取合いは枠廻り詳細図で指示（断面図）

1
スチール枠
4
製作のスチールサッシ
2
ツバ
外壁(耐力壁)
3
床(剛床)
ツバ
5
FIX
横辷り出し窓
FIX
FIX

❶スチールの枠は内装下地工事で取り付ける。❷上枠は外壁の耐力壁（9㎜厚の構造用合板）にビスで固定。FIXガラスの押縁になるようにつばをつけている。❸下枠は外壁の耐力壁にビスで固定。❹既製品アルミサッシ（横辷り出し窓）を挿入する部分は、規格寸法に合わせてスチールサッシを製作。❺スチールサッシを取り付けた後に、FIX窓と横辷り出し窓を設置

WD1建具表［S=1：100］(元図［S=1：50］)

符号		WD1	防火設備[※]
	形式	片開き戸+FIX窓	
姿図		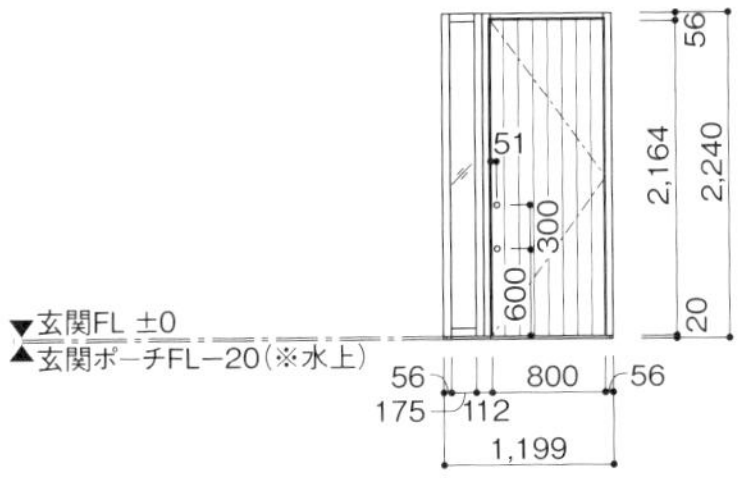 56 2,164 2,240 51 300 600 20 ▼玄関FL ±0 ▲玄関ポーチFL−20(※水上) 56 800 56 175 112 1,199	
使用箇所／数量		玄関(開き戸／製作) 1	玄関(袖のFIX／森の窓) 1
額縁	見込み・見付け	隠し額縁	隠し額縁
	仕上げ	ベイスギ プラネットカラー シーダー色	ベイスギ プラネットカラー シーダー色
枠	見込み・見付け	脇のFIX窓の枠と合わせる	105／56 (納まりによりふかす可能性あり)
	仕上げ	脇のFIX窓の枠と合わせる	メーカーの規格による／ プラネットカラー シーダー色
扉・見込み・仕上げ		ベイスギパネルOS (H12建告1360号第1第2号ホによる)[※] (色：プラネットカラー シーダー色)	—
ガラス		—	パイロクリア、LOW-Eガラス、 透明、防犯ガラス
適用	沓摺	SUS製沓摺製作	—
	網戸	—	—
	ガラリ	—	—
建築金物		ガルバリウム製水切 (上部のみ／建築工事)	ガルバリウム製水切 (上下共／建築工事)
		コンシールドドアクローザー、隠し丁番、ドアハンドル、ディンプル錠	
		扉の取り付け金物は外部側に露出しない製品とする	その他メーカー標準金物
備考		*ドアハンドルは製作品を検討中	

＊ 骨組は防火塗料を塗布した木製とし、外部側に亜鉛鉄板、内部側に厚さ9㎜以上の石膏ボードを張ることにより、防火設備とみなされる

製作の防火設備は仕様を特記する

石膏ボード㋐9.5の上、縦羽目板張り

亜鉛鉄板の上、縦羽目板張り

防火設備を製作するときは、平12建告1360号で定められた構造方法にしたがって仕様を決め、建具表に記す。ここでは、玄関ドアを平12建告1360号第1第2号ホに準じる仕様とした。そのうえで内外ともに羽目板張り（ベイスギ板張り）とした［※］

※ 防火設備の上に木材などの可燃材料を張る方法は、確認審査機関や特定行政庁により判断が異なり、使用できない場合もあるので注意が必要

仕上表

詳細を明記し見積りの誤差を防ぐ

仕上表は、屋根や外壁などの外部仕上表と居室の床・壁・天井の内部仕上表に分かれる。ポイントは下地・仕上げの種類、メーカー名、品番、色まで指定すること。設計者の概算見積りと施工者からの見積りに誤差が生じにくくなるほか、竣工後の見栄えを決めるので、具体的な記述を心がけたい。図面と併せて見てほしい場合は、図面名を記入する。

また、同室の床・天井・壁に2種類以上の仕上げが混在する場合は、平面詳細図［24〜31頁参照］・天井伏図［52〜55頁参照］・展開図［46〜51頁参照］に仕上げ材の施工範囲を分かりやすく表記することが重要である。

［彦根明］

外部仕上表

1 色の指定

外壁は仕上げ材、ベントキャップや雨樋（軒樋・竪樋）のメーカー名・品番を明記する。外壁と設備類の色を合わせる場合は、その旨を「品番」の欄に記載し、発注ミスを防ぐ

竪樋（ガルバリウム鋼板）
アルミサッシ
外壁
（左官仕上げ）
ベントキャップ

2 屋根の葺き方を指示

屋根材のメーカー名・品番のみならず、防水工法（ここではアスファルトルーフィング）や葺き方（ここでは立はぜ葺き）を記載する

金属屋根（ガルバリウム
鋼板竪はぜ葺き）

	部位		仕上げ	メーカー	品番
1	外壁	外壁	モルタル㋐20の上、PAREX DRPフィニッシュ	I.P.P.（インターナショナル プライオリティ プロジェクツ）	Marble White／Swirl Fine
1		ベントキャップ	水切付き薄型フード　ガラリ型（φ150以上の場合、防火ダンパー付き）	西邦工業	SEIHO SXUD100M（φ100） SEIHO SXUD150M（φ150・FD付き） 焼付け塗装（外壁色合わせ）
2	屋根	勾配屋根	アスファルトルーフィングの上、カラーガルバリウム鋼板　立はぜ葺き	日鉄住金鋼板	No.570 耐摩いぶし銀
1	樋	竪樋	HACO／H6号 φ75	タニタハウジングウェア	色:ガンメタ
		軒樋	HACO／H6号 φ75	タニタハウジングウェア	色:ガンメタ
3	外部建具	一般部	アルミサッシ　（※1防火設備）	LIXIL／TOSTEM（防火戸FG-S）色:ブラック	建具表参照
		食堂・居間（4カ所）	スチールサッシ＋アルミサッシ（※1防火設備）	製作／森の窓	建具表参照
		主寝室・居間（2カ所）	木製サッシ OS（※1防火設備）	製作／森の窓	建具表参照
		玄関ドア	木製ドア+FIXガラス（※1防火設備）	製作／森の窓	建具表参照
4	2F テラス	床	FRP防水の上、セランガンバツ材 OS デッキ敷き	東京工営	30×90×2,000
	建物外周部	アプローチ	土間コンクリートの上、石張り（200×200×12）	名古屋モザイク工業	玄昌石 200㎜角割肌 N-200
		ポーチ	土間コンクリートの上、石張り（200×200×12）	名古屋モザイク工業	玄昌石 200㎜角割肌 N-200
		中庭	土間コンクリートの上、石張り（200×200×12）	名古屋モザイク工業	玄昌石 200㎜角割肌 N-200
		駐輪場	土間コンクリート金鏝押さえ（ワイヤーメッシュ入り）		
		犬走り	防草シートの上、砂利敷き		
	その他［※1］	ドアホン	電気設備リスト参照		別紙詳細図参照
		郵便受け	電気設備リスト参照		別紙詳細図参照
		表札（ドアホンカバー）	ステンレスプレート（ヘアライン仕上げ）		別紙詳細図参照

3 防火設備か否かは慎重に判断

防火設備
（網入りガラス）
建具の取り付け
位置を示す記号。
AWはアルミサッシ
の意味

建具は、サッシの種類（アルミ樹脂複合や木製など）、サッシの取り付け箇所、サッシの発注先（既製品・製作）を明記する。準防火地域に計画する木造住宅で、「延焼のおそれのある部分」に開口部を設ける場合は、防火設備を発注する旨を明記しておく。防火設備は工事費に大きく影響するので、配置図などを参照しながら、確認したい［※2］

4 木材は防水・塗装を指示

バルコニーを防水仕様とする場合は、防水工法を示したうえで（ここではFPR防水2プライ）、仕上げ材も指定する。木材仕上げで無塗装品を発注する場合は、塗装方法を指示しておく

ウッドデッキ
（オイルステイン［OS］仕上げ）

※1 ドアホンや郵便受けなど設備機器類は「電気設備リスト参照」とする。仕上げ材となるカバー類については、仕上げ方法を明示しておく
※2 個別認定の防火設備を採用。2013年末以前は一般的であった通則認定品よりも、価格は1.5〜1.6倍程度高くなる

内部仕上表

5 仕上げが混在する場合は範囲と仕上げ方向を明示

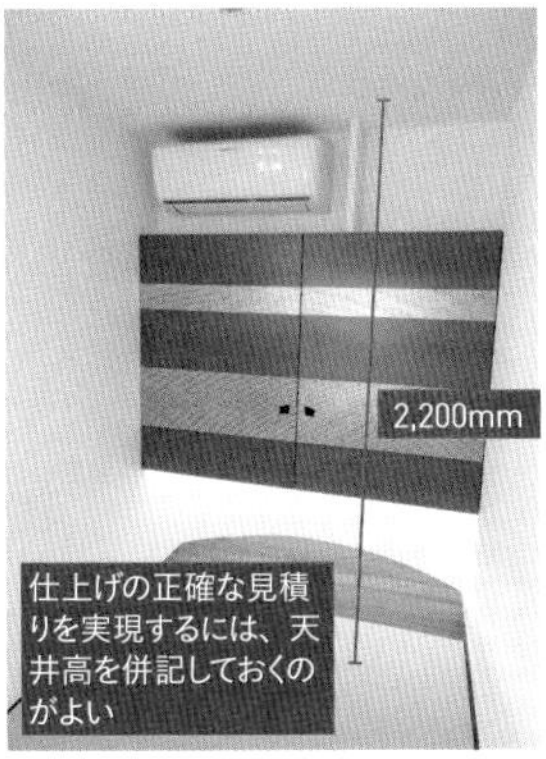
2,200mm
仕上げの正確な見積りを実現するには、天井高を併記しておくのがよい

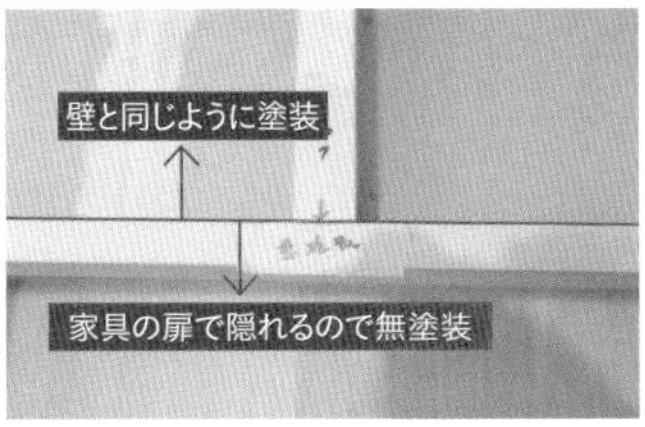
壁と同じように塗装
家具の扉で隠れるので無塗装

畳敷きにした居室で、畳と畳寄せなど異なる仕上げが混在する場合は、平面詳細図にその範囲と方向を示す。ここでは、壁と家具が一体化している部分があったので、仕上げ方法を間違えないように、家具詳細図などで、仕上げ範囲を現場で指示した

6 天井を羽目板張りとする場合は天井伏図にも反映

天井の一部を羽目板張りとする場合は仕上表にその仕様を示しつつ、天井伏図にも仕上げ範囲や板を張る方向などを指示する［52・53頁参照］

		床			幅木			壁				天井				
階	室名	仕上げ	メーカー	品番	仕上げ	高さ	色	仕上げ	メーカー	品番	色	仕上げ	メーカー	品番	色	天井高
B1	地階ホール	チーク複合フローリング 14×150×1,800 未晒し蜜蝋ワックス	ウッドハート(有)小川耕太郎∞百合子社	FK1815 無塗装 Cタイプ	入り幅木 下地用合板 ㋐12.5	140	壁仕上に準ずる	石膏ボード㋐12.5 の上、パテ処理 チャフウォール塗装	チャフウォールジャパン		白	石膏ボード㋐9.5 の上、パテ処理 チャフウォール塗装	チャフウォールジャパン		白	2,200
	客間	畳敷き 健やかくん 座スリム 健やかおもて	大建工業	清流 灰桜色 縁なし㋐15	入り幅木 下地用合板 ㋐12.5	140	壁仕上に準ずる	石膏ボード㋐12.5 の上、パテ処理 チャフウォール塗装	チャフウォールジャパン		白	石膏ボード㋐9.5 の上、パテ処理 チャフウォール塗装	チャフウォールジャパン		白	2,200
	書斎	チーク複合フローリング 14×150×1,800 未晒し蜜蝋ワックス	ウッドハート(有)小川耕太郎∞百合子社	FK1815 無塗装 Cタイプ	入り幅木 下地用合板 ㋐12.5	140	壁仕上に準ずる	石膏ボード㋐12.5 の上、パテ処理 チャフウォール塗装	チャフウォールジャパン		白	石膏ボード㋐9.5 の上、パテ処理 チャフウォール塗装	チャフウォールジャパン		白	2,200
1	玄関	石張り 200×200×12	名古屋モザイク工業	玄昌石 N-200	入り幅木 下地用合板 ㋐12.5	140	壁仕上に準ずる	石膏ボード㋐12.5 の上、パテ処理 チャフウォール塗装	チャフウォールジャパン		白	石膏ボード㋐9.5 の上、パテ処理 チャフウォール塗装	チャフウォールジャパン		白	2,220
	SIC	石張り 200×200×12	名古屋モザイク工業	玄昌石 N-200	入り幅木 下地用合板 ㋐12.5	140	壁仕上に準ずる	石膏ボード㋐12.5 の上、パテ処理 チャフウォール塗装	チャフウォールジャパン		白	石膏ボード㋐9.5 の上、パテ処理 チャフウォール塗装	チャフウォールジャパン		白	2,220
	玄関ホール	チーク複合フローリング 14×150×1,800 未晒し蜜蝋ワックス	ウッドハート(有)小川耕太郎∞百合子社	FK1815 無塗装 Cタイプ	入り幅木 下地用合板 ㋐12.5	140	壁仕上に準ずる	石膏ボード㋐12.5 の上、パテ処理 チャフウォール塗装	チャフウォールジャパン		白	石膏ボード㋐9.5 の上、パテ処理 チャフウォール塗装	チャフウォールジャパン		白	2,200
	トイレ	チーク複合フローリング 14×150×1,800 未晒し蜜蝋ワックス	ウッドハート(有)小川耕太郎∞百合子社	FK1815 無塗装 Cタイプ	入り幅木 下地用合板 ㋐12.5	140	壁仕上に準ずる	石膏ボード㋐12.5 の上、パテ処理 EP			白	石膏ボード㋐9.5 の上、パテ処理 チャフウォール塗装	チャフウォールジャパン		白	2,200
	洗面室	タイル張り 200×200×9	LIXIL(INAX)サーモタイルクォーツ	IFT-200 ／QZ-31	入り幅木 下地用合板 ㋐12.5	140	壁仕上に準ずる	石膏ボード㋐12.5 の上、パテ処理 EP			白	セランガンバツ板張り 20×90×2,000 未晒し蜜蝋ワックス	東京工営(有)小川耕太郎∞百合子社	Cタイプ		2,200
	浴室	FRP防水の上 タイル張り 200×200×9	LIXIL(INAX)サーモタイルクォーツ	IFT-200 ／QZ-31	—	—	—	FRP防水の上 タイル張り 75×150×8.5	タイルパーク	サブウェイSUW-150	白	セランガンバツ板張り 20×90×2,000 未晒し蜜蝋ワックス	東京工営(有)小川耕太郎∞百合子社	Cタイプ		2,250
	1階ホール	チーク複合フローリング 14×150×1,800 未晒し蜜蝋ワックス	ウッドハート(有)小川耕太郎∞百合子社	FK1815 無塗装 Cタイプ	入り幅木 下地用合板 ㋐12.5	140	壁仕上に準ずる	石膏ボード㋐12.5 の上、パテ処理 チャフウォール塗装	チャフウォールジャパン		白	石膏ボード㋐9.5 の上、パテ処理 チャフウォール塗装	チャフウォールジャパン		白	2,200
	主寝室	チーク複合フローリング 14×150×1,800 未晒し蜜蝋ワックス	ウッドハート(有)小川耕太郎∞百合子社	FK1815 無塗装 Cタイプ	入り幅木 下地用合板 ㋐12.5	140	壁仕上に準ずる	石膏ボード㋐12.5 の上、パテ処理 チャフウォール塗装	チャフウォールジャパン		白	石膏ボード㋐9.5 の上、パテ処理 チャフウォール塗装	チャフウォールジャパン		白	2,200
	WIC	桐フローリング 1,820×150×15本実	タシロ産業	—	—	—		桐板 相決り無塗装 1,820×910×9	タシロ産業			桐板 相決り無塗装 1,820×910×9	タシロ産業			2,200
	子供室	チーク複合フローリング 14×150×1,800 未晒し蜜蝋ワックス	ウッドハート(有)小川耕太郎∞百合子社	FK1815 無塗装 Cタイプ	入り幅木 下地用合板 ㋐12.5	140	壁仕上に準ずる	石膏ボード㋐12.5 の上、パテ処理 チャフウォール塗装	チャフウォールジャパン		白	石膏ボード㋐9.5 の上、パテ処理 チャフウォール塗装	チャフウォールジャパン		白	2,200

7 浴室仕上げは防水を指示する

モルタル

浴室の床と壁は防水工法を明記したうえで、仕上げ材を指示する。ここではFRP防水（1プライ）として、タイルで仕上げた。窓枠の色とタイルの色を合わせたほか、浴槽のエプロン部分にもタイルを張っている

8 床と壁の見切を指示

幅木は、納め方や高さ、色（壁と床のどちらに合わせるか）などを指示する。ここでは、入り幅木（床面から120㎜の高さまで）は、石膏ボードと同じ厚さのクロス下地用合板（地球樹Mクロス／伊藤忠建材［※3］）とし、壁の色に合わせている

※3 北海道産トドマツを原料とする針葉樹合板を用いた下地用合板。木ネジ強度はラワン合板（358N）や石膏ボード（64N）よりも高い（400N）。ネジ保持力を必要とする箇所への使用に適しており、隠し幅木部分の補強に適している

特記仕様書

図面で表現できない注意事項を伝える

図面では表現できない事項や施工上の注意点は、各図面上に特記事項として記載する方法のほかにも、工種ごとにチェックリストを設けて、適用する仕様・工法などの事項にチェックを入れる〝特記仕様書〟にまとめる方法もある。

こうすることで工事費のコントロール（設計変更手続きの明確化）や施工者の施工・発注ミスの防止につなげることができる。

特記事項の取り挙げ方（内容）やまとめ方は設計事務所によってさまざま。ここでは、本書に登場する事務所の特記事項の記載方法を紹介する。

［編集部］

①瀬野和広＋設計アトリエの場合

特記仕様は設計仕様・概要書に併記。特記事項は建築工事標準仕様書の１章・一般共通事項の最後に

筆者の設計仕様・概要書は、敷地概要や建物概要などの一般事項に加えて構造、設備、別途工事、屋外の仕様を明文化しつつ、外部仕上表までを1枚にまとめている。加えて内部仕上表を別途用意し、付録として、建築工事標準仕様書の1章・一般共通事項（国土交通省大臣官房官庁営繕部監修版）を添付している。設計仕様・概要書におけるポイントは以下の2点。①仕上表に特記事項を設けて施工方法やメーカーの連絡先を記載していること、②建築工事標準仕様書の1章・一般共通事項には、余白部分に、オリジナルの特記事項リストを併記していることである。これには、施工者に対して設計者の監理姿勢を伝えるという目的がある。

［瀬野和広］

設計仕様・概要書

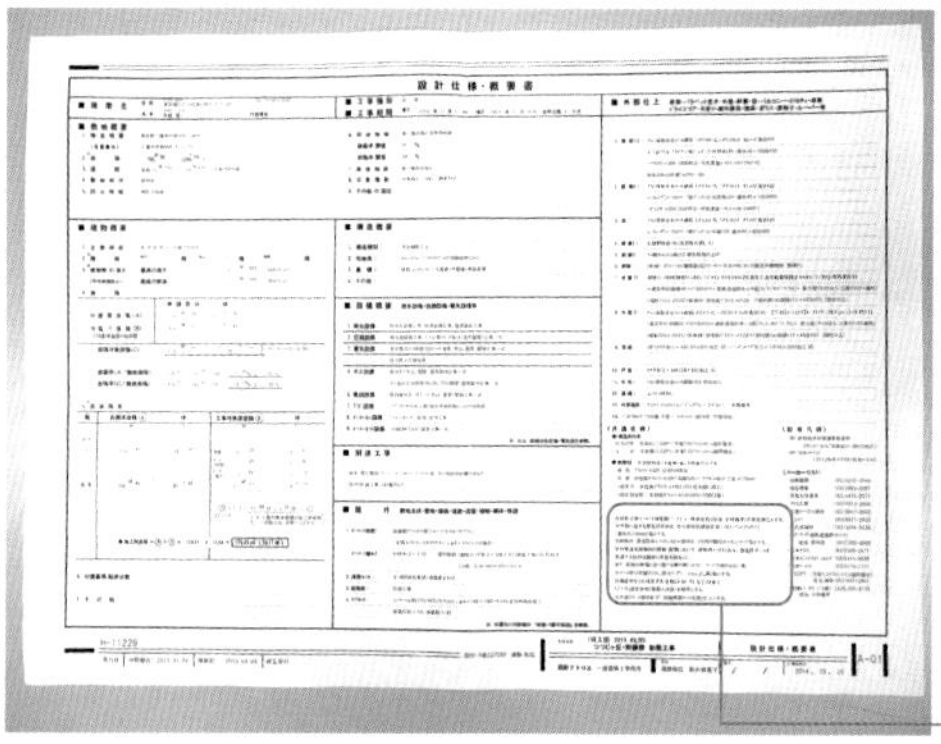

すべての設計図書の目次のような役割を担う書類。筆者の設計事務所では、外部仕上表も含めている。この後の頁に内部仕上表、建築工事標準仕様書／一般共通事項が続く

※断熱工事については△△○○株式会社（担当）の責任施工とする
※外部に面する壁および天井は、すべて高性能調湿気密シート（インテロ／プロクリマ）（重ね代100㎜）張りとする
※断熱材・透湿防水シートのジョイント部は、プロクリマ規定のテスコンテープ張りとする
※外壁通気胴縁内の配線・配管において、建物内への引込み、透湿防水シートを貫通する部分は確実に気密を図ること。また、配線は無理に折り曲げることのないように、テープで押さえないこと
※サッシ開口部廻りには、防水テープ（ブチルゴム系）張りとする。
※構造材などに使用する金物（ボルト・釘など）はすべて「Zマーク」認定金物（亜鉛めっき品）を使用する
※外部スチール部はすべて「溶融亜鉛めっき処理」仕上げとする

外部仕上表のなかで共通仕様（複数の図面にまたがる構造材や断熱材の指定）の下に構造材・断熱材の施工に関する注意点を記載する。そのほかの技術的な特記事項に関しては関連のある図面中に記載している

建築工事標準仕様書／一般共通事項

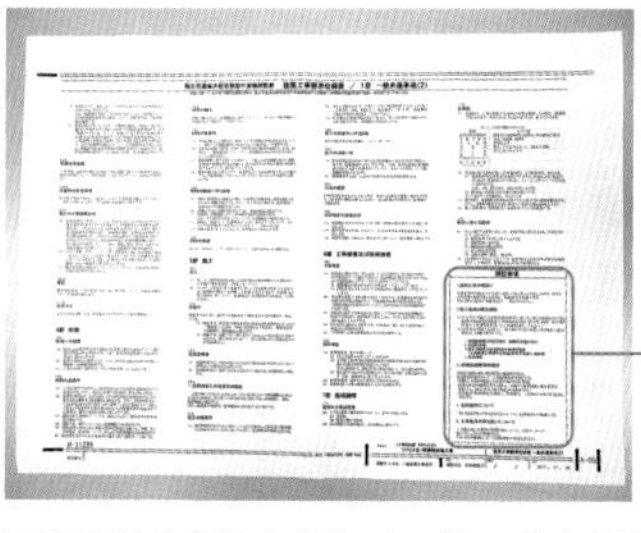

工事全般や契約に関して、統一的な解釈や約束事をまとめたのが建築工事標準仕様書の1章・一般事項。国土交通省大臣官房官庁営繕部監修版をひな型とすることが多く、国交省のホームページよりダウンロードして転載する。筆者は同書の1章・一般共通事項を標準仕様書（2枚分）として利用している。2枚目の最後（上写真）には、オリジナルの特記事項枠を設け「追加工事の取り扱い」や「施工基準と優先順位」などについて注意を促している。木造戸建住宅規模の場合は、施工者の事情に合わせて、施工図の提出は随意とし、特記していない

特記事項

1.追加工事の取り扱い
設計変更その他すべての事情で追加工事になると判断したときは、速やかに内訳書（見積り含む）を作成し、監督職員と協議すること。
それ以外の追加工事費請求は、一切認められない

2.施工基準と優先順位
(a)本工事は下記の工事請負契約約款に基づき、施工されるものとする。民間（旧四会）連合協定工事請負契約約款（官公庁、団体、会社等の特定の工事請負契約書または約款を指定してもよい）
(b)本工事は下記により施工し、相互間の内容に相違がある場合の優先順位は、記載の順序とする
1. 現場説明書（打ち合わせ記録等、質疑応答書を含む）
2. 特記仕様書
3. 国土交通省大臣官房官庁営繕部監修「公共建築工事標準仕様書（建築工事編）」最新版
4. 設計図面

3. 現場清掃管理の徹底
現場作業所は常に清掃管理の徹底を計ること
安全管理の基本として、工事監理重要事項とする
・喫煙は、灰皿等設置した所定の場所以外禁止
・飲食も所定の場所以外では禁止。分別ゴミ袋等設置し衛生管理を徹底する。
（特に空カン類の散乱などは絶対禁止）
・作業後は「毎日清掃」を徹底し、資材養生、工具類の片付け等確実に実施する

4. 完成図等について
「7節 完成図等」の作成内容については、監督職員との協議による

5. 工業製品の取り扱いについて
工業製品化した建材の使用にあたっては、当該メーカーの施工マニュアルに準拠のこと。
それ以外の仕様については監理者の承諾を得ること

②彦根建築設計事務所の場合

メーカーリスト・施工図の提出義務・追加工事に留意

工種ごとにチェックリストを設けるタイプの特記仕様書。チェック式なので、「何が適用事項で、何が適用事項でないのか」が一目で分かる。メーカーリストなどを記載しているのが特徴。［彦根明］

■特記仕様書 ※項目抜粋
■ 1章 一般共通事項
■ 2章 仮設工事
■ 3章 土工事
■ 4章 地業工事
■ 5章 鉄筋工事
■ 6章 コンクリート工事
■ 7章 鉄骨工事
■ 8章 ブロックおよびALCパネル工事
■ 9章 防水工事
■ 10章 石工事
■ 11章 タイル工事
■ 12章 木工事
■ 13章 屋根および樋工事
■ 14章 金属工事
■ 15章 左官工事
■ 16章 建具工事
■ 17章 塗装工事
■ 18章 内装工事
■ 19章 舗装工事
■ 20章 排水工事
■ 21章 外構工事
■ 22章 雑工事

①

適用事項。仕上表
［62・63頁参照］

■ メーカーリスト	
■1 OS	●オスモ&エーデル XX-XXXX-XXXX ●プラネットジャパン XX-XXXX-XXXX
■2 EP	○大日本塗料／ビューテックス ●日本ペイント／ オーデファインアクト
■3 チャフウォール	●チャフウォールジャパン チャフローズコーポレーション XX-XXXX-XXXX
■4 断熱材	●マツナガ XX-XXXX-XXXX ○日本アクア XX-XXXX-XXXX ○エイ・エフ・エムジャパン XX-XXXX-XXXX ○王子製袋
■5 床板	○マルホン XX-XXXX-XXXX ○カネサダ横尾木工所 XX-XXXX-XXXX ●ウッドハート XX-XXXX-XXXX ○アイオーシー XX-XXXX-XXXX
■6 衛生陶器	●グローエ ●大洋金物(Tform XX-XXXX-XXXX) ●TOTO ●LIXIL(INAX)
■7 キッチン	○ドムスコーポレーション XX-XXXX-XXXX 担当:●●氏 ○クレド XX-XXXX-XXXX 担当:●●氏 ●ティデア XX-XXXX-XXXX 担当:●●氏
■8 アルミサッシ	●LIXIL(TOSTEM) ○YKK AP ○三協アルミ
■9 木製サッシ	○共和木工 XX-XXXX-XXXX 担当:●●氏 ○ノルド XX-XXXX-XXXX ○アイランドプロファイル XX-XXXX-XXXX ○日本ベルックス XX-XXXX-XXXX ●森の窓 XX-XXXX-XXXX 担当:●●氏 ○越井木材工業 XX-XXXX-XXXX 担当:●●氏
□10 照明	○モデュラージャパン XX-XXXX-XXXX ○スタジオ ノイ XX-XXXX-XXXX
□11 パネルヒーター	○ピーエスグループ XX-XXXX-XXXX ○メックサービス XX-XXXX-XXXX
□12 点検口	○シンワ XX-XXXX-XXXX
■13 外壁	○木童 XX-XXXX-XXXX ●I.P.P. XX-XXXX-XXXX ○アイカ工業 XX-XXXX-XXXX
■14 キリ床・キリパネル	●タシロ産業 XX-XXXX-XXXX ○グリーンフラッシュ. XX-XXXX-XXXX
□15 防水	○住べシート防水 XX-XXXX-XXXX ○U−style工法／山本工務 担当:●●氏 XX-XXXX-XXXX
□16 光触媒	○アクアマインド XX-XXXX-XXXX
■17 床暖房	●サーマスラブ XX-XXXX-XXXX 担当:サーマエンジニアリング ●●氏

凡例 ■:適用事項 ●:適用項目 ※:特記なき限り適用

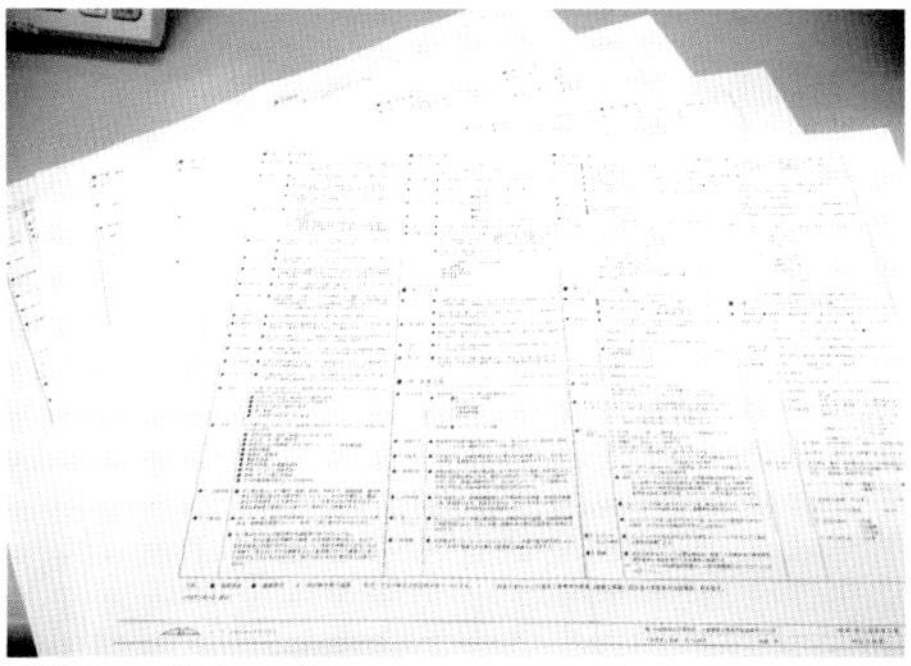

実物はA2用紙4枚分

■ 提出図書一覧表	
契約時	
■1工事請負契約書	※契約書(以下の書類をとじ込み製本)3部 ※工事請負契約書 ※工事請負契約約款 ※工事見積書 ※工事契約図面 ※工程表 ※工事請負契約書は、発注者、請負者、工事監理者が1部ずつ保有する
■2 設計製本(白焼)	※原本 観音製本 2部 ※50%縮小版 観音製本 3部
着工時	
■1 工事施工者届	※施工者が申請上未定となっている場合は速やかに提出
■2 各担当者届	※現場代理人届 ※主任技術者届 ○専門技術者届
■3 工事着手届	※2部
■4 工事工程表	※全体工程表および初期工事の短期工程表
■5 仮設計画図	※工事施工上、安全上必要な箇所
進行中	
■1 検査資料	※特定工程(官公庁諸手続きの書類および資料、写真) ※特定工程に基づく中間検査の自主検査報告書 ※シックハウス(完了検査に必要な資料および写真)
■2 工事工程表	※短期工程表 ※週間 ※月間
■3 承認図	※各工事承認図2部(構造同時確認の場合は4部) ※承認2週間前の提出を原則とする ②
■4 報告書	※各種試験、検査報告書
■5 工事打合記録	※定例以外の打ち合わせも含む
■6 工事報告書	※月間 ※最終
■7 施工計画書	※仮設、根切り、コンクリート打設、建方、ほか確認を要する工程
■8 施工要領書	※同上
■9 施工図・機器製作図	※承認の必要なものは、3承認図の項参照
■10 申請・届出	※申請、届出書類および同控(申請・届出の必要な工程)
■11変更工事見積書	※金額に変更がある場合は、施主・設計の承認を受けなければならない
竣工時	
■1 自主検査報告書	※施主設計検査の前に、社内検査を行い報告書を提出する
■2 工事完了届	※設計、監理者と協力
■3 工事写真	※工事記録写真集 ※データ ○プリント
■4 引渡書類	※竣工引渡書および受領書 ※検査済証 ※使用許可書 ※各申請書および届出書 ※各工事の保証書(防水、屋根等) ※機器取り扱い説明書および保証書 ※鍵 ※予備資料 ※保安工事連絡先一覧表
■5 施工図	※観音製本 1部
□6 竣工図	□原本 1部 ※観音製本 2部 ※jwwデータまたはdxfデータ ※配置図 ※平面図、立面図、断面図 ※仕上表、面積表 ※主要詳細図 ※設備図 ※電気図(系統図)
■7 竣工写真	□撮影者の指定 ○指定なし ○ナカサアンドパートナーズ XX-XXXX-XXXX ○●●氏 XX-XXXX-XXXX ○●●氏 XX-XXXX-XXXX
■8 その他	※適宜必要なものおよび監理者の指示のあったもの

■ 注意事項	
■軸組	●プレカット図または施工図承認の上加工する ●特殊な組み方の部分については、打ち合わせ・確認を行う
■設備工事	●原則として隠蔽配管とする ●施工図承認の上施工する ●機器取り付け位置を確認の上施工する
■建具承認	●内外とも詳細を施工図承認の上施工する
■各部詳細	●設計図書に記載なきもの,並びに決定を要する詳細については打ち合わせ、確認の上施工するものとする
■諸手続	●工事に伴う諸手続・届出・申請は工事工程に基づき遅滞なく行うこと
■追加工事	●現場変更が行われ、追加になる場合は、施工前に見積りを提出すること。提出しない場合は追加とみなされません ③

① メーカー名・連絡先・担当者名を記載

建材や設備のメーカーを指定する場合、メーカー名・連絡先（場合によっては担当者）を記載し、見積りの誤差や発注ミスが少なくなるように気を付ける

② 施工図の提出期限を設定する

工務店に対して施工図の提出期限を設けることで、施工上の問題を早期に発見できる

③ 追加工事が発生した場合の対応を明記

追加や変更があり工事金額に変更が出る場合は、必ず施工前に見積りを提出してもらい、建築主に伝えることでトラブルを防ぐ

③ブライシュティフトの場合

仕上表や建具リストごとに特記仕様を記載

筆者の設計事務所では、木造戸建住宅の場合、特記事項をまとめた仕様書は作成していない。外部・内部仕上表や造作家具および家具リスト、構造材仕様書のなかでそれぞれ、特記事項を記載している。技術に関することは仕様書としてまとめると、施工者がほかの図面との関係が理解しにくくなるため、図面中に記載する。工事監理や施工計画に関する事項は「一般事項」として仕上表などと並列させて設けている。例に挙げた造作家具および家具リストの特記事項は下記のとおり。［本間至］

工事概要／外部仕上表／一般事項

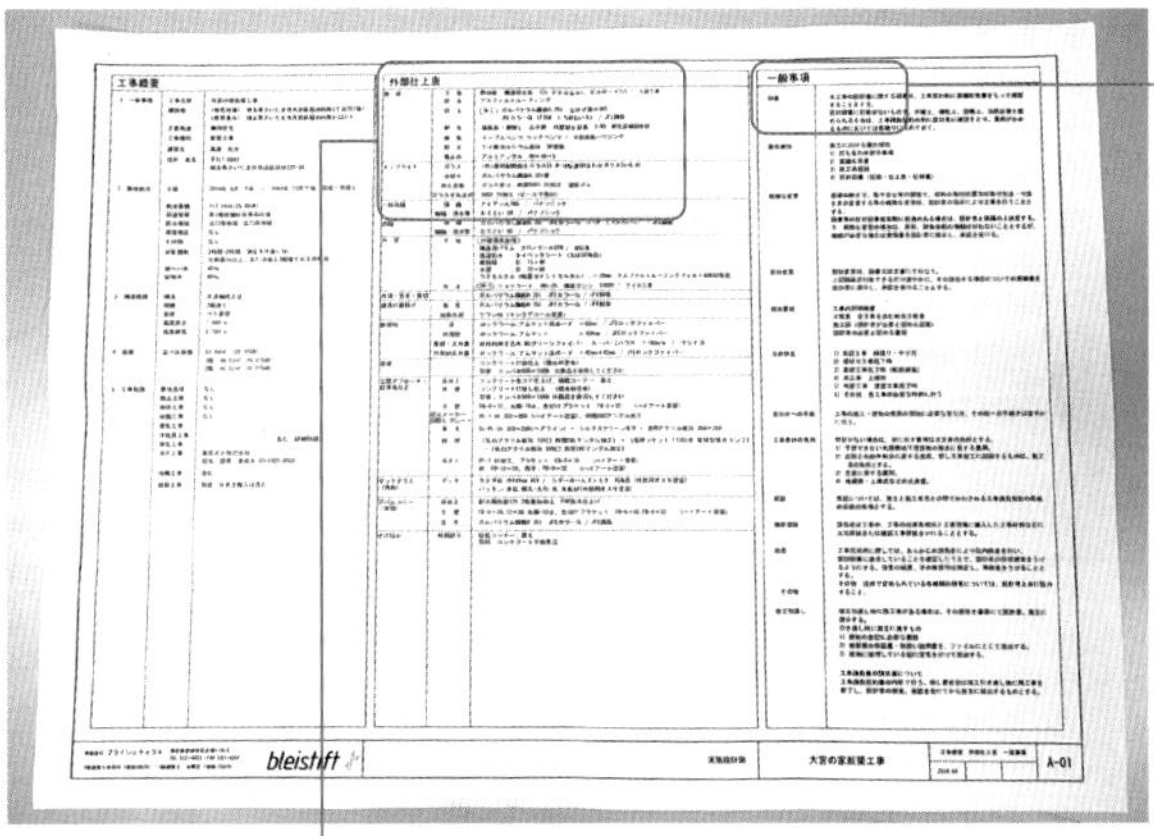

外部仕上表

屋　根	下　地	野地板：構造用合板　12t（F☆☆☆☆）、ビルボード12t ／ 大建工業
	防　水	アスファルトルーフィング
	仕　上	(R-1) ガルバリウム鋼板0.35t　立はぜ葺＠385 JFEカラーGL（T76W　しろがねいろ）／ JFE鋼板
	軒　先	破風板・鼻隠し・広小舞：外壁材を延長 S-05 軒先詳細図参照
	換　気	イーブスベンツ、リッヂベンツ ／ 宇部気密ハウジング
	軒　天	ケイ酸カルシウム板6t　VP塗装
	雪止め	アルミアングル　40×40×5
トップライト	ガラス	(外)透明耐熱強化ガラス5t-A-(内)透明合わせガラス3t+6.8t
	水切り	ガルバリウム鋼板0.35t巻
	押え金物	ガラス受け：四周SUS1.2t加工　硬質ゴム
	ガラスずれ止め	SUS1.2t加工（ピースで取付）
一般雨樋	横　樋	アイアン丸105 ／ パナソニック
	縦樋・排水管	たてとい 60 ／ パナソニック

一般事項(抜粋)

疑義	本工事の設計書に関する疑義は、工事契約前に質疑応答書を持って確認することとする。 設計図書に記載がないもので、外観上、機能上、設備上、当然必要と認められるものは、工事請負契約の前に設計者に確認をとり、費用がかかるものにおいては見積りに含めておく
優先順位	施工における優先順位 1)打ち合わせ指示事項 2)質疑応答書 3)施工承認図 4)設計図書(図面・仕上表・仕様書)
軽微な変更	現場の納まり、取り合わせなどの関係で、材料の取り付け位置または取り付け方法・寸法を多少変更するなどの軽微な変更は、設計者の指示により工事を行うこととする。 図書等の設計図書相互間に相違のある場合は、設計者と協議のうえ決定する。また、軽微な変更の場合は、原則として、請負金額の増額は行わないことにするが、増額が必要な場合は見積書を設計者に提示し、承認を受ける
設計変更	設計変更は、図書または文書にて行う。 上記図面交付後できるだけ速やかに、その該当する項目についての見積書を設計者に提示し、承認を受けることとする
提出書類	工事内訳明細書 工程表　全工事を含む総合工程表 施工図　(設計者が必要と認める図面) 設計者が必要と認める書類
立合検査	1)仮設工事　縄張り・遣り方 2)根切り工事完了時 3)基礎工事完了時(配筋検査) ⋮

施工の優先順位や設計変更などの内容は一般事項の欄に記載

工事概要（写真左）には、ほかの設計事務所と同様に、用途地域や防火指定の有無、指定建蔽率・指定容積率など、建築基準法に関わる規制が明記されているほか、建物の構造・規模、最高高さ・最高軒高、延べ面積、工事範囲などが記されている。外部仕上表（写真中）には、部位ごとに下地・仕上げの構成部材や参照すべき図面の番号が記入されている

造作家具および建具リスト

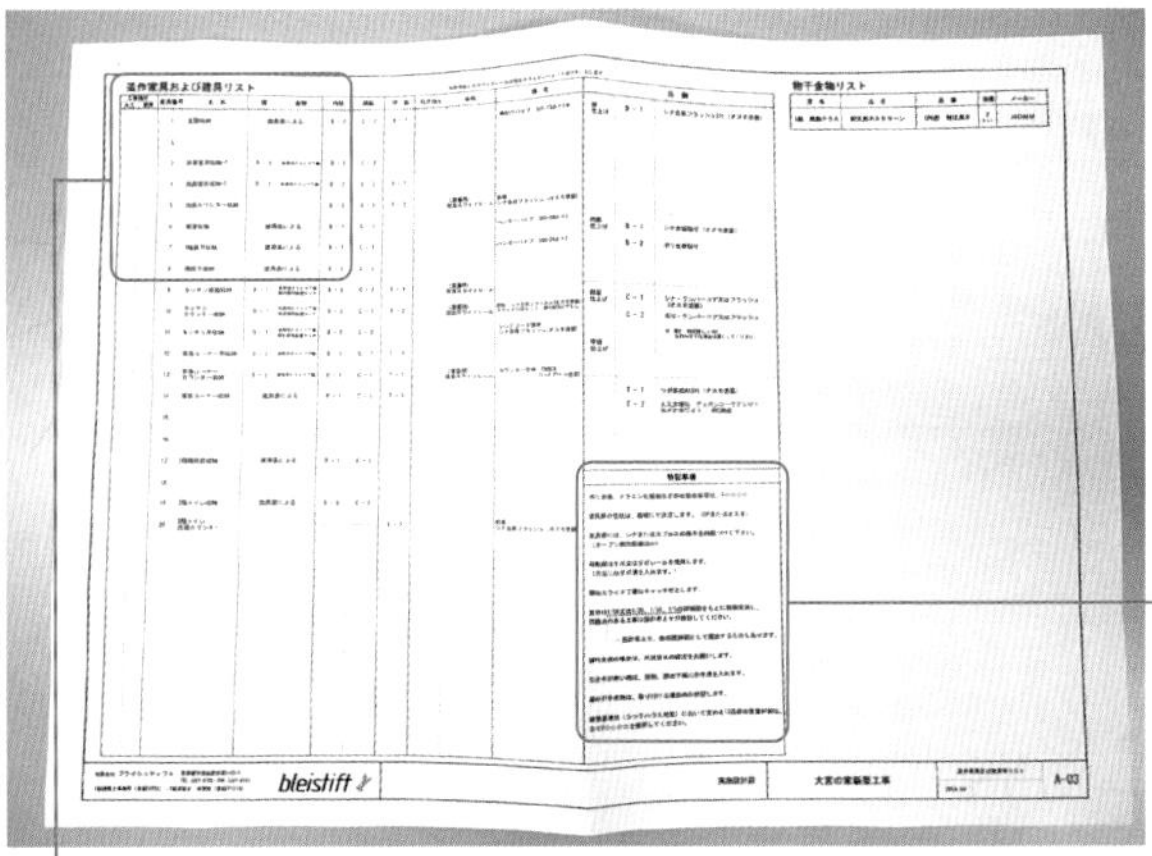

造作家具および建具リスト

工事種別 大工	工事種別 家具	家具番号	名　称	扉	金物	内部	棚板
○		①	玄関収納	建具表による		B－2	C－2
		②					
	○	③	洗面室吊収納-1	D－1	家具用スライド丁番	B－2	C－2
	○	④	洗面室吊収納-2	D－1	家具用スライド丁番	B－2	C－2
	○	⑤	洗面カウンター収納	――	――	B－2	C－2
○		⑥	寝室収納	建具表による		B－1	C－1
○		⑦	1階廊下収納	建具表による		B－1	C－1
○		⑧	階段下収納	建具表による		B－1	C－1

冒頭で、工事種別という項目を設け、「大工工事で行うのか、家具工事で行うのか」を一目で理解できるようにしている。続いて、家具番号や家具の名称、引出しや金物などの仕様をリスト化している。最後に特記事項を上げ、右表のような指示を行う

特記事項

ポリ合板、メラミン化粧板などの化粧合板等は、F☆☆☆☆

家具扉の塗装は、現場にて決定します
(OPまたはオスモ)

家具扉には、シナまたはスプルースの横手を四周つけてください
(オープン棚は前面のみ)

可動棚はダボまたはダボレールを使用します
(方立にはダボ溝を入れます)

扉のスライド蝶番はキャッチ付とします

製作は1／50または1／20、1／10、1／5の詳細図をもとに現場実測し、問題点のある工事は設計者と十分検討して下さい

→設計者から後日、設計図として提出されるものもあります

練付合板の場合は、尺度見本の提出をお願いします

引手がないときは、原則として、扉の下端に引手溝を入れます

扉の引手金物は、取り付ける場合のみ特記します

建築基準法(シックハウス対策)において定める17品目の建築材料は、すべてF☆☆☆☆を使用してください

特記仕様書としてまとめずに、特記仕様は各リスト・仕上表に記載する。
また、見落としを防ぐためにも技術事項は関連のある図中に記す

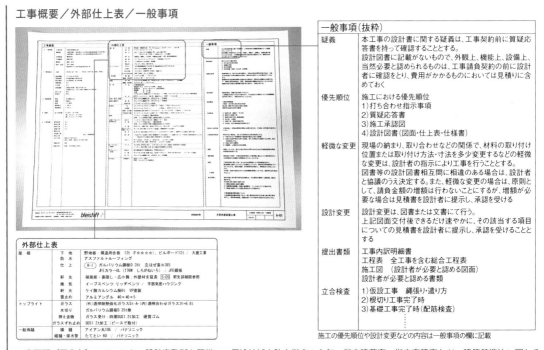

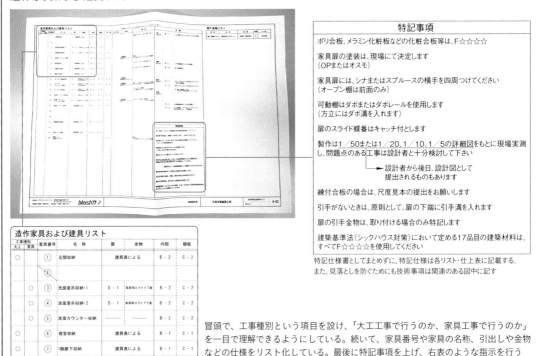

④リオタデザインの場合

すべての特記事項を各図面に書き込む

工事監理や施工計画に関する事項は共通仕様書としてまとめている。特記事項や技術事項は関係図面にほぼすべて集約し、図面を見れば、施工を行う各職種が必要な情報を漏れなく受け取ることができるように工夫をしている。ほしい情報はなるべく1つの図面に集約することで、伝達ミスを防ぐ。ここでは、給排水衛生図を例にとって解説を行う。［関本竜太］

仕様書

目次

第一章　共通仕様書
　第一節　一般共通事項
　第二節　工事監理
　第三節　施工計画
　第四節　検査および試験
　第五節　竣工引き渡し
　別表ー１　（別途工事一覧表）
第二章　特記仕様書　（削除・図面表記による）

特記仕様書は実施図面と完全に一体化

見積り・施工・追加工事のルールなどに関する一般事項を共通仕様書に記載

給排水衛生図

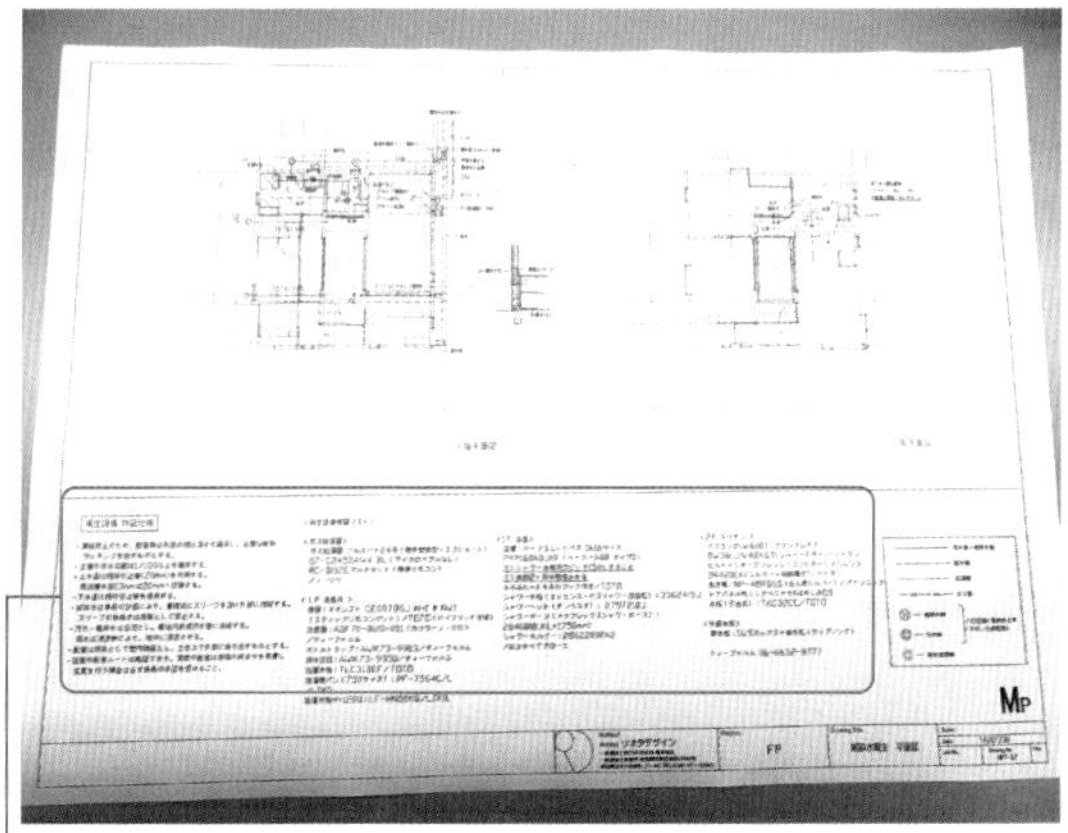

給排水衛生図［126〜128頁参照］の例。図面下に特記事項を掲載している。排水勾配や量水器の口径などの給排水ルートの確保に関する重要事項をリストアップしているほか、該当する物件で採用する衛生設備機器をすべて、型番／会社名の形式で記載している

衛生設備 特記仕様

- 凍結防止のため、配管類は所定の埋込み深さを確保し、必要な断熱ラッキングを施すものとする
- 主管の排水勾配は1／100以上を確保する
- 上水道は既存引込み管（20㎜）を利用する。既設量水器13㎜は20㎜に交換する
- 下水道は既存引込み管を使用する
- 給排水は事前の計画により、基礎梁にスリーブを設け外部に接続する。スリーブの後抜きは原則として禁止する［❶］
- 汚水・雑排水は合流とし、敷地内新規汚水管に接続する。雨水は浸透枡により、地中に浸透させる［❷］
- 配管は原則として壁内隠蔽とし、土台上で外部に振り出すものとする［❸］
- 図面の配管ルートは略図であり、実際の配管で現場の納まりを考慮して変更を行う場合は、必ず係員の承認を受けること

❶
貫通口を設ける場合は、周囲に補強筋を入れること
基礎立上り
排水管（コンクリート打設前に取り付ける）

基礎立上りを貫通する排水管。基礎配筋時に開口を設ける

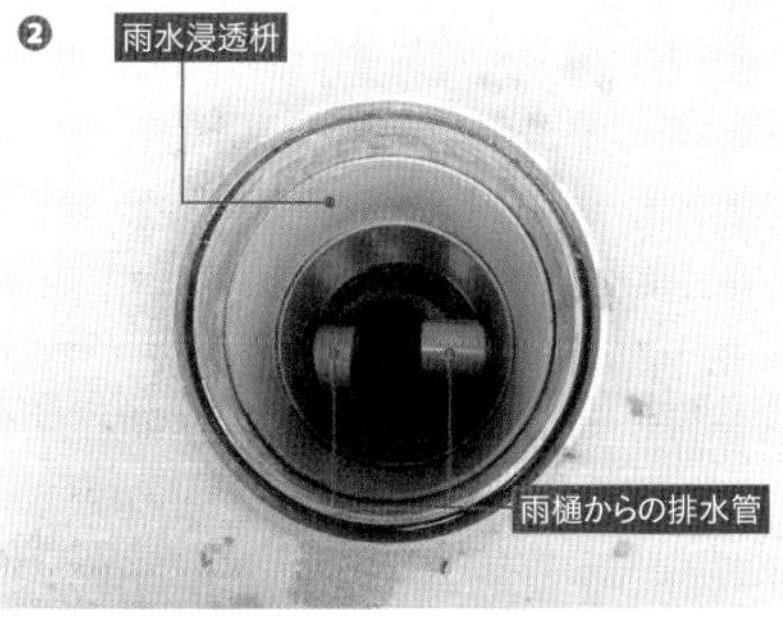
❷
雨水浸透枡
雨樋からの排水管

中庭の竪樋からの排水はスラブ上を通って、雨水浸透枡に流れる［108・109頁参照］

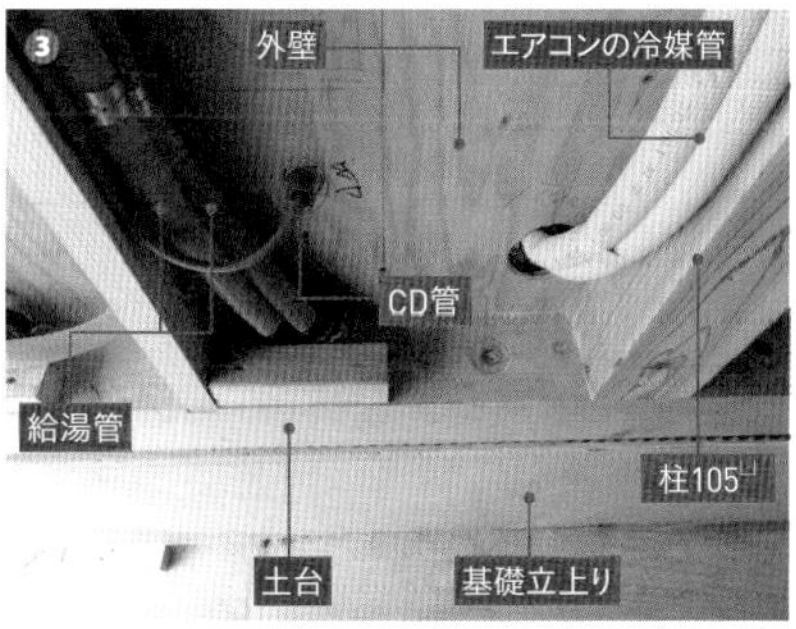
❸
外壁
エアコンの冷媒管
CD管
給湯管
柱105
土台
基礎立上り

壁内に隠蔽される配管（給湯管とエアコンの冷媒管、CD管）。土台上で外部へと振り出す

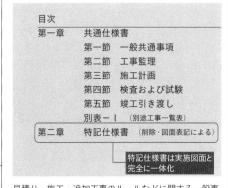

測量図・求積図

測量図の情報を鵜呑みにしない

求積図は、敷地境界（道路境界）を明確にし、敷地の面積・状況を正確に把握するための図面だ。下敷きとなるのは、一般的には建築主から提供（不動産会社などから入手）される測量図であるが、その図面が有資格者（土地家屋調査士）のお墨付きであることを確認する。まれに信憑性のない図書で数値に誤差があると、配置計画に影響しかねない。

測量図に不備があった場合は、建築主の承諾を得て測量事務所に依頼し、近隣状況も含めた測量図面を作成する。将来、近隣とのトラブルを起こさないためにも、図書だけに頼らず計設者が直接測量に立ち会うことを励行したい。［瀬野和広］

分筆は建蔽率・容積率を念頭に

事例の敷地は分筆（敷地分割）しながらの作業だったため、その分けるところから参加した。分筆すると敷地面積が小さくなり、建蔽率や容積率が大きくなるので、建築基準法にもとづいて指定された数値を超えないか（既存建屋の建蔽率・容積率に影響が出ないように）、高さ・採光でほかの法規に抵触していないかなどを確認し、敷地境界線を確定する

杭・ブロック塀の位置を確認

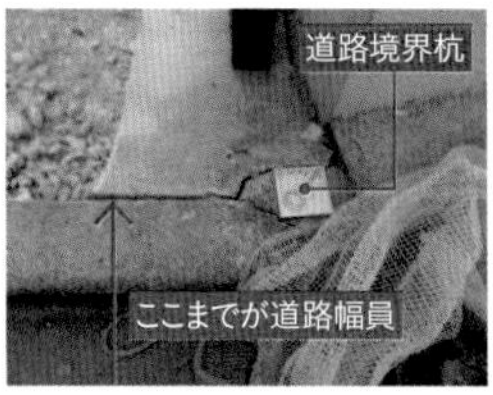

道路境界杭
ここまでが道路幅員

境界杭の位置確認はもとより、ブロック塀などの境界線上の位置関係は目視で確認したい

測量図［S＝1：500］（元図［S＝1：200］）

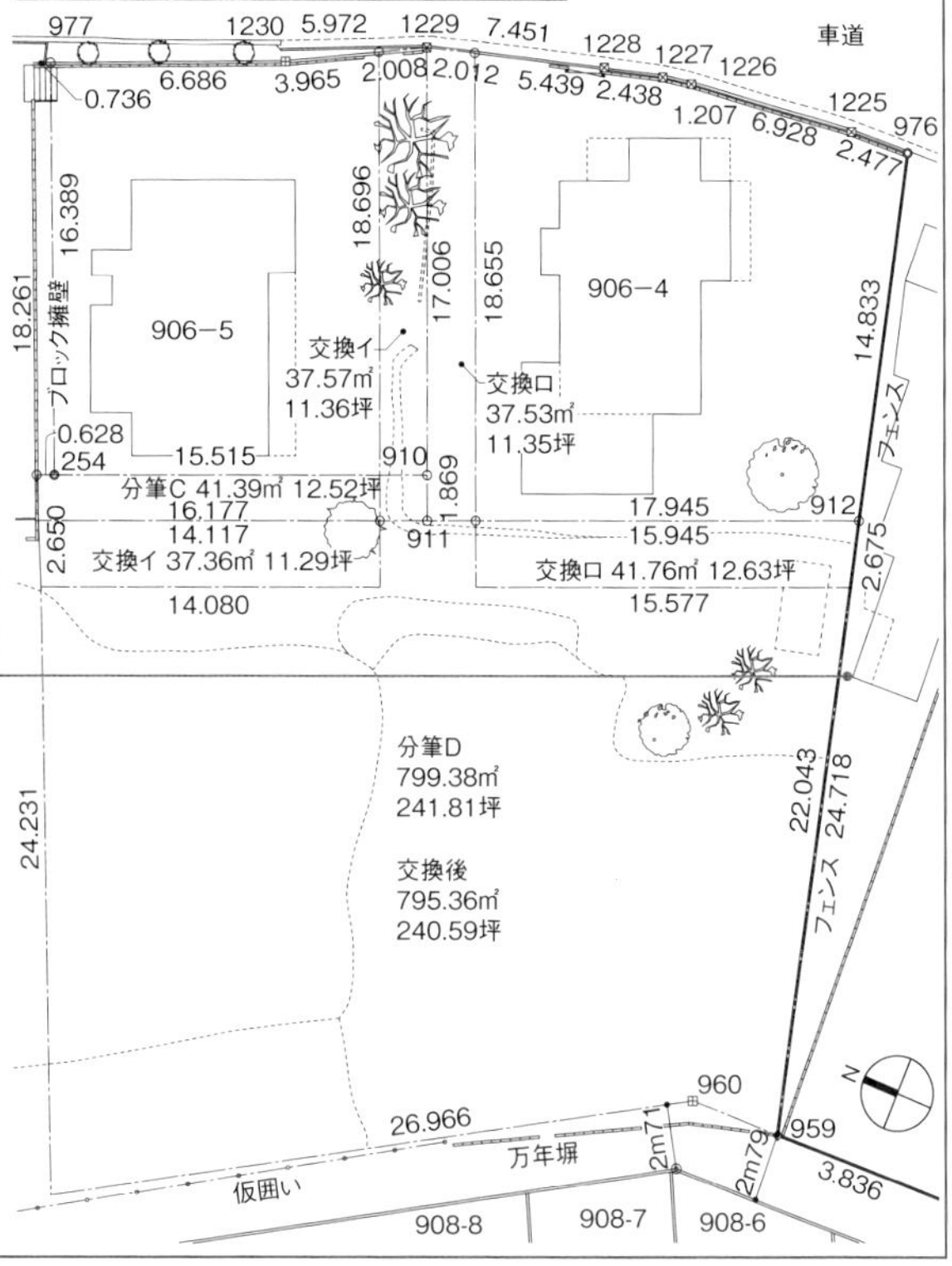

車道
977
1230
5.972
1229
7.451
1228
1227
1226
1225
976
0.736
6.686
3.965
2.008
2.012
5.439
2.438
1.207
6.928
2.477
16.389
18.261
ブロック擁壁
18.696
17.006
18.655
14.833
906−5
906−4
交換イ
37.57㎡
11.36坪
交換ロ
37.53㎡
11.35坪
フェンス
0.628
254
15.515
910
1.869
分筆C 41.39㎡ 12.52坪
16.177
14.117
911
17.945
912
15.945
2.650
交換イ 37.36㎡ 11.29坪
交換ロ 41.76㎡ 12.63坪
2.675
14.080
15.577
分筆D
799.38㎡
241.81坪
交換後
795.36㎡
240.59坪
24.231
22.043
フェンス 24.718
960
26.966
959
2m71
2m79
万年塀
3.836
仮囲い
908-8
908-7
908-6

敷地求積図［S＝1：500］（元図［S＝1：200］）

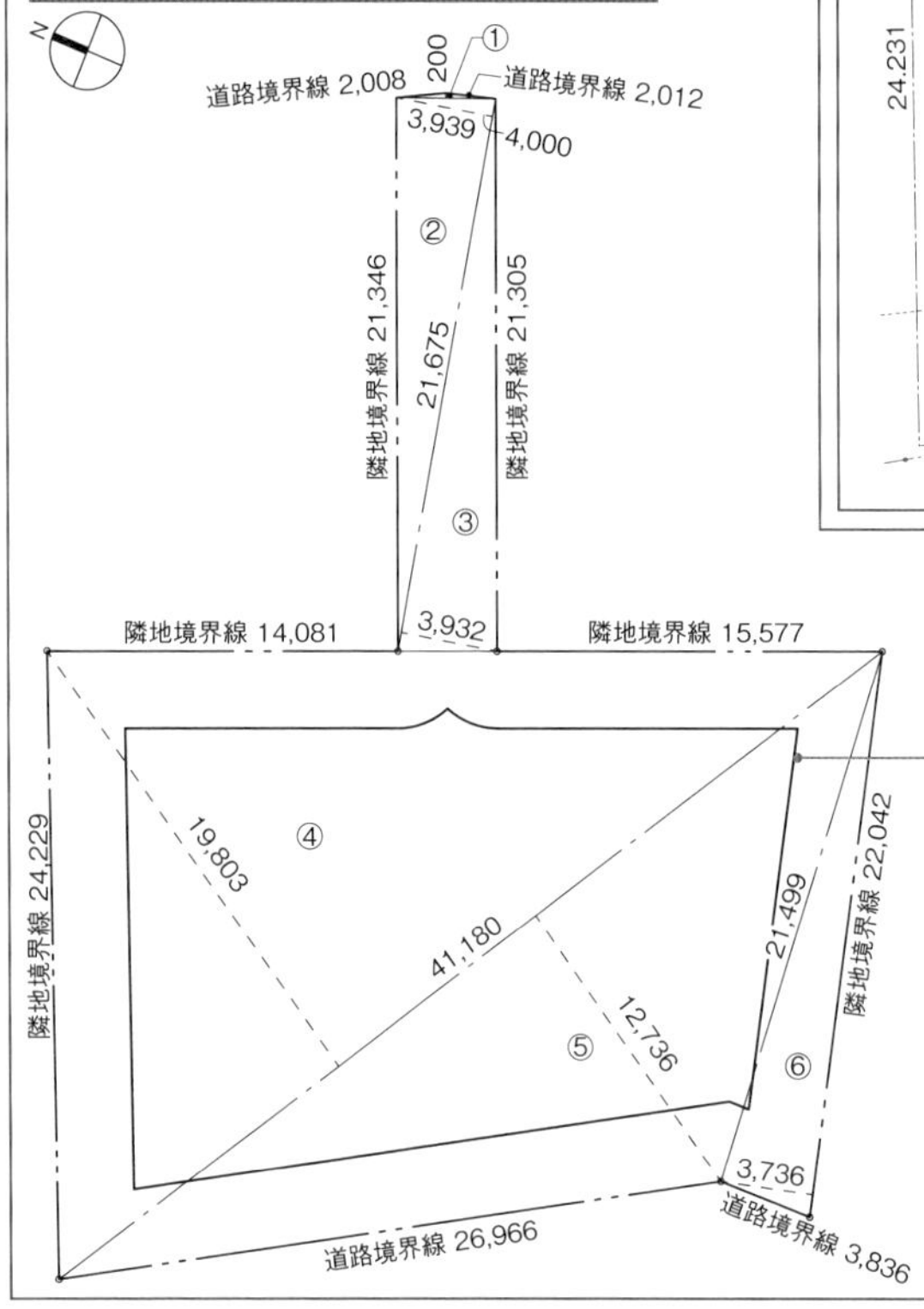

①
200
道路境界線 2,008
道路境界線 2,012
3,939
4,000
②
隣地境界線 21,346
21,675
隣地境界線 21,305
③
隣地境界線 14,081
3,932
隣地境界線 15,577
④
19,803
41,180
隣地境界線 24,229
⑤
12,736
21,499
隣地境界線 22,042
⑥
3,736
道路境界線 26,966
道路境界線 3,836

延焼のおそれのある部分も重要な確認事項

準防火地域に木造住宅を計画する場合は「延焼のおそれのある部分」の範囲にも注意する。敷地境界線を引くことによって、建物の開口部・外壁が延焼ライン内（1階は隣地境界線から3m以内、2階は隣地境界線から5m以内）にある場合は、開口部は防火設備、外壁は防火構造にしなければならず、工事費が上昇するので注意したい。ここでは、延焼ラインを避けるように配慮している

三斜求積表［*］	地　番	東京都△△△△△××-×地内（地名地番）		
	NO.	底辺	高さ	倍面積
［計画地］	①	4.102	0.200	0.8204
	②	21.675	3.939	85.3776
	③	21.675	3.932	82.2261
	④	41.180	19.803	815.4875
	⑤	41.180	12.736	524.4684
	⑥	22.042	3.736	82.3489
				計 1590.7289
	敷地面積＝1590.7289×1／2＝795.3644　∴795.36㎡			

＊ 敷地が矩形ならば敷地面積の算定は単純だが、実際の敷地は変形していることが多い。このため、三斜求積表を用いて敷地面積を正確に求めることになる。求積図をいくつかの三角形に分解してそれぞれの面積を求め、それらを合算することで敷地面積を確定する

配置図

建物の正確な配置と寸法の追い方を決める

配置図は、建物の配置を正確に示すための図面である。求積図をもとに、建物の配置や敷地境界線（道路境界線）からの離隔距離を正確に指示する。配置計画は、狭小敷地の場合は平面詳細図と配置図を兼用してもよい。とくに、準防火地域で木造住宅を計画する場合は、延焼のおそれのある部分の範囲を必ず配置図に示すことが重要となってくる。

外壁・軒裏を防火構造にするのか、玄関・開口部を防火設備とするのかどうかは、コスト削減の成否に大きく影響することになるので、範囲の特定は配置図を使用しながら慎重に行うようにしたい。　［瀬野和広］

延焼のおそれがある部分
木製建具
外壁・軒裏は防火構造

軒天井は木材露し
アルミサッシは非防火

1 延焼のおそれのある部分を発生させない

本事例の計画では、平屋であり敷地にもゆとりがあるという点を生かして、準防火地域でありながら延焼ラインから外れる配置計画にした。その結果、玄関の跳ね出し部分の一部が延焼のおそれのある部分に該当したものの、開口部には一切影響を及ぼしていないため、木製建具や、非防火サッシの使用が可能となった

配置図［S＝1：400］（元図［S＝1：200］）

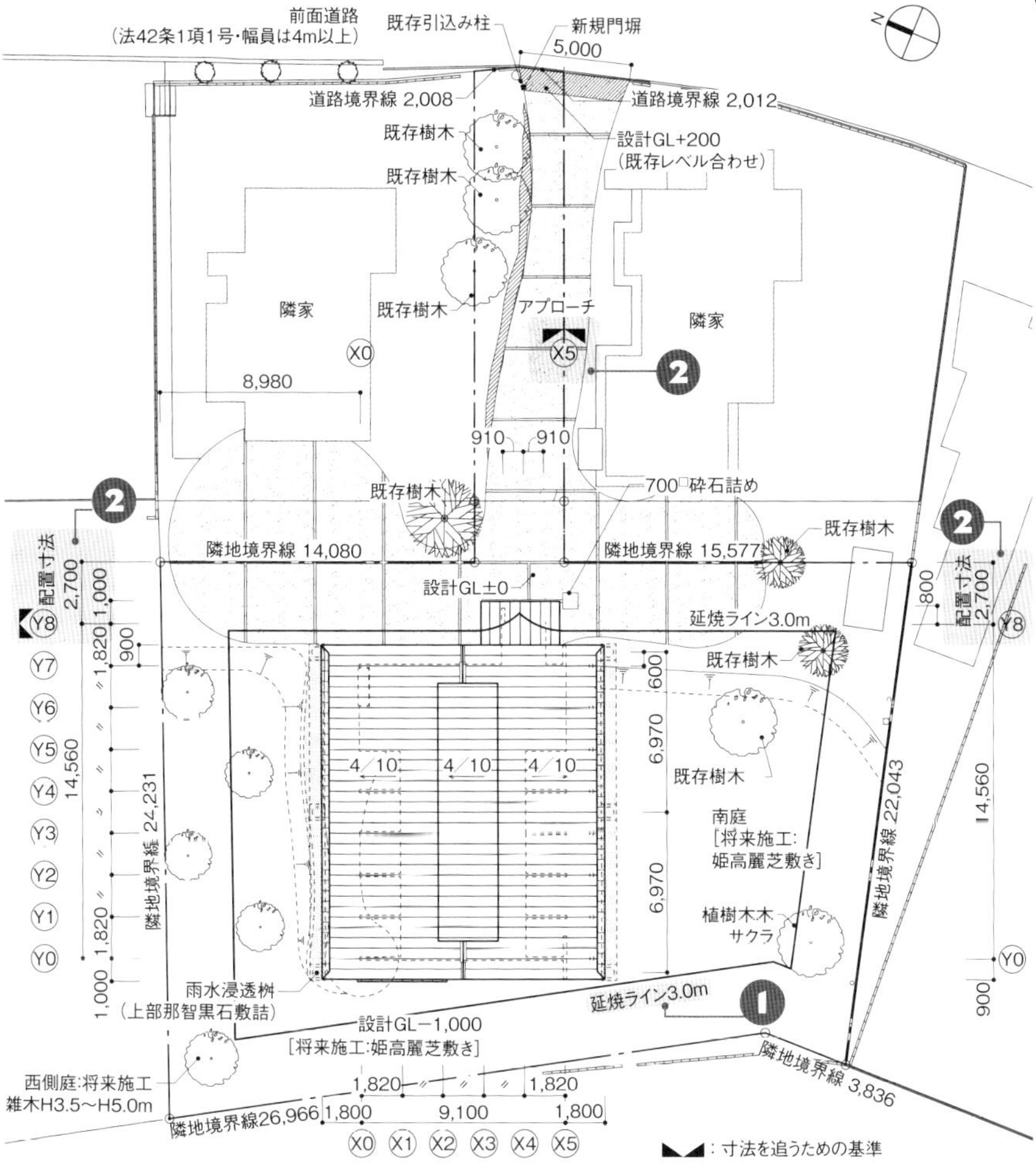
前面道路
（法42条1項1号・幅員は4m以上）
既存引込み柱
新規門塀
5,000
道路境界線 2,008
道路境界線 2,012
既存樹木
既存樹木
設計GL+200
（既存レベル合わせ）
隣家
既存樹木
アプローチ
X5
隣家
X0
8,980
910
910
既存樹木
700□砕石詰め
既存樹木
隣地境界線 14,080
隣地境界線 15,577
配置寸法
2,700
1,000
設計GL±0
延焼ライン3.0m
800
配置寸法
2,700
Y8
既存樹木
1,820
900
600
Y7
Y6
Y5
Y4
Y3
Y2
Y1
Y0
14,560
4/10
4/10
4/10
6,970
既存樹木
南庭
［将来施工:
姫高麗芝敷き］
隣地境界線 24,231
隣地境界線 22,043
14,560
6,970
植樹木木
サクラ
1,820
1,000
雨水浸透桝
（上部那智黒石敷詰）
延焼ライン3.0m
設計GL−1,000
［将来施工:姫高麗芝敷き］
西側庭:将来施工
雑木H3.5～H5.0m
1,820
1,820
1,800
9,100
1,800
隣地境界線26,966
隣地境界線 3,836
X0
X1
X2
X3
X4
X5
Y0
900
：寸法を追うための基準

2 基準となる2つの通り心を決める

基礎配筋（天端は水貫に記入された数値に準じる）
捨てコンクリート

Y8通り（X5通りの隣地境界杭から2,700㎜の位置）

X5通り上にある隣地境界杭

配置計画に際しては、隣地境界線（道路境界線）を足がかりとして、遣り方の基準となるX方向・Y方向の通り心を決める。X方向は隣地境界線（杭）のあるX5通りとし、その境界線（杭）から2,700㎜離れた位置をY方向の基準（Y8通り）としている。高さは、ベンチマーク（BM）を決めて（ここではY5通りの敷地境界石天端）、設計GLをBM−150とした。これを基準に基礎天端などを決定していく

開口部詳細図 1

既製品アルミサッシを枠なしで納める

アルミサッシ開口部は、四周の納め方が、その部屋の雰囲気に大きく影響する重要な部分である。木枠で四周を囲む四方枠が基本形だが、四方に取り付くいずれかの枠をなくすだけでも、開口部の表情は変わる。このとき、網戸が室内に取り付く場合の取り付け代、ブラインドを付けるなら取り付けビスを受ける材の仕様など、さまざまな要素を考慮して枠の納まりを考えねばならない。

アルミサッシの発注前には、必ず枠廻りの詳細図を描き、アルミサッシと木枠の意匠上の調整をしておくとよい。壁（枠）見込み部分の仕上げ方法を細かく指示するのがポイントだ。

［本間至］

開口部平面詳細図［S＝1：15］（元図［S＝1：5］）

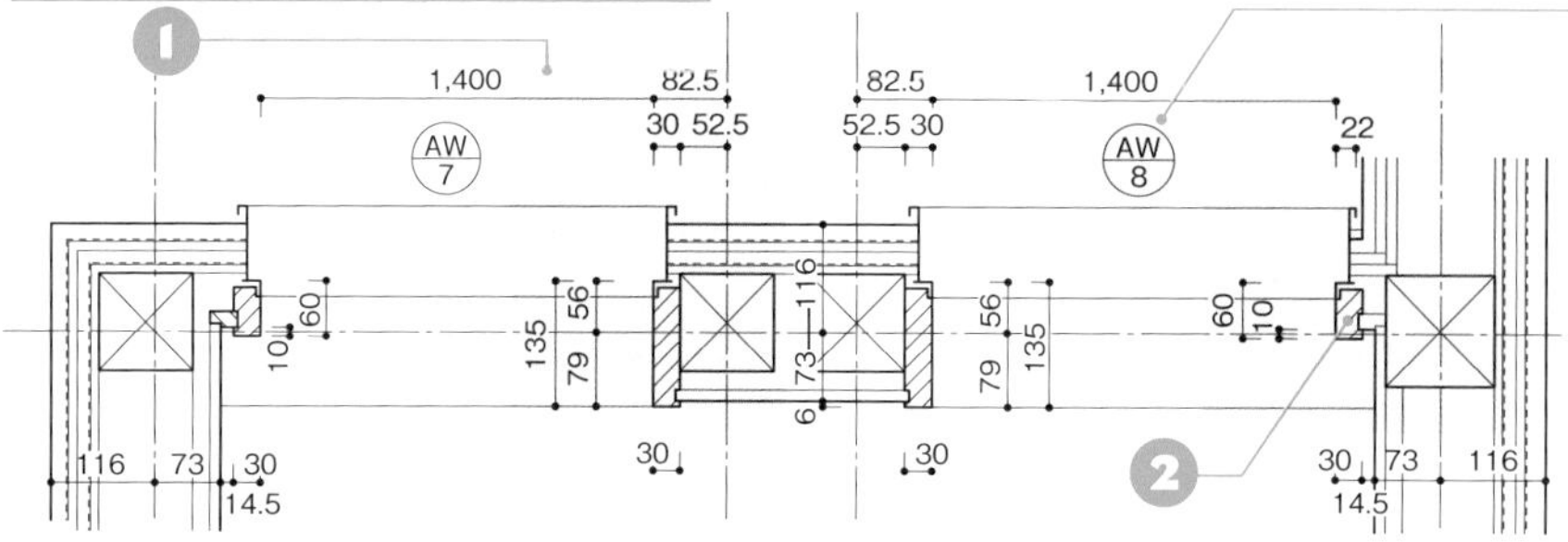

1
1,400
82.5
30 52.5
82.5
52.5 30
1,400
22
AW 7
AW 8
60
10
135
56
79
116
73
6
116 73 30
14.5
30
30
2
30 73 116
14.5
建具記号は平面詳細図［28・29頁参照］や建具表［60・61頁参照］との整合性を図る

1 竪枠と横枠は留めで納める

留めで納める
幅木（45mm）
幅木の厚さと枠のチリを合わせる（6mm）

空枠をL形で見せるために、竪枠と鴨居が取り合うコーナーは、留め納まりとしている（どちらかの枠を勝たせてしまうと、きれいなL形に見えない）

2 化粧枠をなくすときは小枠をつける

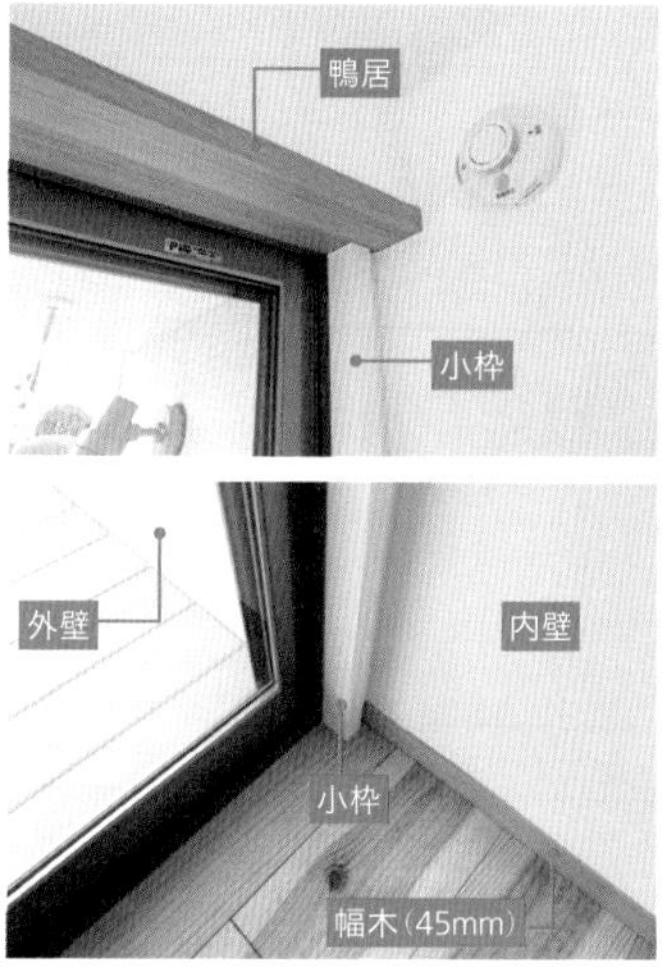

鴨居
小枠
外壁
内壁
小枠
幅木（45mm）

外壁と内壁の仕上げ面の違いは、室内の小さな枠材で吸収した。このとき、枠と内壁の石膏ボードは目地をつくって見切るとよい。小さな枠を取り付けるのは、サッシのつばと壁（石膏ボード）との取合い部分で、施工上および経年変化の問題が生じないようにするための処理でもある

アルミサッシの納まりは別途指示

断面詳細図［S＝1：4］（元図［S＝1：1］）

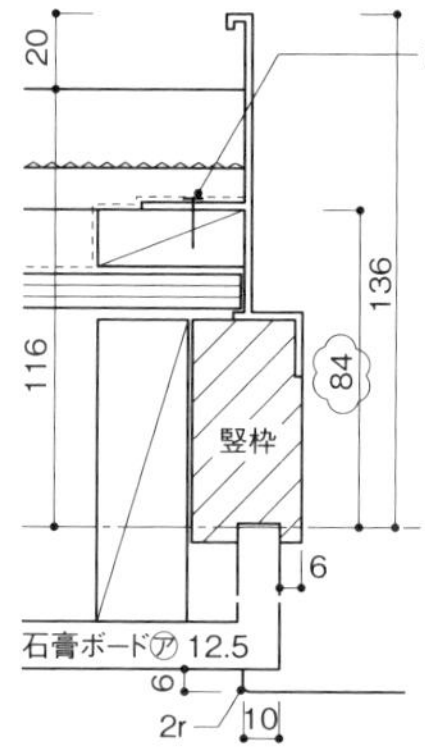

20
胴縁に取付け
136
116
84
竪枠
6
石膏ボード㋐12.5
6
2r
10

アルミサッシの標準的な納まりは別途図面を用意した。1／1（原寸）のスケールで分かりやすく表現する

枠の取合いはイラストで伝える

L形の納まりについては、仕上がりイメージをイラストで現場に伝える。壁側の枠は見込み寸法を小さくして納めることで、ブラインドを閉めると両壁側の枠が消える

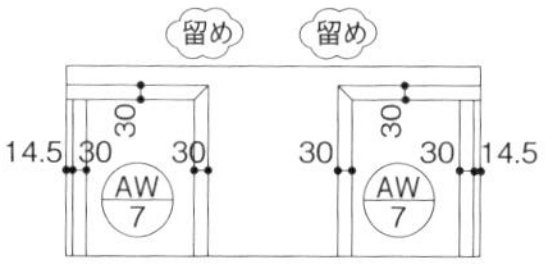

留め
留め
30
14.5 30
30
AW 7
30
30
30 14.5
AW 7

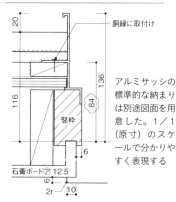

施工手順が理解して、手戻りなしの詳細図を描く

❶
窓台
ここに石膏ボード
㋐12.5が入る
チリ（6mm）
❷
小枠（塗装［オスモカラー／オスモ&エーデル］済み）
石膏ボード
アルミサッシ
コーナービード
窓台（養生中）
❸
パテでしごく
10mm
❹
EP塗装
10mm

三方枠なしで納める場合の施工手順は以下のとおり。❶半外付けのアルミサッシを外壁に取り付けた後、窓台を取り付け、石膏ボードを張る。❷見込み部分（両側）に小枠を取り付け、木仕上げ部分の養生を兼ねて、小枠にクリア塗装を施す。❸壁のコーナー部分をパテ処理。❹壁のEPを塗る

開口部平面詳細図［S＝1：15］（元図［S＝1：5］）

ブラインドボックス断面詳細図［S＝1：15］（元図［S＝1：5］）

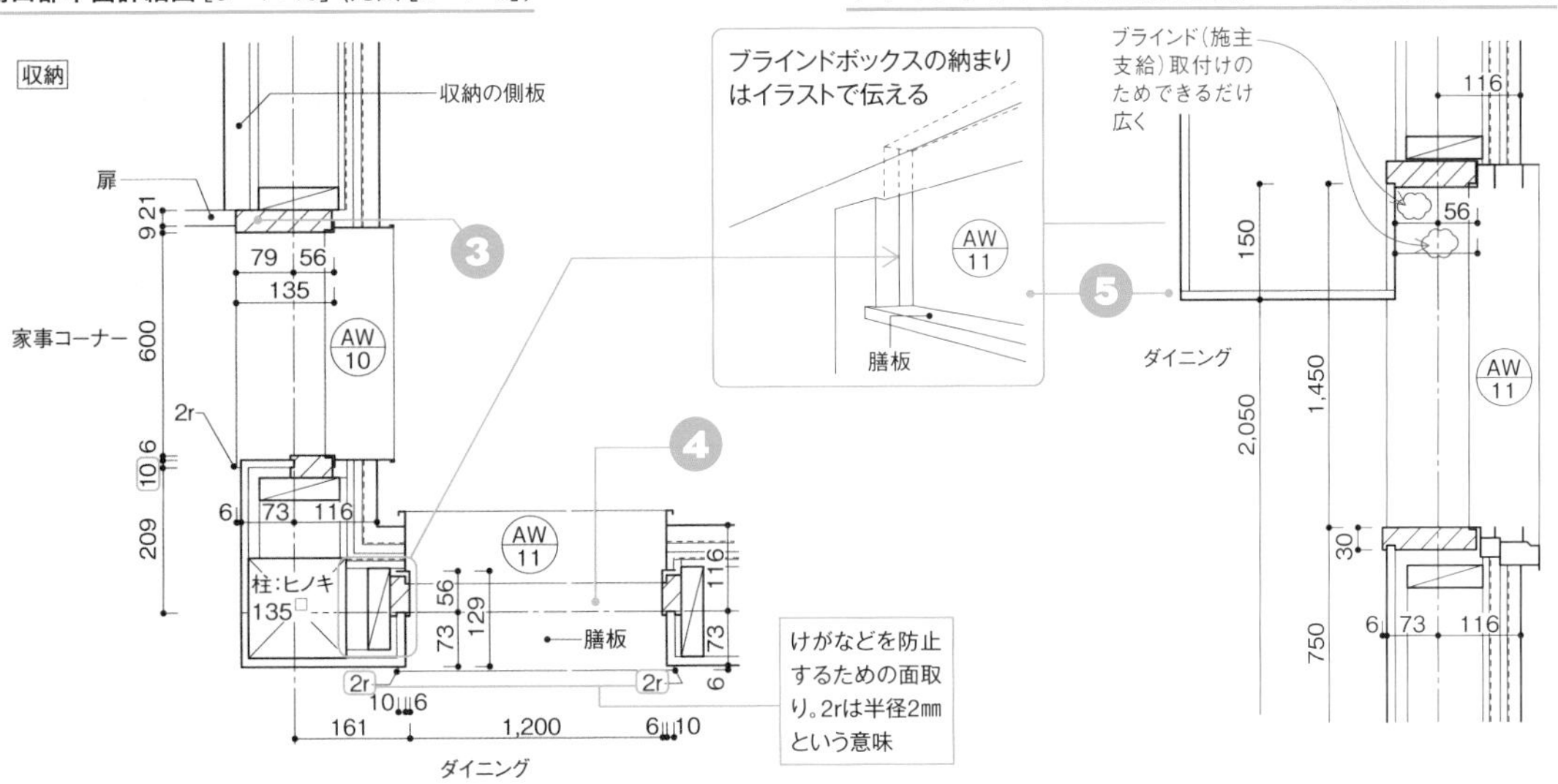
収納
収納の側板
扉
9
21
79
56
135
❸
家事コーナー
600
AW
10
2r
10
6
10
6
73
116
209
柱：ヒノキ
135□
AW
11
56
129
73
116
73
膳板
2r
2r
10
6
161
1,200
6
10
6
❹
けがなどを防止するための面取り。2rは半径2㎜という意味
ダイニング
ブラインドボックスの納まりはイラストで伝える
AW
11
膳板
❺
ブラインド（施主支給）取付けのためできるだけ広く
116
56
150
ダイニング
1,450
2,050
AW
11
30
6
73
116
750

❸ 枠の有無は周りの納まりとの関係から決める

縦枠
竪材なし
収納扉
窓台
棚板

家事コーナー側の開口部は収納の扉側には竪枠をつくり、反対側の竪枠は壁巻き込みとした。収納側に竪枠をつくることで、この枠が家事コーナー収納の箱を納める際の定規となる。窓を正面から見た場合の縦枠のチリは9㎜

❹ 膳板のチリも詳細図で伝える

ダイニング側の窓は膳板以外の三方は壁を巻き込み、サッシとの取合い近くで小さな枠を取り付けている。膳板は、壁面から6㎜手前に出っ張らせ、横に10㎜伸ばしている。視線が誘導され、膳板が水平方向に伸びているように感じられる

❺ ブラインドボックスで隠す

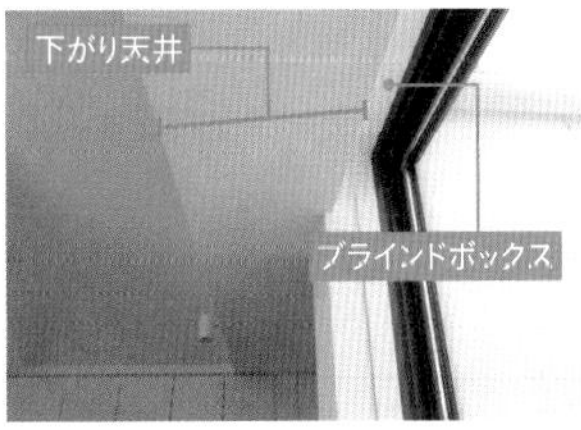
下がり天井
ブラインドボックス

三方枠なしで納め、開口部廻りの要素を少なくしたいので、プリーツスクリーンを開放しているときはその存在を消したい。ここでは、ブラインドボックスで隠すことにした。形状が複雑なので、仕上がりをイラストで指示

開口部詳細図 2

掃出し窓を木製建具でつくる

木製建具にはアルミサッシにはない趣がある。「枠と建具が一体化された既製品」を使うのか、「枠を大工工事、建具を製作」とするのかを選ぶことになるが、コストを考えると後者を選択するケースが多い。図面での指示を細かく行うのが望ましい。

防水バルコニーに面する掃出し窓の詳細図では、「軒天井で通気ルートが確保されているか」「室内外のまたぎ部分で防水性・気密性が確保されているか」といった性能面を図面上で必ず検討・確認する。

意匠的な観点では、隠し框などの枠廻りの寸法や仕上げ方法（材料）などの指示が重要である。［本間至］

断面詳細図［S＝1：6］（元図［S＝1：5］）

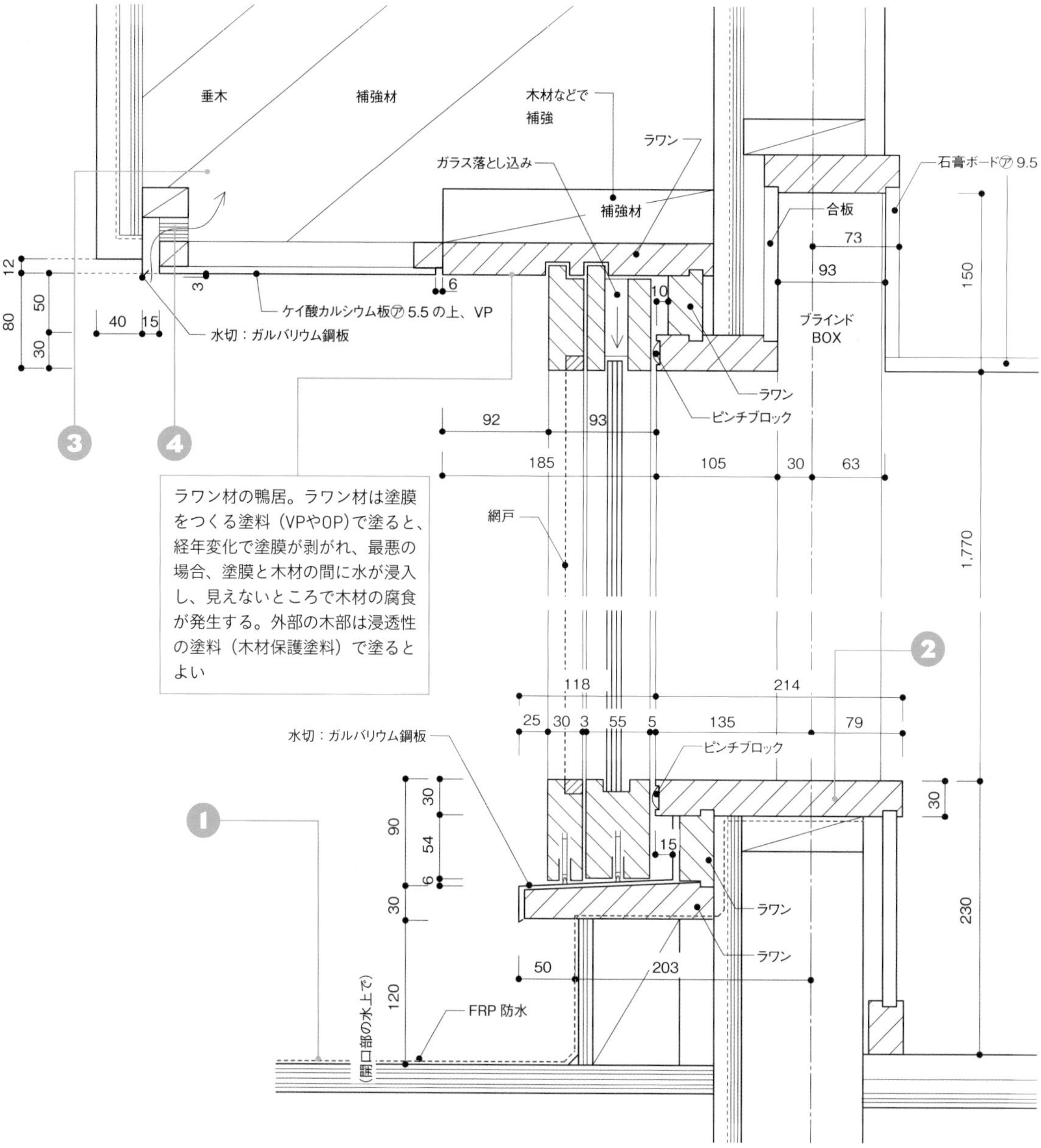

垂木
補強材
木材などで
補強
ラワン
ガラス落とし込み
石膏ボード㋐9.5
補強材
合板
73
93
150
12
50
80
30
40
15
3
6
10
ケイ酸カルシウム板㋐5.5の上、VP
水切：ガルバリウム鋼板
ブラインド
BOX
ラワン
ピンチブロック
92
93
185
105
30
63
網戸
1,770
ラワン材の鴨居。ラワン材は塗膜をつくる塗料（VPやOP）で塗ると、経年変化で塗膜が剥がれ、最悪の場合、塗膜と木材の間に水が浸入し、見えないところで木材の腐食が発生する。外部の木部は浸透性の塗料（木材保護塗料）で塗るとよい
118
214
25
30
3
55
5
135
79
水切：ガルバリウム鋼板
ピンチブロック
30
90
54
6
15
ラワン
ラワン
30
120
50
203
230
FRP防水
（開口部の水上で）

1 防水層は最低120mm以上確保

開口部が防水バルコニーに面する場合は、防水層の立上り範囲を大きく取り、敷居廻りから水が浸入した場合も、室内側にその水が入らないようにしておく必要がある。ここでは、「瑕疵担保責任保険の設計・施工基準」の規定どおりに、立上りを120mm確保しつつ、防水層が敷居（室内側）の裏まで入り込むようにした

2 防水層と隠し框によるまたぎを設ける

バルコニーに出る開口部の掃出し窓に立上りを設けるか否かは、設計者の考え方次第だろう。筆者の場合、とくに木造住宅では、200mm前後のまたぎを立ち上げることが多い。バルコニーを支持する梁の納まり［※］や、防水層の立上りの処理など、技術的な面で施工者への負担をかけずに済む。さらにこの小さな腰壁が空間に落着きを生み出すと考えている

3 内樋と干渉する垂木は必ず補強

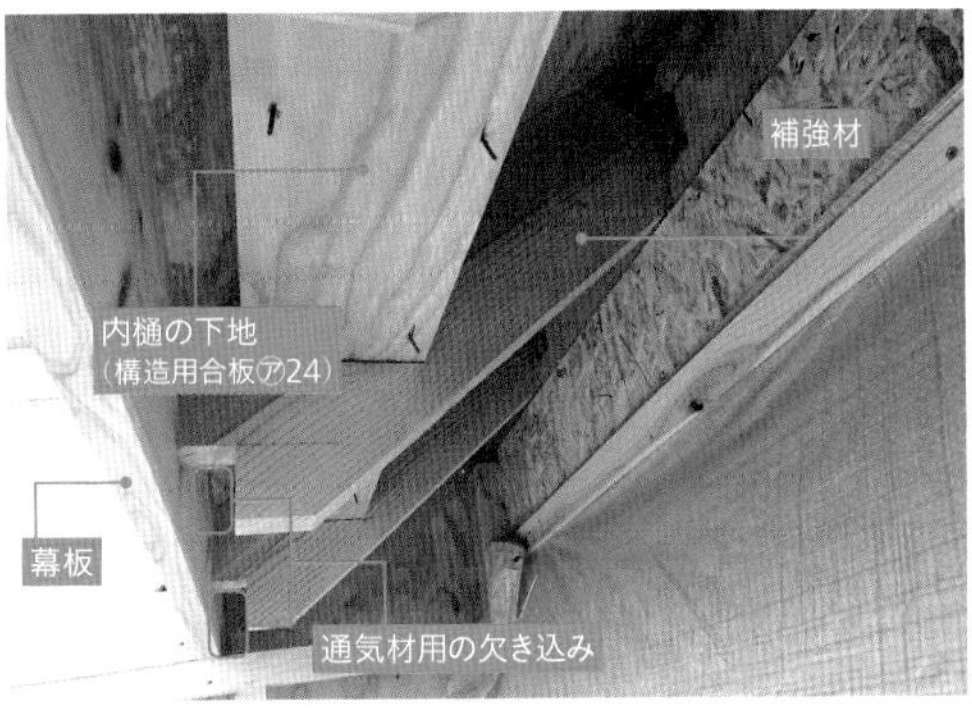

通気口から軒裏に入る空気は、桁と垂木の間を通って棟から抜けていく。写真のように屋根の軒裏内部は、内樋で屋根垂木が切られるので、垂木下端に補強材を入れている。また、通気口に取り付ける通気材のために、幕板との間に欠き込みを事前に入れている

4 軒天井には必ず通気口を確保する

大きな開口部によって土台からの外壁通気層が途切れる場合は、開口部外側の鴨居先端部分に改めて通気口を確保し、屋根の通気層につなげる必要がある。ここでは、先端から、白い外壁を少し巻き込み、銀色の水切り板金で見切っている。その板金の裏に通気口を設けている

※ またぎを設けずにバルコニーと居室をフラットにする場合、防水層立上りの分だけ2階床梁よりもバルコニーを支える梁の位置を下げなければならない

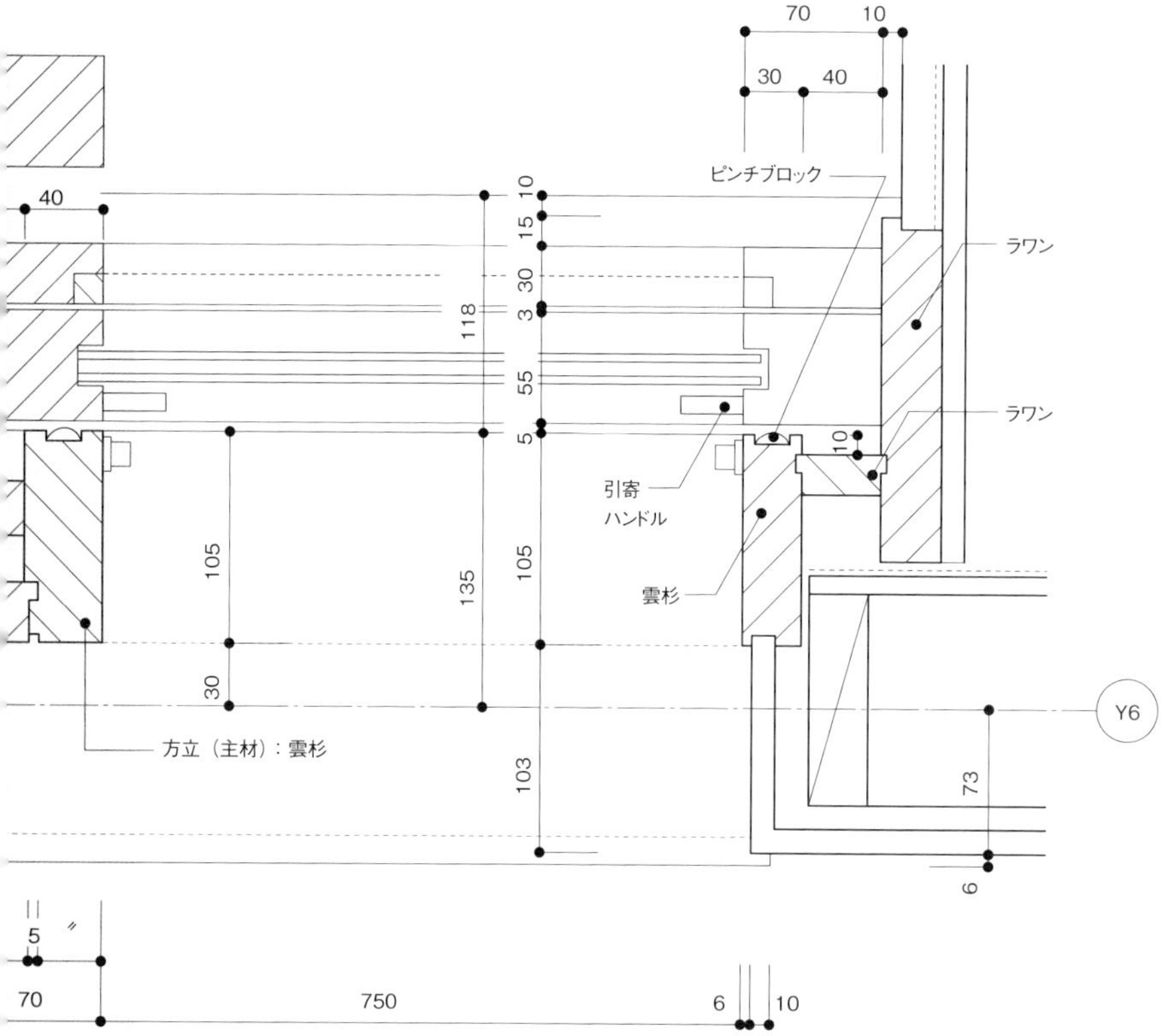
ピンチブロック
ラワン
ラワン
引寄
ハンドル
雲杉
方立（主材）：雲杉
Y6
70
10
30
40
40
10
15
30
3
118
55
5
10
105
135
105
30
103
73
6
5
70
750
6
10

6 框をそろえる

105mm
框(70)
5㎜の目地
主材(30)

方立の見付け寸法は、建具の竪框の見付け寸法に合わせている。框のサイズは開口部の大きさによるが、今回の大きさ(W750×H1,770㎜)であれば見付け寸法70㎜を標準としており(見込み寸法はガラスの厚さから導き出した55㎜)、方立の見付け寸法も70㎜となっている。方立は3つの材で構成される。「力を受ける主材」「主材の外側に取り付けられるガラスを入れるための押縁」「主材の内側に取り付けられる副材(5㎜幅の目地を切り、ガラスの縁[黒い部分]を消すためのもの)」である

5 コーナー窓のブラインドボックスは柱の位置に合わせる

ブラインドボックス内
までパテでしごく
120mm
化粧柱は養生

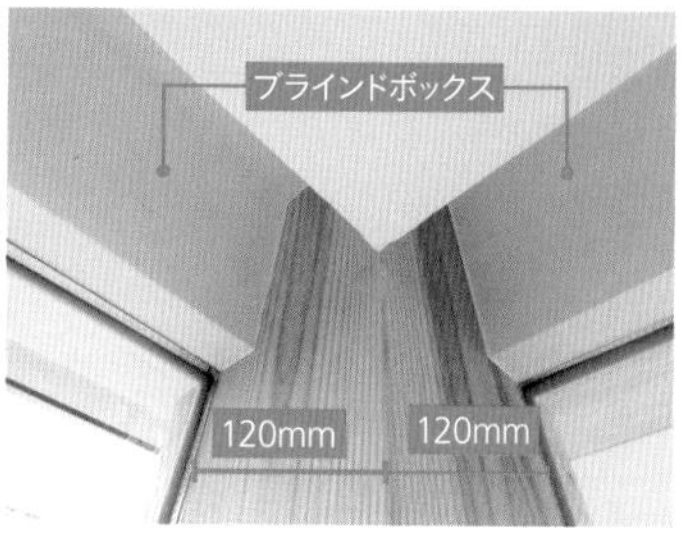
ブラインドボックス
120mm
120mm

本事例での納まり

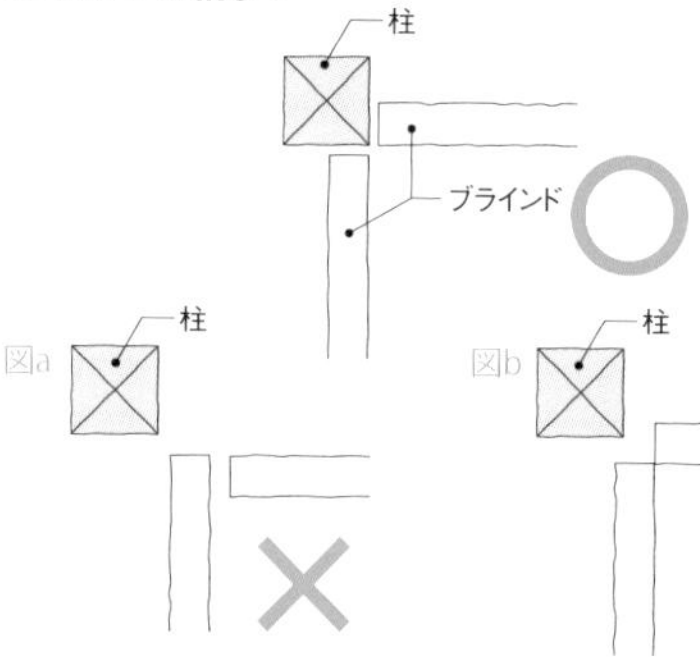
柱
ブラインド
図a
柱
図b
柱

コーナー窓をつくる場合、ブラインドやカーテンの取り付け位置には注意する。ブラインドを室内側にセットしようとすると、入隅部は、図aもしくは図bのような納まりとなる。この納まりにすると、一方のブラインドだけを下ろした際に、隙間が生じることになる。壁と同じ軸線上にブラインドを納めれば隙間は生じない

断面詳細図［S＝1：5］

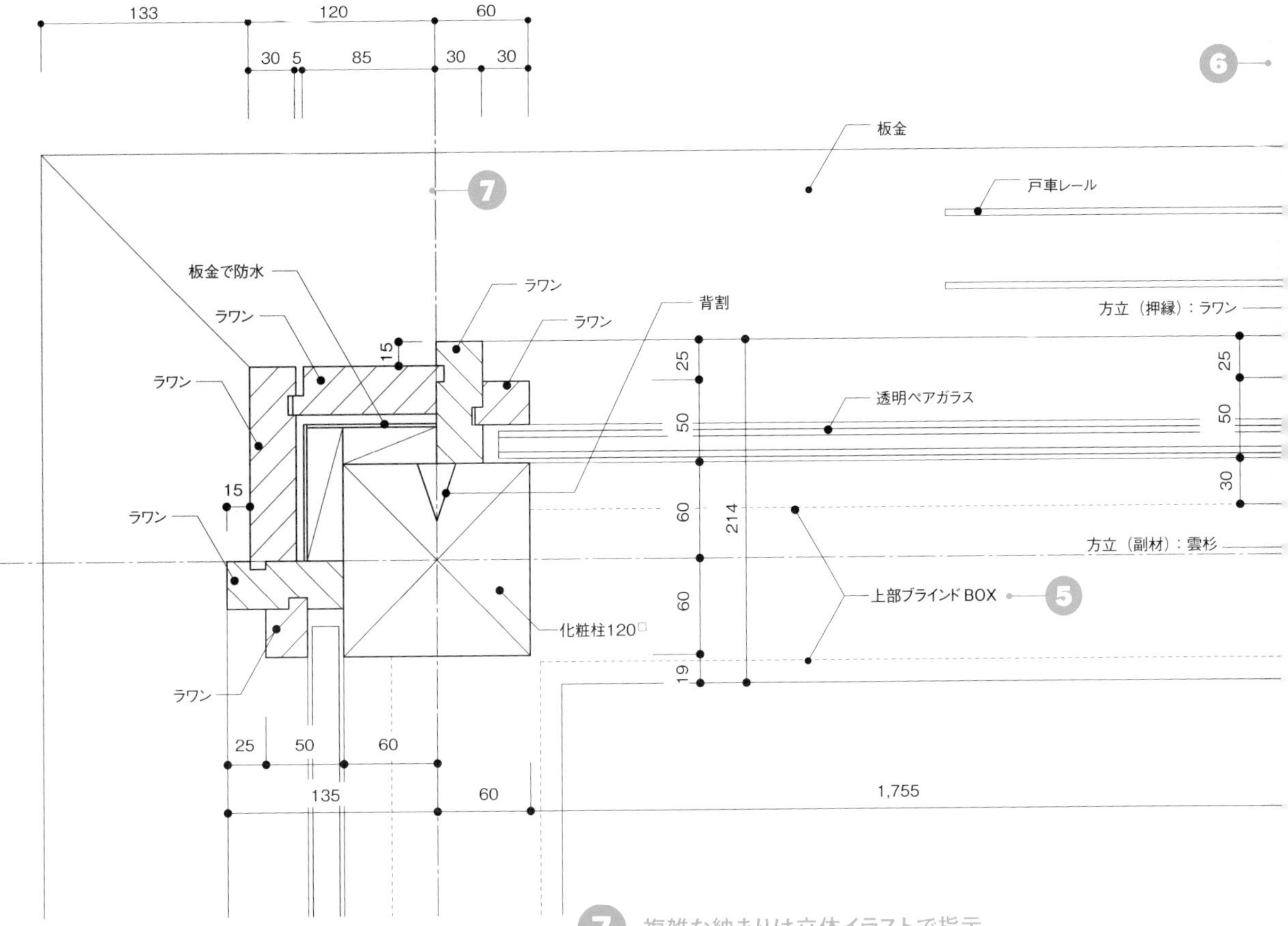
133
120
60
30
5
85
30
30
6
板金
7
戸車レール
板金で防水
ラワン
ラワン
ラワン
背割
ラワン
方立（押縁）：ラワン
15
25
25
透明ペアガラス
50
50
30
15
60
214
ラワン
方立（副材）：雲杉
上部ブラインドBOX
5
60
化粧柱120□
19
ラワン
25
50
60
135
60
1,755

断面詳細図［S＝1：6］

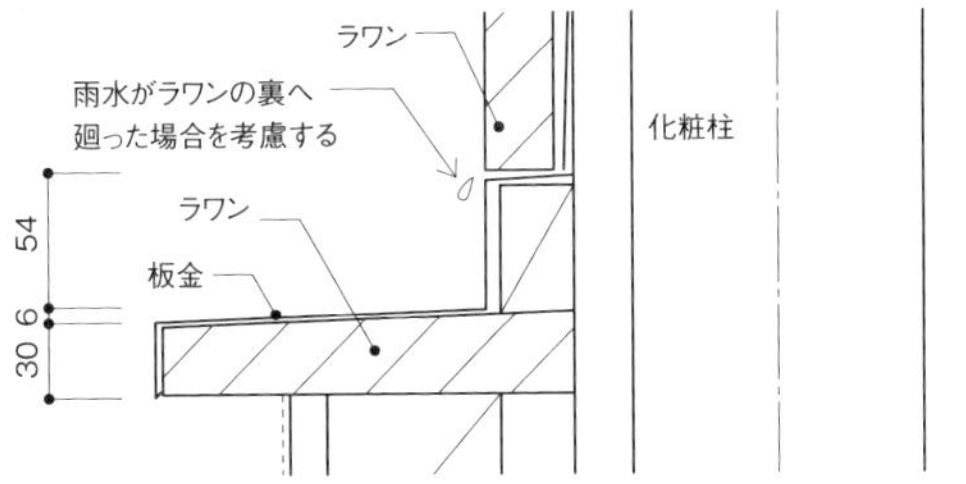
ラワン
雨水がラワンの裏へ
廻った場合を考慮する
化粧柱
ラワン
板金
54
6
30

ひとつながりの開口部に見せる方法

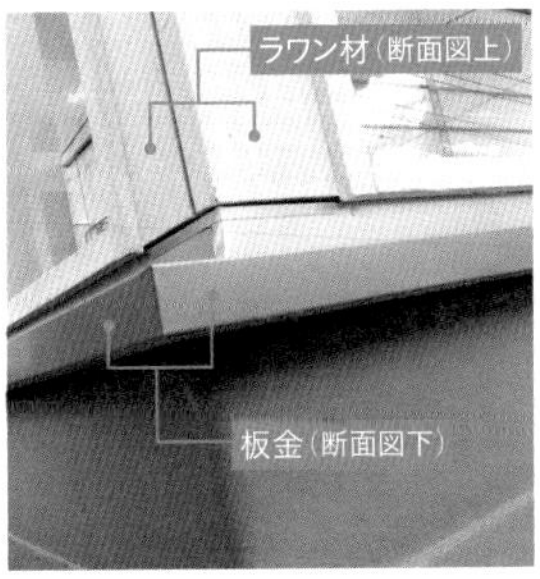
ラワン材（断面図上）
板金（断面図下）

外側の敷居はコーナー部分でつながっている。これは、バルコニーの防水層立上りと、その上のコーナー部分の壁とを見切るためである。敷居には板金が巻かれているが、その板金をコーナー部分の壁下地にも入れ込むことで、コーナー部分の外壁仕上げを木材（ラワン材）にすることができ、開口部がひとつながりに見える

7 複雑な納まりは立体イラストで指示

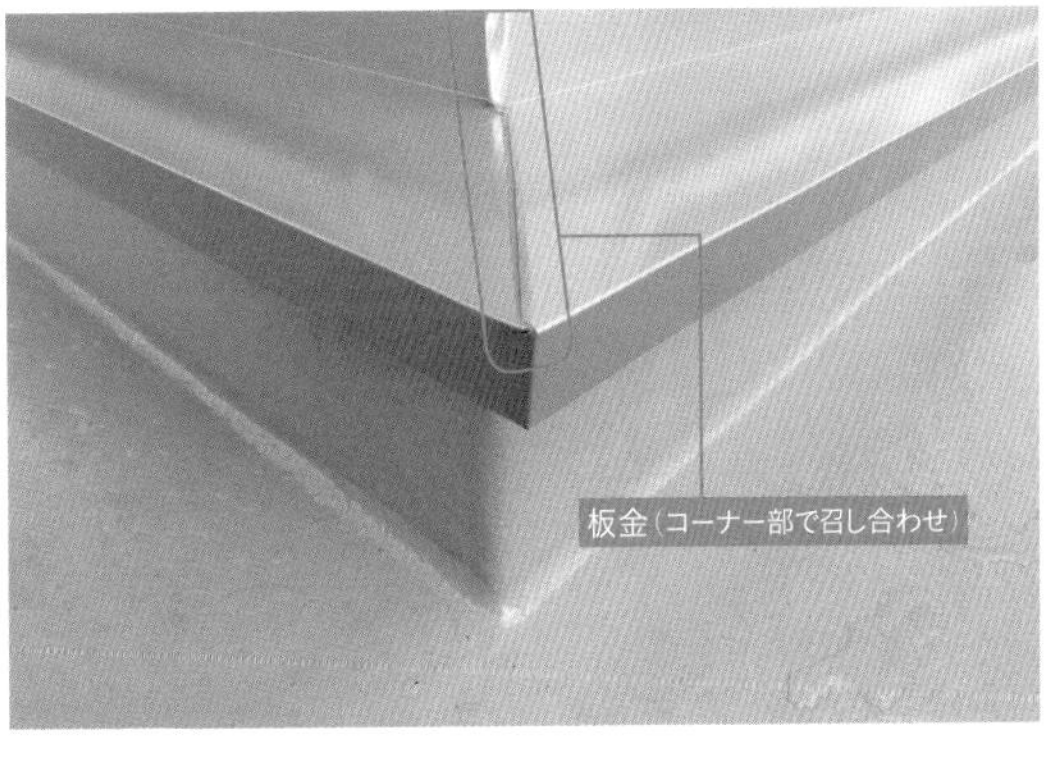
板金（コーナー部で召し合わせ）

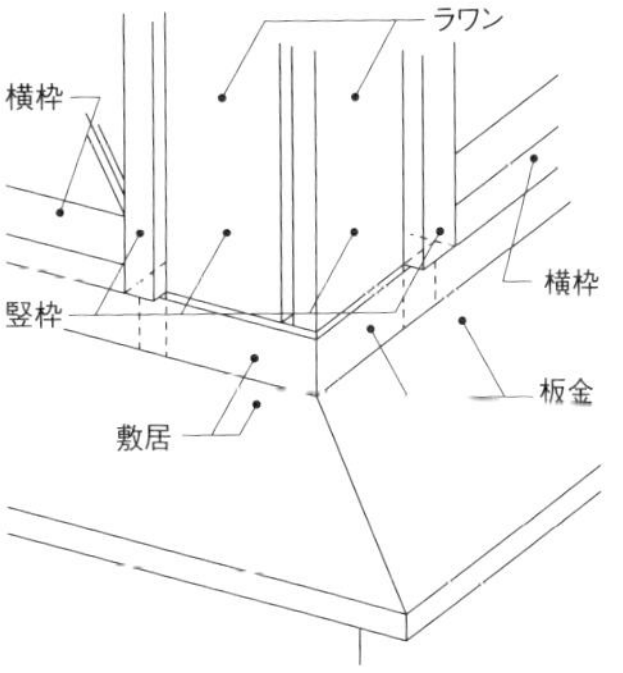
ラワン
横枠
横枠
竪枠
板金
敷居

はめ殺し＋片引き窓、かつ隠し框でつくると、竪枠、敷居、鴨居などが複雑に絡み合うことになる。平面や断面の詳細図だけでは、取合い部の勝ち負けなどが理解できないので、立体的な姿図を描き、現場に伝えることにしている

玄関詳細図

高さ・奥行きの調整が出来栄えを決める

玄関詳細図でポイントになるのが「高さ」の指示である。土間や式台、框など複数の床レベルが存在するので、アプローチ（ポーチ）、基礎立上り、土台、1FLを基準にそれぞれの高さを明確に示さなければならない。

このとき注意したいのが玄関土間の断熱だ。玄関土間は基礎立上りや土台よりも低くなるので、その部分の断熱仕様が重要になる。それによって壁もふけてくるので、玄関収納などを計画する場合にも、壁の厚さを十分に考慮しておくことが必要である。収納物の高さや幅、奥行きを考慮しながら、胴縁などを使って微調整していけば上手く納められる。［瀬野和広］

玄関・玄関収納平面図 [S＝1：30]（元図[S＝1：20]）

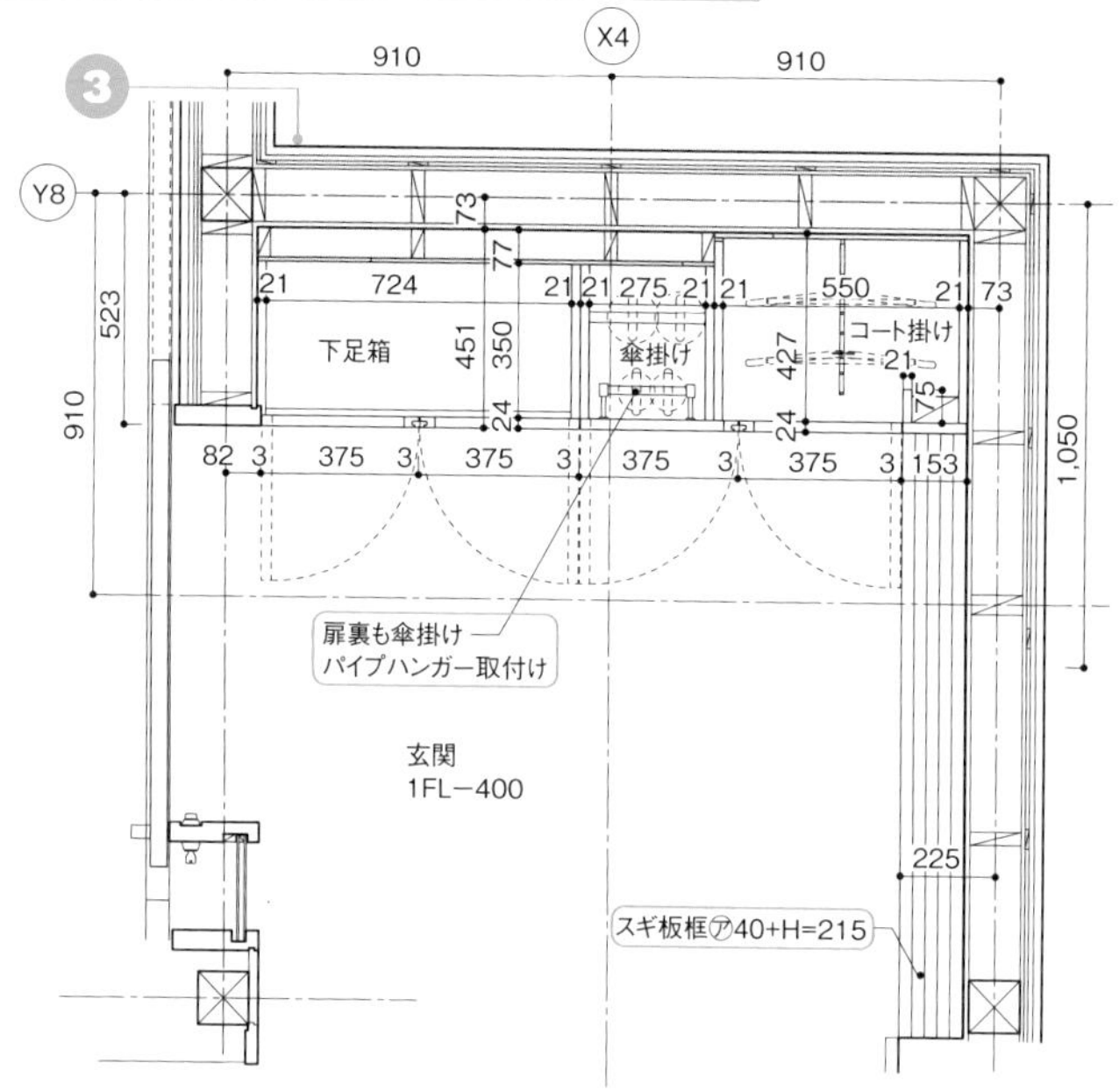

玄関収納立面図 [S＝1：30]（元図[S＝1：20]）

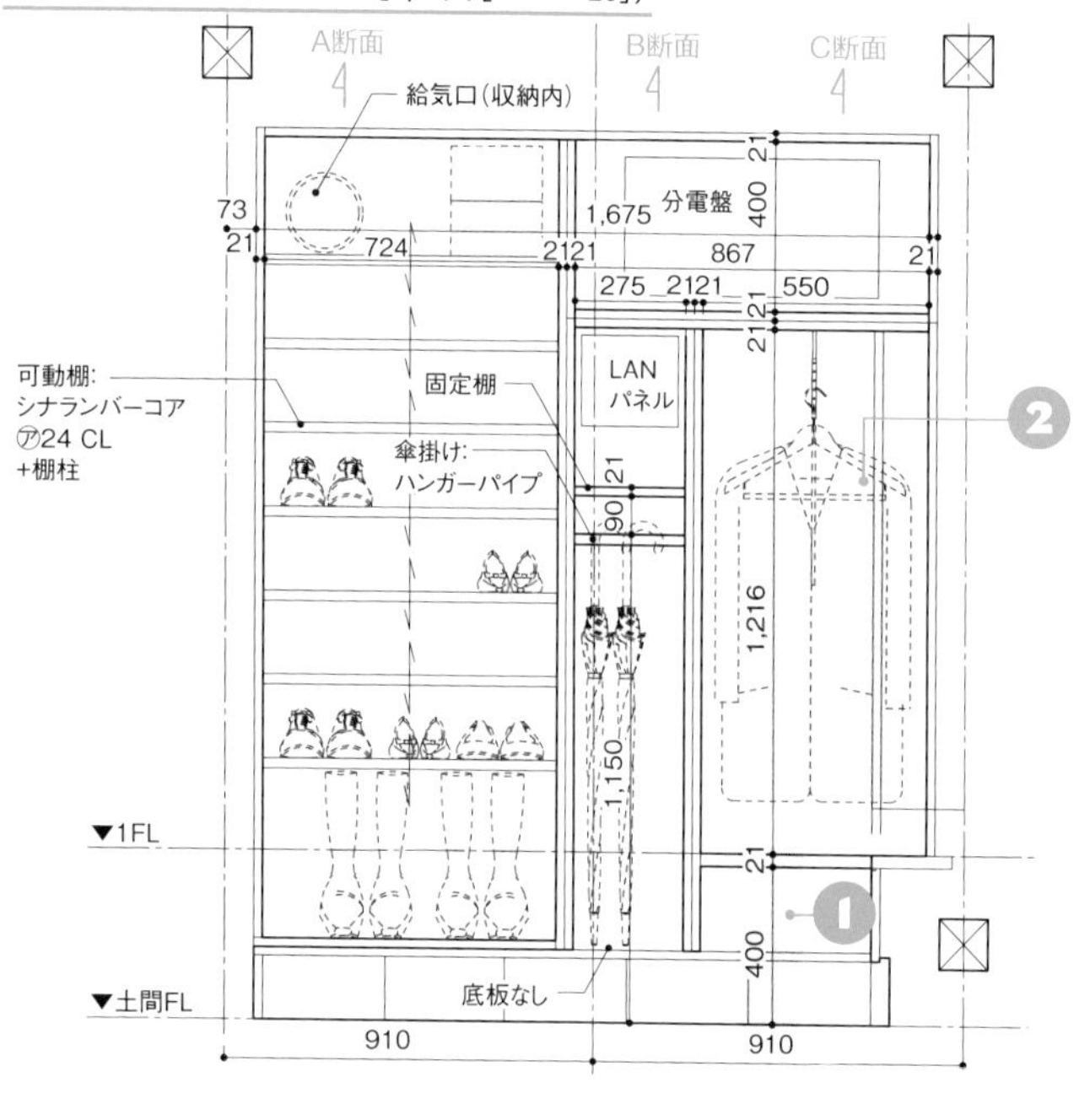

1 土間・上がり框のレベルを決める

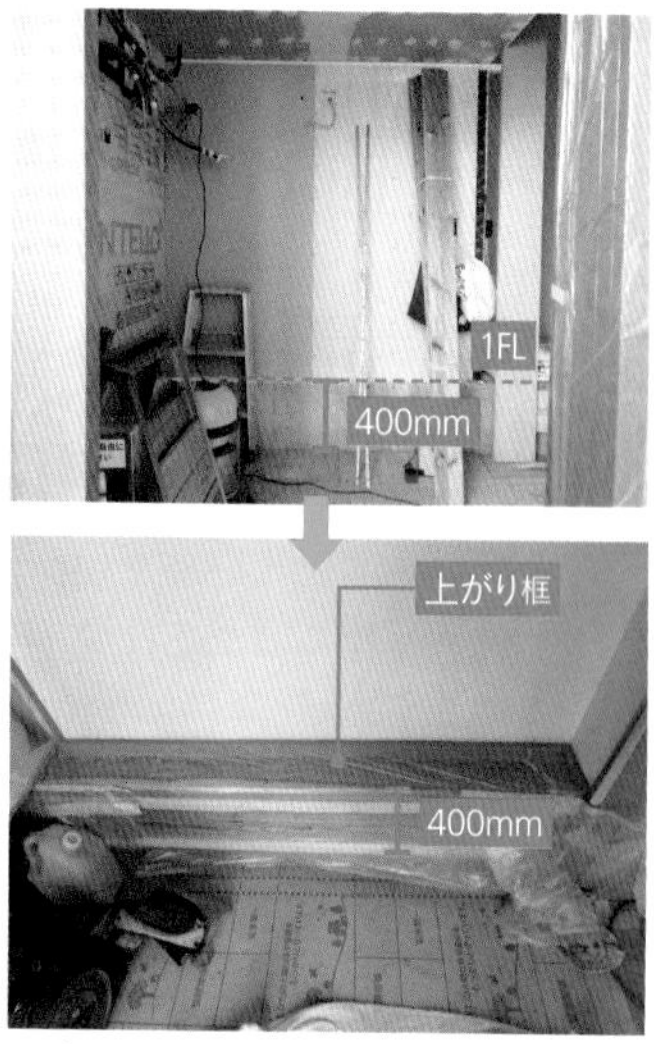

最初に玄関土間のレベルを決める。１FLやGLが基準になる。通常は施工精度のよさから、1FLからの数値を示し、GLからの数値は（ ）で示す場合が多い。ここでは、1FLを基準として、それよりも400㎜低い位置に土間レベルを設定した

2 収納物を分かりやすく描く

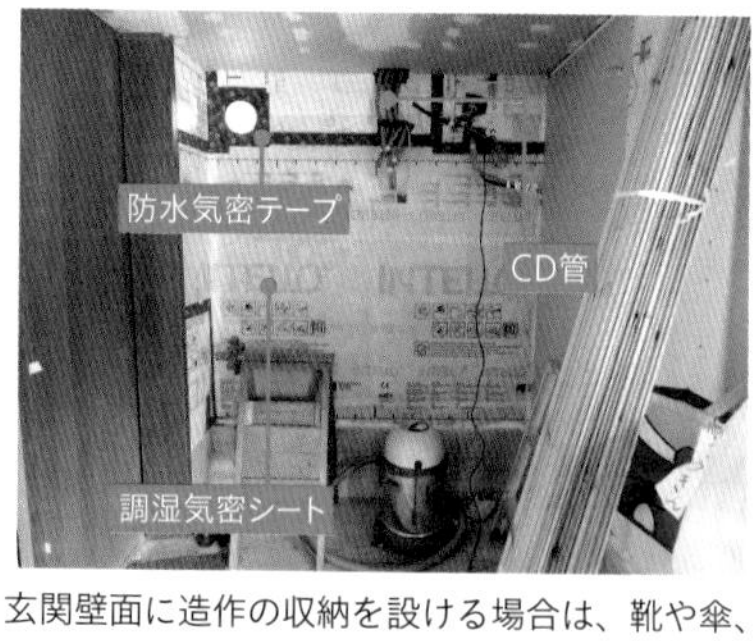

玄関壁面に造作の収納を設ける場合は、靴や傘、コートなどの収納物のイラストを添えるとよい。収納内に湿気調整のための給気口や分電盤などを設ける場合は、その位置も示す。配管が外壁を貫通するので、現場では気密処理が十分に行われていることを確認する

玄関収納断面図 [S＝1：30]（元図[S＝1：20]）

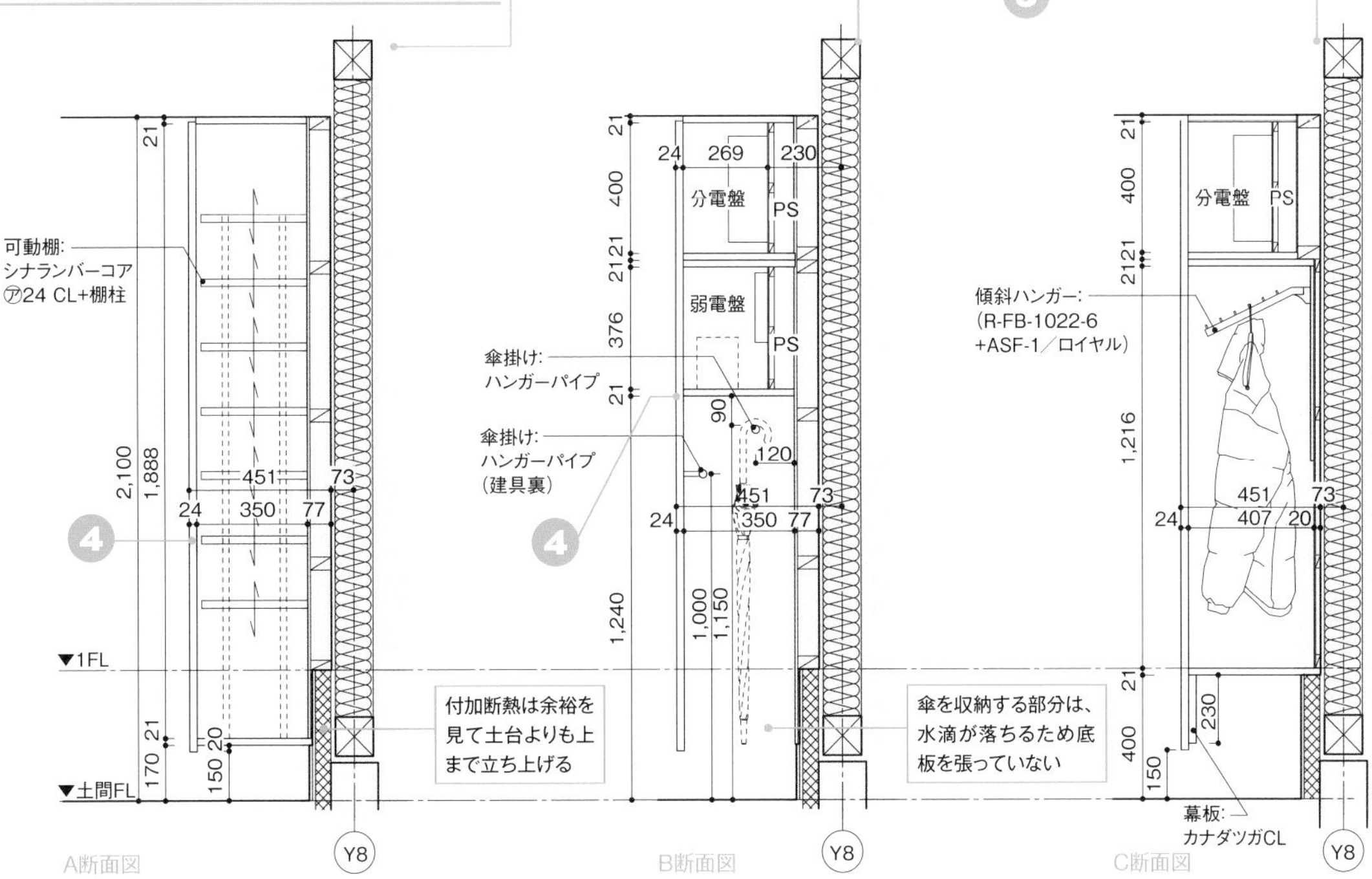
3
可動棚:
シナランバーコア
㋐24 CL+棚柱
21
2,100
1,888
451
24
350
77
73
4
▼1FL
21
170
150
20
付加断熱は余裕を見て土台よりも上まで立ち上げる
▼土間FL
Y8
A断面図
24
269
230
400
分電盤
PS
2121
376
弱電盤
PS
傘掛け:
ハンガーパイプ
21
90
傘掛け:
ハンガーパイプ
（建具裏）
120
451
73
350
77
1,240
1,000
1,150
傘を収納する部分は、水滴が落ちるため底板を張っていない
B断面図
傾斜ハンガー:
（R-FB-1022-6
+ASF-1／ロイヤル）
1,216
407
20
230
400
150
幕板:
カナダツガCL
C断面図

3 収納の奥行きは収納物や断熱材の厚さを考慮して決める

断熱材

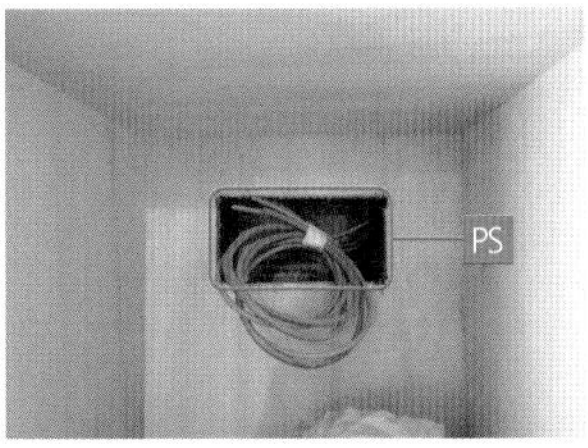
PS

収納の奥行きは収納物によって変わる。靴の場合は300㎜強、収納する数にもよるがコート類は約600㎜を目安にする。胴縁などで奥行きを調整する必要があり、その旨は平面詳細図で指示する。同時に、基礎立上りや土台に壁面が接する場合は、基礎立上りや土台の側面から断熱材を充填しておくとよいが、断熱材の分だけ壁がふけてくる。ここでは、土間レベルから400㎜までの範囲を断熱材で覆ったので、その上部は横胴縁で壁をふかして収納の奥行きを調整した。分電盤や弱電盤についても、取り付け用下地およびPSの確保などの検討事項を断面詳細図で指示する

4 可動棚と固定棚は線の太さを変える

可動棚のための
ダボレール
固定棚

傘立て部分は
底板を張らない

可動棚と固定棚を併用して収納をつくる場合は、現場の大工が可動棚と固定棚を間違えないように分かりやすく示す。筆者の場合は、可動棚は細い線（0.09㎜）、固定棚は太い線（0.2㎜）として両者を判別できるように心がけている

玄関框断面図 [S＝1：20]（元図[S＝1：10]）

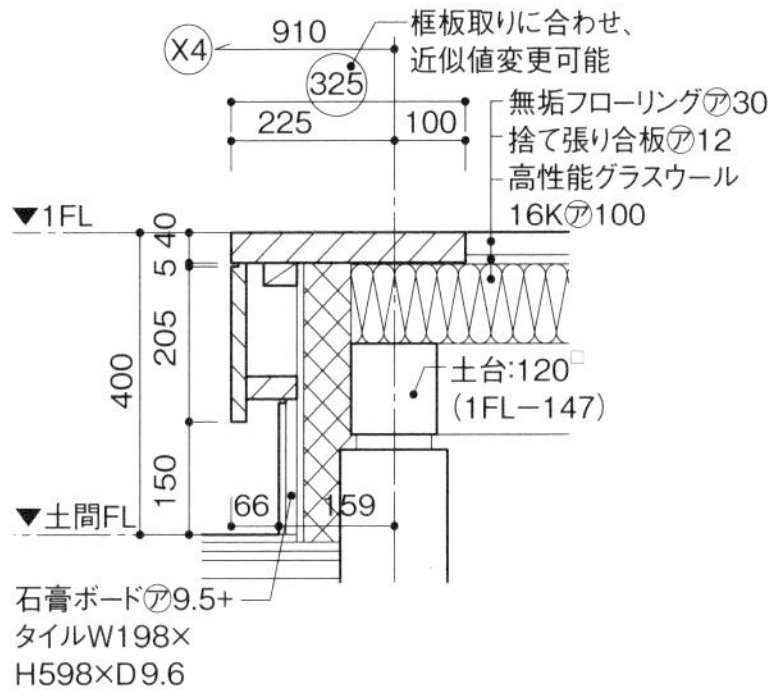
X4
910
框板取りに合わせ、
近似値変更可能
325
225
100
無垢フローリング㋐30
捨て張り合板㋐12
高性能グラスウール
16K㋐100
▼1FL
40
5
40
205
400
150
土台:120
（1FL−147）
▼土間FL
66
159
石膏ボード㋐9.5+
タイルW198×
H598×D9.6

上がり框の納まりは詳細図で指示［※］

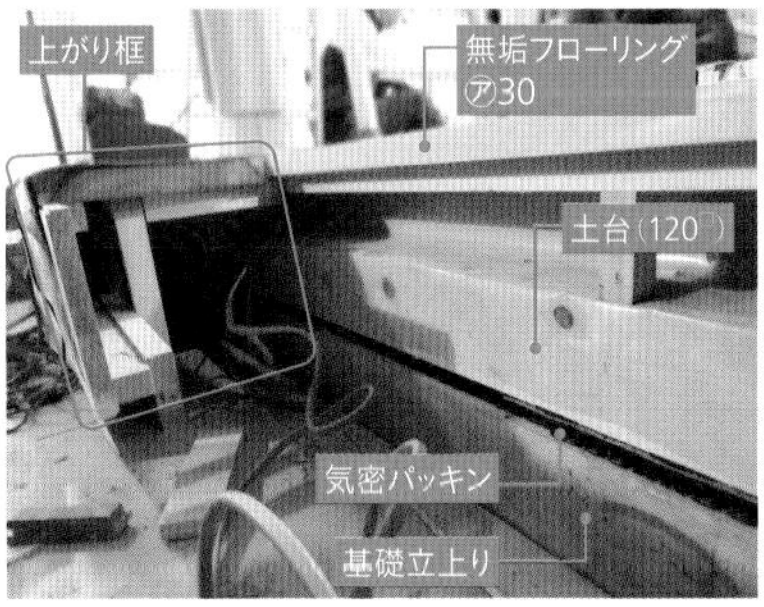
上がり框
無垢フローリング
㋐30
土台（120）
気密パッキン
基礎立上り

上がり框とフローリング、床下断熱材、床下地などとの取合いを具体的に示す

 ※ 詳細図と写真の場所は一致していない

バルコニー詳細図

立面図との併用で水の流れを決定する

バルコニーの防水納まりは構造躯体に密接に関わっており、手摺もその固定方法によって、下地材のつくり方を検討することになる。手摺を外壁に固定する場合は、固定するためのブラケットの取り付け指示が工事のタイミングを含めて重要となる。併せて本事例のように内樋を設けている場合は、屋根の形状や竪樋との位置関係なども勘案しなければならず、立面図［38～41頁参照］で水がかり部分として納まりを考える必要がある。

意匠的には、屋根の勾配によって内樋の見え方が変わることがポイントだ。とくに急勾配の場合は樋の内部が外から見えてしまうので内部の処理に注意したい。［本間至］

バルコニー断面詳細図［S＝1：30］（元図［S＝1：50］）

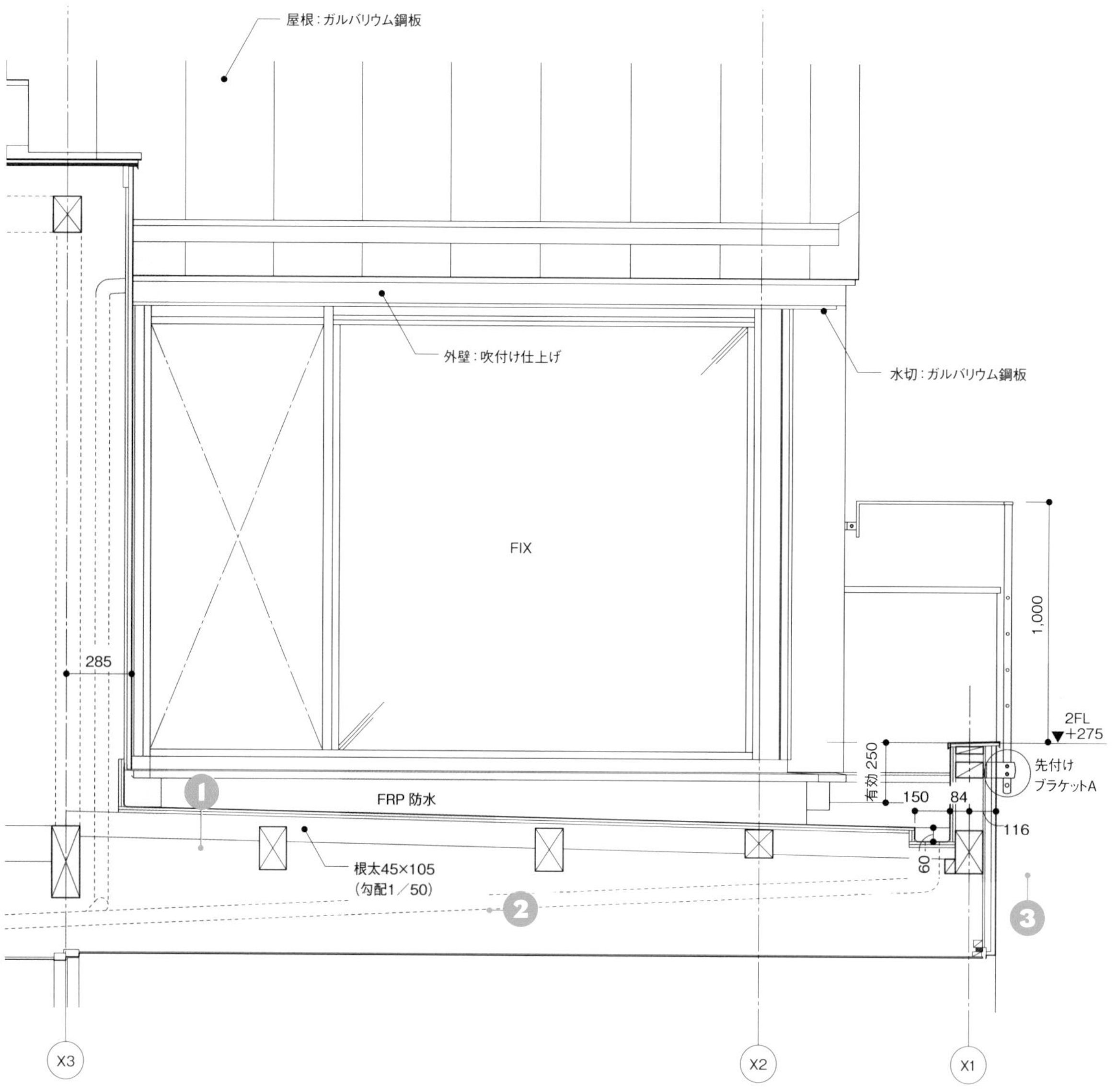

屋根：ガルバリウム鋼板
外壁：吹付け仕上げ
水切：ガルバリウム鋼板
FIX
1,000
2FL
+275
先付け
ブラケットA
有効 250
150
84
116
60
285
FRP 防水
根太45×105
（勾配1／50）
1
2
3
X3
X2
X1

1 天井懐や壁体内に排水ルートを明記

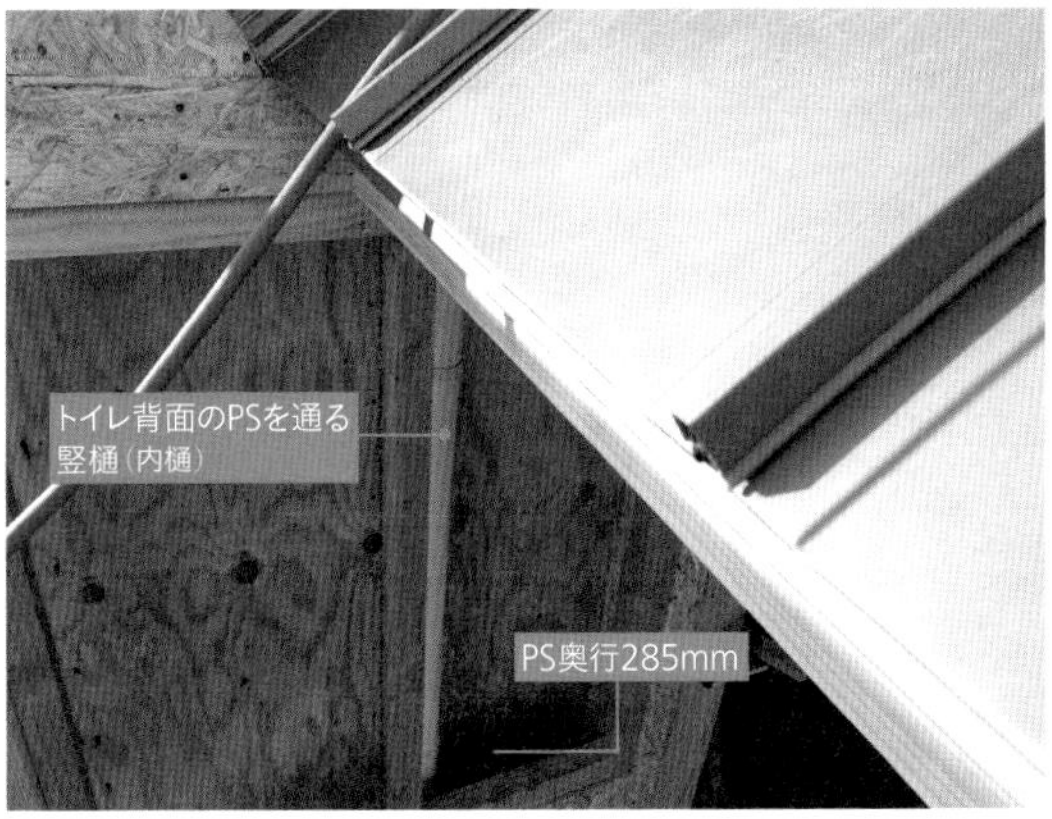

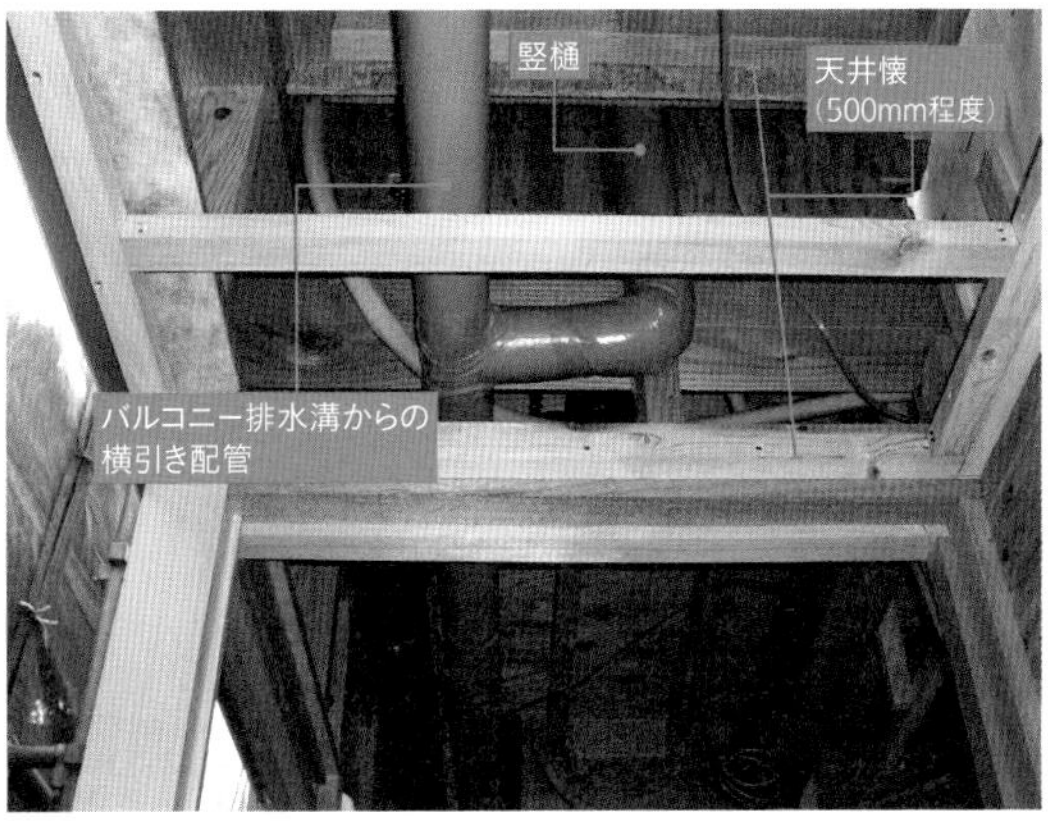

排水口をどの位置にするかは、バルコニーの床勾配（1／50）や構造材のピッチと成を考慮し、さらに、バルコニー床下に隠される横引き管のルートも確保したうえで、総合的に判断して決める。この建物では、トイレの背面壁を外側に285㎜ふかし、そこを利用して、屋根の内樋と竪樋をつなぎ、バルコニー下の軒天井（玄関ポーチ）へと引き回している

2 防水層や水勾配に関する施工基準を遵守

バルコニーでは防水が大切な要素となる。防水層立上りとバルコニー床面の水勾配は、「瑕疵担保責任保険の設計・施工基準」で寸法が決められている。その寸法を守りつつ、使い勝手や立面のプロポーションを検討し、詳細寸法を決めていく。パラペットの立上りは250㎜以上とする必要がある

3 手摺は笠木を貫通させない

手摺はバルコニーの防水層（笠木）を傷めずに固定することが求められる。笠木と一体になった既製品を使えば性能上の問題はないが、デザイン上採用しにくいケースもある。手摺を外壁側に取り付けると笠木の防水層を傷めずに済む［※］

※ 手摺を外壁側に取り付けると手摺の有効高さが低くなってしまうおそれがあるので注意　戸建住宅では、手摺高さに関する規定はないが［令117条］、令126条にならい1,100㎜以上確保するのが望ましい

手摺断面詳細図 [S=1：12]（元図 [S=1：5]）

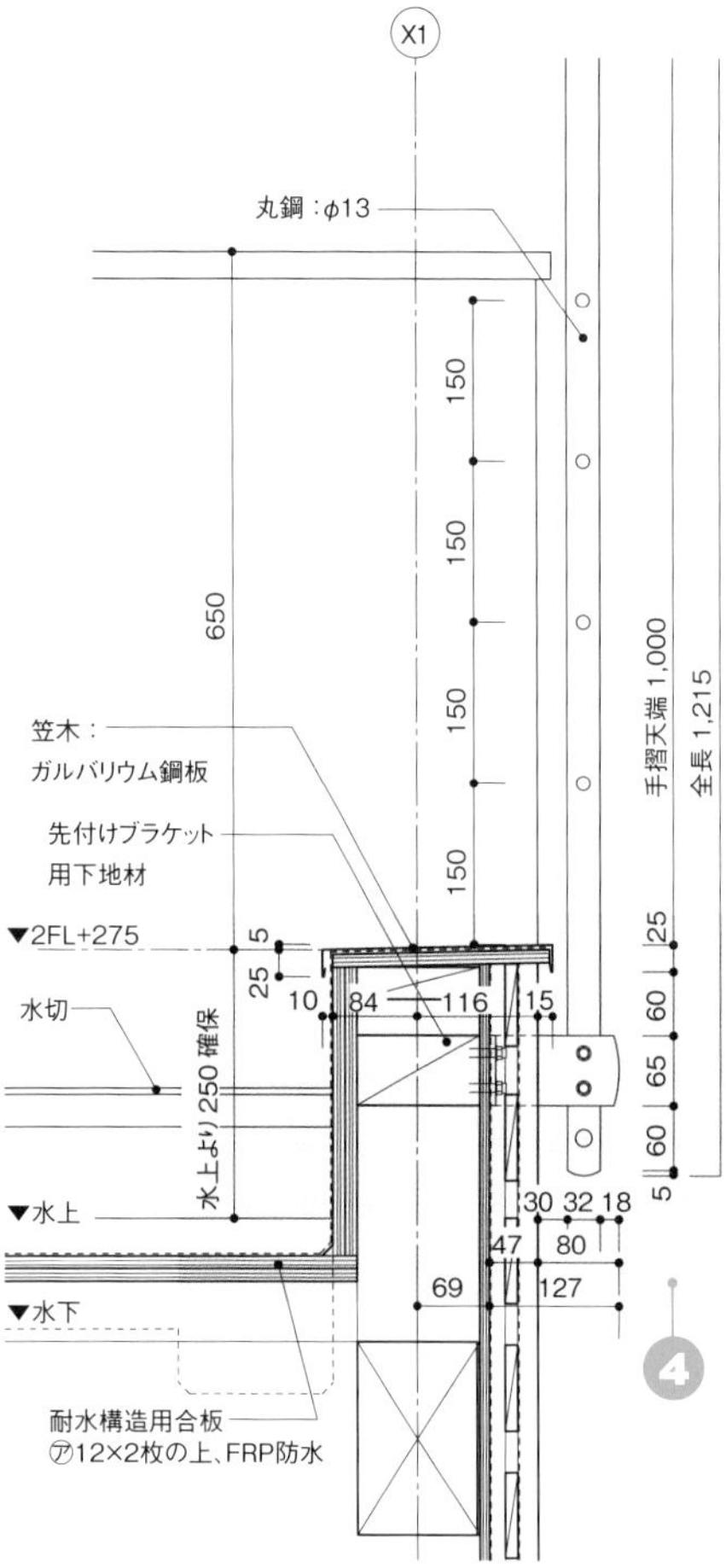
X1
丸鋼：φ13
650
150
150
150
150
笠木：
ガルバリウム鋼板
先付けブラケット
用下地材
▼2FL+275
5
25
10
84
116
15
水切
水上より250確保
▼水上
▼水下
30 32 18
47
80
69
127
手摺天端1,000
全長1,215
25
60
65
60
5
耐水構造用合板
㋐12×2枚の上、FRP防水
4

手摺断面詳細図 [S=1：2]（元図 [S=1：2]）

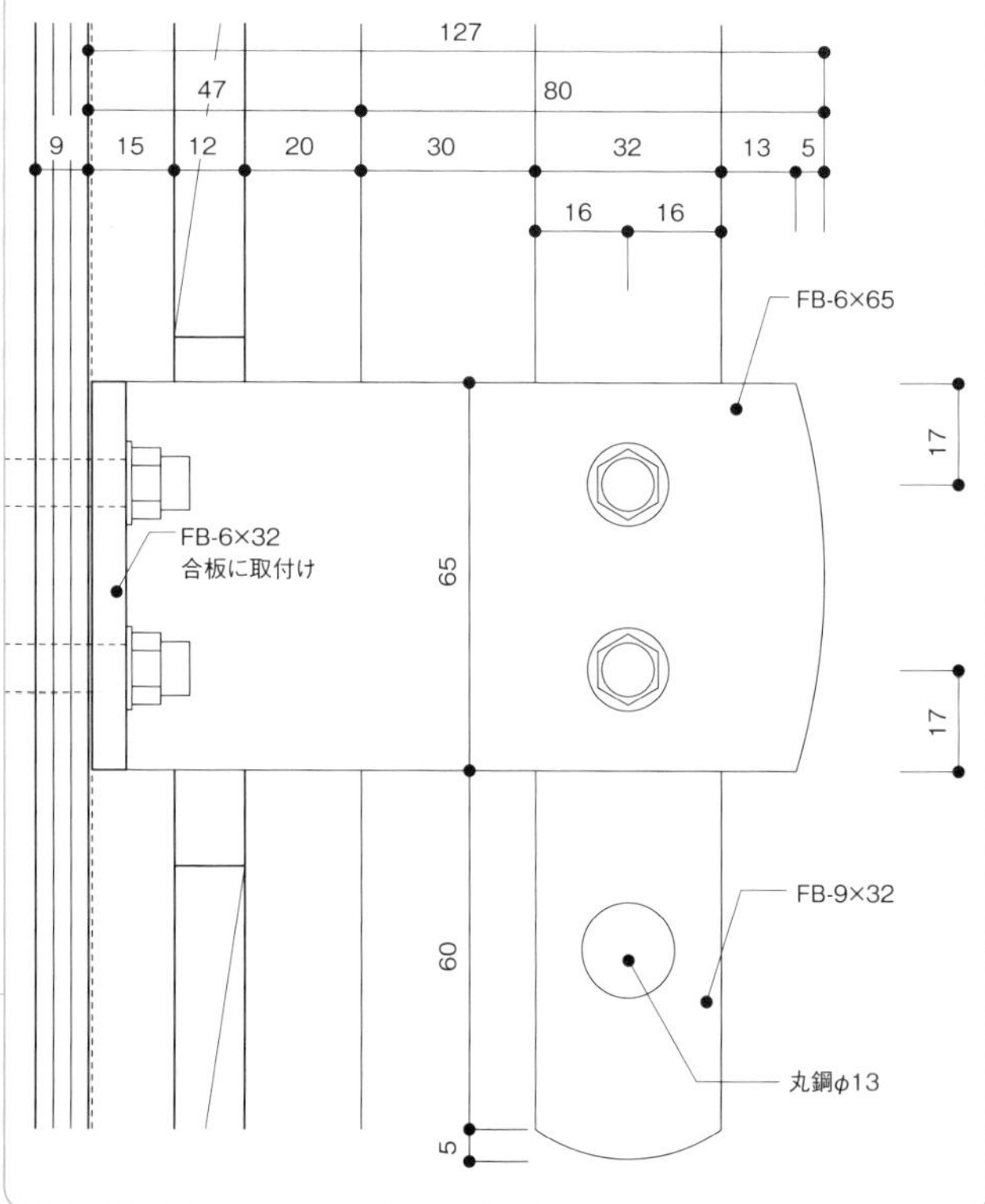
127
47
80
9
15
12
20
30
32
13
5
16
16
FB-6×65
17
FB-6×32
合板に取付け
65
17
FB-9×32
60
丸鋼φ13
5

4 ブラケット取付け時の注意点

FB-6×65
笠木（板金）
フラットバー6×65
丸鋼φ13

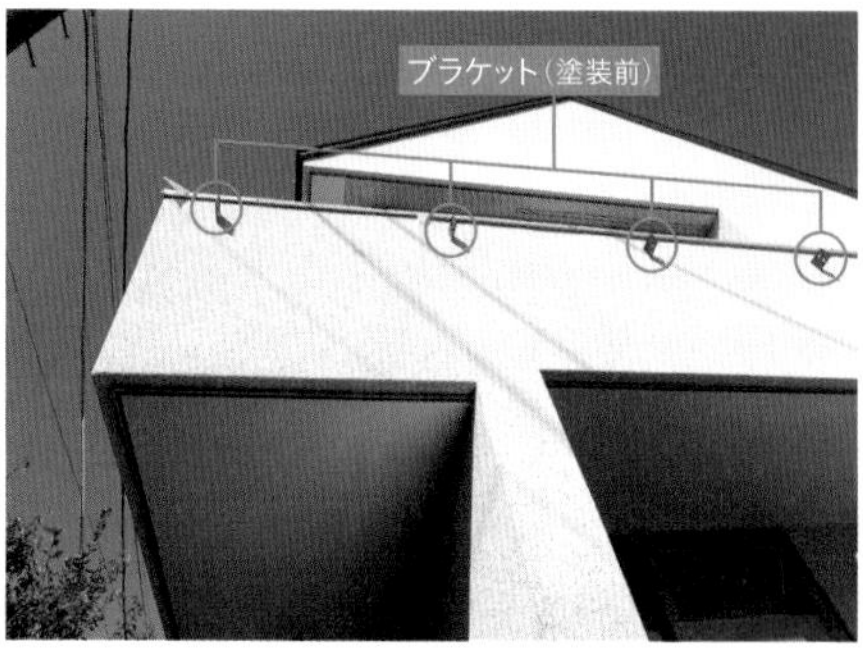
ブラケット（塗装前）

ブラケット（塗装前）

手摺の竪材を受けるブラケットの取り付け部分は手摺の荷重がかかるので、必ず下地材（横胴縁）を取り付けるように指示する。ブラケットは外壁下地の合板に取り付けることになるので、特注の場合は上棟後早い時期にブラケットのサイズを決めて発注する必要がある。手摺本体については少し後のタイミングでもよい

内樋断面詳細図［S＝1：8］（元図［S＝1：5］）

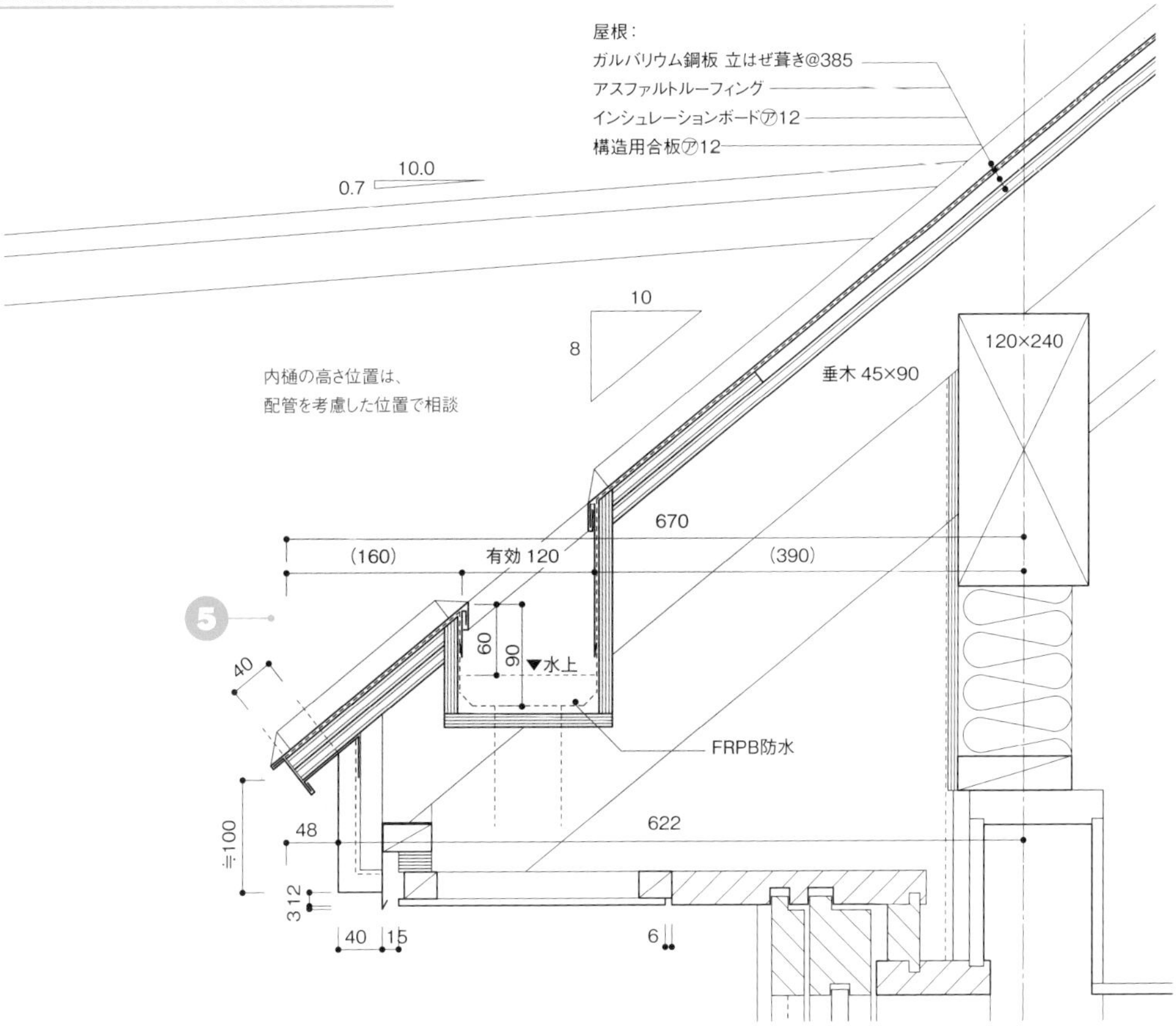
屋根：
ガルバリウム鋼板 立はぜ葺き@385
アスファルトルーフィング
インシュレーションボード㋐12
構造用合板㋐12
0.7
10.0
10
8
内樋の高さ位置は、
配管を考慮した位置で相談
垂木 45×90
120×240
670
(160)
有効 120
(390)
5
40
60
90
▼水上
FRPB防水
≒100
48
622
312
40
15
6

5 樋の内部が見える場合は屋根材で隠す

竪樋のためのPS
内樋

開口部との関係で竪樋を落とす最適な場所がなかったため、軒裏からトイレの外壁をふかし、そのなかに竪樋を隠すようにした

FRP防水
屋根材でFRPを隠す

樋の内部はFRP防水としているが、屋根が急勾配（8寸勾配）のため、樋内部が見えるおそれがあった。屋根の仕上げ材（ガルバリウム鋼板）を樋内部までおろし、樋の内部が目につかないようにした

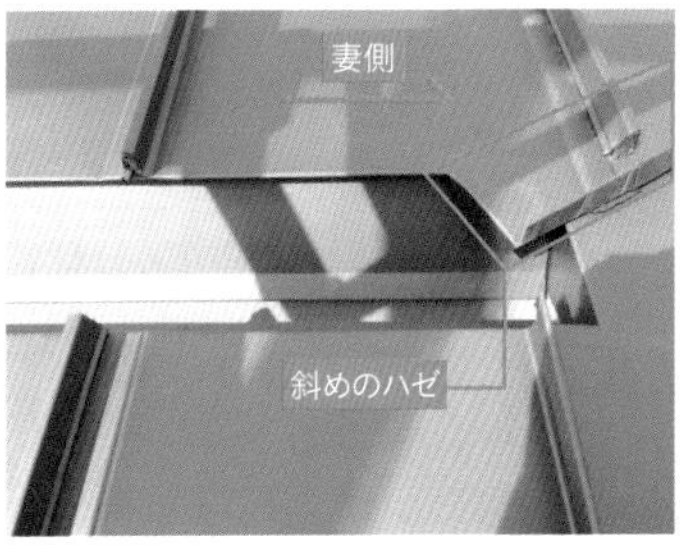
妻側
斜めのハゼ

内樋の場合は、妻側に樋のない場所ができてしまう。この部分は屋根に斜めのハゼを立ち上げて、雨水を樋に呼び込む配慮が必要となる

竣工

内樋

筆者は、さまざまな条件を総合的に考え、内樋が合理的と判断したときに採用している。今回は、道路から屋根が見える部分については、意匠的な観点から内樋が妥当であると判断した

内部建具詳細図［3連引戸］

建具本体と枠廻りの納まりを指示する

内部建具詳細図（造作）では、建具本体の仕様（建具表や姿図）と納まりの指示、枠廻り詳細の指示が重要だ。建具本体の内法の寸法や面材の仕様などの指示は細かく伝える必要がある。

枠廻りの図面は、平面・断面詳細図で示し、通り心を基準にして柱・梁・壁との取合いなどを具体的に検討していく。そのため矩計図［12・13頁参照］や平面詳細図［4・5頁参照］を基準にして高さや幅の寸法を正確に設定する。ここでは、3連引戸（木製建具／障子戸）を例に、敷居を用いてインセットで納める方法と、上吊りのアウトセットで納める方法をそれぞれ解説する。

［瀬野和広］

内部建具姿図［S＝1：25］（元図［S＝1：20］）

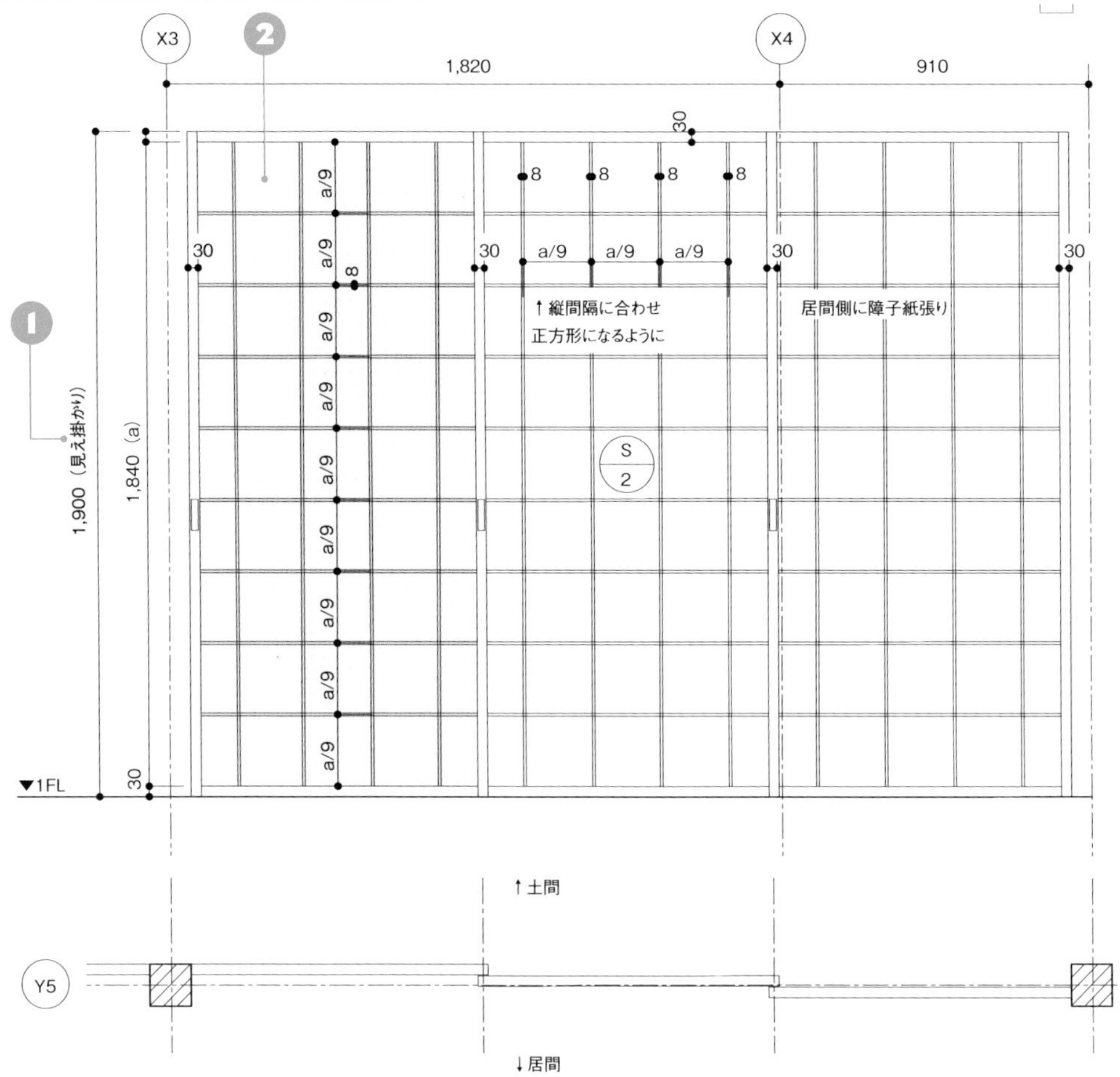

■特記事項

	(S/2) 母屋　ダイニング・キッチン［22・23 頁参照］
内法寸法	W2,610×H2,300×D33
材質・仕上げ	木製3枚建て引違い障子戸／ウンスギ框・組子・CL
面材	強化障子紙［ニュータフトップ／ワーロン］
付属金物	敷居・鴨居溝加工、竹すべり［かぐや姫（7分）／粉河］
備考	引手加工　＊枠との取合いなどは、枠廻り詳細図を参照のこと

1 建具本体の高さ・幅を決める

建具本体の高さは、キープランとなる矩計図［12・13頁参照］を参照しながら決定する。幅は平面詳細図［4・5頁参照］が基準となる。ここでの高さの基準は小屋梁。梁下に建具を納めたときにきれい見える高さ（1,900㎜）とした。幅は1間半（2,730㎜）に納まるように2,640㎜で設定

1,900mm
2,640mm

2 面材・障子枠の仕様を決める

建具本体の外形寸法を決定したら、面材・障子枠を検討する。羽目板張りや格子戸、障子戸とする場合は、面材や組子の割付け指示が重要。ここでは、正方形の組子を横3列・縦9段になるように割付け、高さ方向に半端がでないように上枠・下枠の寸法を30㎜に設定した。したがって組子一辺の長さは（1,900－30×2）÷9＝204.44…となった

内部建具枠廻り詳細図［S＝1：12］（元図［S＝1：8］）インセット納まり

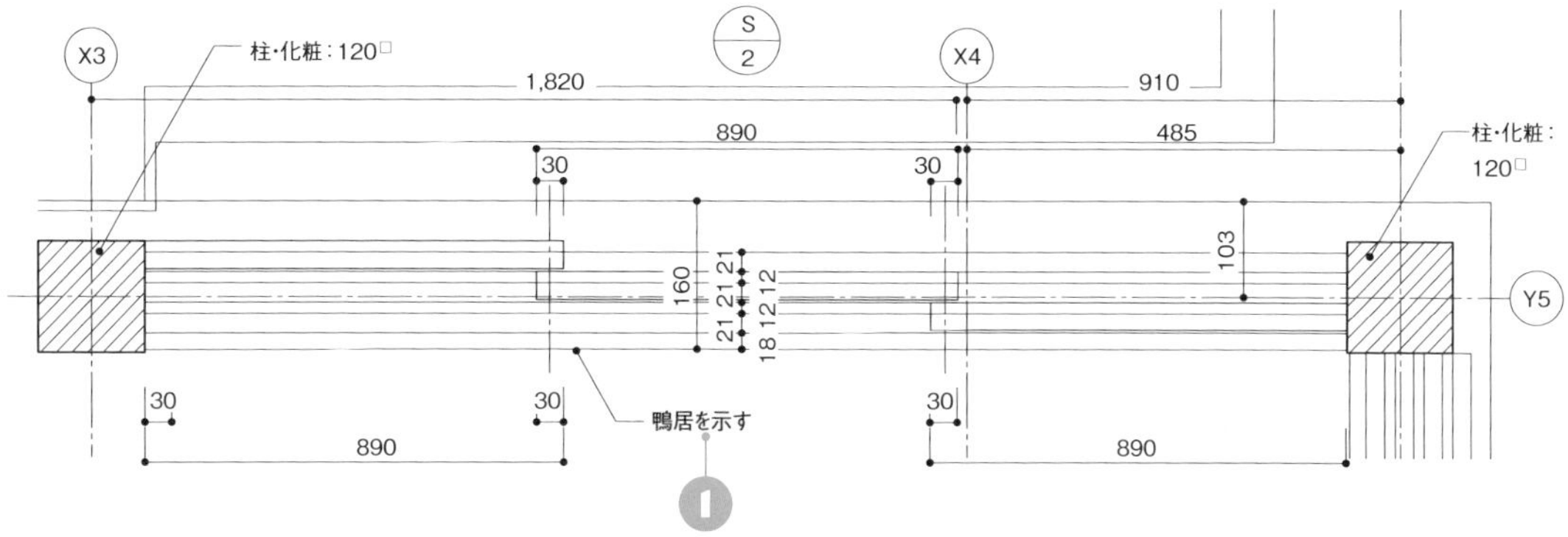
X3
柱・化粧：120□
S
2
X4
1,820
910
890
485
30
30
柱・化粧：120□
103
160
21 21 21
18 12 12
Y5
30
30
890
30
890
鴨居を示す

Y5通り断面詳細図

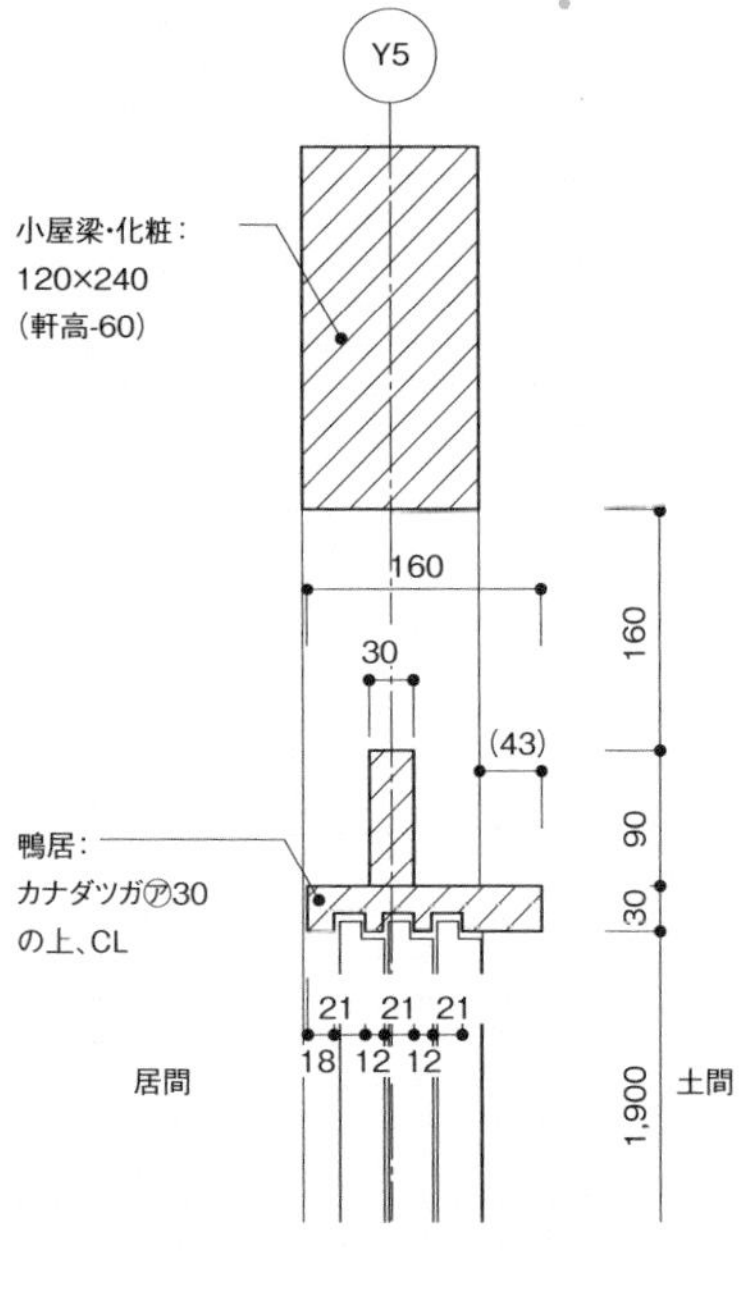
Y5
小屋梁・化粧：
120×240
（軒高-60）
160
30
(43)
160
90
30
鴨居：
カナダツガ㋐30
の上、CL
21 21 21
18 12 12
居間
1,900
土間

3 鴨居の位置は通り心から追う（インセットの場合）

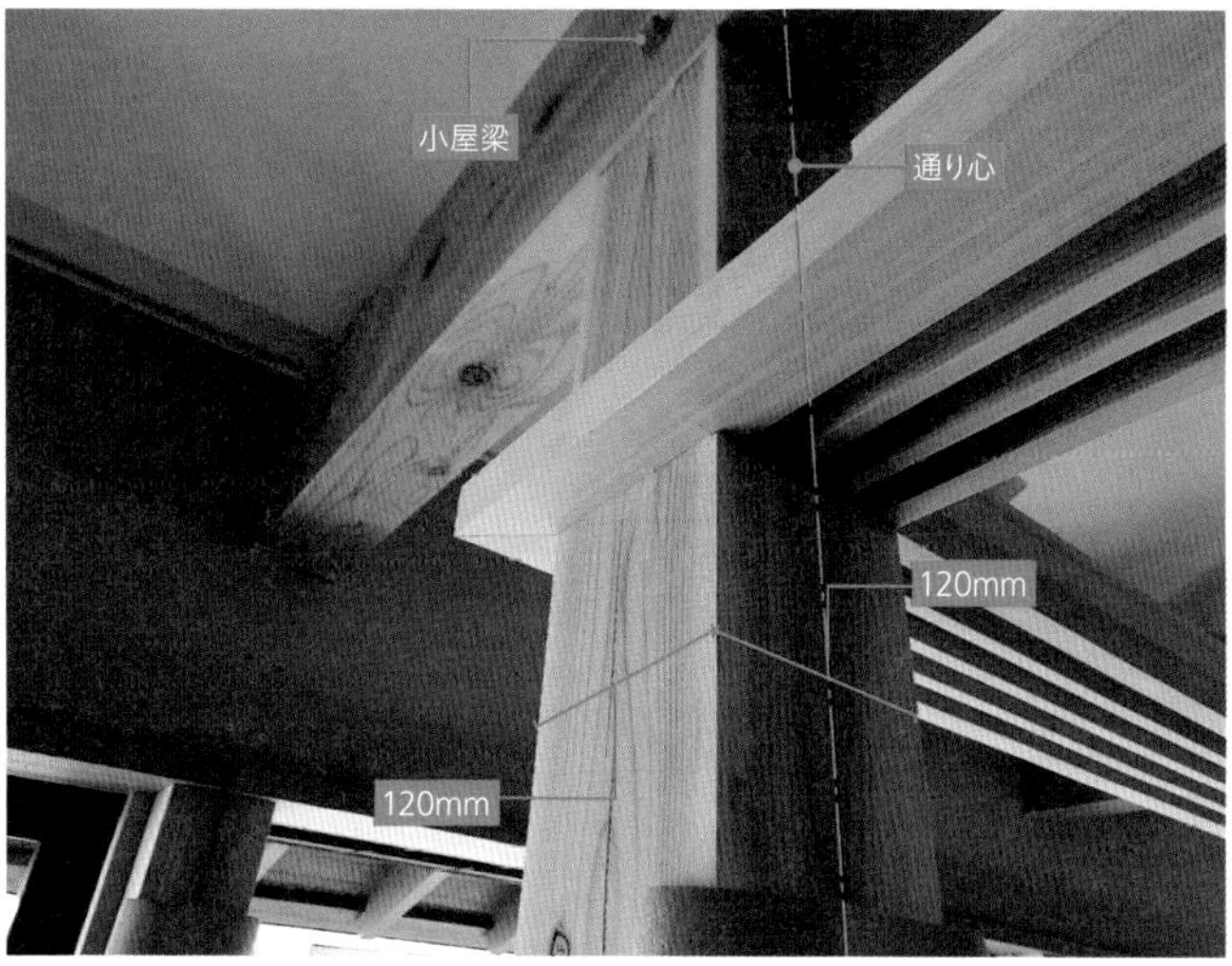
小屋梁
通り心
120mm
120mm

引戸（引込み戸）をインセットで納める場合は、通り心上に鴨居（敷居）が位置するため、梁などとの位置合わせを行う。図面上では、梁幅（ここでは120㎜、外形線で描く）と柱幅（ここでは120㎜、見え掛り線で描く）を明確に示し、鴨居が心ずれしないようにする

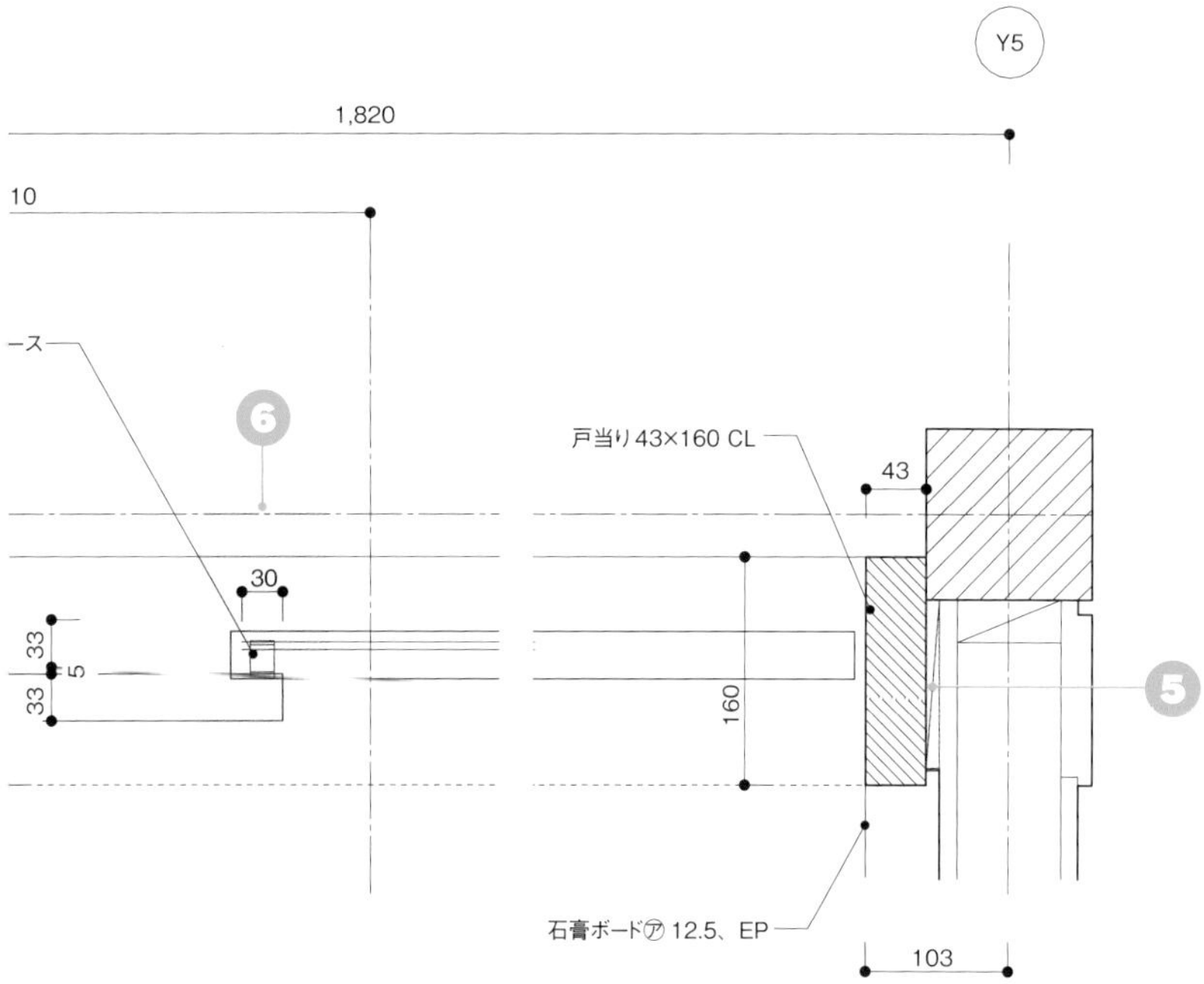
Y5
1,820
10
ース
6
戸当り43×160 CL
43
30
33
5
33
160
5
石膏ボード㋐ 12.5、EP
103

5 真壁に戸当りを設ける場合は壁をふかす

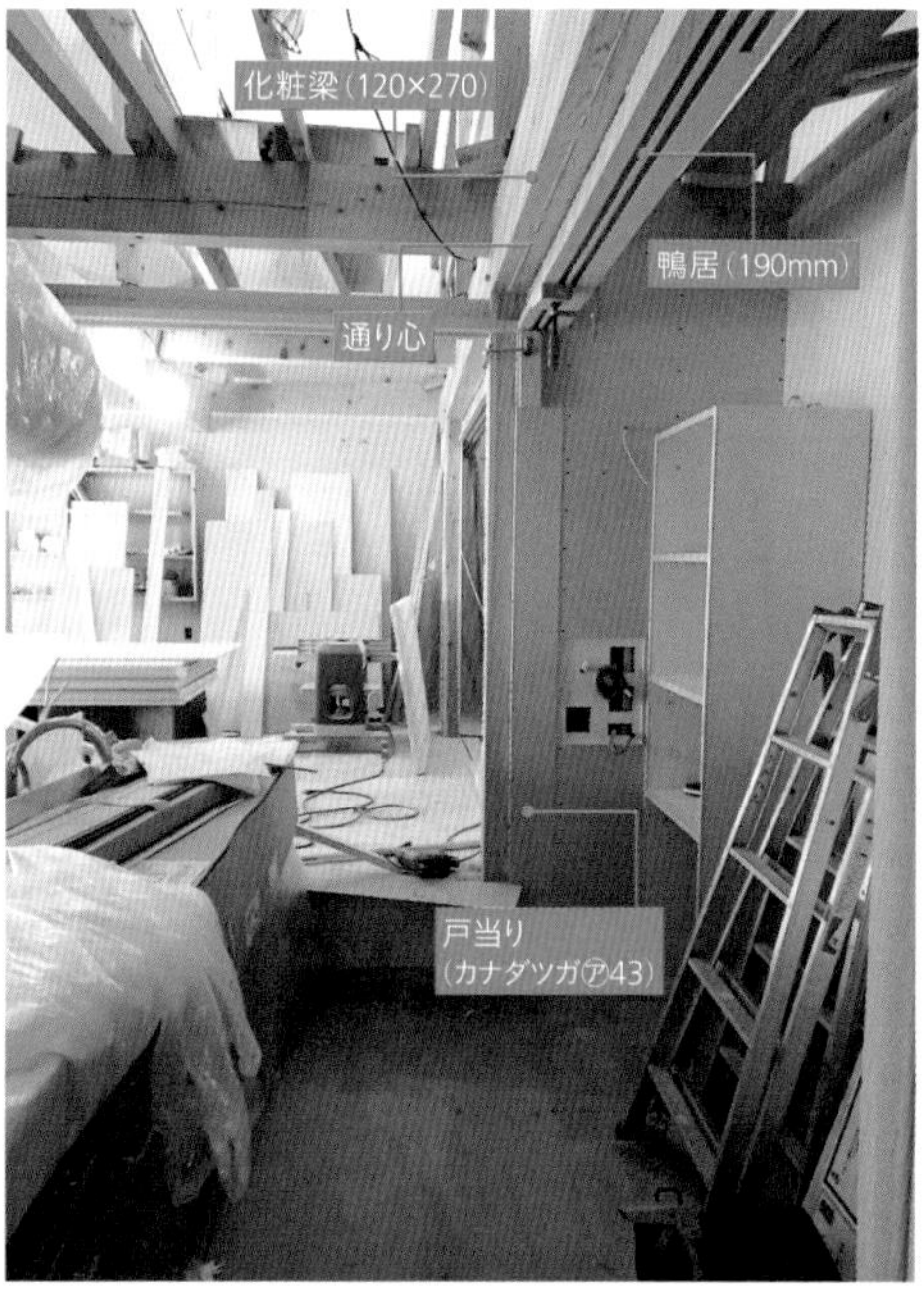
化粧梁(120×270)
鴨居(190mm)
通り心
戸当り
(カナダツガ㋐43)

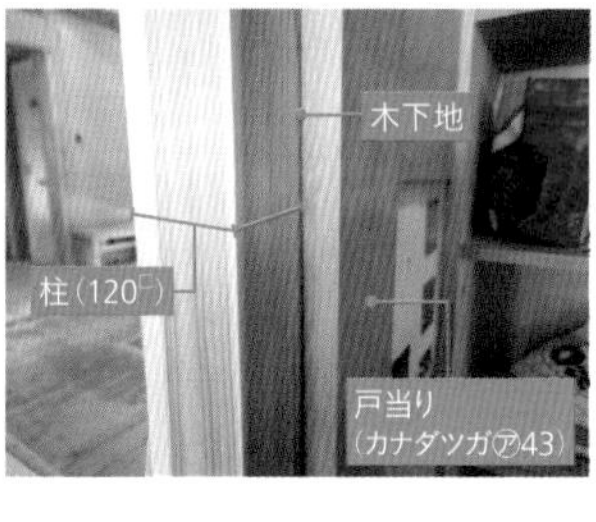
木下地
柱(120□)
戸当り
(カナダツガ㋐43)

戸当りには強度のある材料を選ぶ（ここではカナダツガを採用）。真壁の場合は、柱と壁の間にわずかな隙間が生まれるので、下地材の取り付けを平断面図で指示する

4 引き込み口のサイズには若干余裕を

戸袋の入口(130mm)
柱(120□)

木製建具を製作する場合は、建具の反りを考慮して、引き込み口の寸法設定にやや余裕をもたせておくほうがよい。ここでは14mmのクリアランスを確保した。また、建具同士のクリアランスも具体的に指示している。開閉動作を考慮し、それぞれ建具同士の間は5mm、壁と建具の間は7mmとした

内部建具枠廻り詳細図［S＝1：8］アウトセット納まり

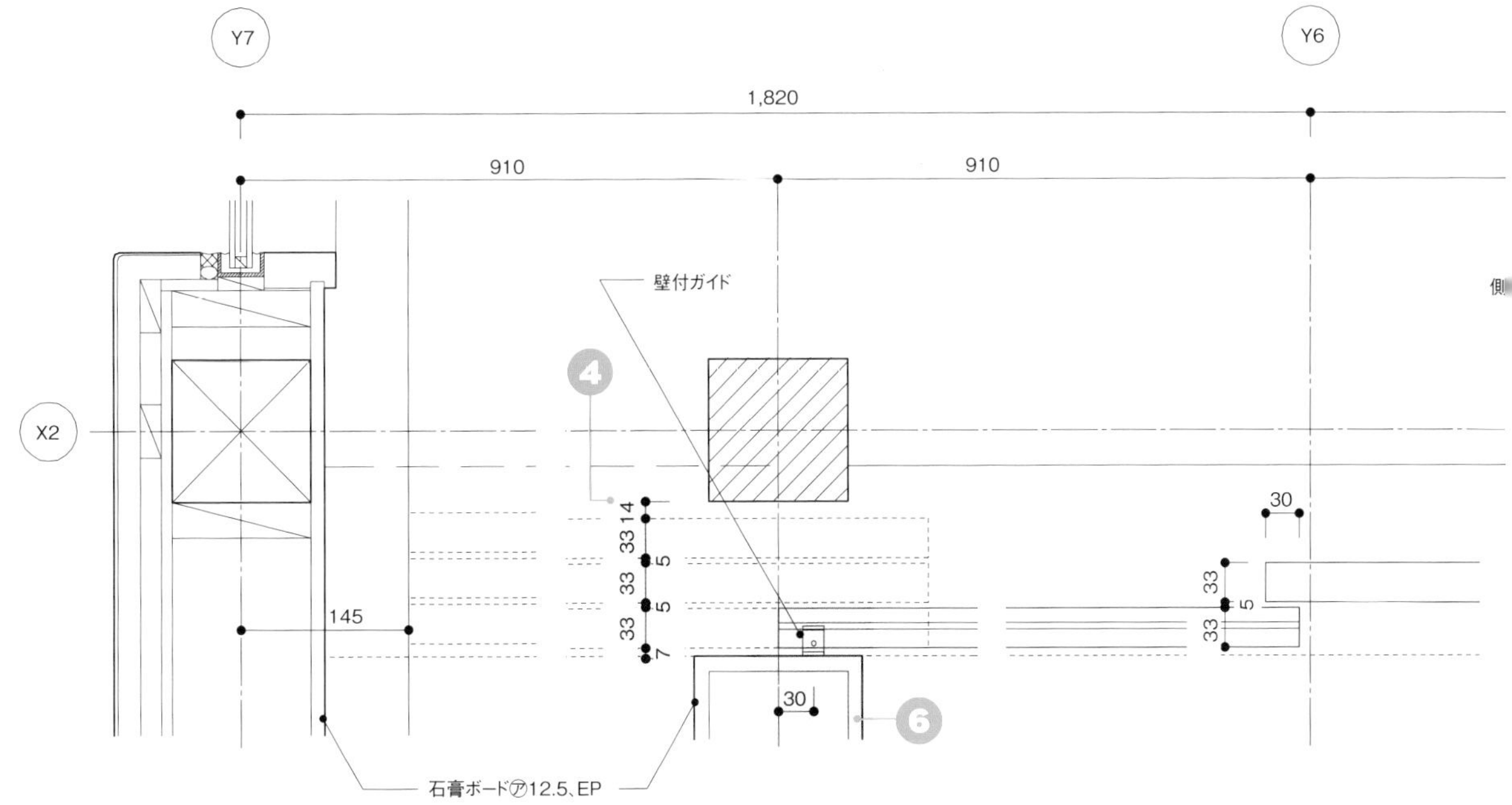
Y7
Y6
X2
1,820
910
910
壁付ガイド
145
14
33
5
33
5
33
7
30
30
33
5
33
石膏ボード㋐12.5、EP

内部建具枠廻り詳細図［S＝1：10］(元図［S＝1：8］) アウトセット納まり

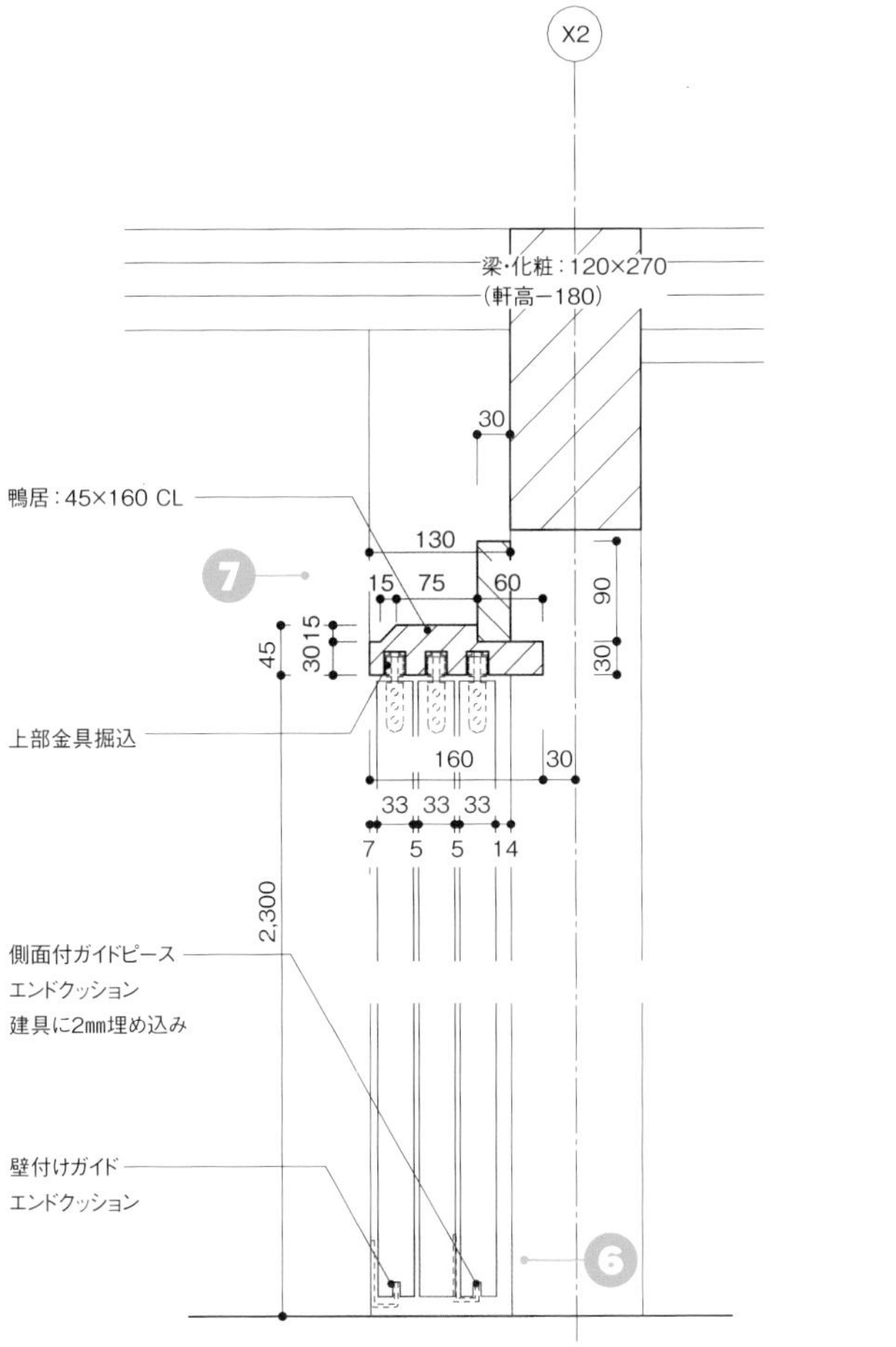
X2
梁・化粧：120×270
(軒高−180)
30
鴨居：45×160 CL
130
15
75
60
90
30
15
30
45
上部金具掘込
160
30
33
33
33
7
5
5
14
2,300
側面付ガイドピース
エンドクッション
建具に2㎜埋め込み
壁付けガイド
エンドクッション

6 上吊りの場合は吊り金具やガイドを具体的に指定

上吊り用の金具

上吊りの場合は金具の耐荷重が適切かどうかを確かめる必要がある。採用した金具の耐荷重は20kg以下。障子戸は軽量なので問題なく納められた。加えて、引戸を連結する場合は、スムーズな開閉を促すために、ガイドを取り付ける。3連引戸とする場合は、建具（縦断面図では点線表記）と、戸袋の入口（平面図では見え掛り線として表記）に取り付ける

7 鴨居の位置は通り心から追う（アウトセットの場合）

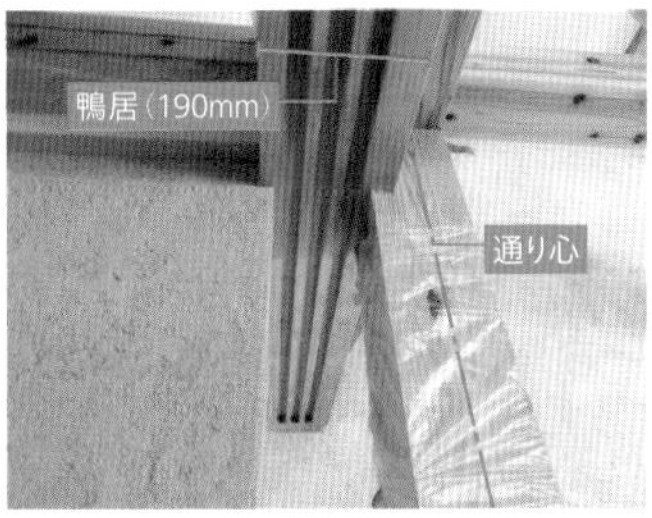
鴨居（190mm）
通り心

引戸（引込み戸）をアウトセットで納める場合は、建具本体と鴨居が心ずれするので、縦断面図で通り心（梁）を描き、位置関係や寸法を正確に抑える

造作家具詳細図

大工工事にする場合はディテールを決める

家具を造作する際は、設計者の図面やスケッチをもとに、家具製作業者（工場）が施工図を描き、設計者がその内容をチェックするのが一般的である。しかし、大工造作の場合は施工図が描かれるケースは少ないため、設計者が詳細図を描く必要がある。

図面では引出しや可動棚などの金物の製品番号や寸法の取り方、クリアランスまでを含めて細かく指示する必要がある。施工者に施工図を提出してもらえる場合は、その施工図をもとに打ち合わせを行うと、より確実である。ここでは、リビングの壁面いっぱいに納めた変形TVボードを例に解説する。　［彦根明］

内観図［S＝1：30］(元図［S＝1：20］)

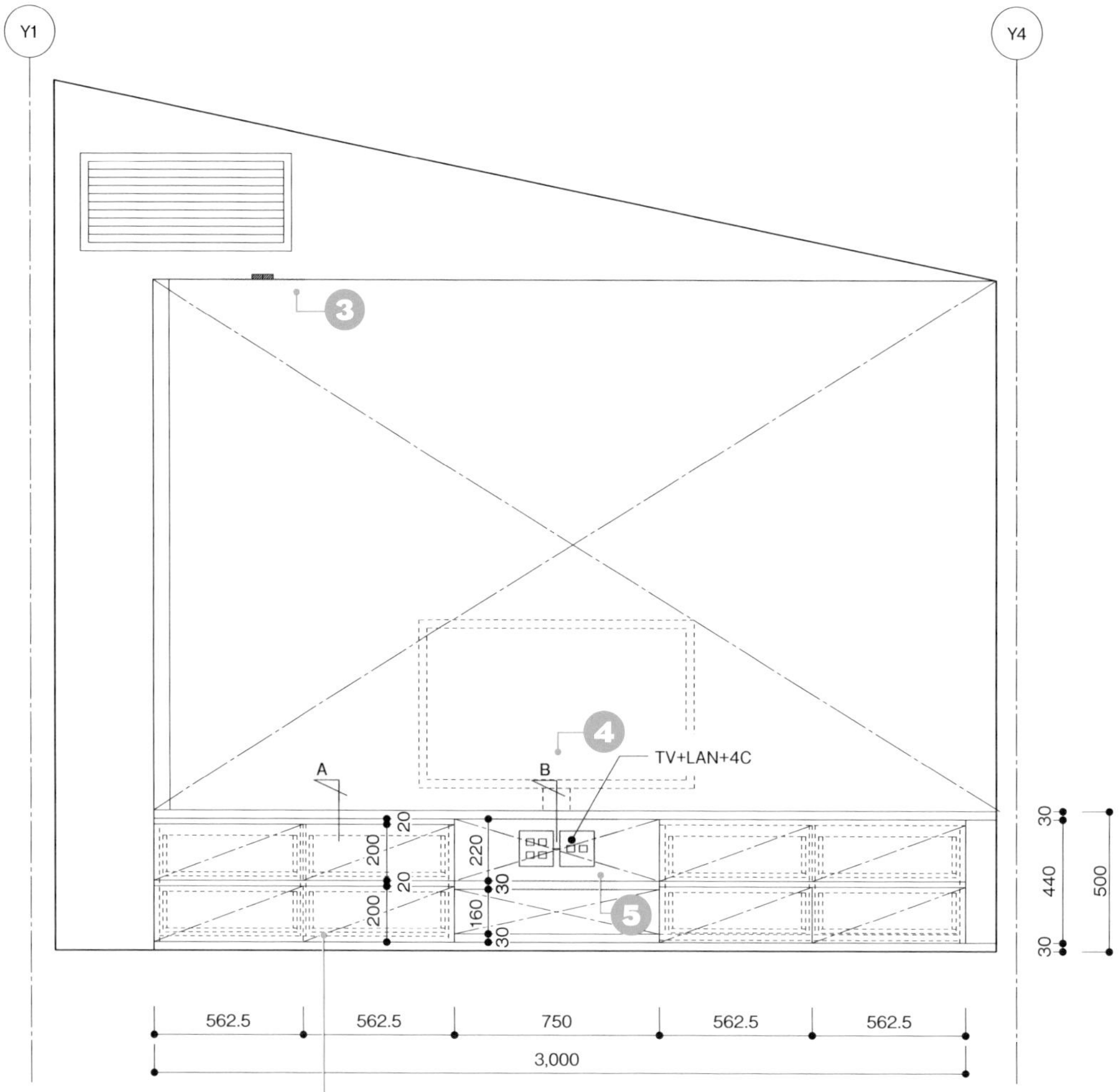

内観図では箱材の中身を描き、引出しの有効高さや棚板の厚さを示している。一方、展開図［50・51頁参照］では、TVボードの外形寸法を示すのみに留めた

家具断面A詳細図［S＝1：10］

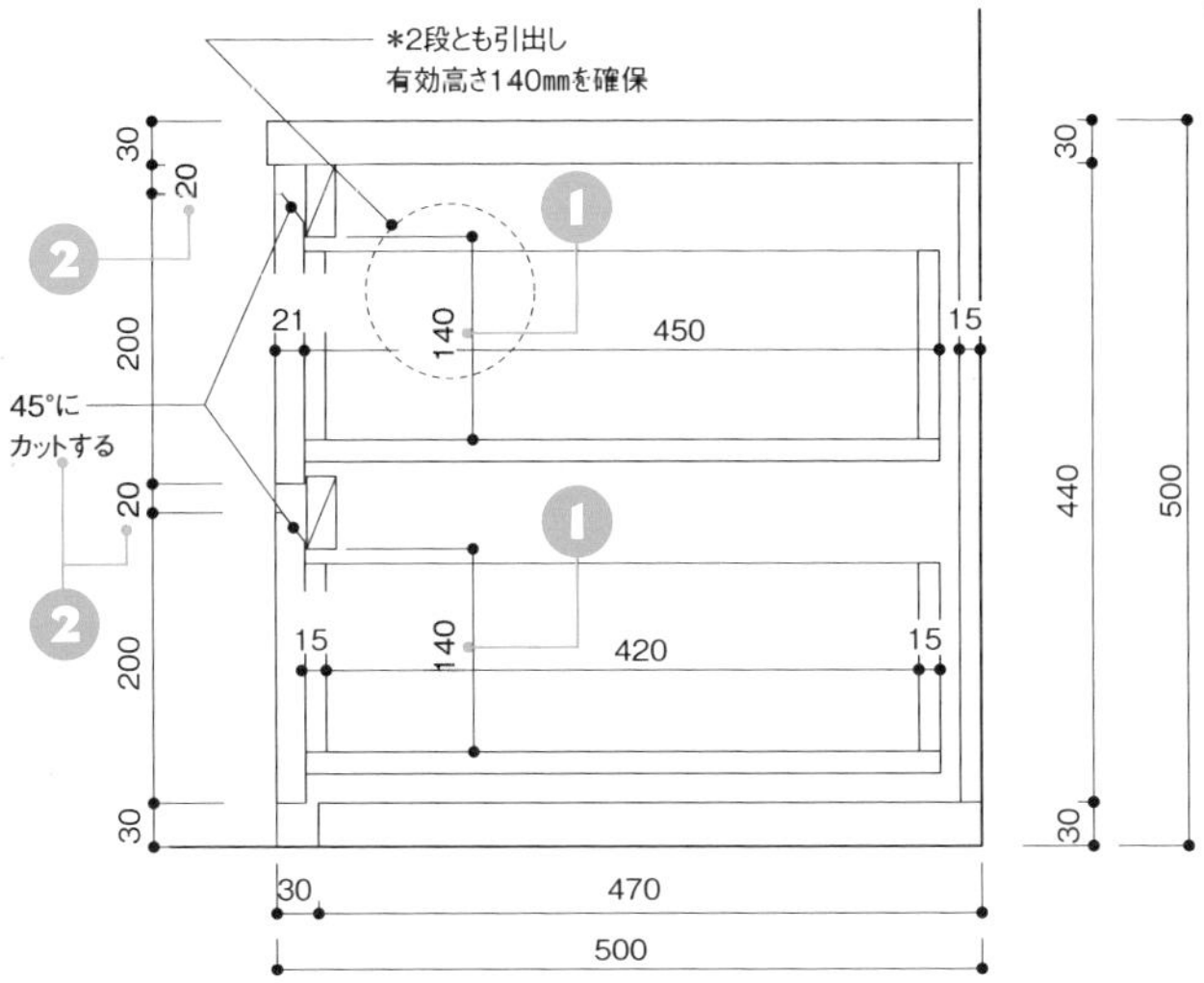
*2段とも引出し
有効高さ140mmを確保
45°に
カットする
30
20
200
20
200
30
21
140
450
15
140
420
15
15
30
440
30
500
30
470
500

1 金物で必要な有効寸法を確保する

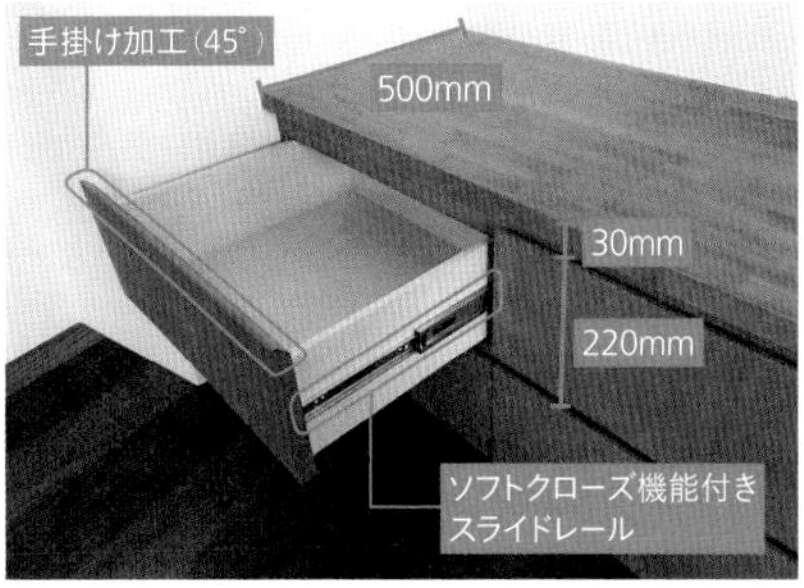
手掛け加工（45°）
500mm
30mm
220mm
ソフトクローズ機能付き
スライドレール

ここでは、引出し内の有効高さ寸法が大きくとれ、動きの滑らかさが特徴のボールベアリング式スライドレール（閉まり際にブレーキがかかり静かに閉まるソフトクロージング付き）を採用。側板に取り付ける金物で、CDやDVDの収納に必要な高さ140mmを2段で確保しながら、背の低いテレビボードを実現している

2 手掛け加工のイメージは断面図で指示

箱材は大工工事、化粧前板は建具工事で行うのが一般的。ともに、材料・仕上げ方法を図面で示しておく。ここでは、箱材は大工が現場で加工しやすいランバーコア材、化粧前板は中空部があり軽さが特徴のフラッシュパネルを選択した。金物を一切使わない手掛け加工（テーパー加工）の取手のため、断面図で形状（45°で化粧前板をカット）や天板などとのクリアランス（目地）を示している

3 家具を照らす照明は配線を合理的に

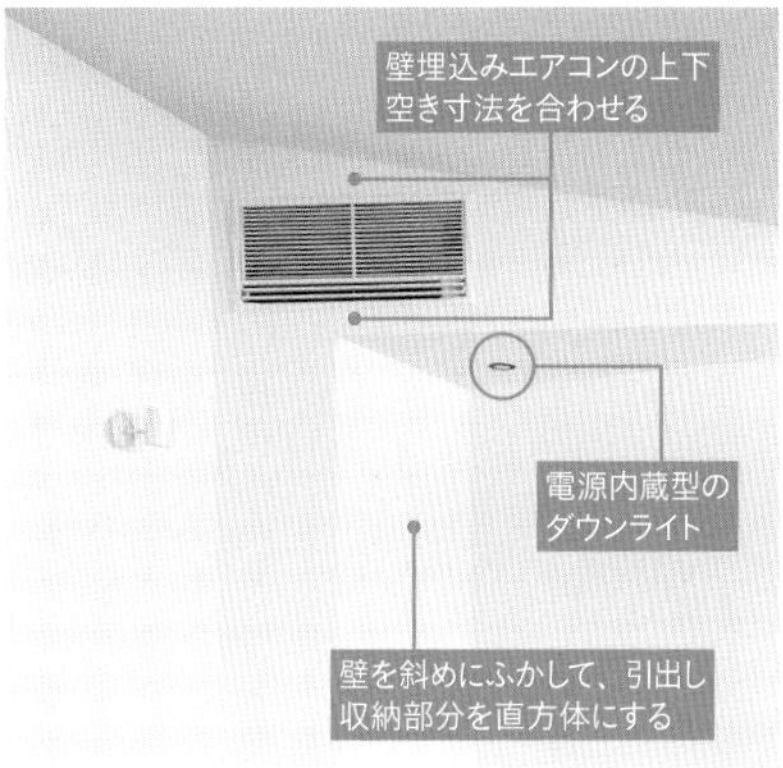
壁埋込みエアコンの上下
空き寸法を合わせる
電源内蔵型の
ダウンライト
壁を斜めにふかして、引出し
収納部分を直方体にする

造作家具には照明を取り付けて演出するのが一般的だが、配線工事が煩雑になりがちだ。電源内蔵型の器具を選べば配線工事が不要になるので、電源外付け型の器具に比べて施工の手間を省くことができる

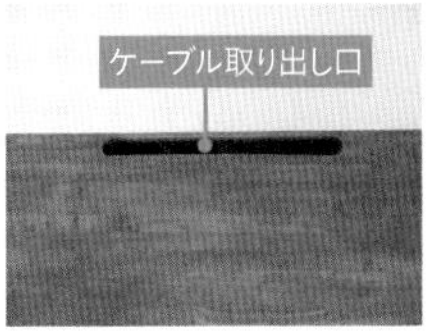
ケーブル取り出し口

4 TVの配線は見せない

TVの配線は見せたくないので、天板の中央に取り出し口を設けた。取り出し口の幅の寸法は平面詳細図、奥行きの寸法は断面詳細図で明示

家具断面B詳細図［S＝1：10］

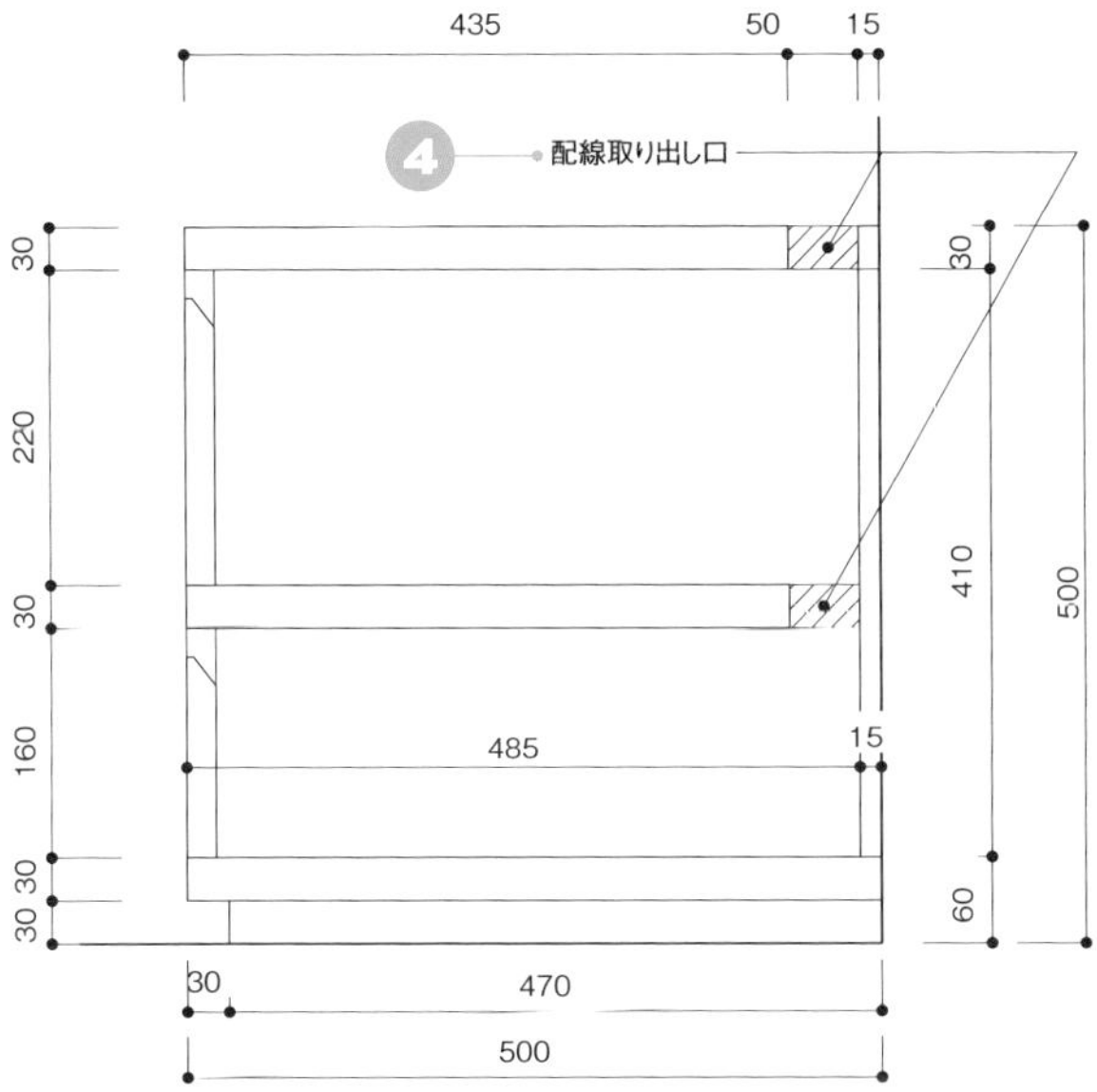
435
50
15
4
配線取り出し口
30
220
30
160
30
30
485
15
30
410
60
500
30
470
500

5 見える部分は仕上げを統一

露出部分の塗装仕上げも
枠廻りや家具と同じOS

スイッチやコンセントなどの取り付け部分や、両側の箱板部分は見え掛りとなる。この場合は、箱板の見える部分のみ、天板や化粧前板などと同じ仕上げ（塗装）にして、家具の見え方に統一感を出すとよい

天井伏図［S＝1：30］（元図［S＝1：20］）

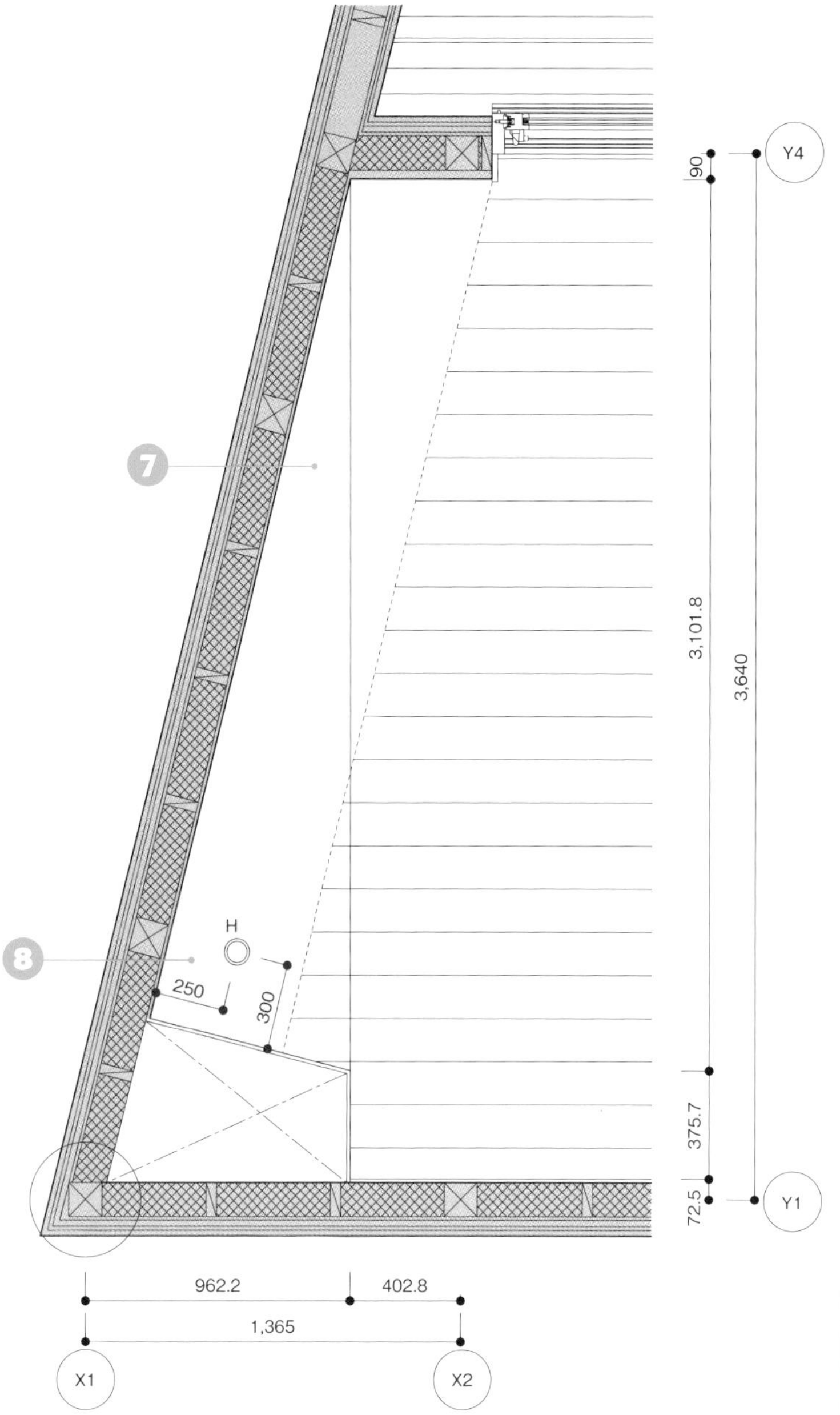

Y4
90
3,101.8
3,640
7
8
H
250
300
375.7
72.5
Y1
962.2
402.8
1,365
X1
X2

建築と造作家具を一体化する場合は平面図・天井伏図でも指示

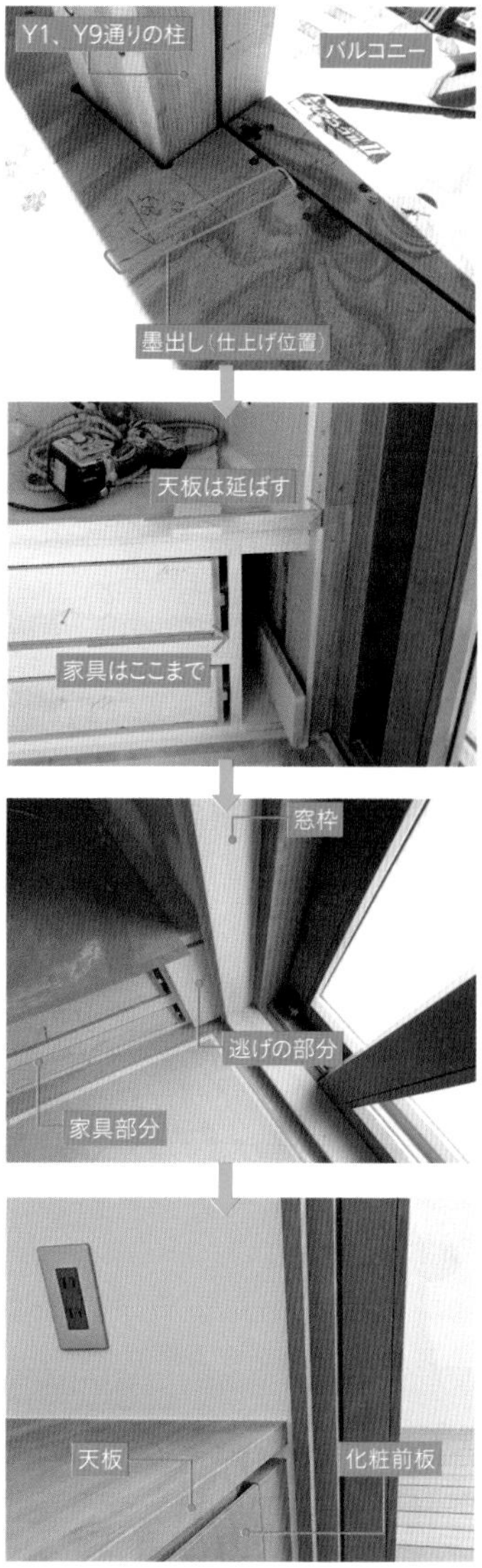

Y1、Y9通りの柱
バルコニー
墨出し（仕上げ位置）
天板は延ばす
家具はここまで
窓枠
逃げの部分
家具部分
天板
化粧前板

工場で製作する家具は小さめにつくって、現場で支輪や台輪、フィラー［＊］といった部材で躯体との隙間を埋めるのが基本。大工工事で家具を製作する場合も、こうした「逃げ」をつくるとうまくいく。この建物のように、平面形状が変形している場合は、家具と建築との間にデッドスペースが生じるので、平面詳細図や天井伏図などを使って、その部分をどのように埋めるか指示する。具体的な寸法は、基準となる通り心を定めて（X1・Y1通りの柱）、そこから家具本体や「逃げ」の寸法を決めていく

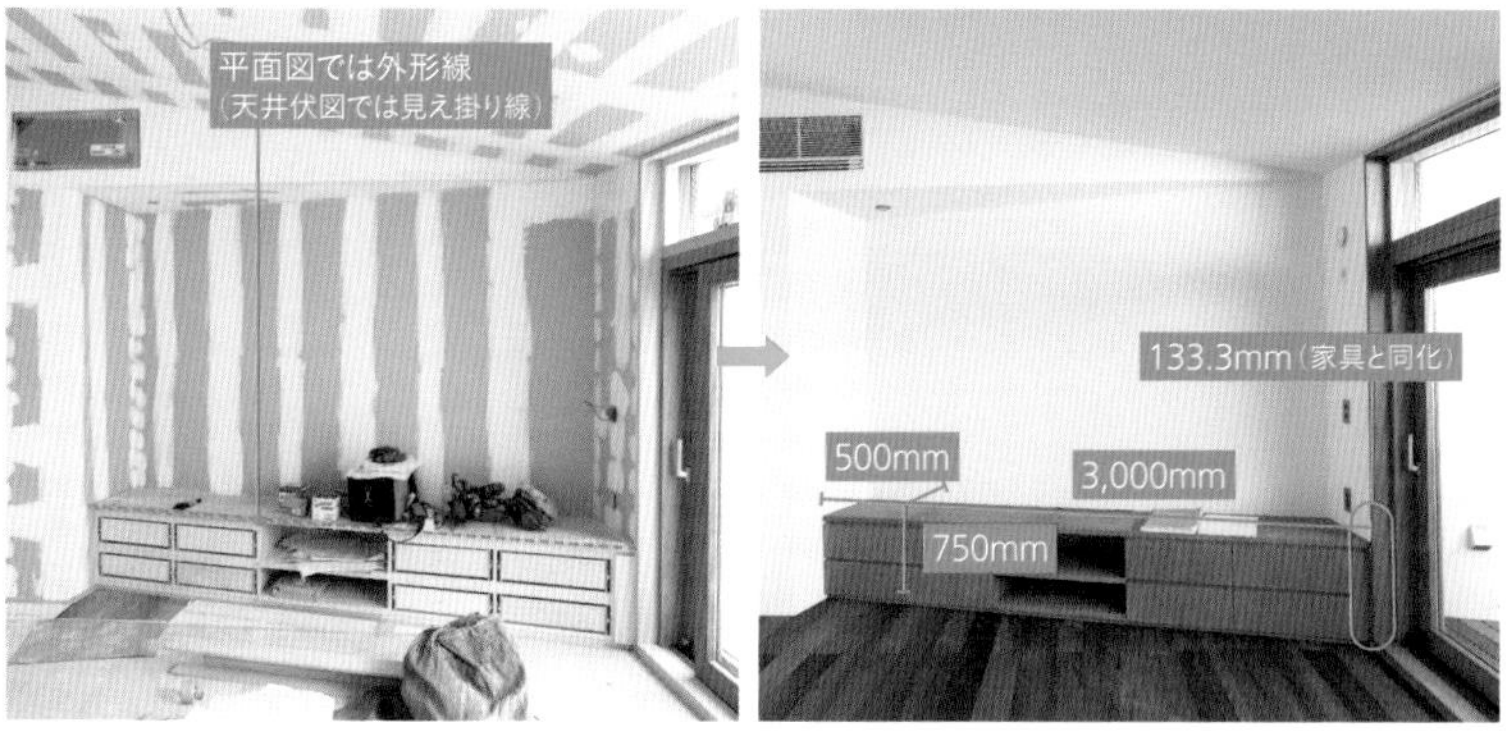

平面図では外形線
（天井伏図では見え掛り線）
133.3mm（家具と同化）
500mm
3,000mm
750mm

＊ 支輪、台輪、フィラーは家具と床・壁・天井の間を埋める調整用部材。支輪は天井と家具、台輪は床と家具、フィラーは家具と壁の隙間を埋める。いずれも床・壁・天井の不陸を吸収するためのもの

6 造りつけの収納と壁を一体化させる

天板を壁際まで伸ばし、天板の高さに合わせて化粧前板を取り付けて床・壁・天井が家具と一体化しているように見せた

7 天井伏図で空間を立体的に把握する

内観図や断面図では部分的な情報しか表現されないので、空間の全容を理解するために、天井伏図は重要な意味を持っている

8 寸法は仕上げ面から出す

天井伏図でも、造作家具の詳細を検討する平面図でも、各部の寸法は通り心ではなく仕上げ面から出していく

平面図 ［S＝1：30］（元図［S＝1：20］）

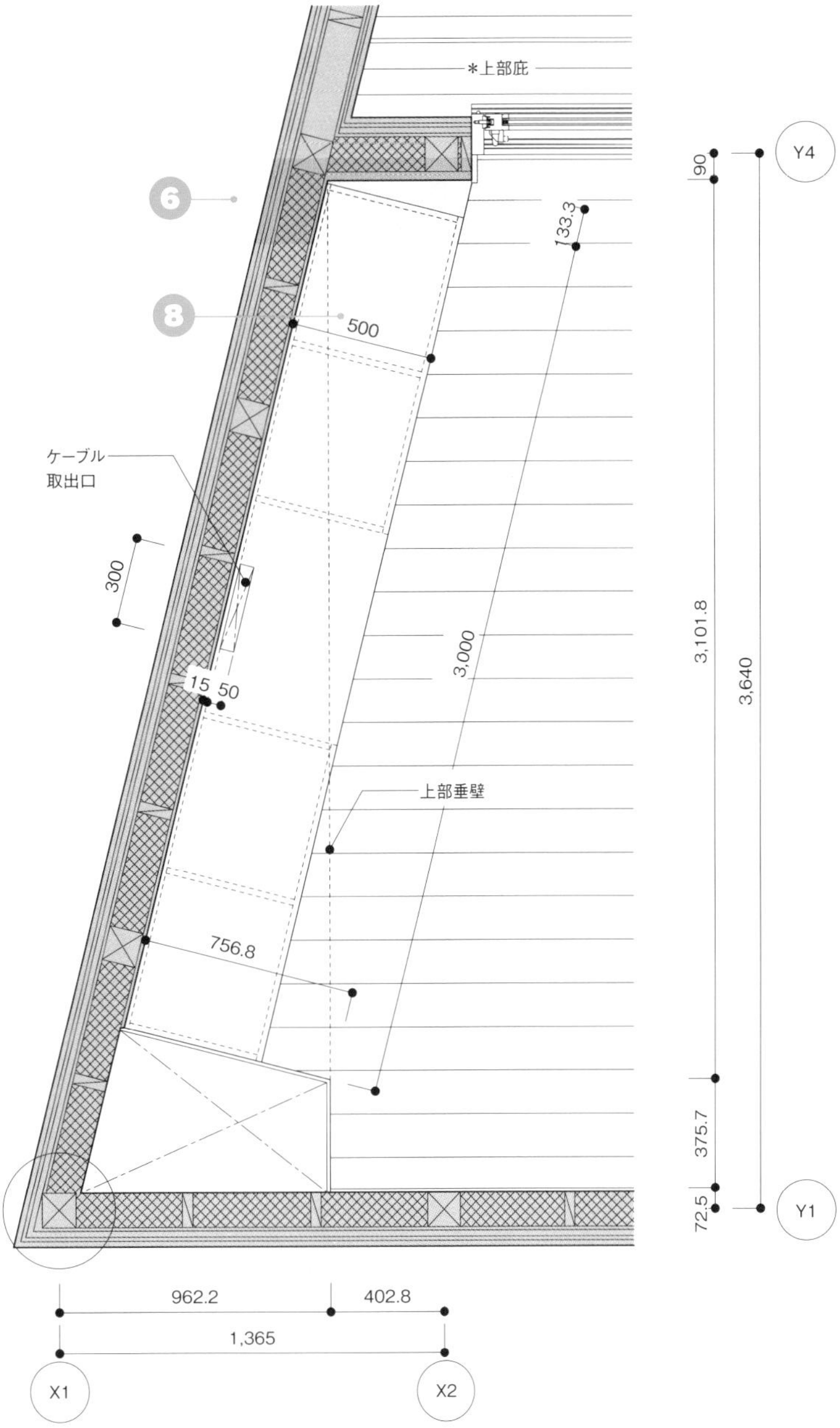

■特記事項

中央底板	イースタンホワイト集成材㋐30 プラネットカラーマホガニー色
箱材	イースタンホワイト集成材㋐30 プラネットカラーマホガニー色
天板・中段	シナランバー㋐21 クリア塗装　※ 見える側板はプラネットカラーマホガニー色
化粧前板	シナフラッシュ㋐21 プラネットカラーマホガニー色
背板	シナランバー㋐15 クリア塗装
取手	手掛け加工
金物	スライドレール：スガツネスライドレール 4670 4670-450　※ ソフトクロージング機構付き
照明 H	LAMP LED スリムライト丸型 埋込式 SL-RU2-100 型（※ 電源内蔵型）

階段詳細図

階段と躯体との取合いを明確に記載する

階段における現場監理のポイントは、①段板を支える桁と躯体との取合い、②段板の固定方法、③手摺と段板（または躯体）との取合いの3点である。

実施図面上ではこれらを明確に示さなければならない。まれに、現場に入ってから施工者と打ち合わせたうえで詳細を決めるケースもある。

階段を美しく見せるには、ディテールを入念に検討することが大切である。ここでは、スキップフロアに設置された鉄製のささら桁によるストリップ階段を例に解説していく。桁と床梁が取合う部分の細かい寸法の設定はもちろん、ストリップ階段の場合は段板の裏側の処理方法も重要な検討事項である。 ［彦根明］

階段立面詳細図 ［S＝1：15］（元図［S＝1：5］）

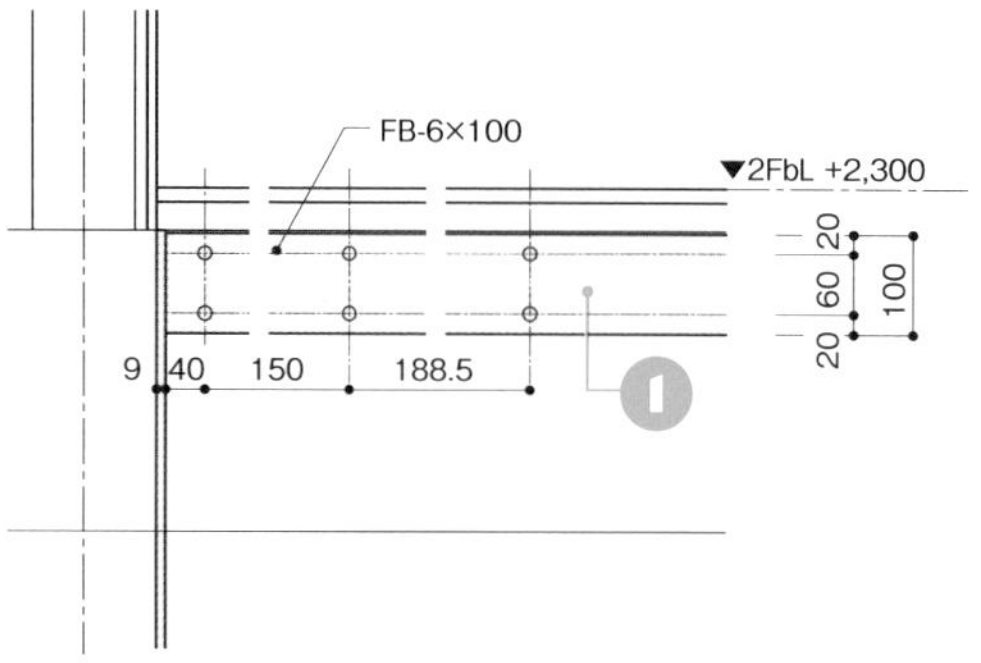
FB-6×100
▼2FbL +2,300
20
60
20
100
9
40
150
188.5
1

階段X4通り断面詳細図 ［S＝1：15］（元図［S＝1：5］）

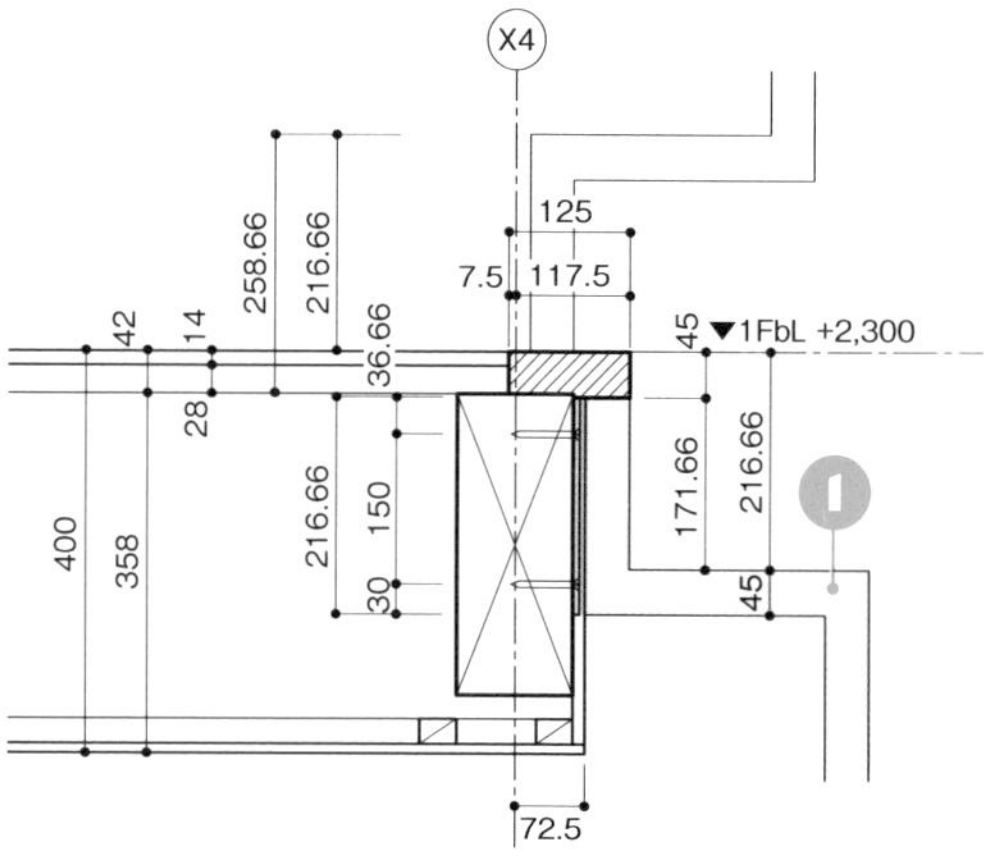
X4
258.66
216.66
125
7.5
117.5
42
14
36.66
45
▼1FbL +2,300
28
216.66
150
171.66
216.66
1
400
358
30
45
72.5

階段X5通り断面詳細図 ［S＝1：15］（元図［S＝1：5］）

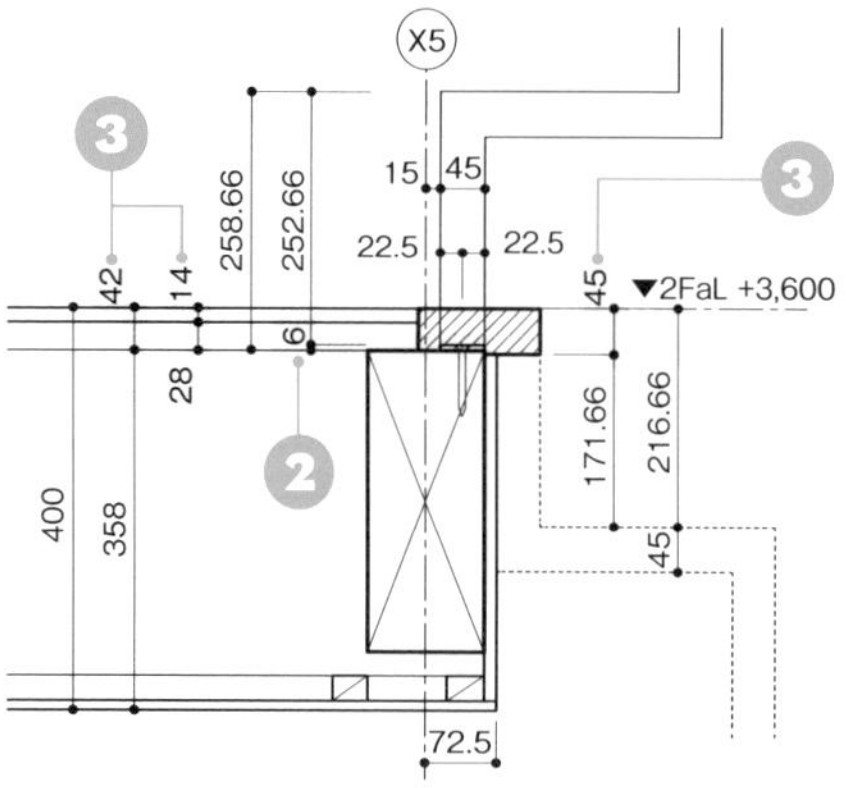
X5
3
258.66
252.66
15
45
22.5
22.5
3
42
14
45
▼2FaL +3,600
6
28
2
171.66
216.66
400
358
45
72.5

② 桁の下端部を固定するフラットバーに框をかぶせる

框はささら桁の下端を固定するフラットバーにかぶせているためフラットバーの出っ張り部分を欠きこむ必要がある。ここでは6㎜欠き込むように指示した。また、ささら桁下端のフラットバーの固定方法についても指示する。ここでは5本のビスを約150㎜間隔で打ち込み、固定位置は床梁の通り心から寸法を出している

③ 階段の框とフロアレベルを合わせる

框と床仕上げを同じ高さに設定しているので、合板と仕上げ材の厚みを記載しその旨を伝える

① ささら桁（鉄製）と躯体（床梁）との接合方法を決める

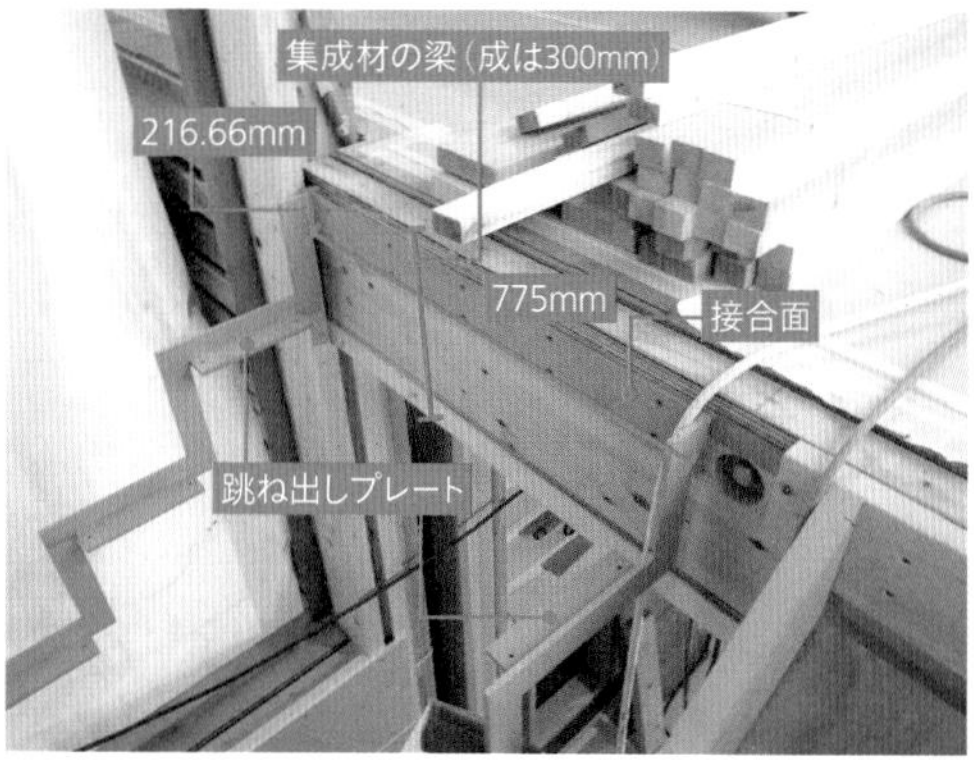
集成材の梁（成は300mm）
216.66mm
775mm
接合面
跳ね出しプレート

階段で重要になるのがささら桁と躯体（床梁や土台）の接合方法である。ささら桁の場合は通常、2本の桁を上下の床梁（土台）などにそれぞれ接合する納まりが多いが、ここでは、2本の桁を上端と下端で水平方向につないで床梁との接合面を増やし、床梁（成は300㎜）とビス（上下2列×5本ずつ）で接合する納まりとして、安全性を高めている。その後、跳ね出しのプレートに段板を載せ、石膏ボードで壁下地をつくり、最後に塗装で仕上げた

階段展開図 ［S＝1：40］（元図［S＝1：20］）

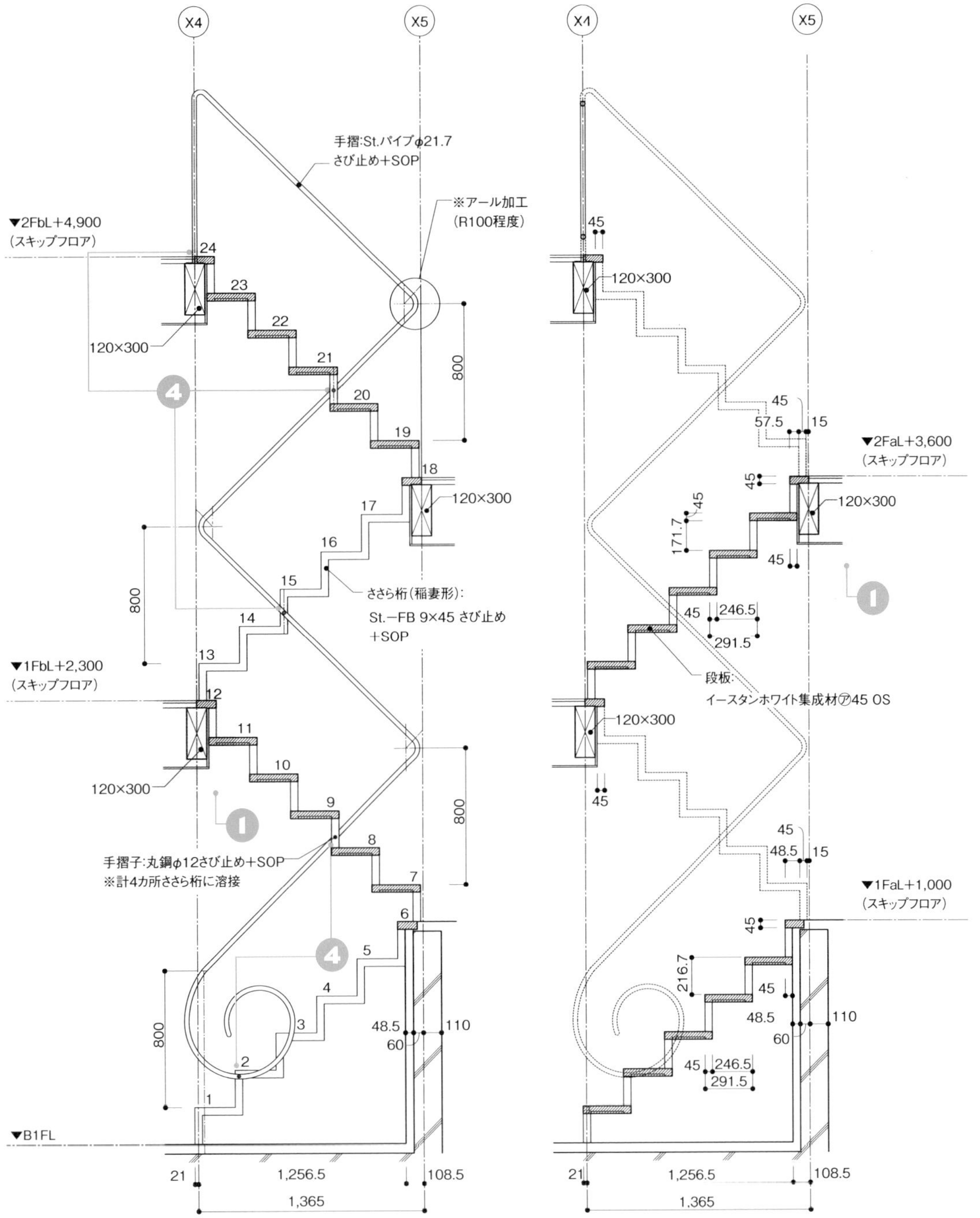
X4
X5
手摺:St.パイプφ21.7
さび止め＋SOP
※アール加工
(R100程度)
▼2FbL＋4,900
(スキップフロア)
24
23
22
21
20
19
18
17
16
15
14
13
12
11
10
9
8
7
6
5
4
3
2
1
120×300
800
ささら桁(稲妻形):
St.−FB 9×45 さび止め
＋SOP
▼1FbL＋2,300
(スキップフロア)
手摺子:丸鋼φ12さび止め＋SOP
※計4カ所ささら桁に溶接
48.5
110
60
▼B1FL
21
1,256.5
108.5
1,365
45
57.5
15
▼2FaL＋3,600
(スキップフロア)
171.7
246.5
291.5
段板:
イースタンホワイト集成材㋐45 OS
▼1FaL＋1,000
(スキップフロア)
216.7

4 手摺の接合箇所と方法を明記する

手摺は「最上部の床梁」と「ささら桁と手摺の交点」の計5カ所で固定している。ささら桁と手摺の接合については使用する部材の指定だけでなく、方法についても指示した。ここでは溶接による固定方法を採用している。

段板詳細図 [S=1:10]

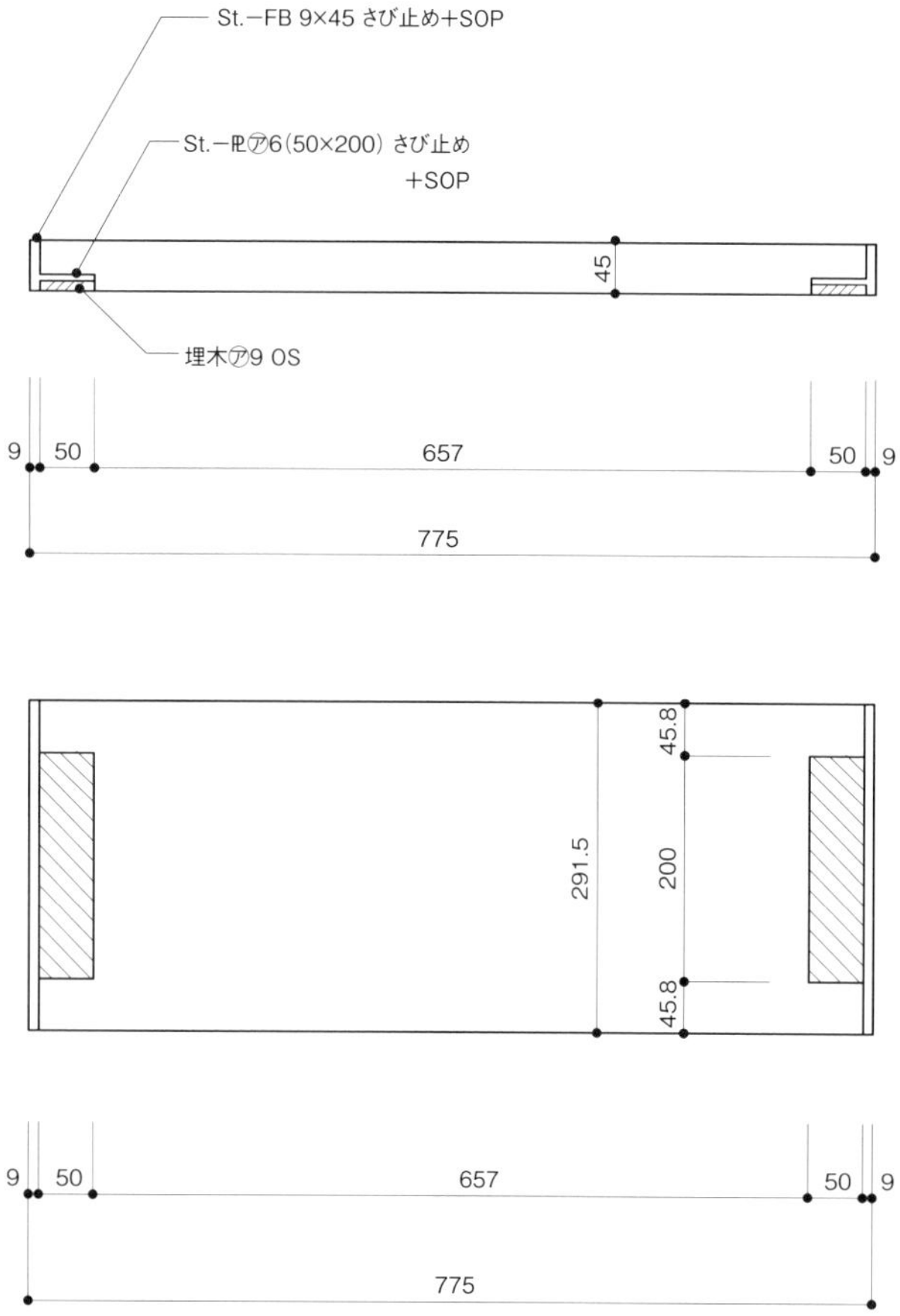

St.−FB 9×45 さび止め+SOP
St.−PL㋐6(50×200) さび止め
+SOP
45
埋木㋐9 OS
9
50
657
50
9
775
45.8
291.5
200
45.8
9
50
657
50
9
775

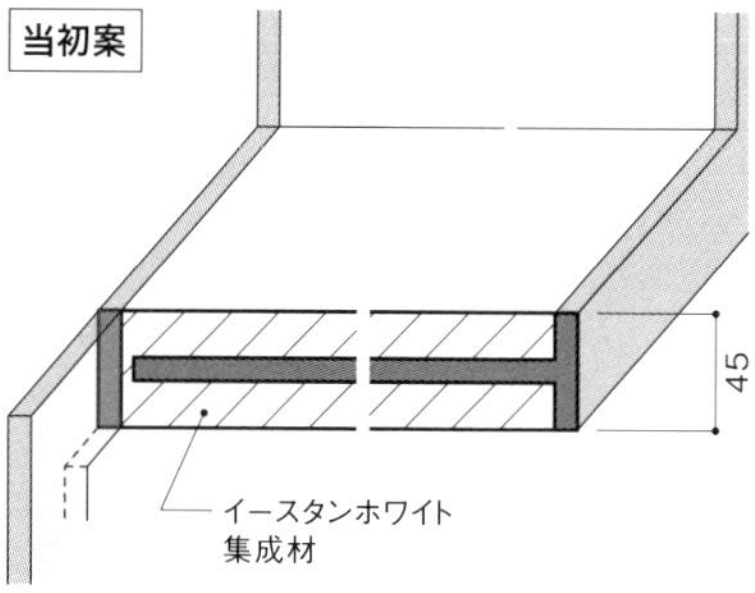

当初案
45
イースタンホワイト
集成材

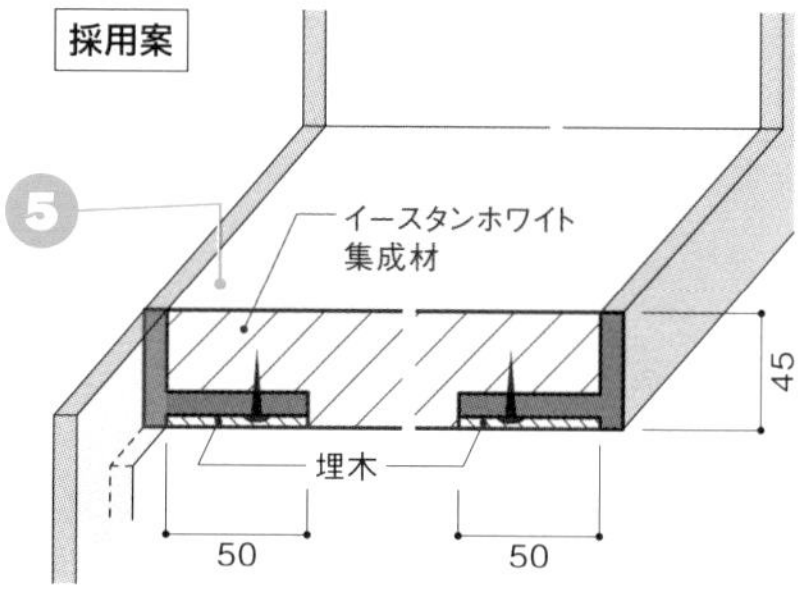

採用案
5
イースタンホワイト
集成材
45
埋木
50
50

5 段板の固定方法は施工性と意匠性の両立を意識して決める

段板の固定方法で重要な要素の1つが、段裏からの見上げが美しく納まっているかどうか。固定するプレートなどが見えないようにするのが理想的だが、施工の難易度は上がる。この階段では当初、跳ね出しのスチールプレートをくるむように段板を差し込む納まりを提案したものの、施工者から加工が難しいと指摘され、それぞれのささら桁に50㎜程度の跳ね出し部分を設けて、その形状に合わせた段板を載せる納まりに変更した

竣工

下から蓋をしている

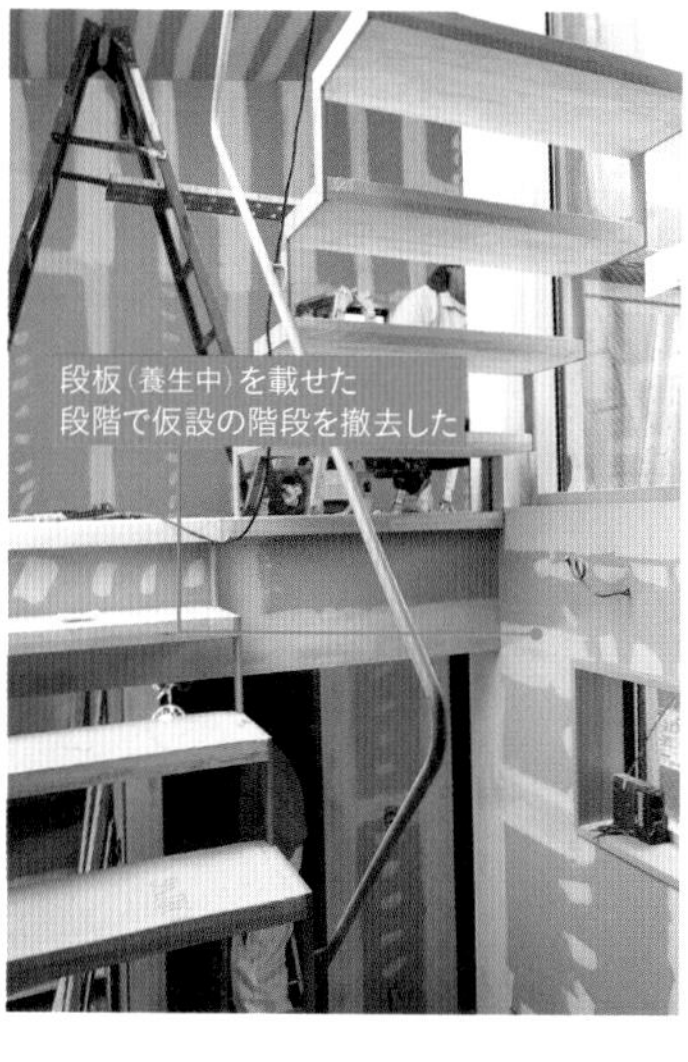

段板(養生中)を載せた
段階で仮設の階段を撤去した

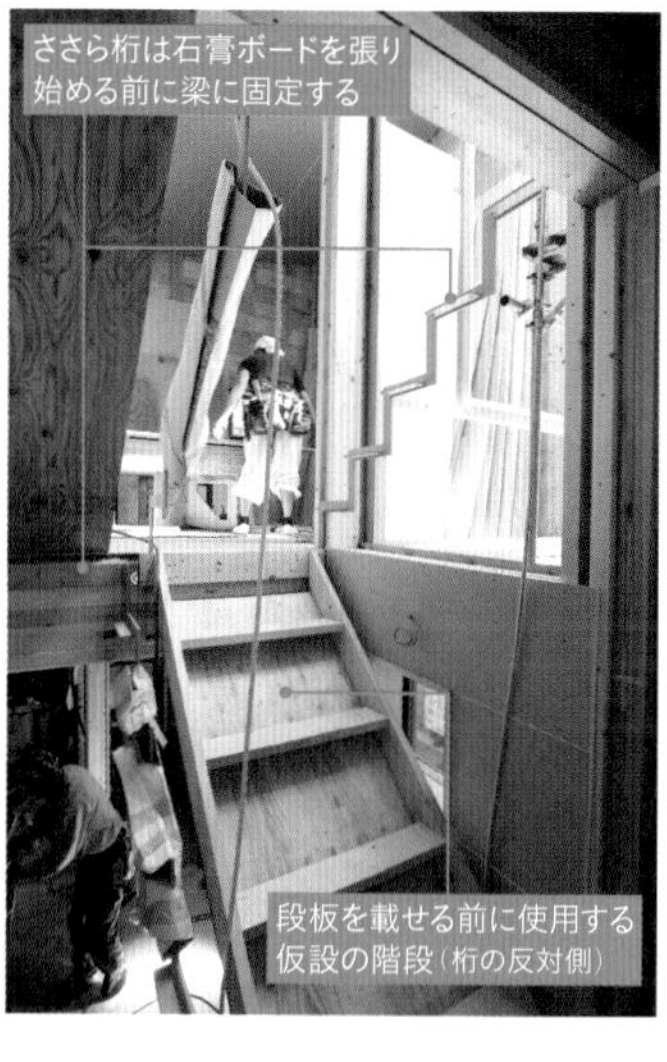

ささら桁は石膏ボードを張り
始める前に梁に固定する
段板を載せる前に使用する
仮設の階段(桁の反対側)

階段断面詳細図 [S＝1：5]

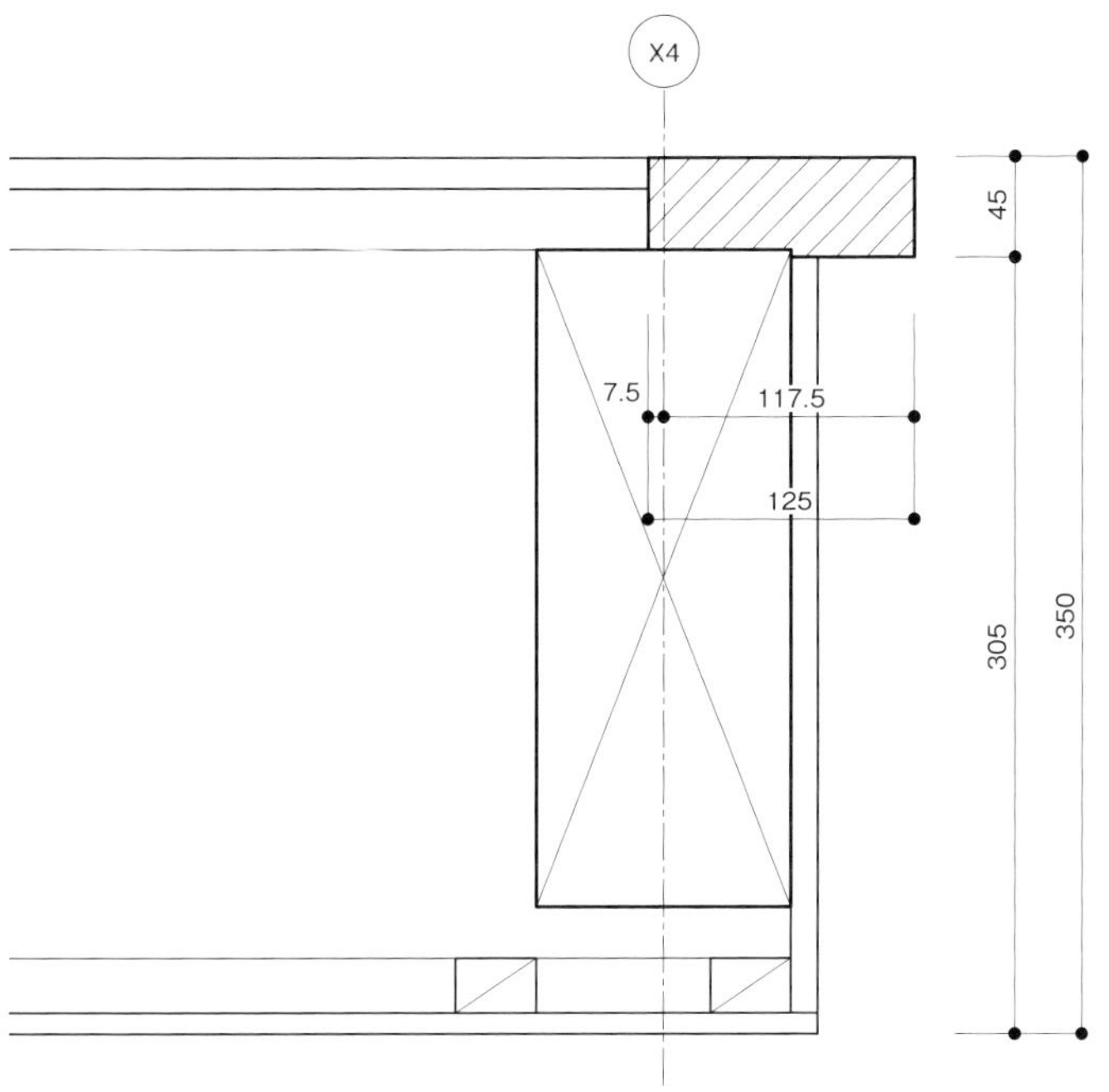
X4
45
305
350
7.5
117.5
125

框と段板の厚さはそろえる

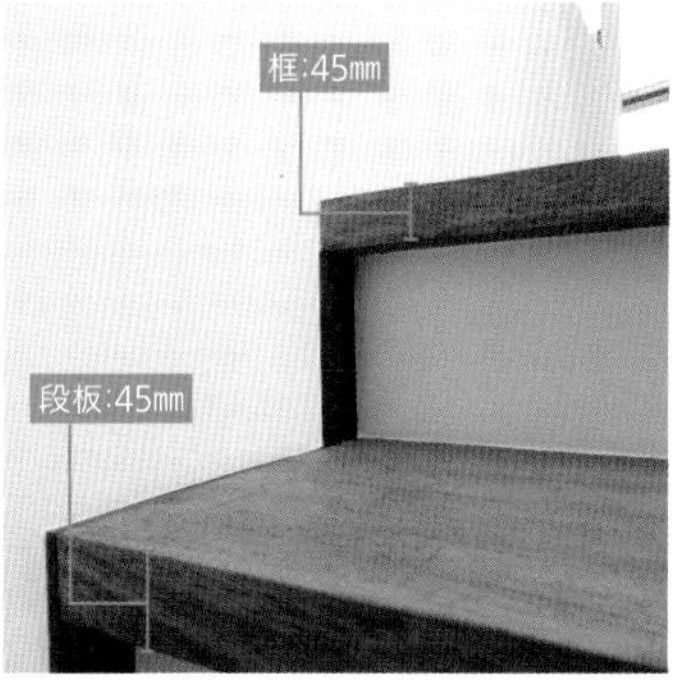
框:45mm
段板:45mm

框と段板の樹種・仕上げ方法、厚さをそろえると、階段全体に統一感が生まれる。展開図や断面詳細図などで厚さをそろえるように指示するとよい。ここでは、樹種はイースタンホワイト集成材、仕上げ方法はオイルステイン、厚さは45mmで統一した

手摺アール部詳細図 [S＝1：10]（元図 [S＝1：12]）

※手摺の接点は通り心とする

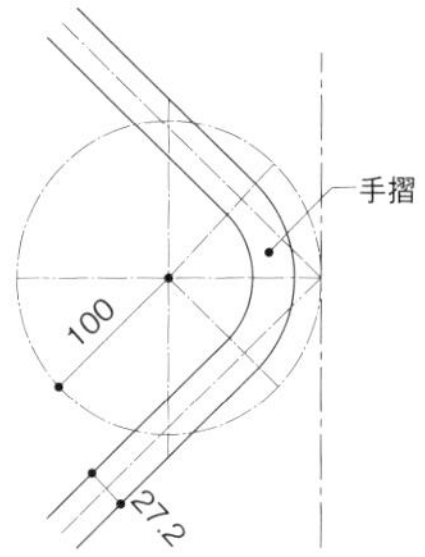
手摺
100
27.2

手摺詳細図 [S＝1：5]

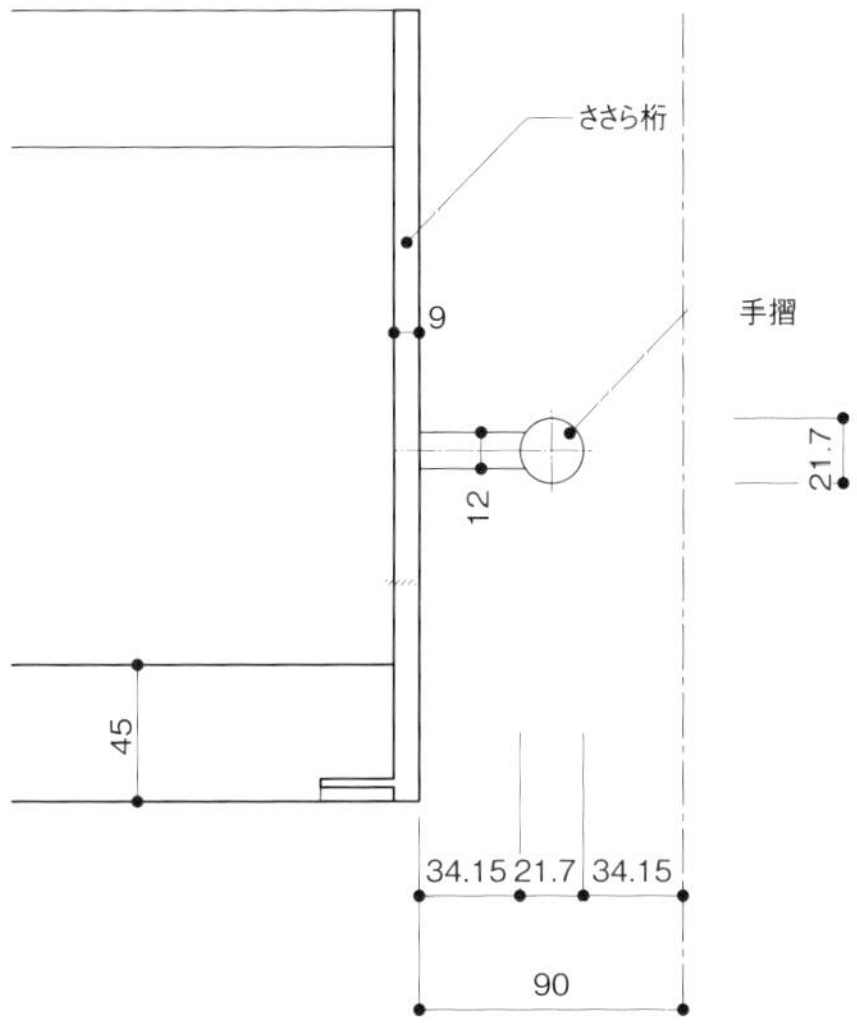
ささら桁
手摺
9
12
21.7
45
34.15
21.7
34.15
90

手摺の形状やささら桁との取合いは詳細図で指示

手摺を鉄製とする場合は、手摺の形状やささら桁との取合いを細かく示し、ささら桁と同様に鉄骨の製作工場に正確な指示を出す必要がある。建方工事が終わったすぐ後のタイミングで、ささら桁と躯体を取り付ける必要がある（石膏ボードを張り始める前）ため、ディテールはなるべく早く施工者と打ち合わせて、スムーズに発注するように心がけたい

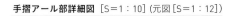

キッチン詳細図

既製品＋大工造作でオリジナルキッチンをつくる

キッチンを製作する場合は、機能性に優れた既製のシステムキッチンを設置したうえで、袖壁や立上り、カウンターを大工造作する手法が合理的だ。

そうすることで家具を工場で製作するよりも、大幅なコストダウンを図れるうえに、意匠性も高い。もちろん、詳細図での細かな指示は必須である。キッチンを美しく見せるためには周囲と調和するよう材料・寸法を検討していくことが重要だ。したがって、現場の大工には材料の種類・色、仕上げ方法、取合いなどを細かく伝えるようにしたい。ここでは対面型のシステムキッチンを造作した事例をもとに解説する。

［瀬野和広］

1
2,730mm
2,550mm

2
石膏ボード㋐9.5の上、キッチンパネル（大壁）

3
キッチンパネルの小口を隠す小枠
キッチンパネル
カウンター（カナダツガ㋐30）
柱（120□）

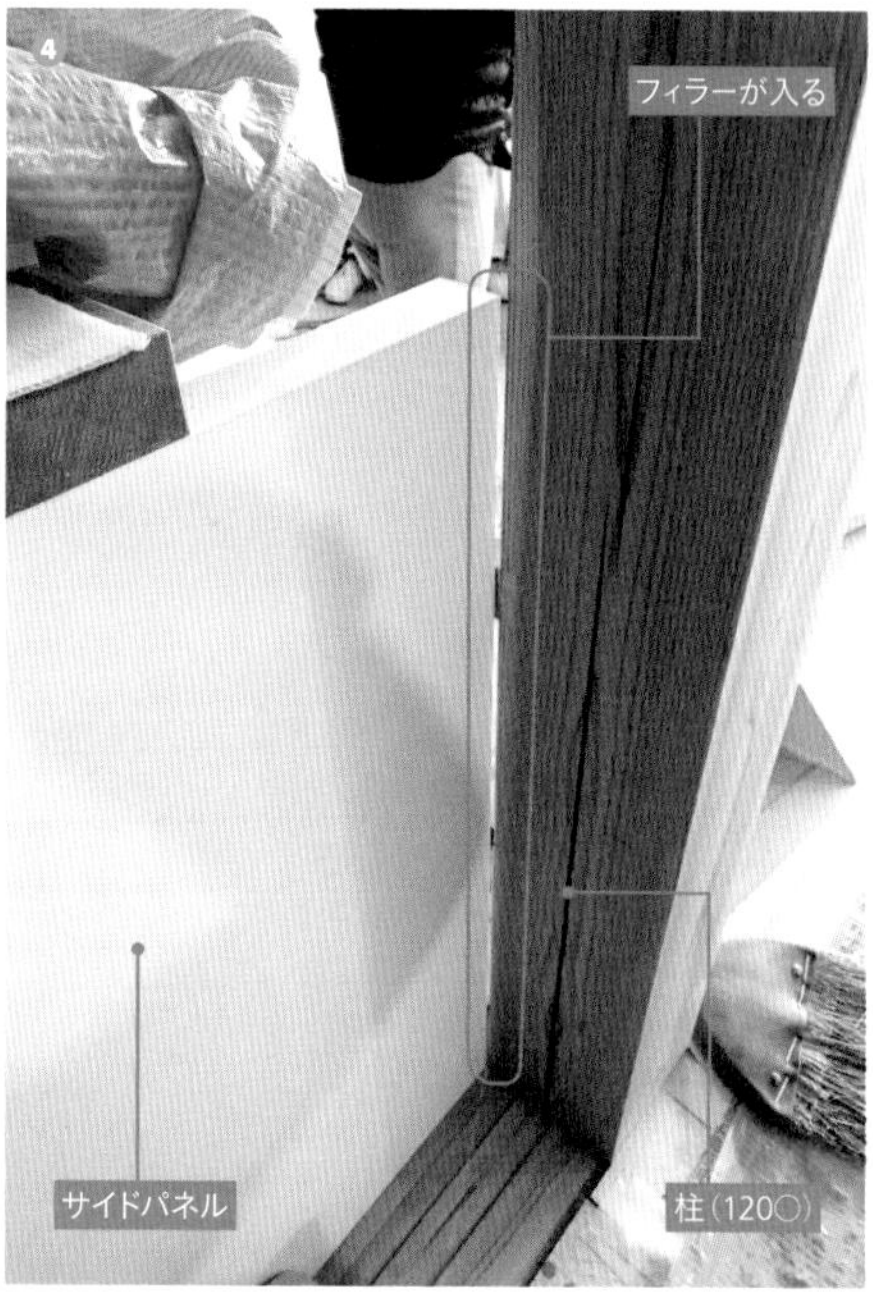
4
フィラーが入る
サイドパネル
柱（120○）

1 システムキッチンを柱間に納める方法

柱間（910㎜モジュール）にシステムキッチンを納めるには、システムキッチンの間口寸法を押さえる必要がある。I型キッチン（奥行き650㎜）の間口寸法は一般的に1,650〜3,000㎜程度。おおよそ150㎜ピッチ刻みのサイズ展開となっており、柱間が1間半（2,730㎜）の場合、柱が120㎜角の大壁（石膏ボード12.5㎜厚）であれば、2,730−(60×2)−(12.5)×2＝2,585㎜となり、間口寸法2,550㎜のシステムキッチンを選択することになる［❶］。この場合、システムキッチンの両端に35㎜分の隙間が生じるため、その隙間の処理を具体的に指示する。ここでは、ガスレンジ側は石膏ボードの上にキッチンパネルを張る大壁仕上げとする一方［❷・❸］、柱を露しとしたシンク側の隙間はフィラーなどでふさぐように指示した［❹・※］

※ 柱との隙間を埋めるフィラーは、隙間調整部材であるとともに、水はね防止も目的としている。ライニングトップのラインと合わせるかたちで設えた。障子戸面の見え掛りを遮らない程度の高さ設定を狙った

キッチン詳細図［S＝1：25］（元図［S＝1：20］）

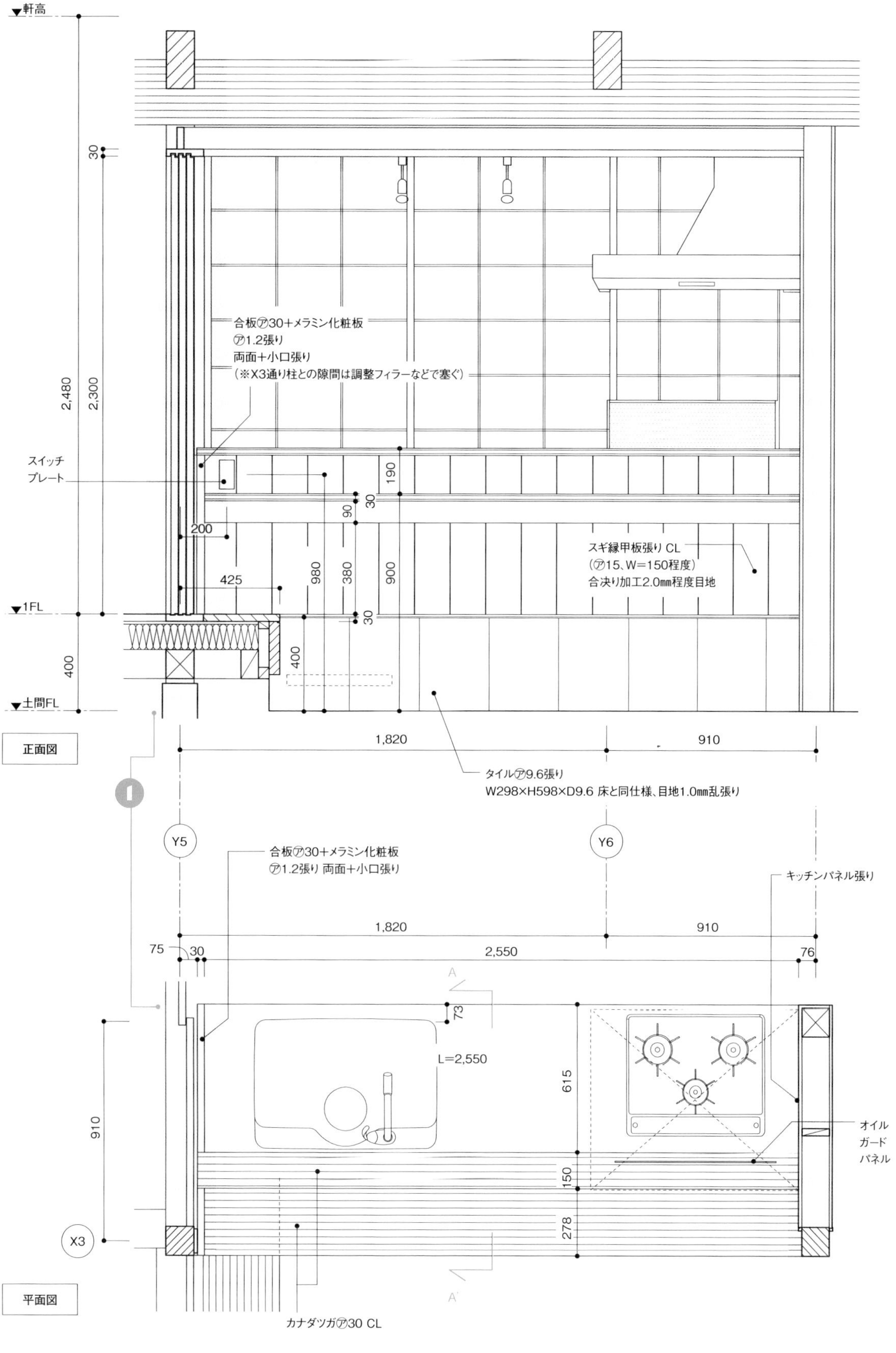
軒高
1FL
土間FL
2,480
2,300
30
400
スイッチ
プレート
合板㋐30＋メラミン化粧板
㋐1.2張り
両面＋小口張り
（※X3通り柱との隙間は調整フィラーなどで塞ぐ）
200
425
190
30
90
980
380
900
30
400
スギ縁甲板張り CL
（㋐15、W＝150程度）
合決り加工2.0mm程度目地
正面図
1,820
910
タイル㋐9.6張り
W298×H598×D9.6 床と同仕様、目地1.0mm乱張り
Y5
Y6
合板㋐30＋メラミン化粧板
㋐1.2張り 両面＋小口張り
キッチンパネル張り
1,820
910
75
30
2,550
76
A
73
L=2,550
615
910
150
278
オイル
ガード
パネル
X3
A'
平面図
カナダツガ㋐30 CL

キッチン詳細図 [S＝1：20]

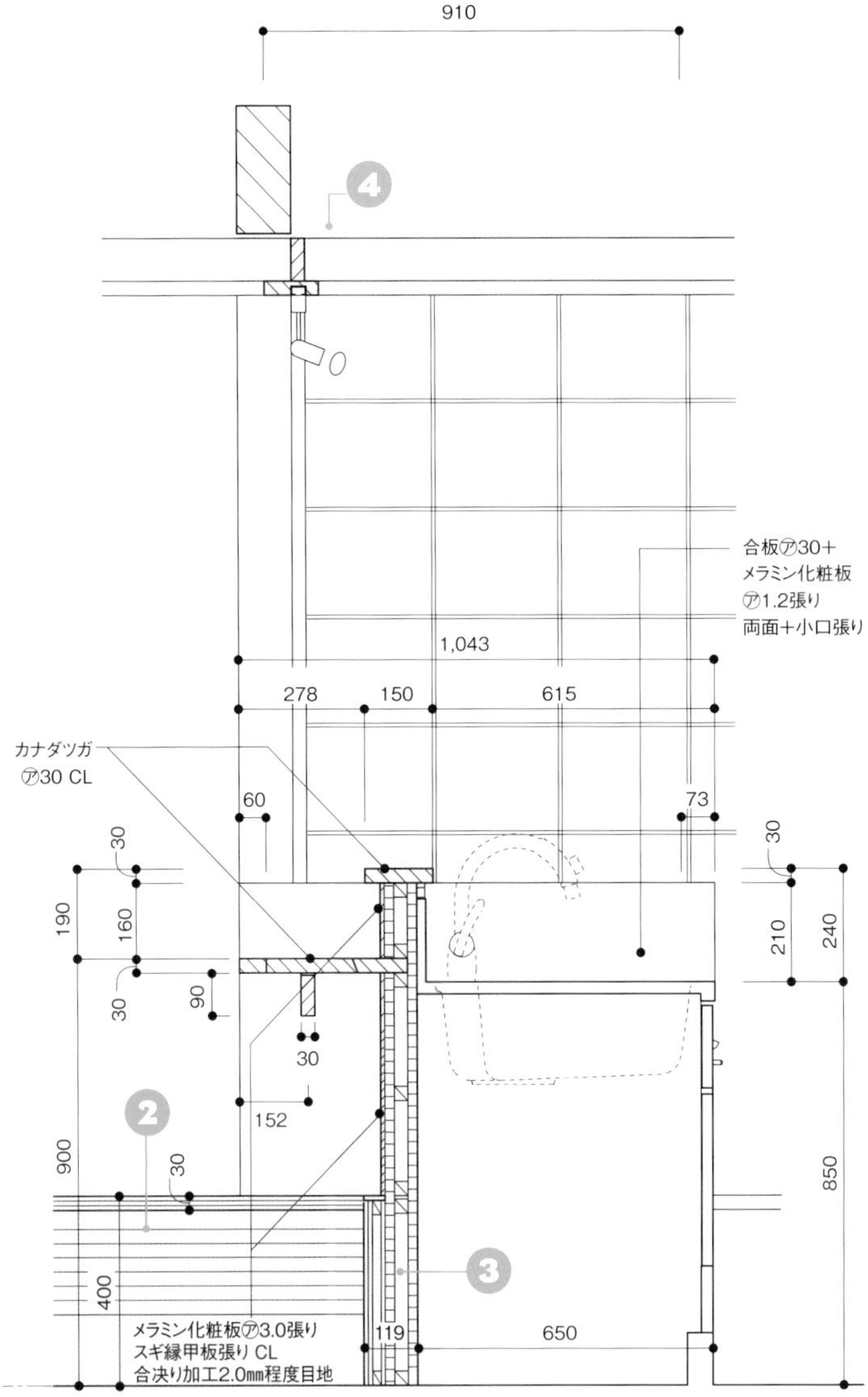

910
4
合板㋐30＋
メラミン化粧板
㋐1.2張り
両面＋小口張り
1,043
278
150
615
カナダツガ
㋐30 CL
60
73
30
190
160
30
90
30
152
210
240
30
2
900
850
3
400
メラミン化粧板㋐3.0張り
スギ縁甲板張り CL
合決り加工2.0mm程度目地
119
650

A−A' 断面図

2 土間レベルにキッチンを置くときの高さ寸法

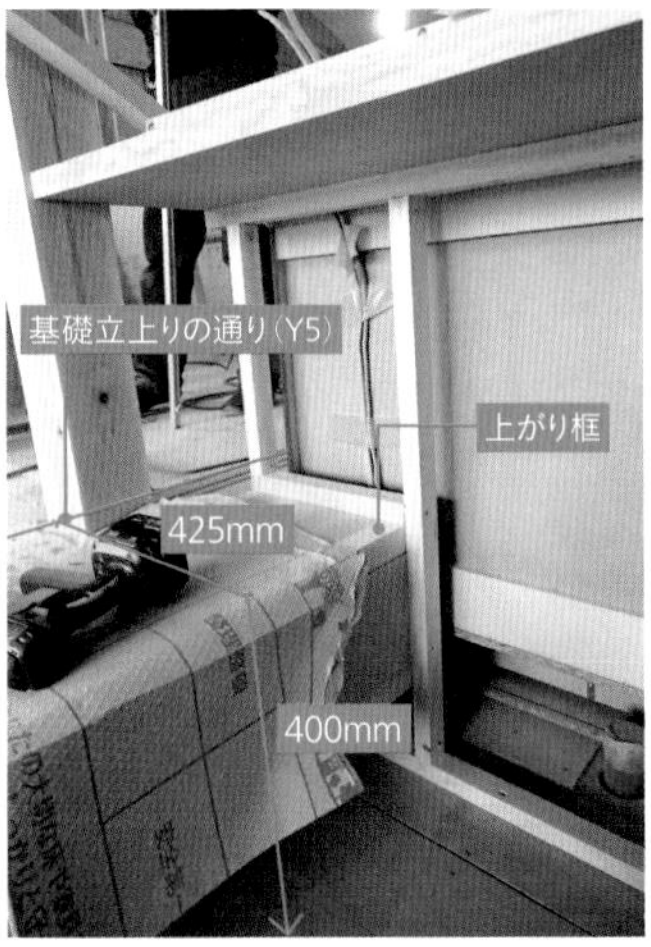

基礎立上りの通り(Y5)
上がり框
425mm
400mm

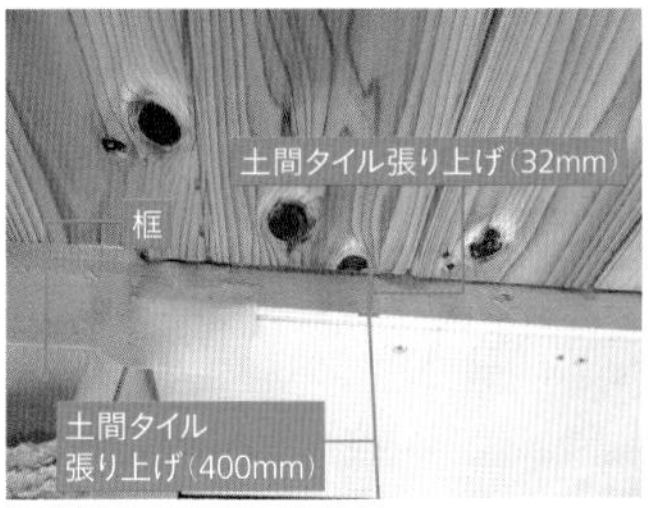

土間タイル張り上げ(32mm)
框
土間タイル
張り上げ(400mm)

土間レベルにキッチンを配置する場合は、基礎立上り・土台などとの取合いを設計時に十分検討する必要がある。ここでは、カウンターに座ったときに足元が冷えないよう断熱層を設けた。そのため、上がり框の立上り面を、通り心から425mm分ふかしている。土間FLから400mmの高さには羽目板を張らず、土間のタイルを立ち上げている。タイルと羽目板の取合いは、タイルの上部を少し折り曲げるように納めてた

タイル張り上げ部詳細図 [S＝1：8]
(元図 [S＝1：10])

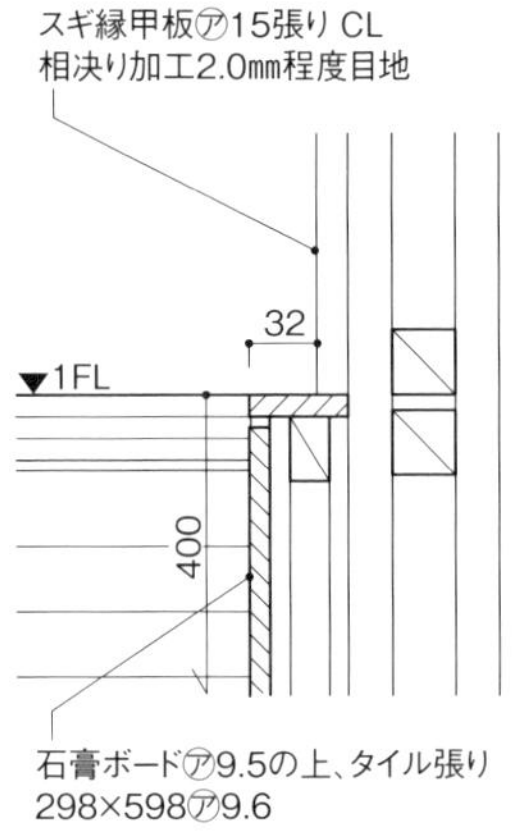

スギ縁甲板㋐15張り CL
相決り加工2.0mm程度目地
32
1FL
400
石膏ボード㋐9.5の上、タイル張り
298×598㋐9.6

3 立ち上げた壁はPSに利用

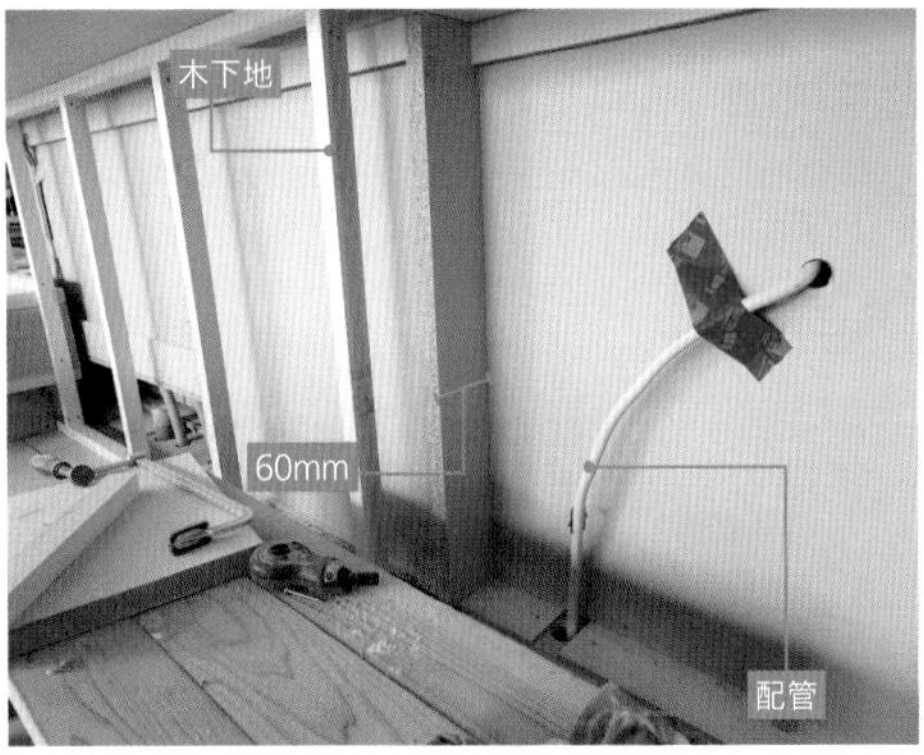

木下地
60mm
配管

システムキッチンの全面に立ち上げる壁は、木胴縁などで構成するため、内部に配管用のスペースが生まれる。積極的に活用したい

キッチン詳細図［S＝1：20］

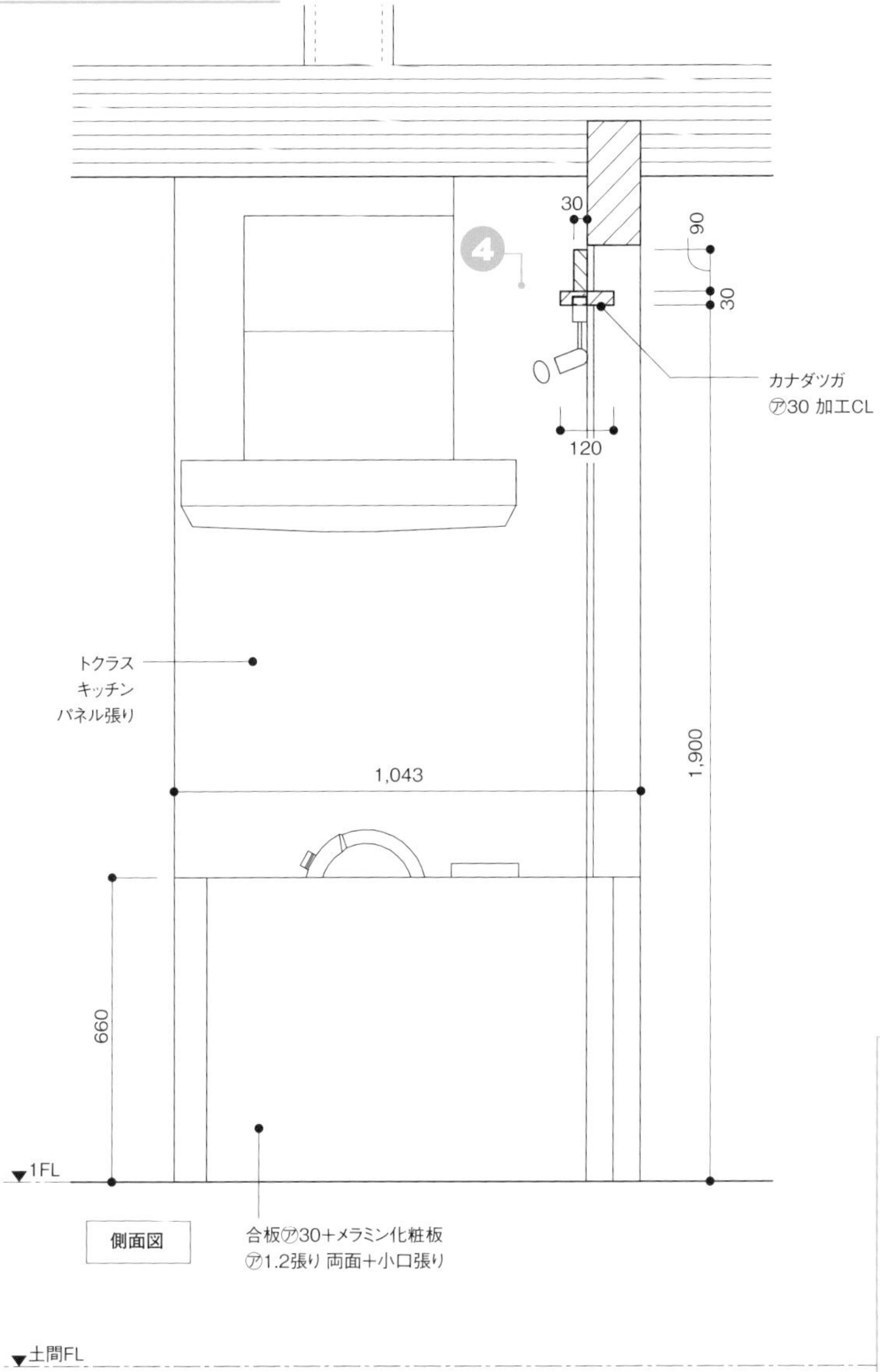
30
90
30
カナダツガ
㋐30 加工CL
120
トクラス
キッチン
パネル張り
1,043
1,900
660
1FL
側面図
合板㋐30＋メラミン化粧板
㋐1.2張り 両面＋小口張り
土間FL

4 照明の配線レールをすっきり見せる

照明のレール

周辺の枠を引き伸ばし、浮き鴨居に見せた照明ダクトレールとしている。鴨居は外形線、枠は見え掛り線で描き、高さがそろっていることを施工者に伝える

縁甲板張り目地詳細図［S＝1：2］

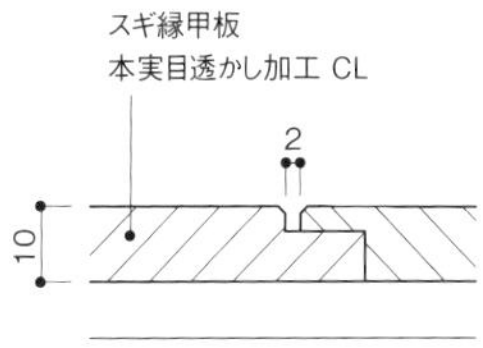
スギ縁甲板
本実目透かし加工 CL
2
10

システムキッチンの間口に合わせて羽目板を割り付ける（目透かし張り）

カウンター（カナダツガ㋐30）
縦羽目板張り
タイル張り（下地）

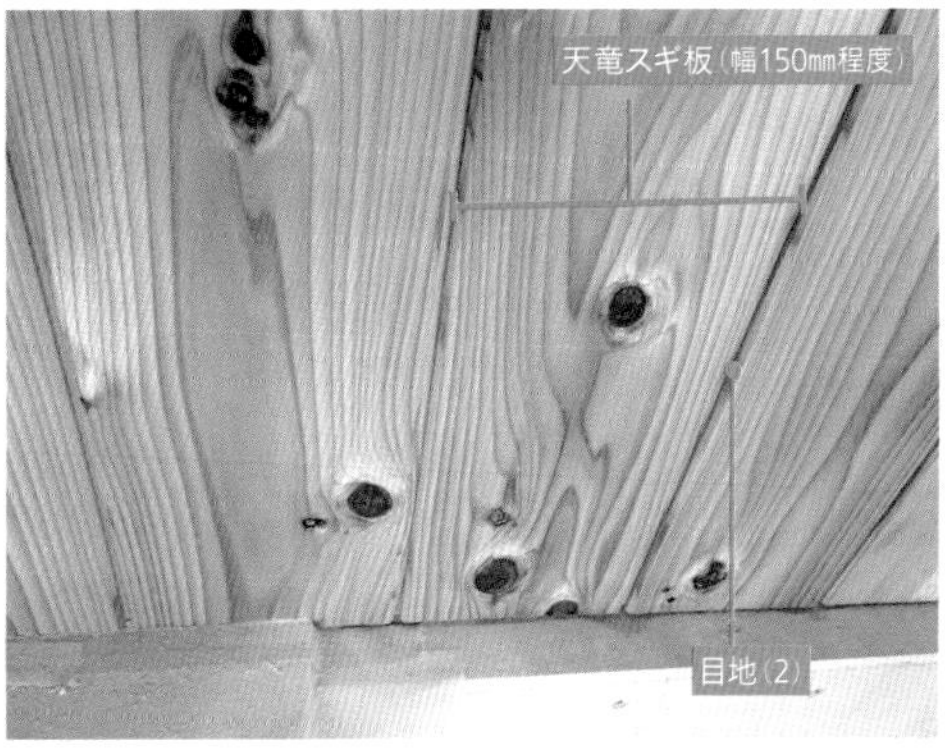
天竜スギ板（幅150㎜程度）
目地（2）

羽目板は天竜杉。板厚を誇張するため目地幅を2㎜と細くしながら、カウンター上下を同様に仕上げている。目地を通す場合、半端幅の板が出ると目立ってしまう、ここでは、システムキッチンの間口寸法が2,550㎜、目地幅が2㎜であることを考慮し、幅150㎜程度×17枚の腰板を張るように指示した

浴室詳細図

高さ寸法の設定で水を操る

在来浴室の床は1／50〜1／100程度の水勾配を設け、さらに一般床との段差を50〜100㎜設けることになる。基準となるレベルを正確に設定し、水上と水下の位置・方向を正確に把握してから、それぞれの高さ寸法を割り出していくことが大切だ。そうしないと、高さに関するさまざまなことが現場で納まらない事態が生じる。タイル仕上げとする場合は、タイルの割付けにしたがって混合栓やシャワー、さらに給湯リモコン、タオルバーなどの位置を決めていく。とくに給排水管の取り出し位置の指示は、取り付け工事が仕上げ工事に先行して行われるので、上棟後すみやかに現場に伝える必要がある。

［本間至］

浴室詳細図［S＝1：25］（元図［S＝1：20］）

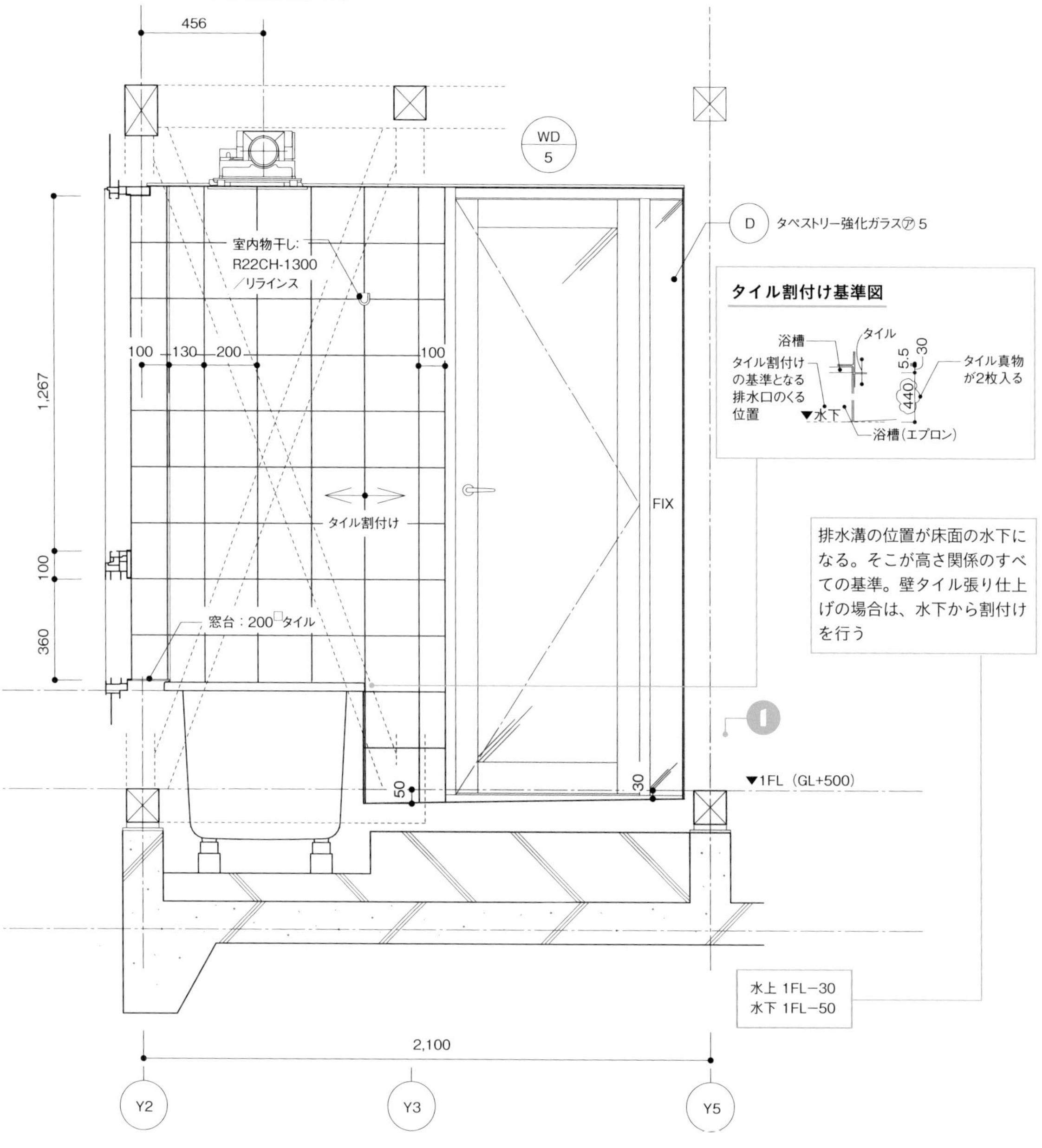

456
WD
5
D
タペストリー強化ガラス㋐5
室内物干し：
R22CH-1300
／リラインス
100
130
200
100
1,267
100
360
タイル割付け
窓台：200□タイル
FIX
30
50
▼1FL（GL+500）
タイル割付け基準図
浴槽
タイル
タイル割付けの基準となる排水口のくる位置
▼水下
5.5
30
440
タイル真物が2枚入る
浴槽（エプロン）
排水溝の位置が床面の水下になる。そこが高さ関係のすべての基準。壁タイル張り仕上げの場合は、水下から割付けを行う
水上 1FL−30
水下 1FL−50
2,100
Y2
Y3
Y5

1 出入口の建具が木製の場合は防水に要注意

敷居（人造大理石）
洗面室の床（±0）

浴室の出入口に木製建具を使う場合、木の枠を取り付けることになるが、枠の足元の納まりに気を使う必要がある。多くの場合、敷居は石や人造大理石になるが、この敷居の上に竪枠を載せ、さらに竪枠の下端を削り込み、そこをシーリング処理する。これにより、竪枠下端の木口からの水の吸い込みを可能な限り減らしている

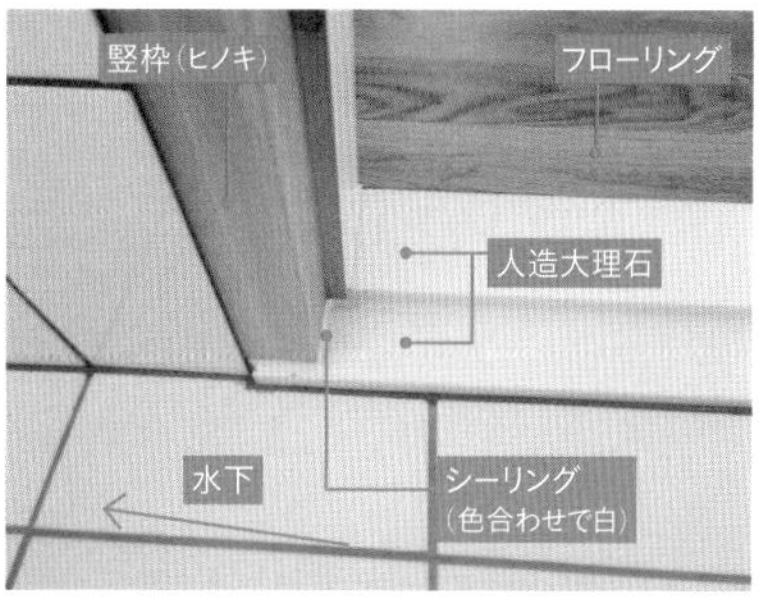
竪枠（ヒノキ）
フローリング
人造大理石
水下
シーリング
（色合わせで白）

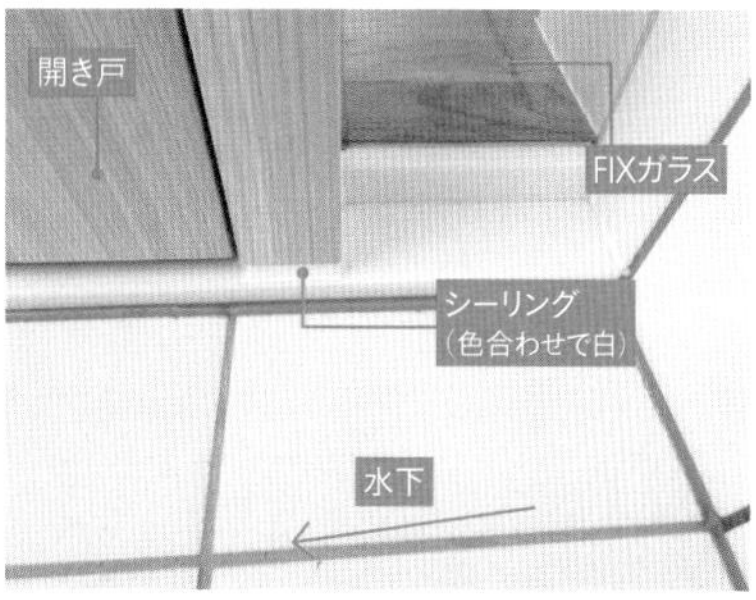
開き戸
FIXガラス
シーリング
（色合わせで白）
水下

浴室出入口図 ［S＝1：8］

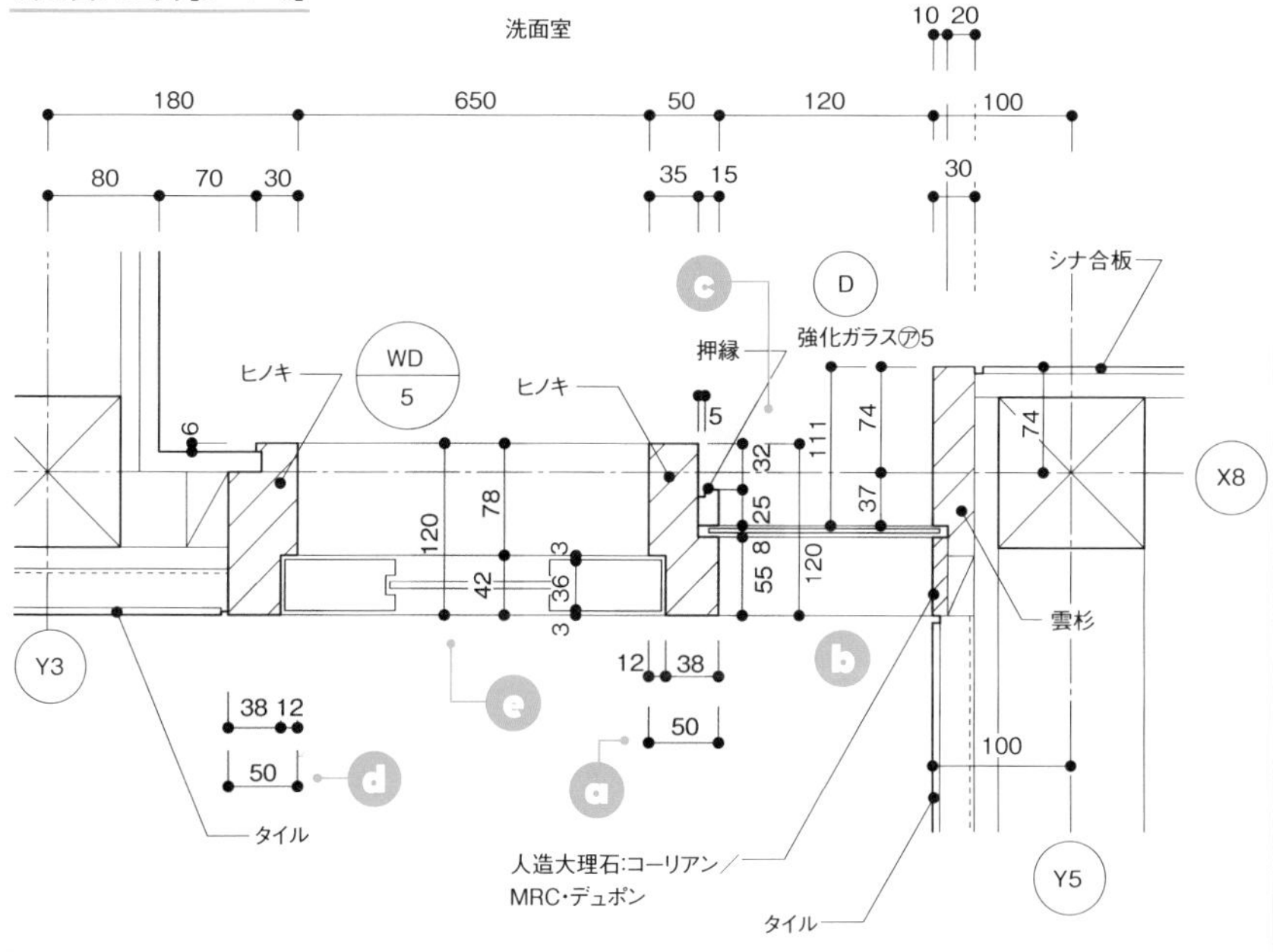
洗面室
10 20
180
650
50
120
100
80
70
30
35 15
30
シナ合板
D
押縁
強化ガラス㋐5
ヒノキ
WD
5
ヒノキ
6
5
X8
Y3
38 12
50
タイル
12 38
50
雲杉
100
人造大理石:コーリアン／
MRC・デュポン
タイル
Y5

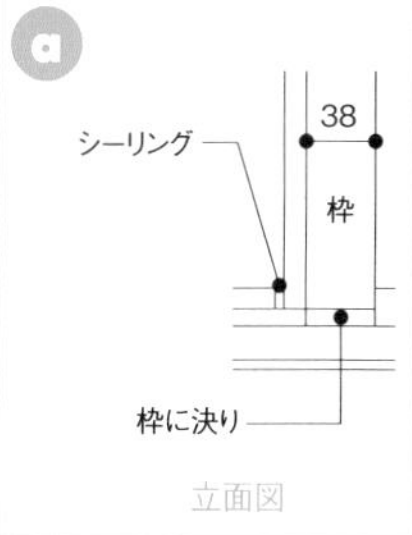
a
シーリング
38
枠
枠に決り
立面図

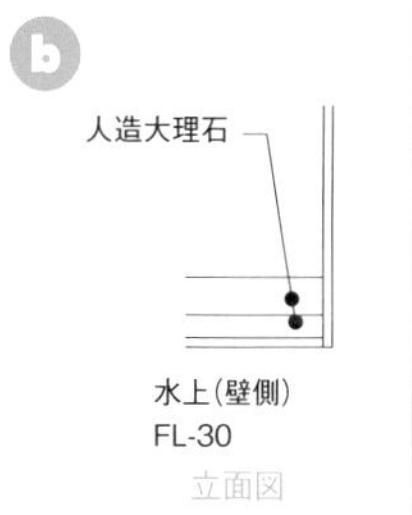
b
人造大理石
水上（壁側）
FL-30
立面図

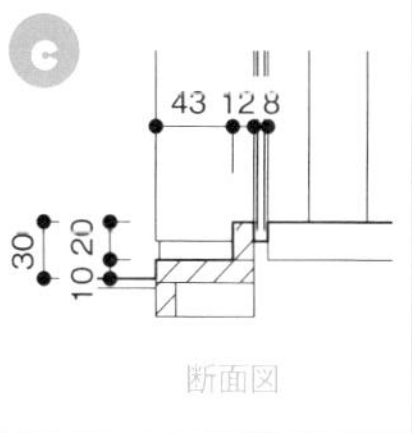
c
43 12 8
30
10 20
断面図

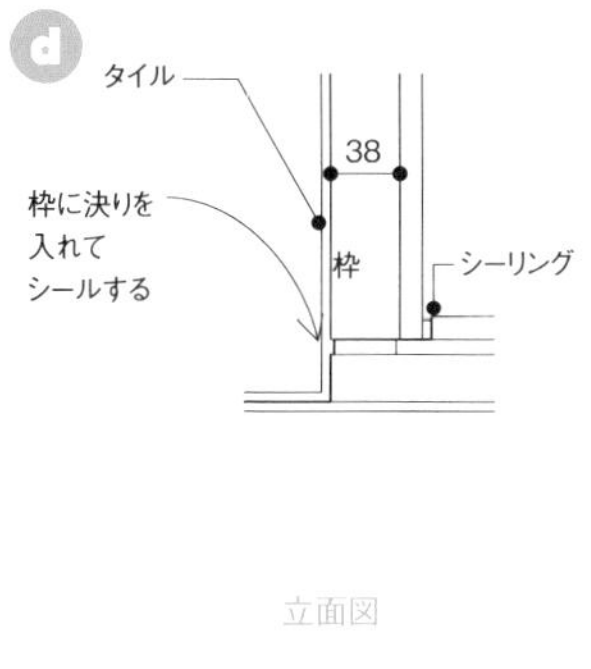
d
タイル
38
枠に決りを
入れて
シールする
枠
シーリング
立面図

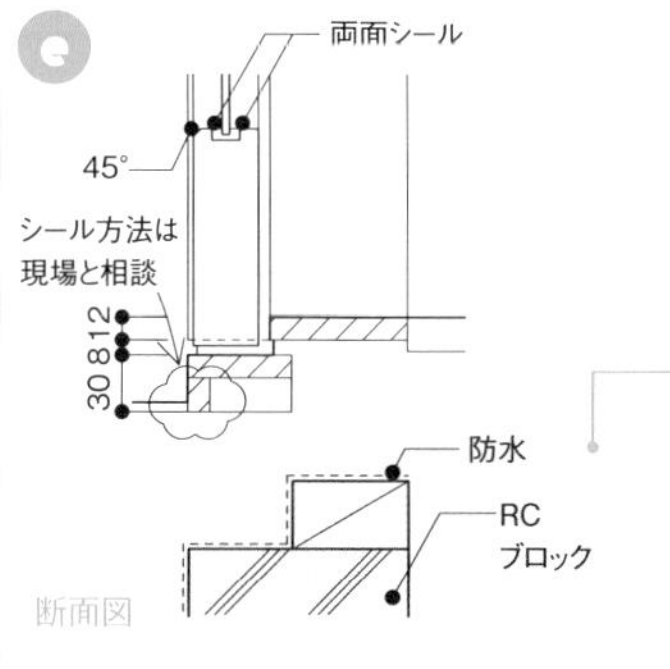
e
両面シール
45°
シール方法は
現場と相談
30 8 12
防水
RC
ブロック
断面図

床の見えない亀裂によって下地に水がしみ込んだ際、その水が浴室以外の床下に流れ込まないように基礎立上り上に木材で立上りをつくり、FRP防水層を巻き込むことにしている

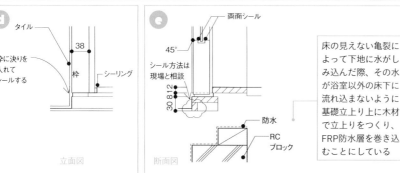

浴室詳細図［S＝1：20］

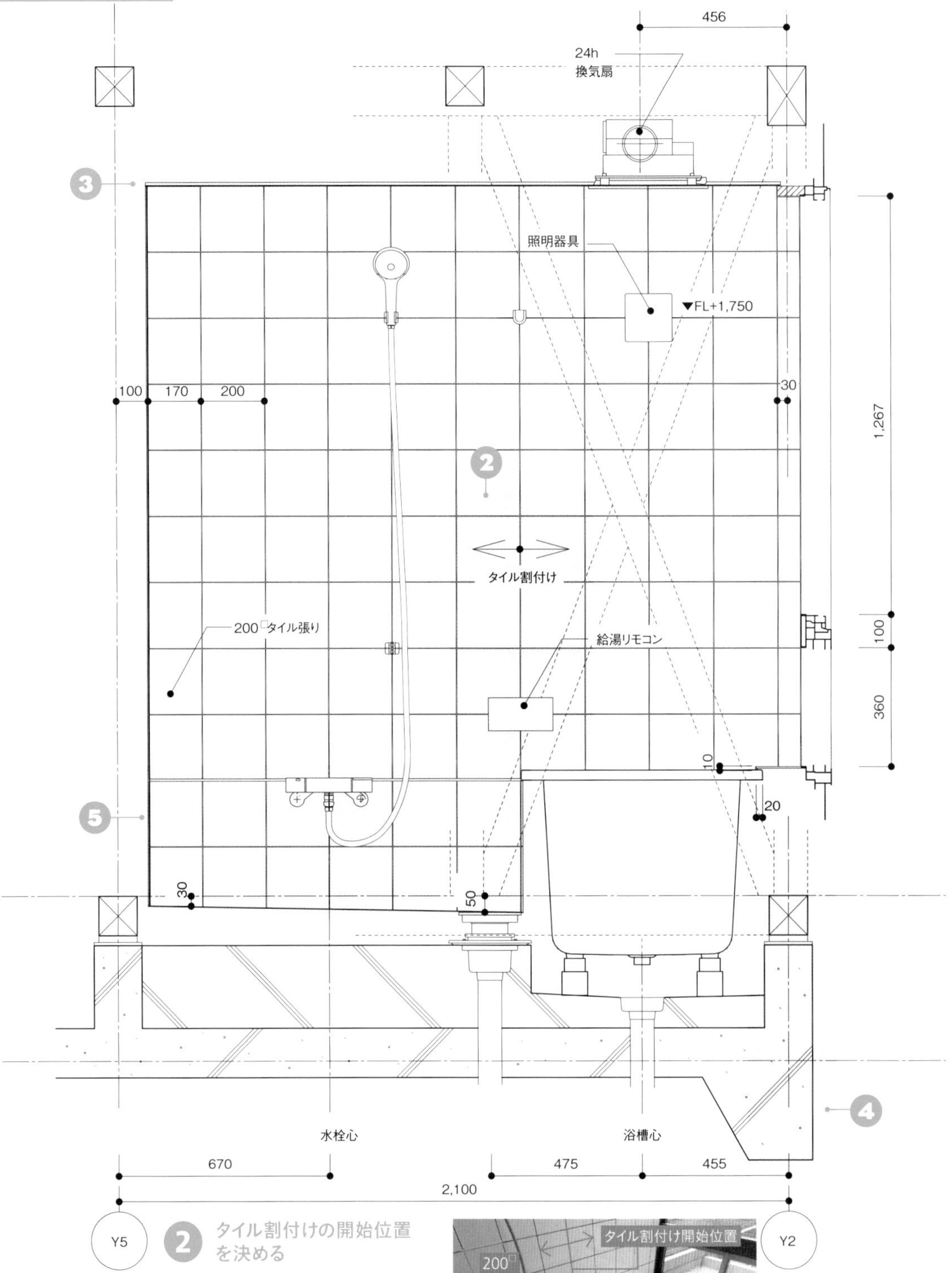
456
24h
換気扇
照明器具
▼FL+1,750
3
100
170
200
30
1,267
2
タイル割付け
200□タイル張り
給湯リモコン
100
360
10
20
5
30
50
4
水栓心
浴槽心
670
475
455
2,100
Y5
Y2

2 タイル割付けの開始位置を決める

壁のタイルは、水下となる排水溝に接する浴槽前面の位置を起点にして割り付けていくと、円滑にはかどる

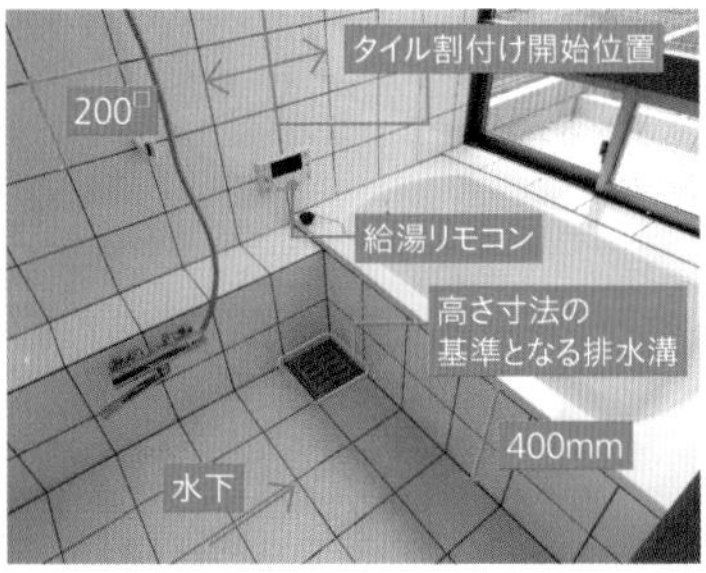
タイル割付け開始位置
200□
給湯リモコン
高さ寸法の
基準となる排水溝
400mm
水下

3 廻り縁を使わない場合の指示

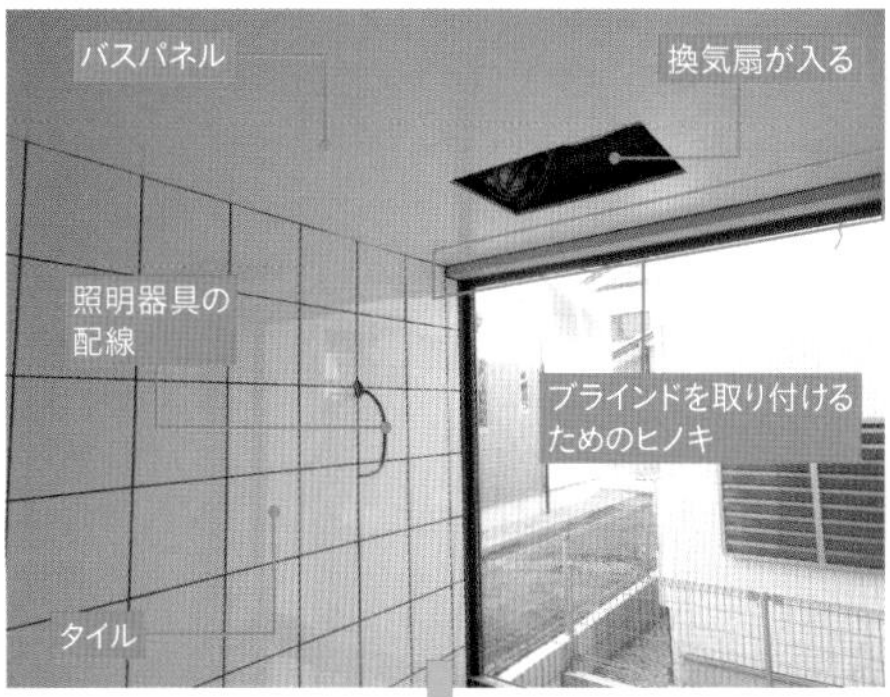
バスパネル
換気扇が入る
照明器具の
配線
ブラインドを取り付ける
ためのヒノキ
タイル

換気扇
窓枠（ヒノキ）
壁付け
ブラケット
室内物干し

天井仕上げにバスパネルを張る場合、筆者は意匠上の理由からバスパネル付属の廻り縁を使わず、壁最上部の壁目地で見切ることにしている。目地部分はシーリング処理とする。ヒノキはクリア（オスモカラー／オスモ&エーデル）で塗装

天井詳細図［S＝1：2］（元図［S＝1：10］）

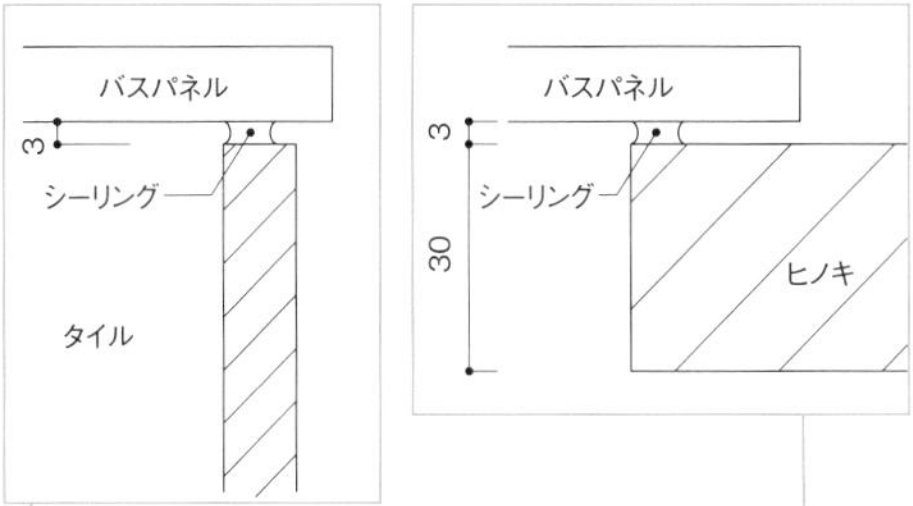
バスパネル
3
シーリング
タイル
バスパネル
3
シーリング
30
ヒノキ

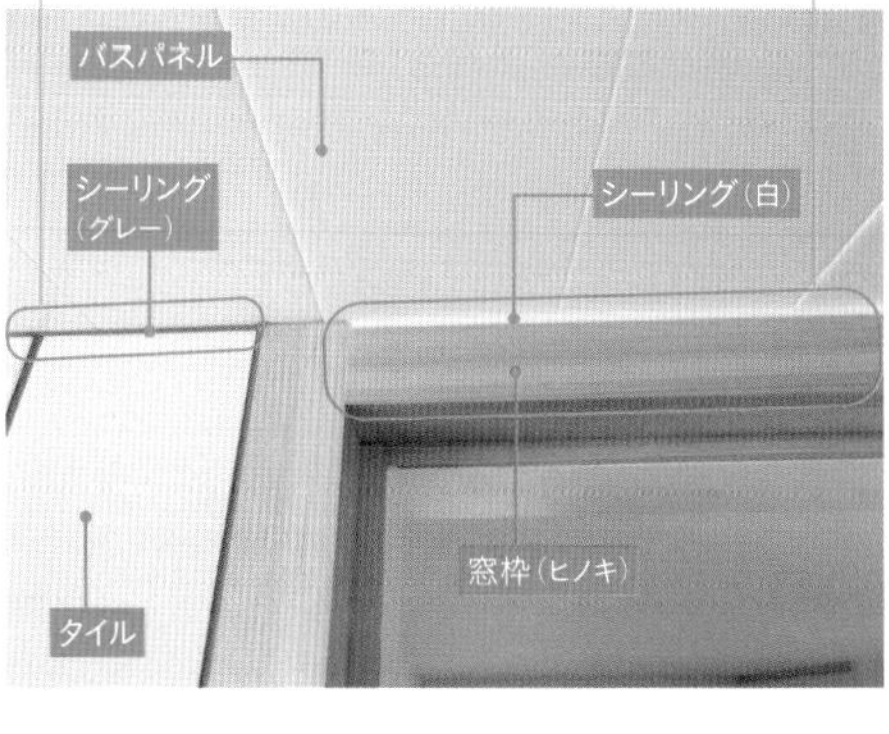
バスパネル
シーリング
（グレー）
シーリング（白）
窓枠（ヒノキ）
タイル

4 構造体を詳細図に描く

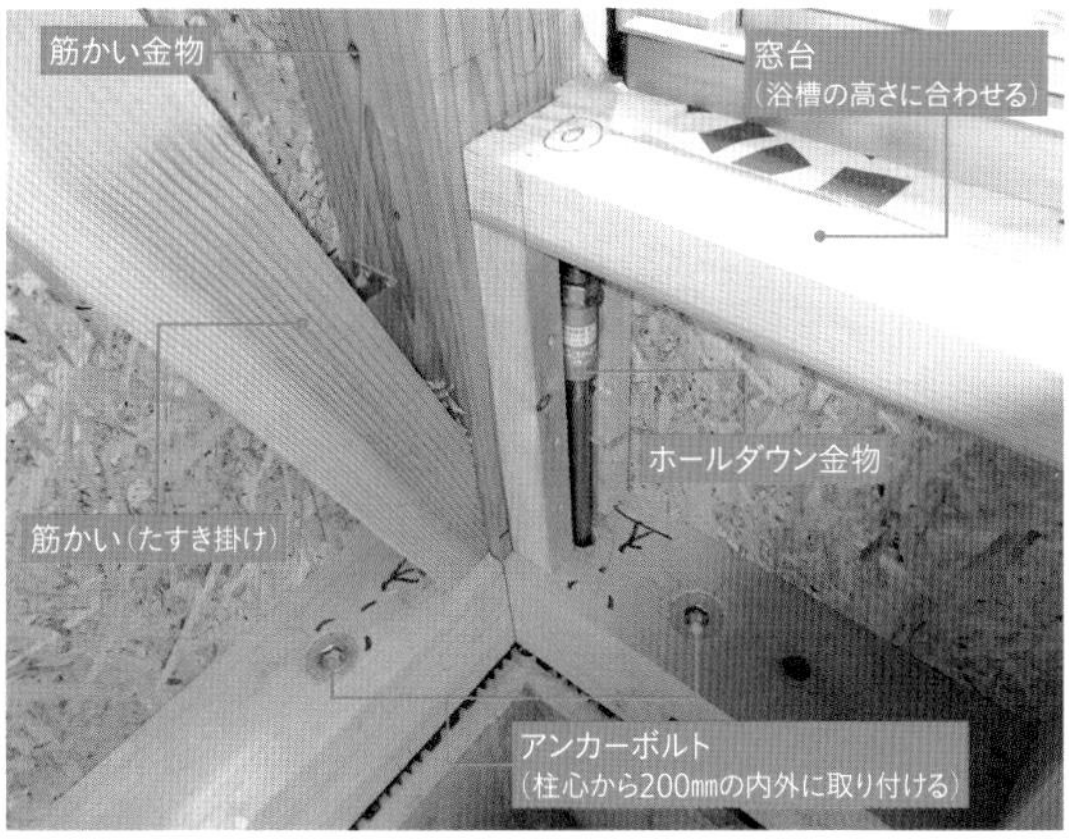
筋かい金物
窓台
（浴槽の高さに合わせる）
ホールダウン金物
筋かい（たすき掛け）
アンカーボルト
（柱心から200㎜の内外に取り付ける）

スイッチや給気口との兼ね合いを分かりやすく示すため、構造体（ここではたすき掛けの筋かい）を描き記す。写真は筋かいの接合部。ホールダウン金物は筋かい金物と干渉しないように、筋かいのない方に取り付ける

5 カウンター台を配管ルートに使う

モルタル（タイル張り
のための下地）
シャワー混合水栓
（給水・給湯管）

シャワーホルダーの位置
PS
シャワー混合水栓
（給水・給湯管）
コンクリートブロック
（カウンター用）

壁付けのシャワー混合栓を取り付ける場合は、カウンター台をつくるようにしている。シャンプーボトルや石けん、そのほかの備品を置くスペースとして役に立つうえ、給水・給湯管を納めるのにも便利。基礎立上りや土台に干渉することなく配管を可能にする

トイレ詳細図

設備や建具の干渉を防ぐ

トイレ詳細図は、便器の排水心や換気扇の位置などを明示するとともに、トイレットペーパーホルダーやリモコンなどの位置を正確に指示しておく必要がある。タンクレストイレとする場合などで、手洗いボウルを取り付ける際は、タオル掛け・鏡・照明の位置も、図面上で明確にしておく。

トイレはコンパクトな空間なだけに、小物の取付け位置が交錯しやすい。図面で事前に位置を決めておかないと、日常生活での使い勝手に大きく影響する。加えて、出入口を開き戸とする場合（とくに内開き）は、扉の軌跡を考慮して設計することも重要である。［本間至］

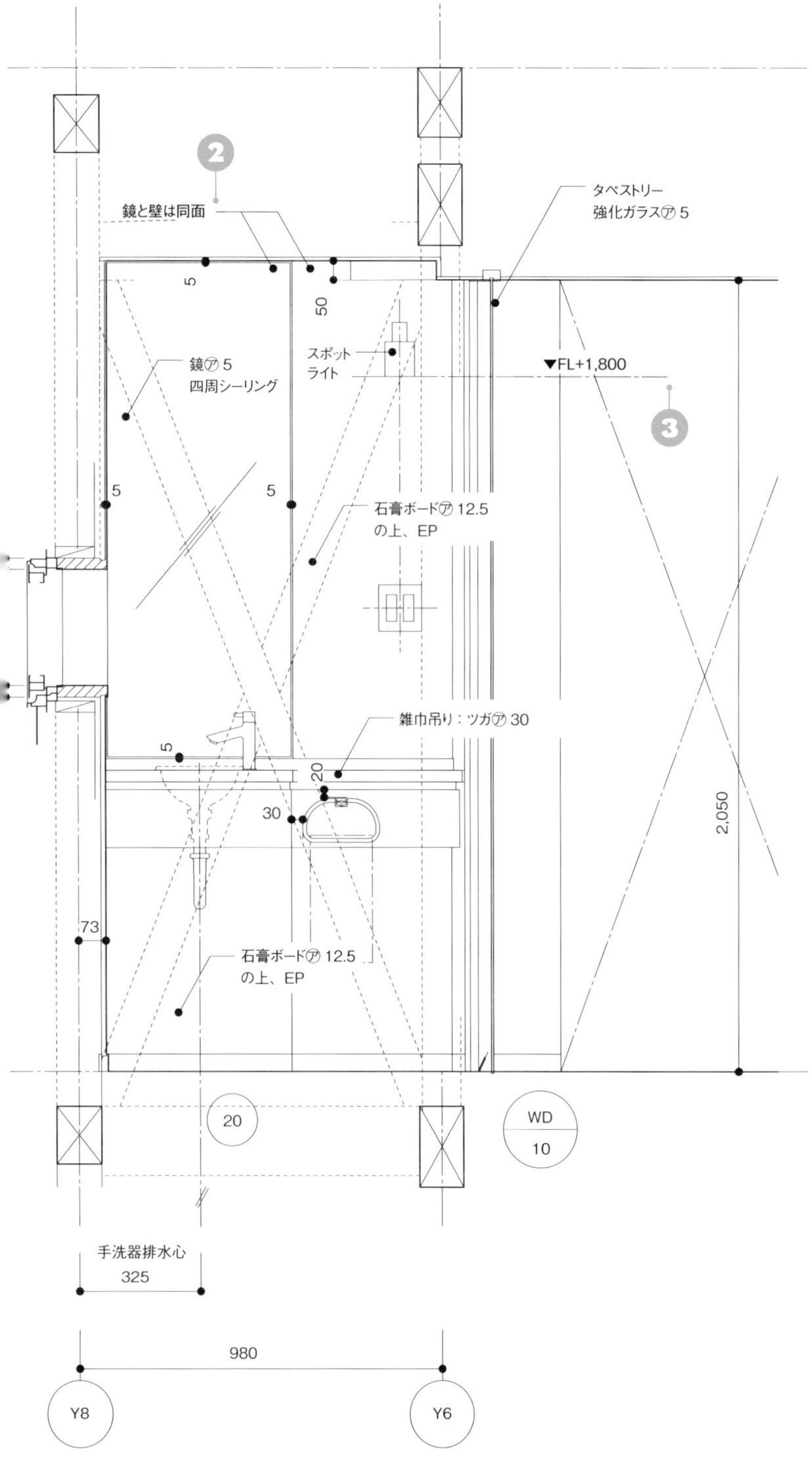

2
鏡と壁は同面
タペストリー
強化ガラス㋐5
5
50
鏡㋐5
四周シーリング
スポット
ライト
▼FL+1,800
3
5
5
石膏ボード㋐12.5
の上、EP
雑巾吊り：ツガ㋐30
5
20
30
2,050
73
石膏ボード㋐12.5
の上、EP
20
WD
10
手洗器排水心
325
980
Y8
Y6

1 アクセサリーの取り付け位置には下地を入れる

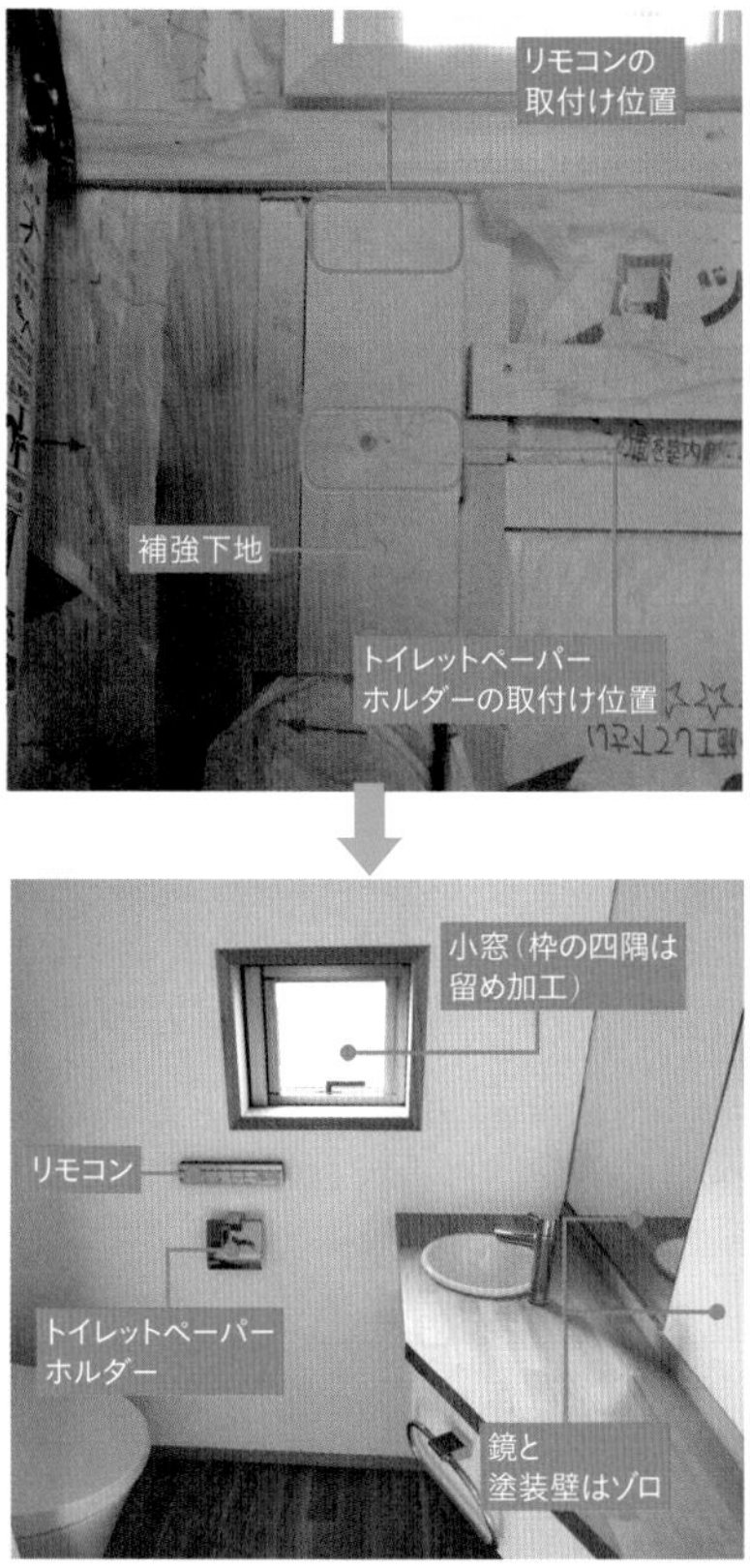

リモコンの
取付け位置
補強下地
トイレットペーパー
ホルダーの取付け位置
小窓（枠の四隅は
留め加工）
リモコン
トイレットペーパー
ホルダー
鏡と
塗装壁はゾロ

アクセサリーの位置を正確に決めておけば、下地の取り付けミスを防げる。ここでは、便器からの使い勝手、手洗い台の前に立ったときの立ち位置などを考え、小窓枠（既製品アルミサッシの外倒し窓）の外側のラインに、それぞれの中心が位置するようにしている

3 壁付けスポットライトの取り付け指示

壁付けブラケットの下地
配線
筋かい（たすき掛け）
コンセント

壁付けスポットライトは、床面からの高さを図面で指示。取り付け前には忘れずに下地を入れておく

4 手洗いカウンターの背面壁はふかす

排水管
給水管

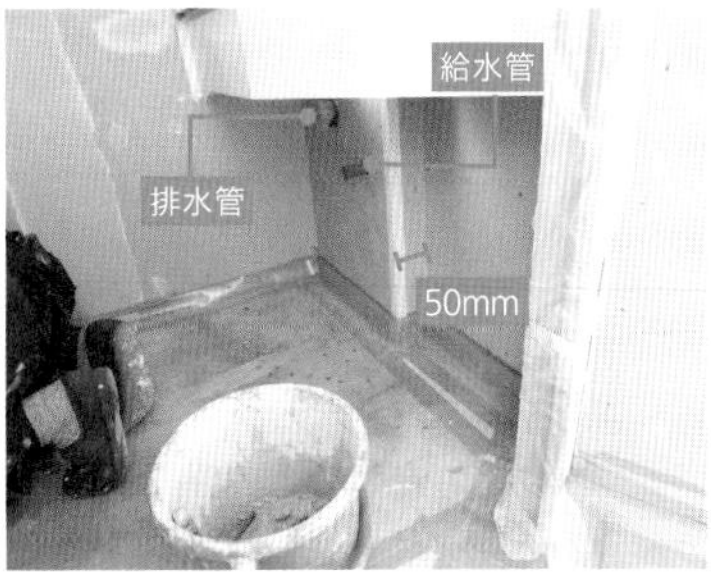
給水管
排水管
50mm

便器や手洗いの給水管が立ち上がってくるので、床下の土台や梁と干渉しないように壁をふかしておく必要がある

鏡下地合板㋐7
ダウンライトが入る
石膏ボード㋐12.5
（パテしごき後）

2 鏡を壁と同面で納める場合は下地を変える

鏡は壁（EP）とゾロで納めているので、鏡の下地には12.5㎜厚の石膏ボードではなく、7㎜厚の合板を使っている

トイレ詳細図［S＝1：20］

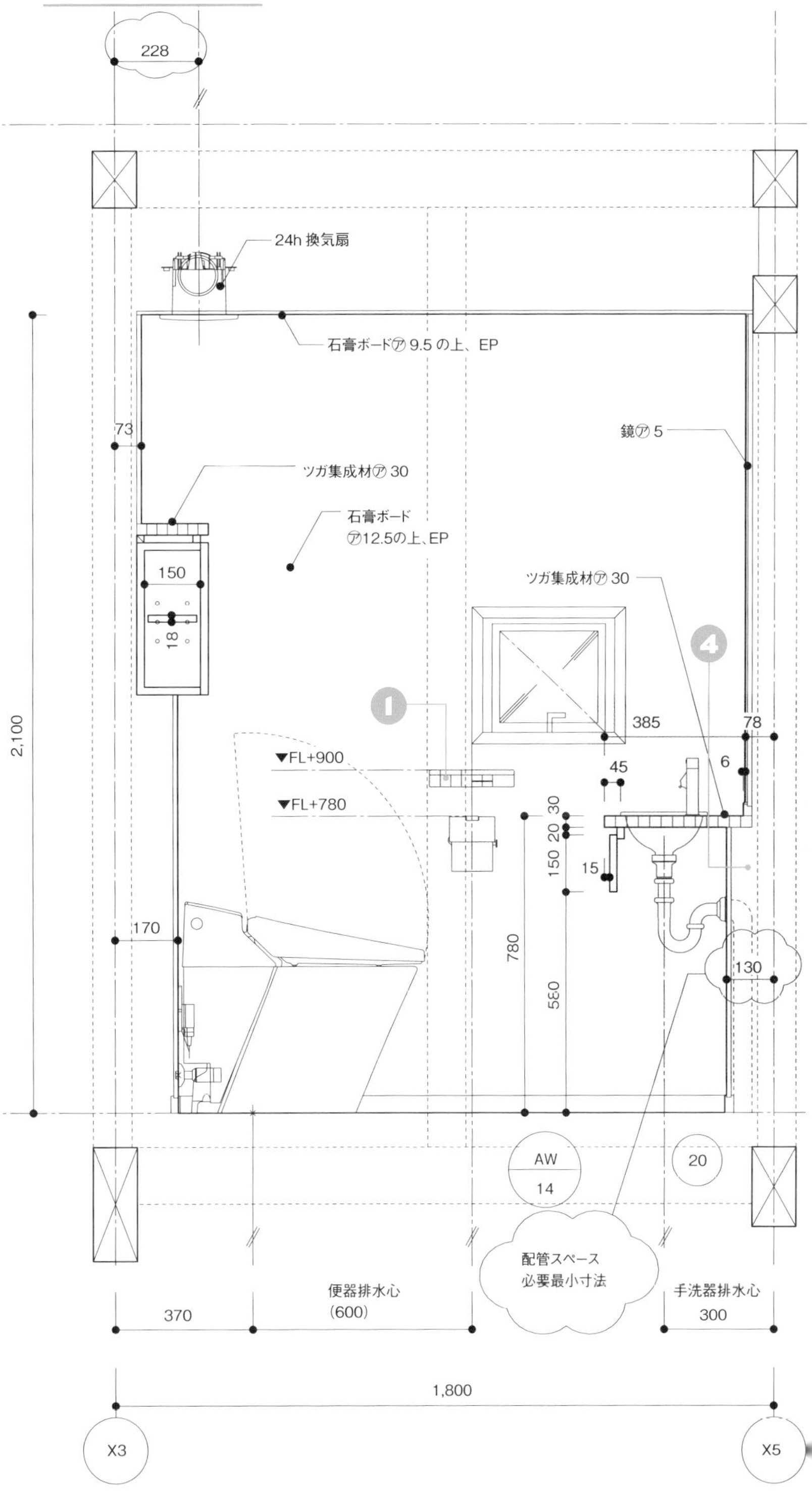
228
24h 換気扇
石膏ボード㋐ 9.5 の上、EP
73
鏡㋐ 5
ツガ集成材㋐ 30
石膏ボード
㋐12.5の上、EP
150
18
ツガ集成材㋐ 30
4
1
385
78
▼FL+900
45
6
▼FL+780
30
20
150
15
170
130
780
580
2,100
AW
14
20
配管スペース
必要最小寸法
370
便器排水心
(600)
手洗器排水心
300
1,800
X3
X5

トイレ詳細図［S＝1：30］

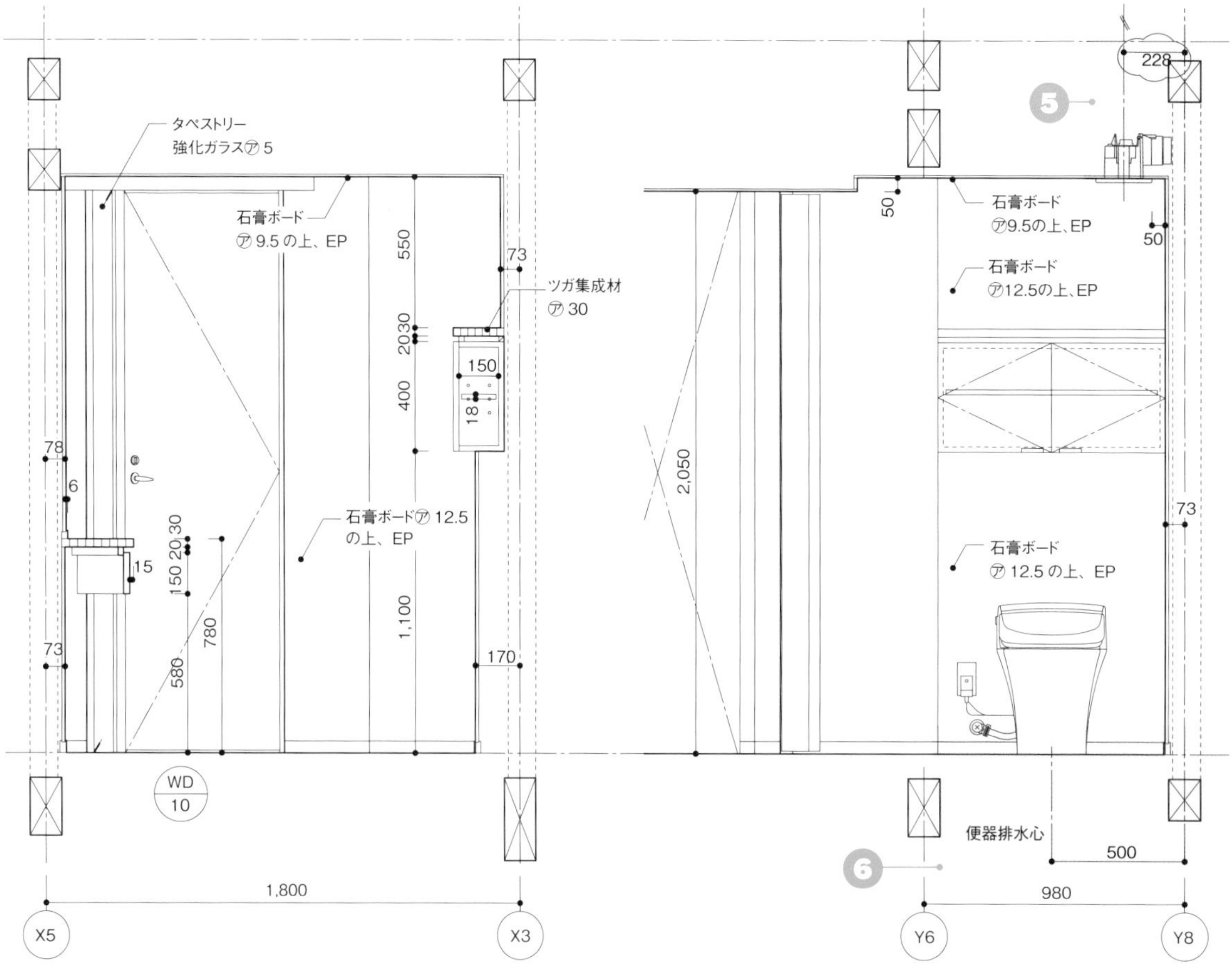
タペストリー
強化ガラス㋐5
石膏ボード
㋐9.5の上、EP
ツガ集成材
㋐30
石膏ボード㋐12.5
の上、EP
550
73
2030
150
18
400
1,100
78
6
15
20 30
150
780
580
73
170
WD
10
1,800
X5
X3
228
5
50
石膏ボード
㋐9.5の上、EP
50
石膏ボード
㋐12.5の上、EP
2,050
73
石膏ボード
㋐12.5の上、EP
便器排水心
500
6
980
Y6
Y8

5 換気扇の位置は通り心から決める

換気扇が入る

天井換気扇は、壁仕上げを決める前の、野縁を組む際にその位置を決めることになるので、換気扇の位置は通り心から決める。そのため、詳細図に柱・梁の位置を示しておく

6 排水管の位置を決める

200mm（壁仕上げ面から）
給水管
汚水管
500mm（通り心から）

便器には床排水タイプと壁排水タイプがある。床排水タイプの場合は、製品ごとに背面壁からの排水心距離が定められているので、仕様書にしたがって排水心の位置を決める。壁仕上げ面から200㎜の場合が多い

平面詳細図［S＝1：25］（元図［S＝1：20］）

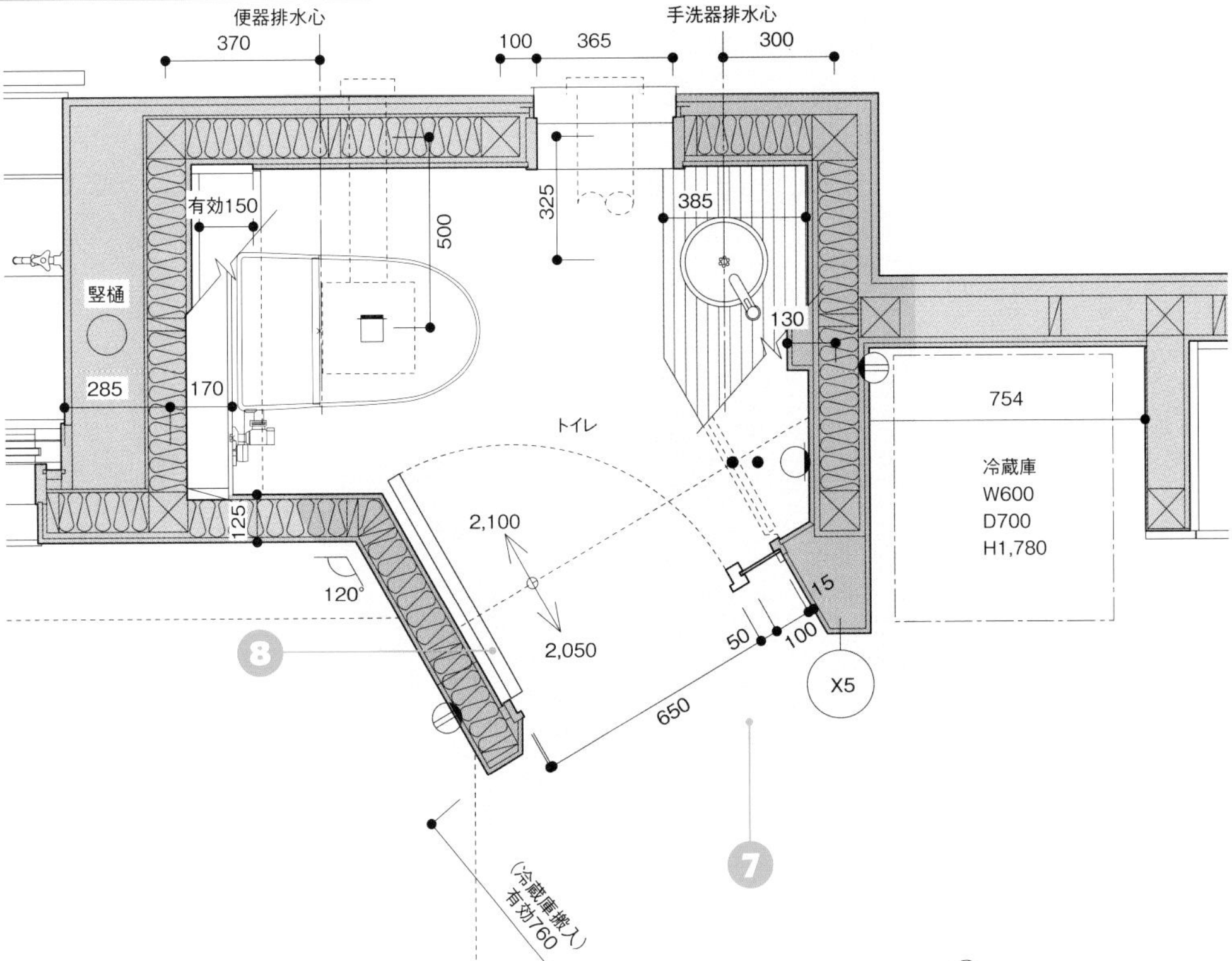
便器排水心
370
100
365
手洗器排水心
300
有効150
500
325
385
竪樋
130
285
170
トイレ
754
冷蔵庫
W600
D700
H1,780
125
2,100
120°
8
2,050
15
50
100
X5
650
7
（冷蔵庫搬入）
有効760

7 動線を考えて形状を決める

出入口廻りが不整形だが、そのかたちに即して手洗い台の形状を決めている。扉の竪枠までこのカウンターを延ばしたことで、小空間でもスムーズな動線を生み出している

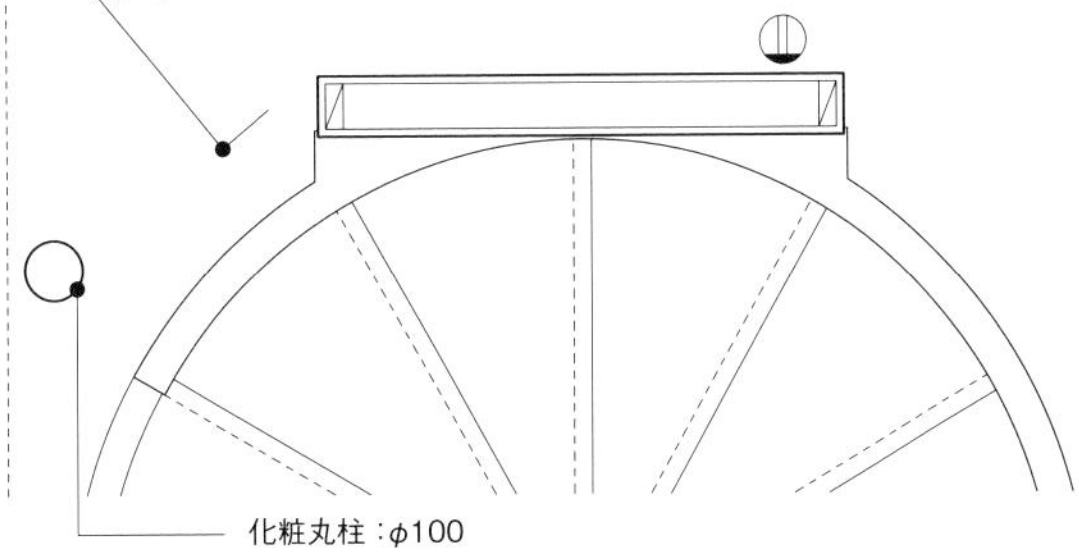
化粧丸柱：φ100

8 内開きの扉は軌跡を要確認

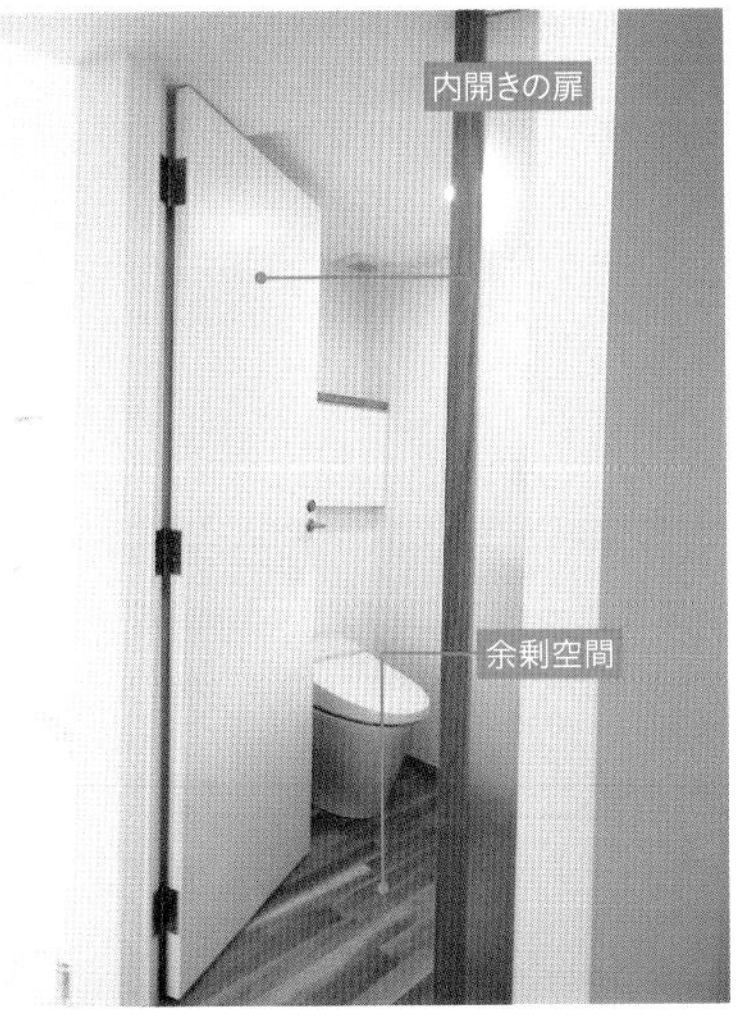
内開きの扉
余剰空間

内開きの扉とする場合は、平面詳細図上で扉の軌跡（点線）を描き、使用上問題をきたさないかを必ず確かめる

メンテナンスを考えてPトラップを使う

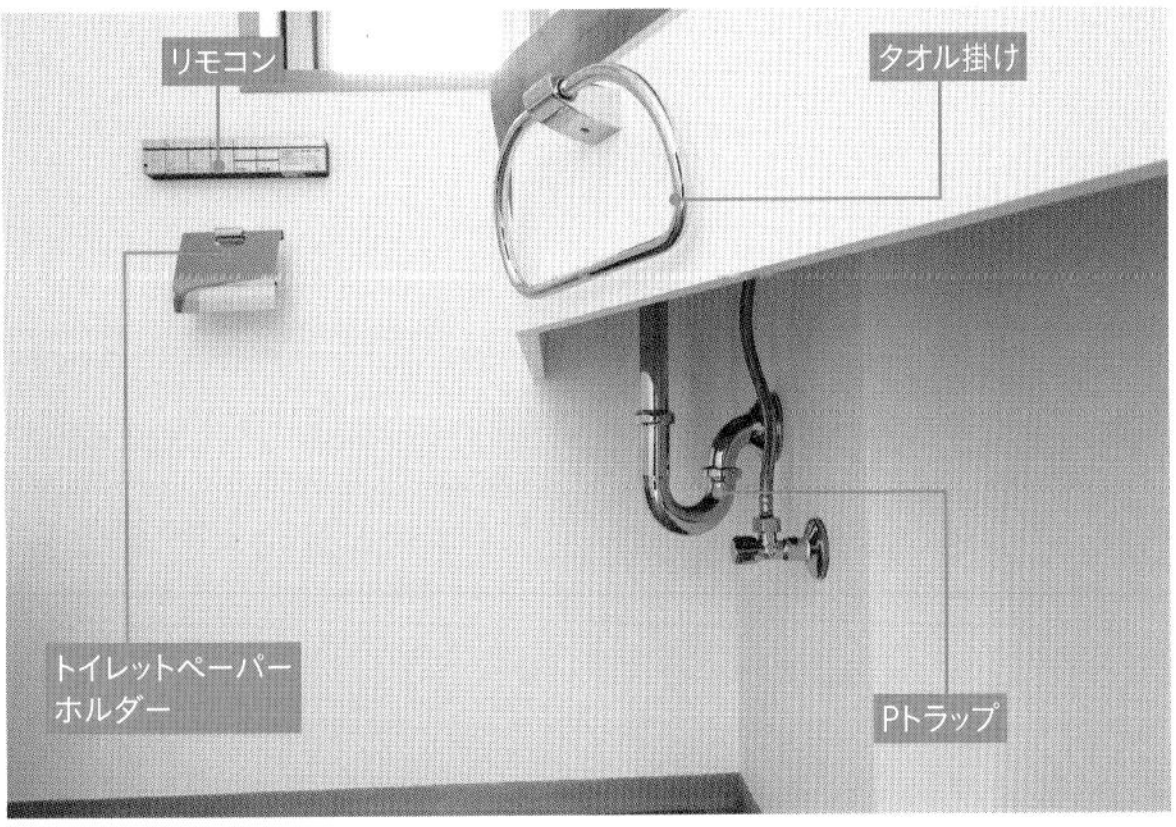
リモコン
タオル掛け
トイレットペーパーホルダー
Pトラップ

手洗いの配水管が見える場合、筆者はS字トラップではなくPトラップを採用している。そのためにも、カウンター下の壁はふかすことになる。S字トラップにすると床を貫通する配管廻りの掃除がしにくく、その廻りの汚れが目立つ

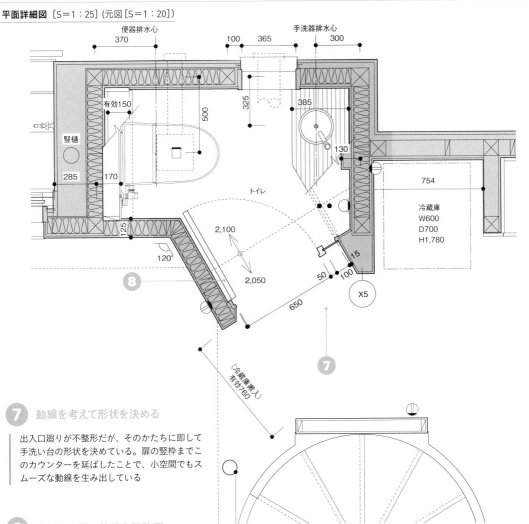

基礎伏図

耐圧版の仕様と立上りの有無を示す

基礎伏図（ベタ基礎）は、耐圧版の配筋仕様やコンクリート打設レベル、打設範囲などを示す図面である。

作図の要となるのは小梁の配置だ。基礎外周部と小梁によって区画された耐圧版の「短辺方向スラブスパン」の内法寸法によって、耐圧版の配筋仕様は異なってくる。これは住宅保証機構の基準においても細かく定められている（外装材の重さや地域によって異なるので注意）。基礎立上りの幅や高さなどの寸法を正確に指示することももちろん重要だが、同時に玄関やガレージ、人通口など、立上りが必要ないところの間口寸法を基礎伏図上で正確に記述しておく必要がある。　［関本竜太］

基礎伏図［S=1：60］（元図［S=1：50］）

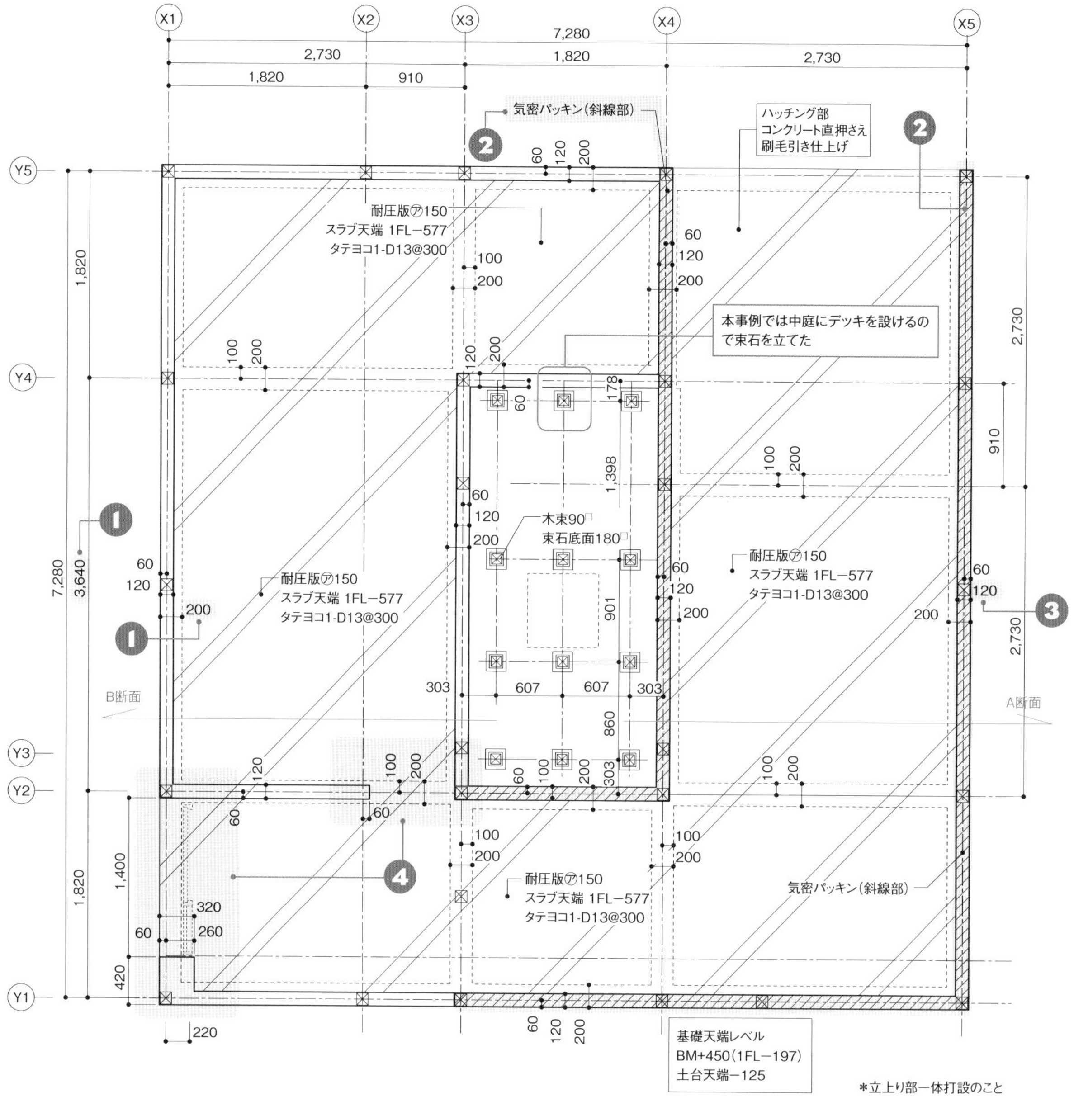

1 耐圧版の大きさに注意

耐圧版の一辺が4m以上になると配筋量を構造計算する必要があるので注意する。ここでは柱の通り心を基準に各耐圧版の大きさが4m以下になるように設定し、統一の配筋仕様で基礎が成立するようにしている。なお、耐圧版の間に記載されている寸法（200㎜）は、地中梁の厚みを示す

2 気密パッキン施工部分を明示する

耐圧版部分を室内的用途に利用する場合（ここではアトリエ）、立上りレベルより下に室内床があるため、一部を通気ではなく気密パッキンとした。基礎伏図にもその旨を記載している

3 立上りの幅を120㎜にして室内壁の段差をなくす

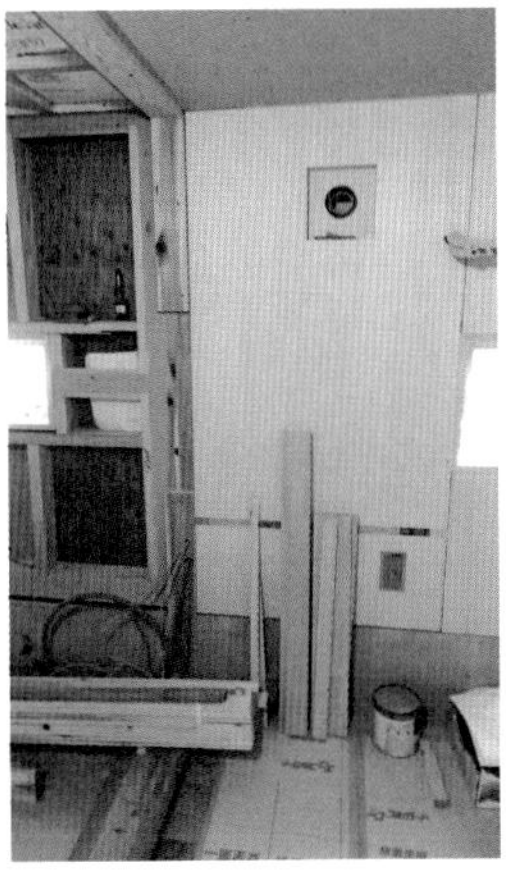

基礎の立上り幅は150㎜が一般的だが、そうすると、基礎の心を室内側にふることになる。本事例では、コンクリートの立上りがガレージやアトリエの壁面の見える位置まで現れる設計にしているため、このやり方では、室内の壁の面がそろわない。そこで、基礎立上りのラインと室内床の面をそろえるために120㎜に厚みを設定した。基礎の立上りを120㎜に設定する場合、立上り部分のかぶり厚が不足しないように注意する。とくに、立上りどうしが直行する部分については、厚みが不足する可能性が高いので、最小かぶり厚40㎜を限度に施工するよう現場に伝えなければならない

4 立上りが不要な部分は位置・寸法を明記

立上りが必要ない玄関間口は有効寸法を記載する。これを怠ると玄関扉枠と基礎が干渉したり、大きく隙間が空いたりするおそれがあり、後からの調整が難しくなる。人通口など立上りがいらない部分も同様に図示する

竣工

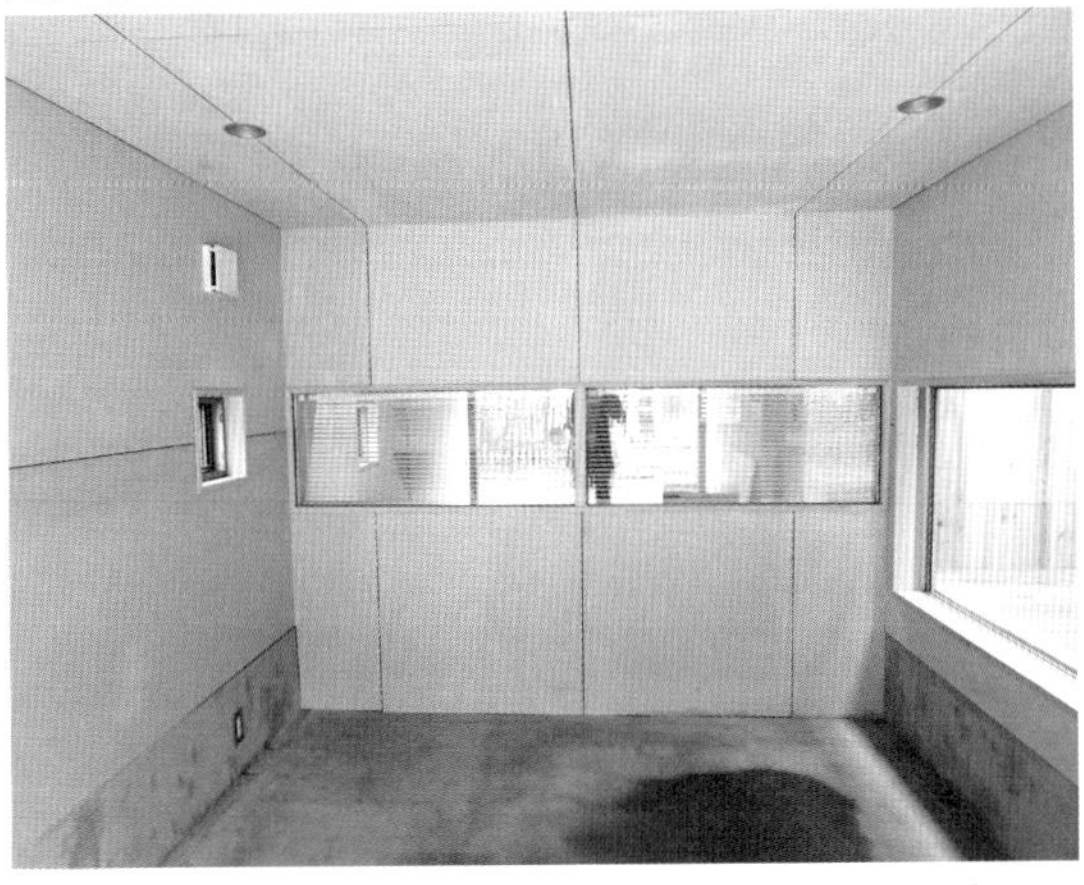

ガレージよりアトリエを見る。デスクに座ったときの視線の高さに開口部を設置

ベタ基礎配筋表

荷重	短辺方向スラブスパン(m)	スラブ厚(㎜)	短辺および長辺方向スラブの配筋(㎜)
重い住宅	3.0以下	150	D13@250【シングル】
	3.0を超え4.0以下	150	D13@150【シングル】
	4.0を超え5.0以下	200	D13@150【ダブル】
軽い住宅	3.0以下	150	D13@250【シングル】
	3.0を超え4.0以下	150	D13@200【シングル】
	4.0を超え5.0以下	200	D13@250【ダブル】

外装仕上げの種類によって異なる。金属屋根・外壁サイディングの場合は軽い住宅

区画された短辺方向スラブスパンにより、耐圧版の配筋仕様が異なる

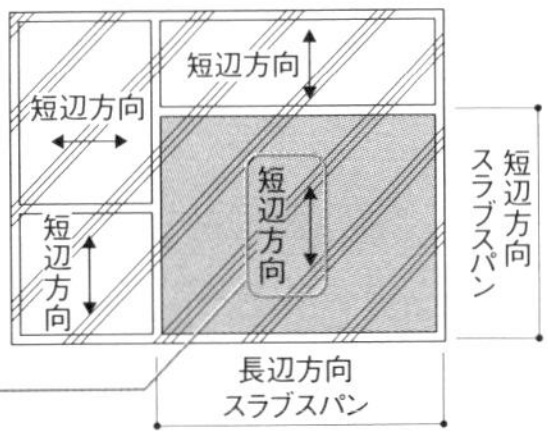

基礎断面図

立上りの打設方法や配管の取合いを伝える

筆者の場合、4号建築物（木造2階建て戸建住宅）の基礎断面図は矩計図で兼ねることが多い。基礎の根入れ深さや、立上り高さ・幅など、基礎にかかわる詳細な仕様はすべて矩計図で表現している。基礎伏図では耐圧版の配筋仕様について記載したが、本図では主にいわゆる地中梁（外周部、小梁）の縦断面の配筋仕様について記載している。また、本事例では基礎の立上りや耐圧版をガレージとアトリエで露しとなるように設定している。基礎の配筋や厚みなどの寸法のほかに、コンクリートの仕上げ方法や、アトリエのフロアレベルとの位置関係など、意匠上の重要なポイントについて適宜指示していることに注目してもらいたい。

［関本竜太］

基礎断面詳細図［S=1：30］(元図［S=1：40］)

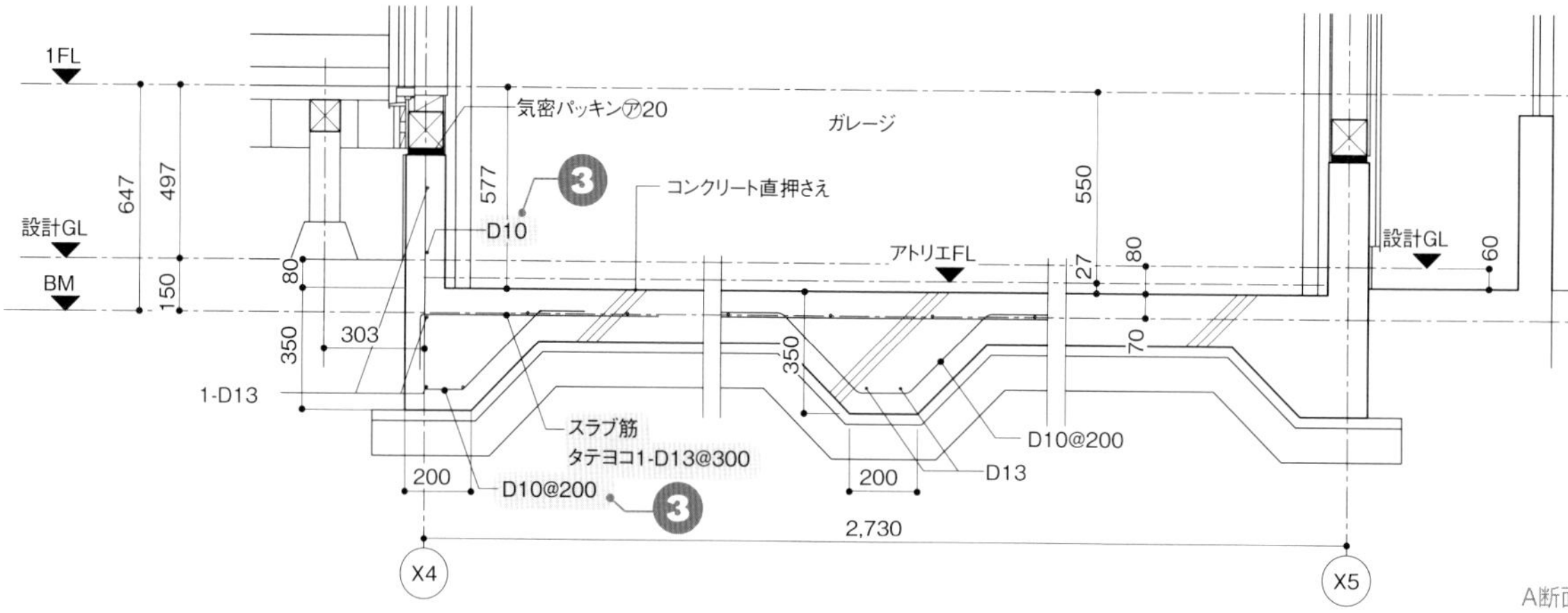

A断面

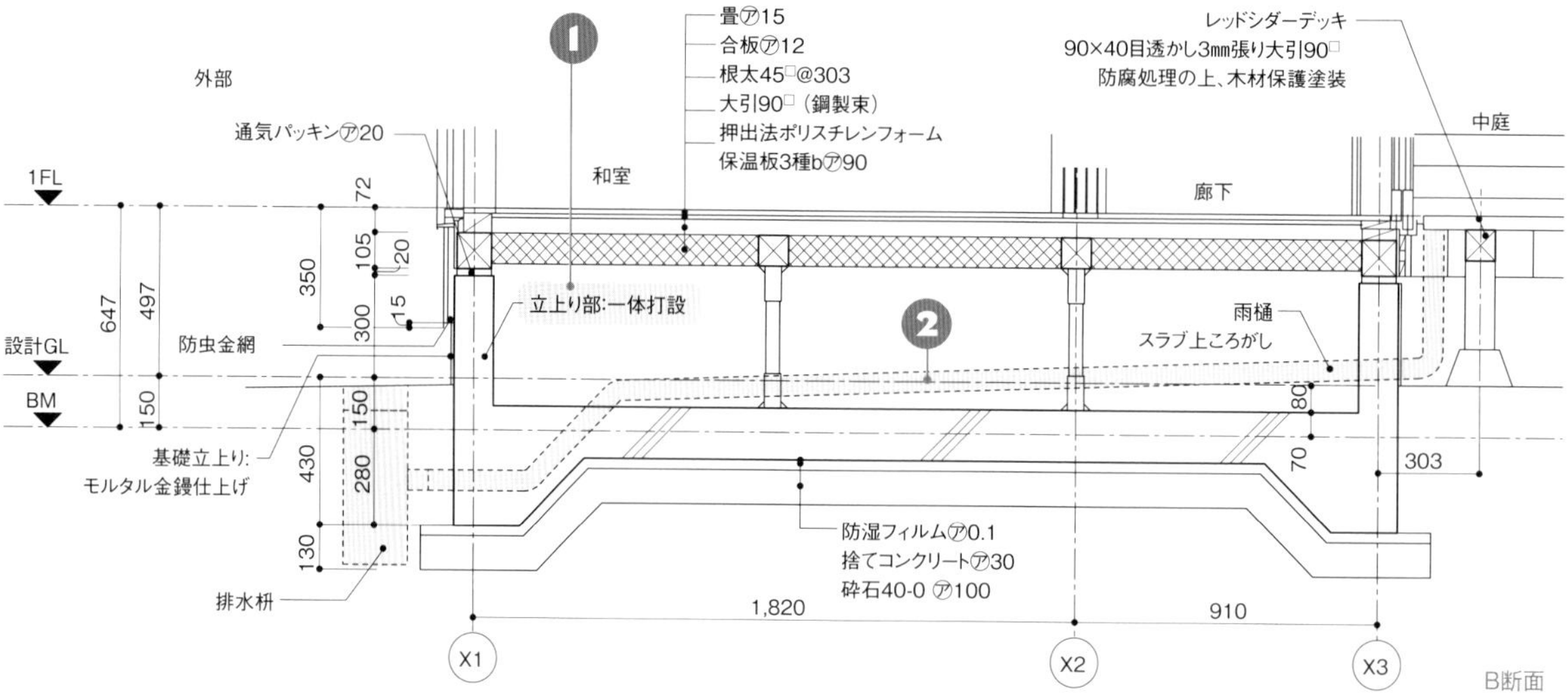

B断面

1 耐圧版が設計GLよりも低い場合は耐圧版と立上りを一体打設する

通常、耐圧版と立上りの打設は別々に行うが、耐圧版が設計GLより低く、立上りの打継ぎ部から漏水するおそれがあったため、立上りと耐圧版を一体で打設するよう指示した（300＋150＝450はBMからの高さ）。一体打設しない場合は、立上りの打ち継ぎ部に止水処理が必要になる

2 耐圧版上に引き回す排水管を図示

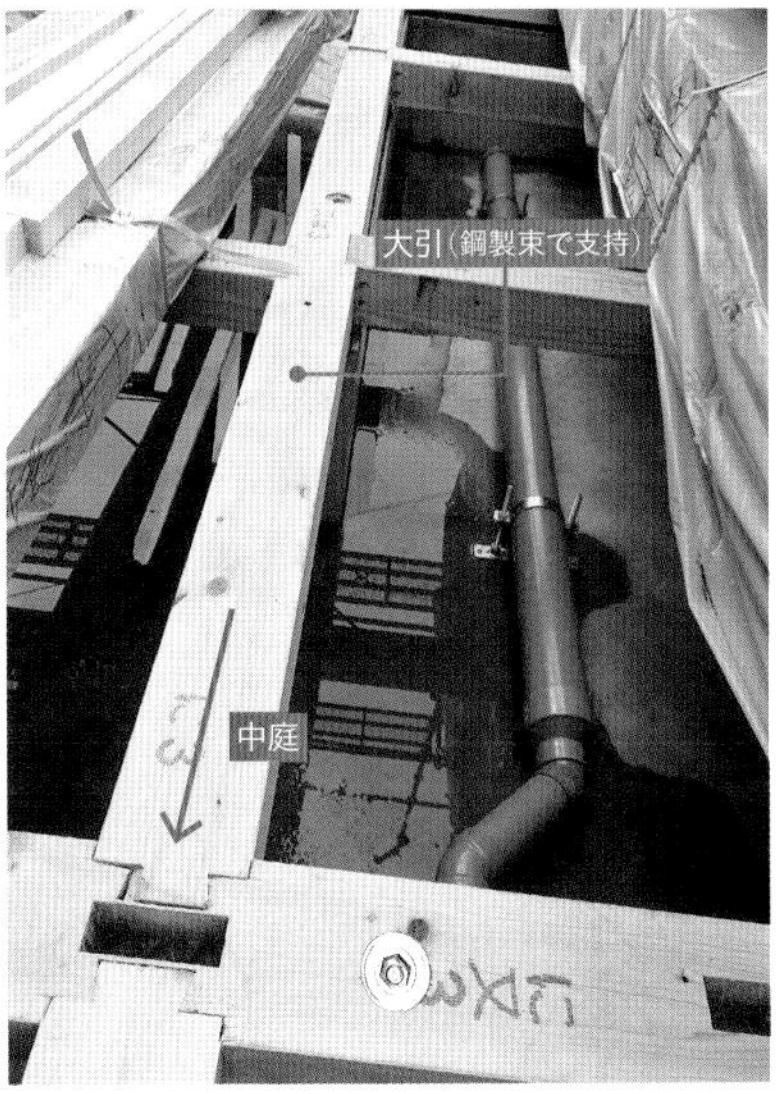

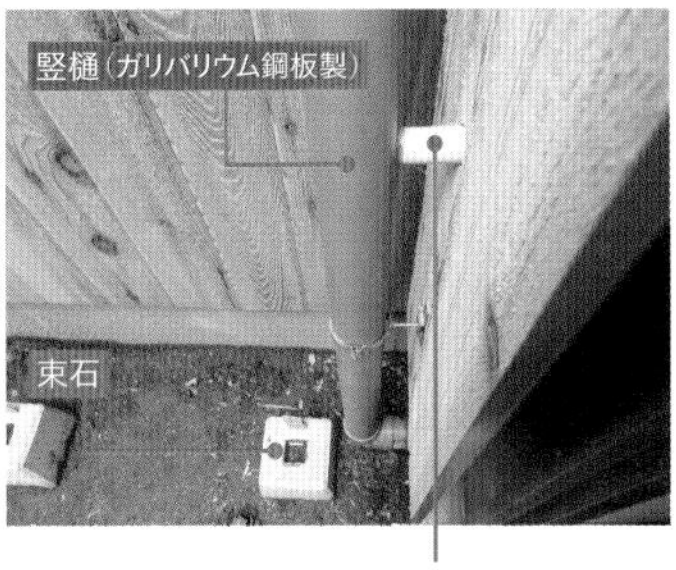

エアコンのドレンを竪樋に接続
［138頁参照］

本事例では中庭に竪樋を配置しているが、中庭に雨水が溢れることを避けるため、雨樋は基礎を貫通させ、床下を通し、外部へと導いている

3 配筋と設備配管の干渉は避ける

基礎立上り付近では、立上りを貫通する設備配管との干渉を避けることが重要

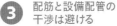

土台伏図

［1階床］

継手とアンカーボルトの位置に注意する

土台伏図とは、主に土台・柱と耐力壁の配置、床根太の架け方を示すものである。1階床伏図を別途描く場合もあるが、土台伏図が床伏図を兼ねる場合が多い。土台の継手位置は、伏図の段階では判明していないため、プレカット図で確認し、アンカーボルトの位置に継手がないかを確かめる。

このほか、ホールダウン金物の仕様と取り付け位置、根太の有無、化粧柱の判別と背割れの位置の確認などを、プレカット図の承認までに行う。本事例では、ビルトインガレージを設けたことによって、床レベルが変わることも注意点の1つだった。

［関本竜太］

土台伏図 ［S＝1：60］（元図 ［S＝1：50］）

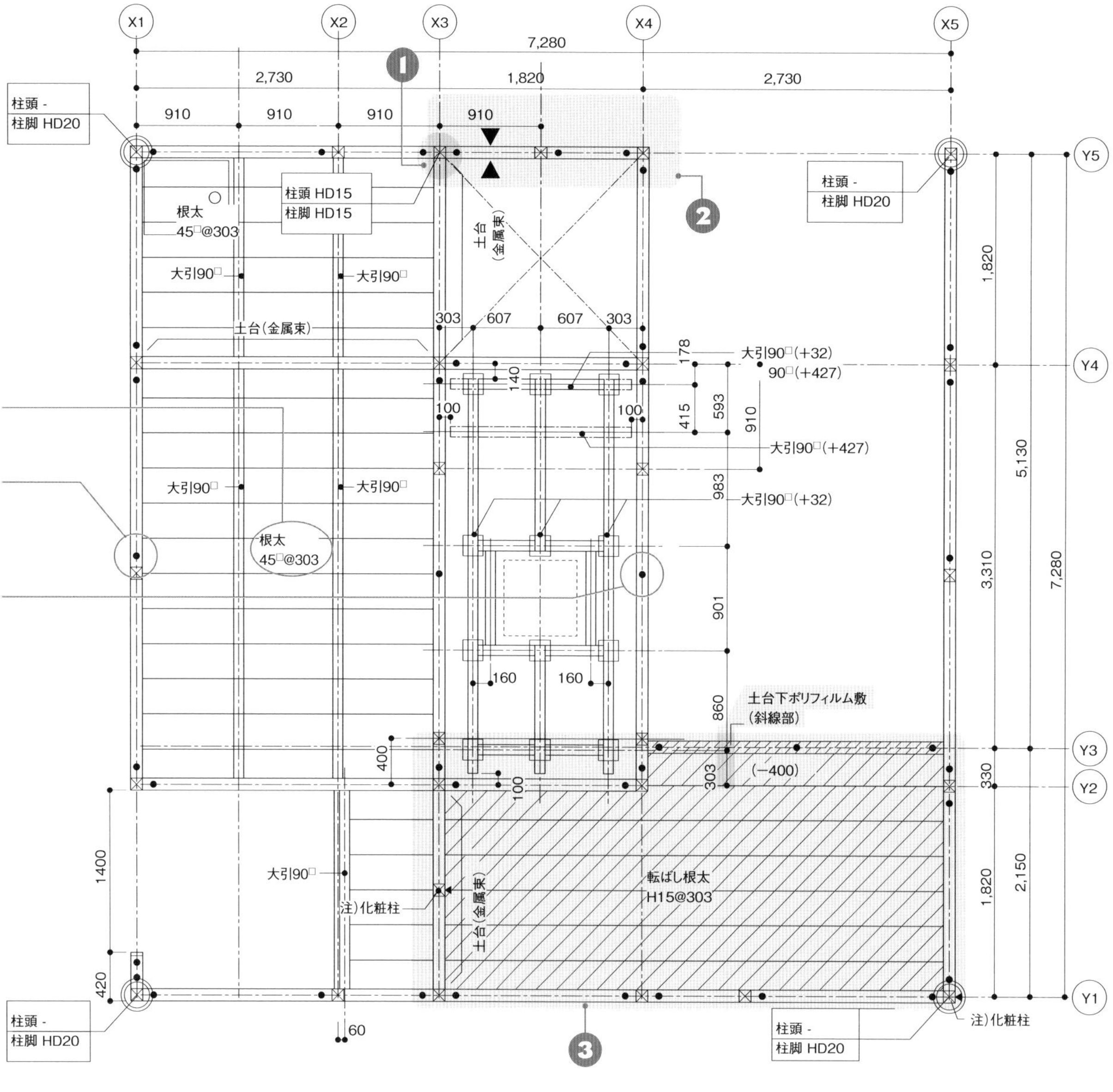

1 ホールダウン金物の仕様は告示で決める

ホールダウン金物の仕様は平12建告1460号第2号に基づいて決めるが、一部の柱は接合金物を選択するための算定式でN値計算をしている。ここでは柱頭・柱脚ともに15kNのホールダウン金物を採用

柱頭金物(15kN)

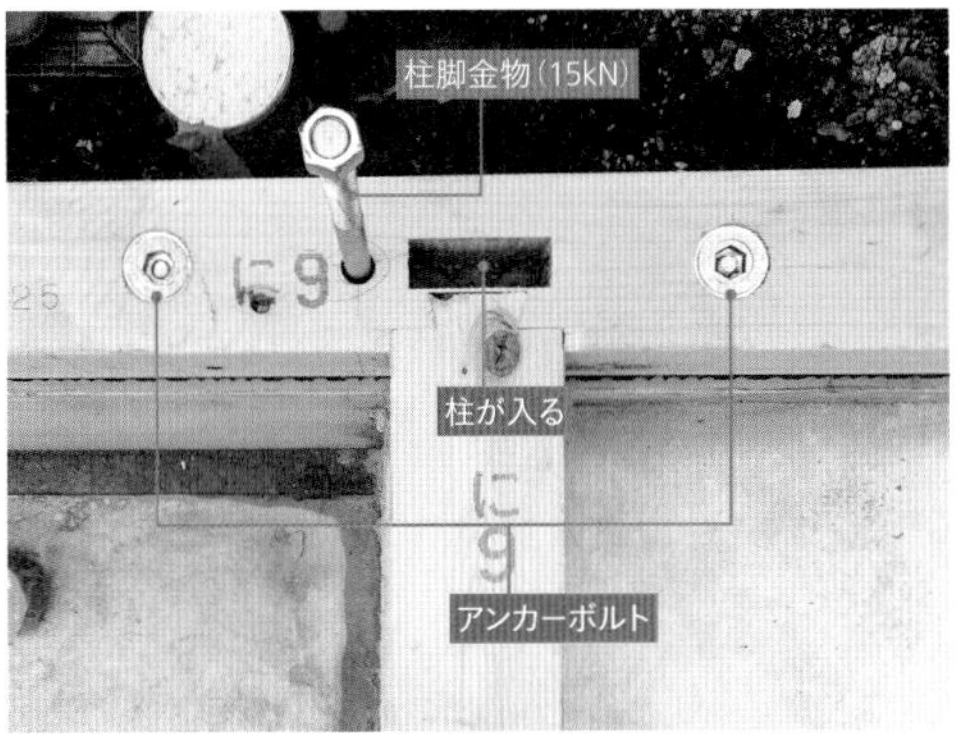
柱脚金物(15kN)
柱が入る
アンカーボルト

2 耐力壁を真壁で納める場合は別途指示

耐力壁を真壁で納めたため、室内の壁仕上げは面一で納まる

構造用合板両面張り納まり

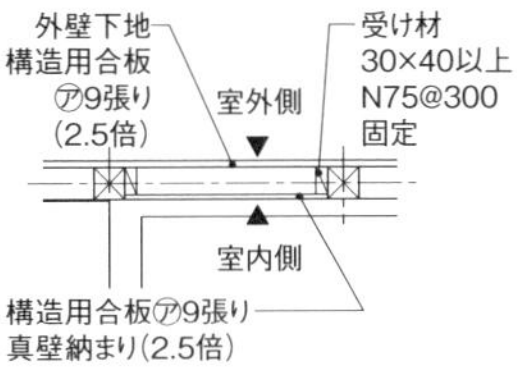
外壁下地
構造用合板
㋐9張り
(2.5倍)
室外側
受け材
30×40以上
N75@300
固定
室内側
構造用合板㋐9張り
真壁納まり(2.5倍)

耐力壁は大壁で納めるのが一般的だが、室内側の面をそろえるために、一部の耐力壁を真壁で納める場合がある。この場合は当該箇所の納まりを土台伏図上に描き、現場での施工ミスを防ぐ。ここでは、浴室の壁を構造用合板の両面張り（壁倍率5）としているが、内壁については壁仕上げ面に凹凸をつくらないため、真壁で納めた

3 土台・根太のレベルを下げる場合は分かりやすく指示

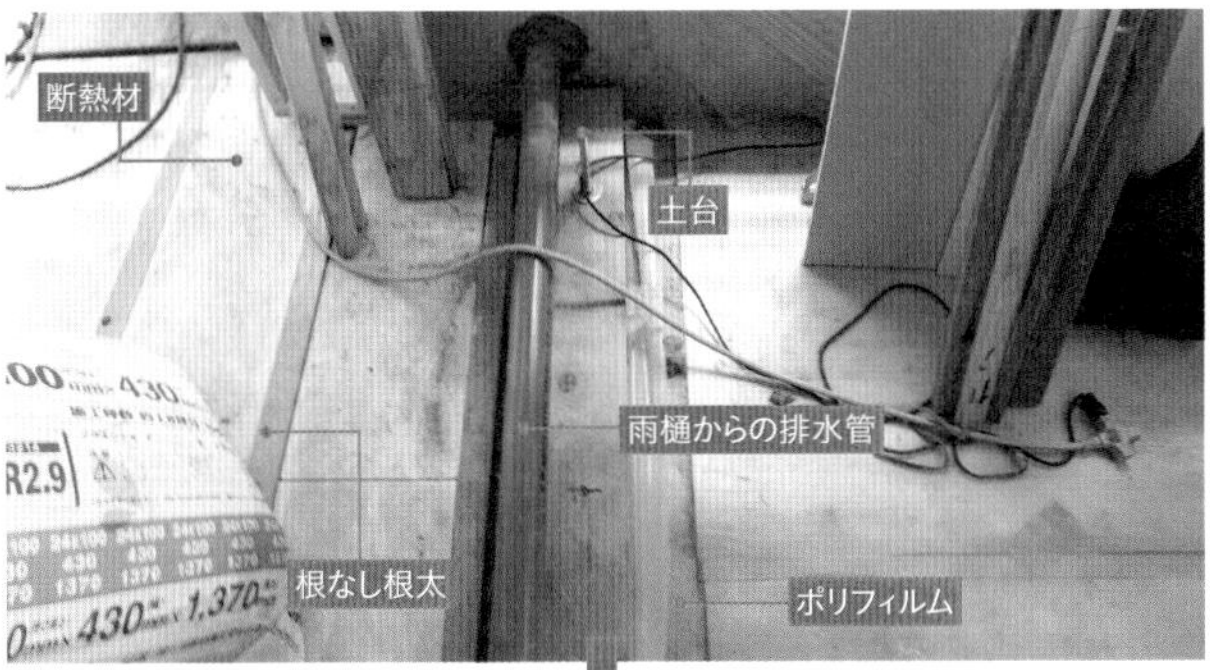
断熱材
土台
雨樋からの排水管
根なし根太
ポリフィルム

収納で隠蔽するために
木下地を組む

一部の土台のレベルを下げる場合は、土台伏図・土台プレカット図ともに、土台天端から下げた位置を明記する。今回は400㎜下げて耐圧版の上に土台を載せた。このとき、土台部分は耐圧版からの湿気を吸収しないように、土台と耐圧版の間にポリフィルムを挟んだが、この指示も土台伏図で行う。同様に、根太のレベルを下げて、ころばし根太とする旨も土台伏図上に示した

根太の高さは45㎜あり、その分土台上にスペースが生まれる。電気配線などを無理なく引き回すことができる

プレカット図で、女木側にアンカーボルトが位置していた場合は、男木側に移動させる

土台伏図に記入したアンカーボルトがプレカット図で男木側にあることを確認

<特記なき限り>
梁：105□
柱：105□
通し柱
下階柱
▼ 背割位置を示す
寸法 寸法を示す
• アンカーボルト
アンカー天端、フラット形状とする
HD15 ホールダウン15kN・告示（と）
または、ホールダウンプレート15kN
HD20 ホールダウン20kN・告示（と）
または、ホールダウンプレート20kN
構造用面材［※］
壁：構造用合板㋐9
（周辺部N50@100、その他@200）
または、ホールダウンプレート20kN

＊ 耐力壁の配置は、仕様や設置位置をハッチで表示するのが一般的。本事例では、外壁に開口部の少ない口の字プランで、1・2階ともに、外壁面のすべてで外壁側から壁倍率2.5の構造用合板を張ることにしたため、特記事項にその旨を記すに留めた。壁量や壁量の配置バランスは、壁量計算によって建築基準法の仕様規定に適合していることを設計時に確認している

土台プレカット図［S＝1：60］（元図［S＝1：50］）

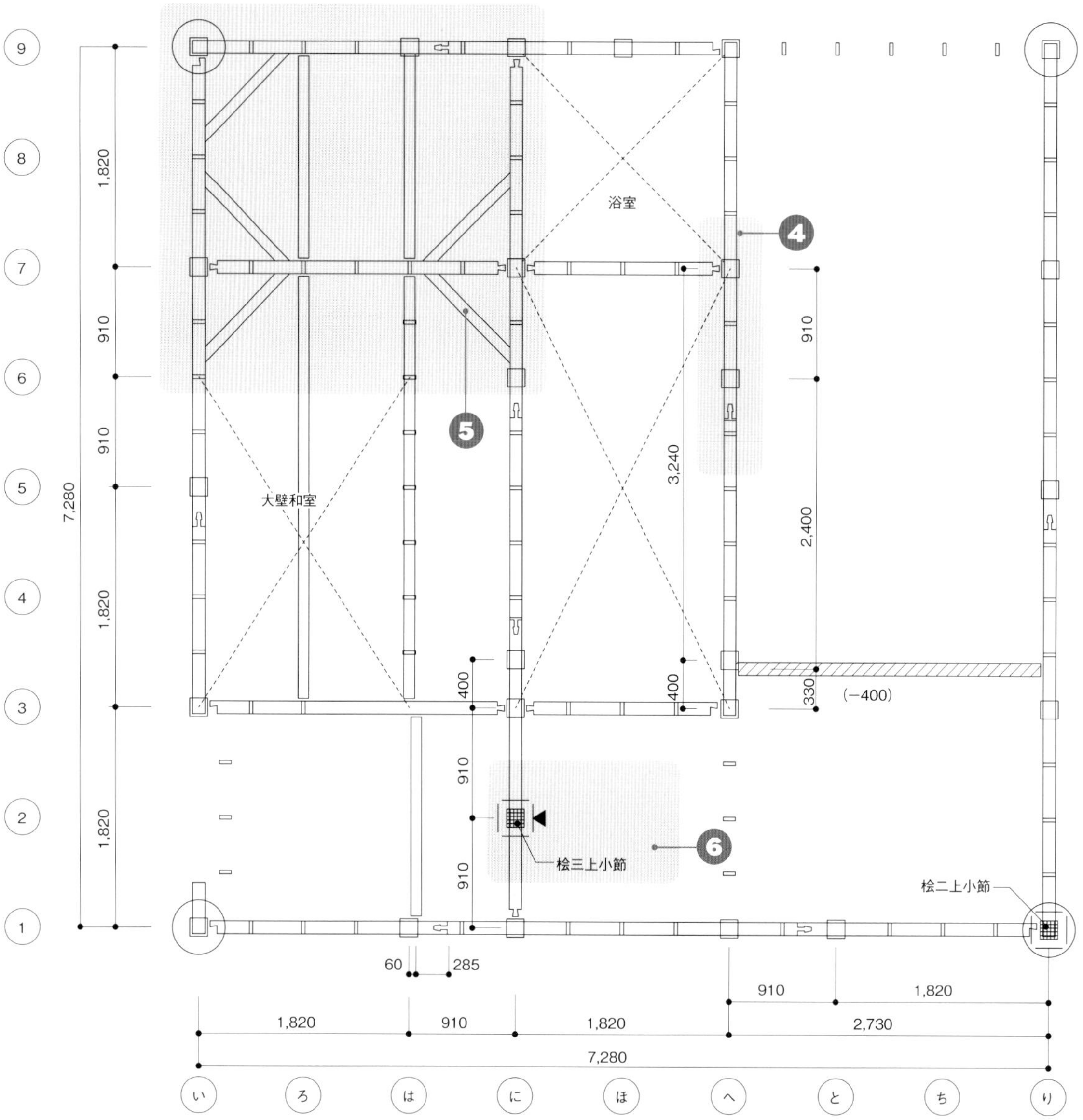

継手位置詳細図

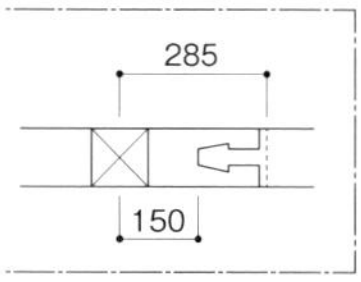

<特記なき限り>
通し柱[大壁]：スギ105□
管柱[大壁]：スギ105□
間柱：上加工(欠)・下加工(欠)
間柱ピッチ：@455
土台：ヒノキ105□　大引：ベイマツ90□
木材火打ち：ベイマツ90×45
大引彫り：フロア90㎜(大引どうし蟻仕口)
根太彫り：なし
背割れ：▲ 6

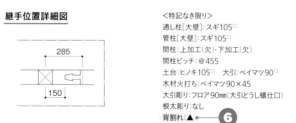

4 継手付近のアンカーボルトは男木側にあるかを確認

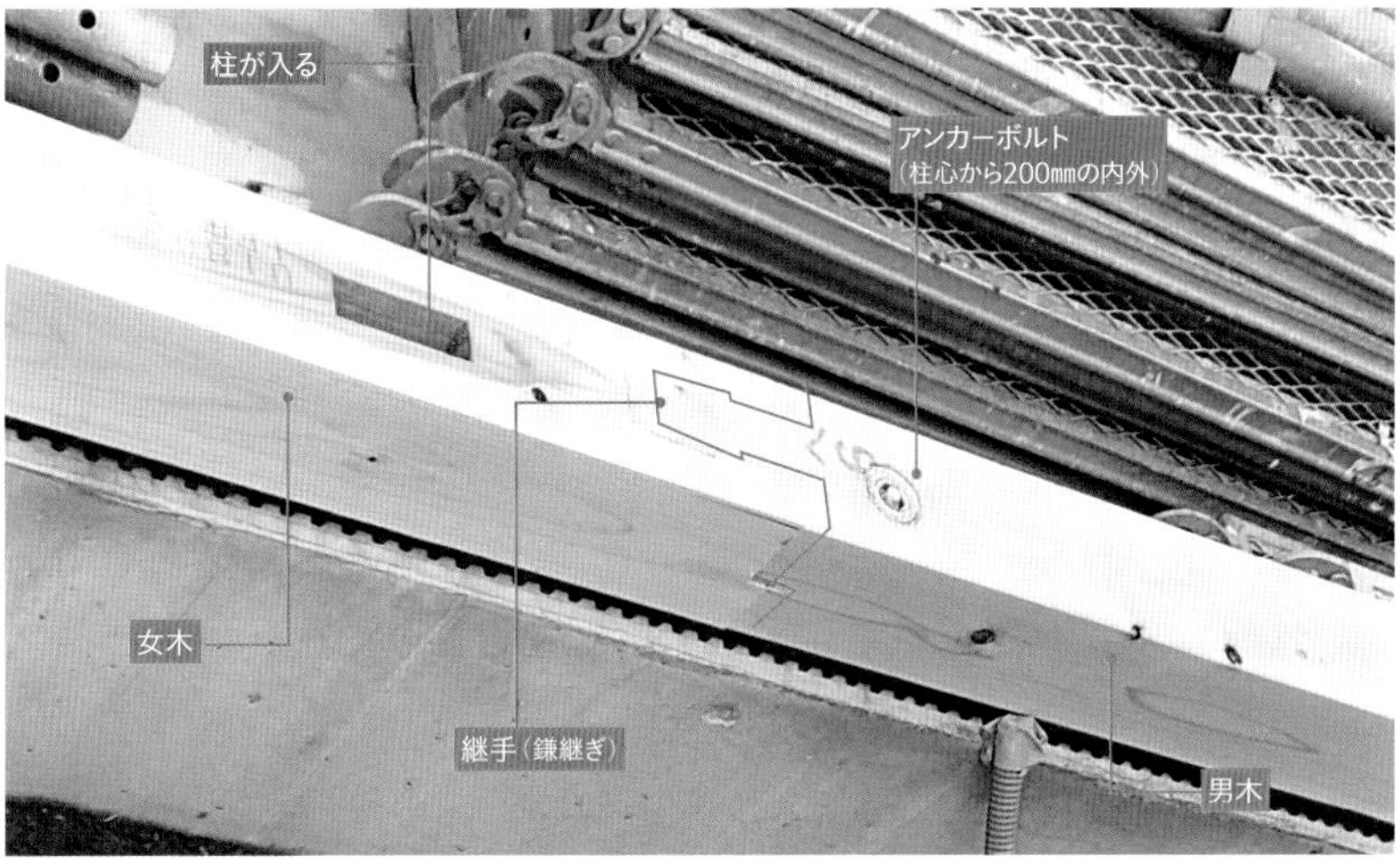
柱が入る
アンカーボルト
（柱心から200㎜の内外）
女木
継手（鎌継ぎ）
男木

土台の継手位置はプレカット図で確認を行うが、継手付近にあるアンカーボルトは必ず男木側になくてはならない。土台伏図を見返して、女木側にアンカーボルトが位置している場合は、上木が固定されないので、土台が浮き上がるおそれがある。このときは土台伏図上でアンカーボルトを男木側に移動させておく（柱心から200㎜の内外の位置）

5 プレカット図での変更は土台伏図と照合して取捨選択

火打ち土台

本事例の土台伏図には火打ち土台を描いていなかったが、プレカット図が作成される段階で機械的に床剛性不足と判断され、火打ち土台が足された。なくても剛性上は必要ないが、あっても施工上問題ないためそのまま採用した

6 化粧柱は樹種と背割れ位置を確認

化粧柱（桧三上下節）
背割れ

シナ合板（真壁納まり）
化粧柱（養生中）

化粧柱には土台伏図上に樹種・背割れ位置を特記しておき、プレカット図でそれが反映されているかどうかを確認する。ここでは、階段の壁で隠れる位置に背割れ位置を指示している

床伏図［2階床］

柱・梁の心ずれや床の段差は具体的に示す

床伏図の描き方は、土台伏図と同様。柱・梁・耐力壁・床の仕様や配置を示すことがポイントになる。スキップフロアや吹抜けなどによって構造が複雑になる場合は、とくに注意が必要だ。スキップフロアでは、複数の床レベルが存在するので、高さ方向の指示や、床の連続性をどのように確保するか、正確に指示・確認しておく。また本事例は、バルコニーの設置や開口部の幅の影響で梁や柱が心ずれを起こしている部分がある。床伏図には意匠上の都合上でこのようなイレギュラーな配置が発生してしまうことがある。このような場合も具体的な心ずれの寸法を明記して確実に伝えなければならない。［関本竜太］

2階床伏図［S＝1：60］(元図［S＝1：50］)

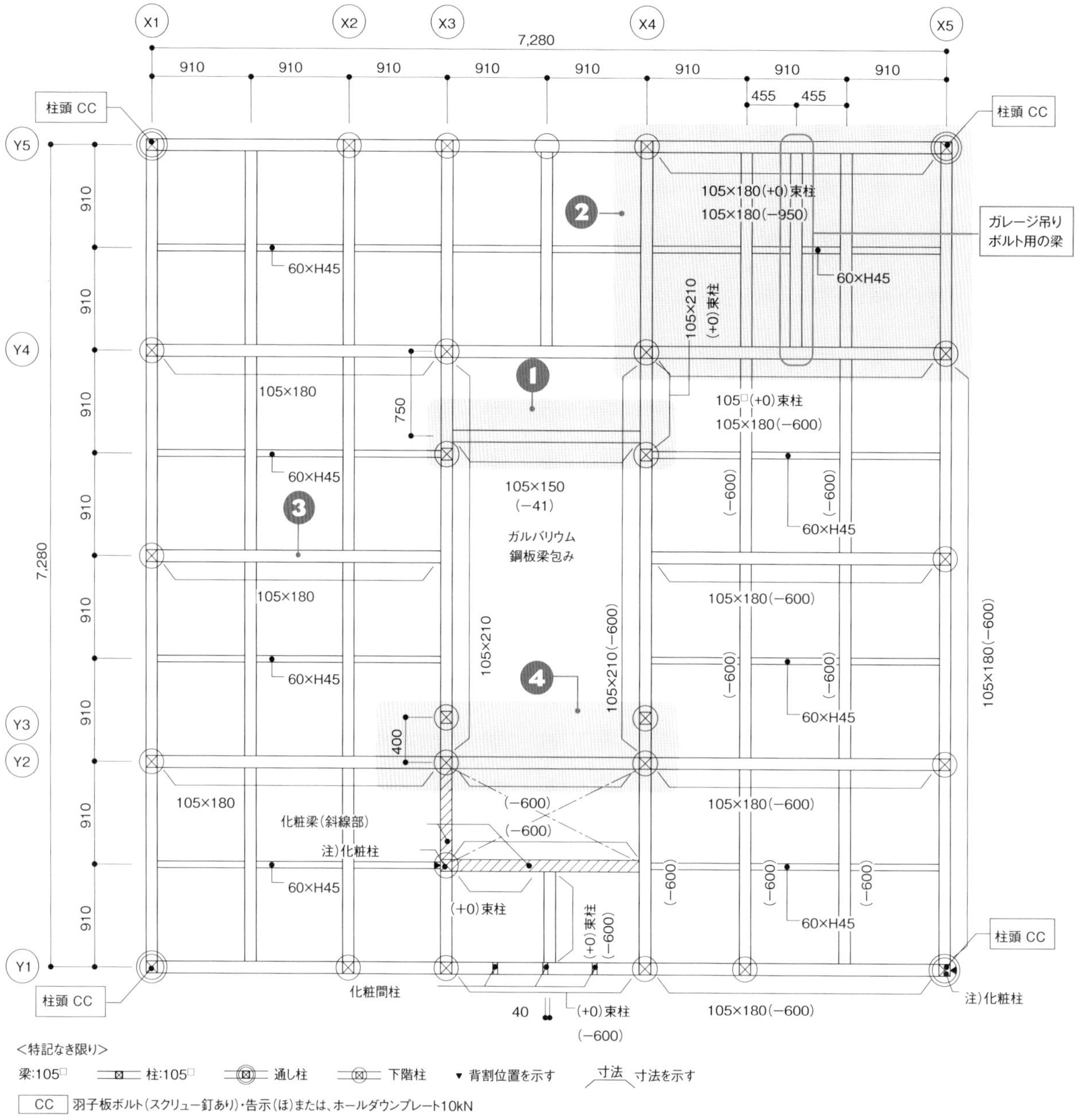

X1
X2
X3
X4
X5
Y5
Y4
Y3
Y2
Y1
7,280
910
455
柱頭 CC
105×180(+0)束柱
105×180(−950)
ガレージ吊りボルト用の梁
60×H45
105×210 (+0)束柱
105□(+0)束柱
105×180(−600)
105×180
750
105×150 (−41)
ガルバリウム鋼板梁包み
(−600)
105×210
105×210(−600)
105×180(−600)
400
化粧梁(斜線部)
注)化粧柱
(+0)束柱
(+0)束柱 (−600)
化粧間柱
40
<特記なき限り>
梁:105□
柱:105□
通し柱
下階柱
背割位置を示す
寸法 寸法を示す
CC 羽子板ボルト(スクリュー釘あり)・告示(ほ)または、ホールダウンプレート10kN

1 心ずれしている梁と梁の接合方法を明示

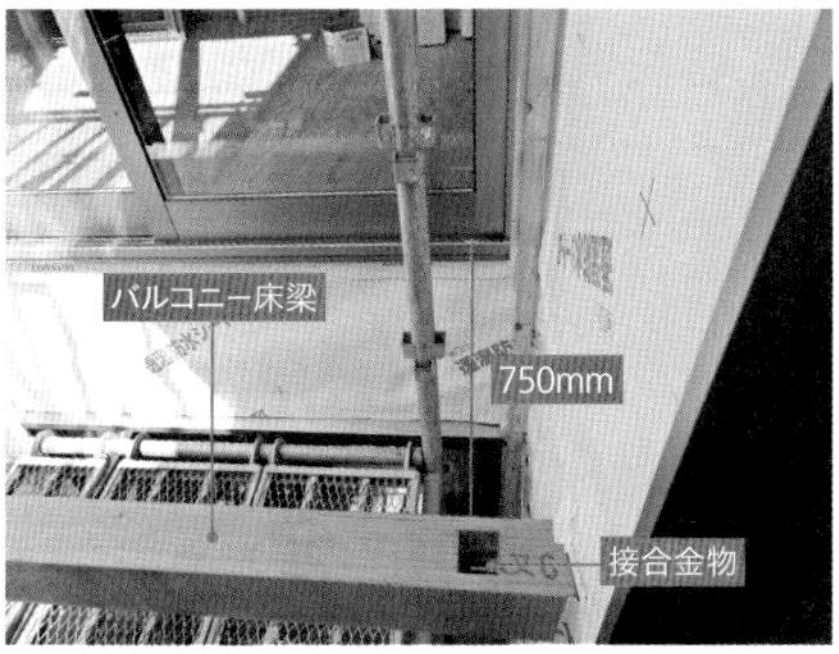
バルコニー床梁
750mm
接合金物

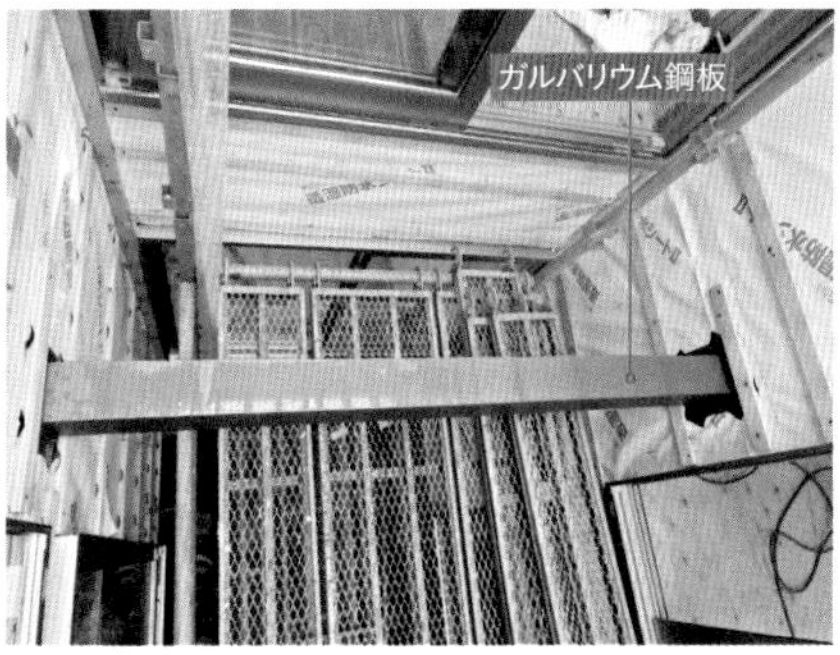
ガルバリウム鋼板

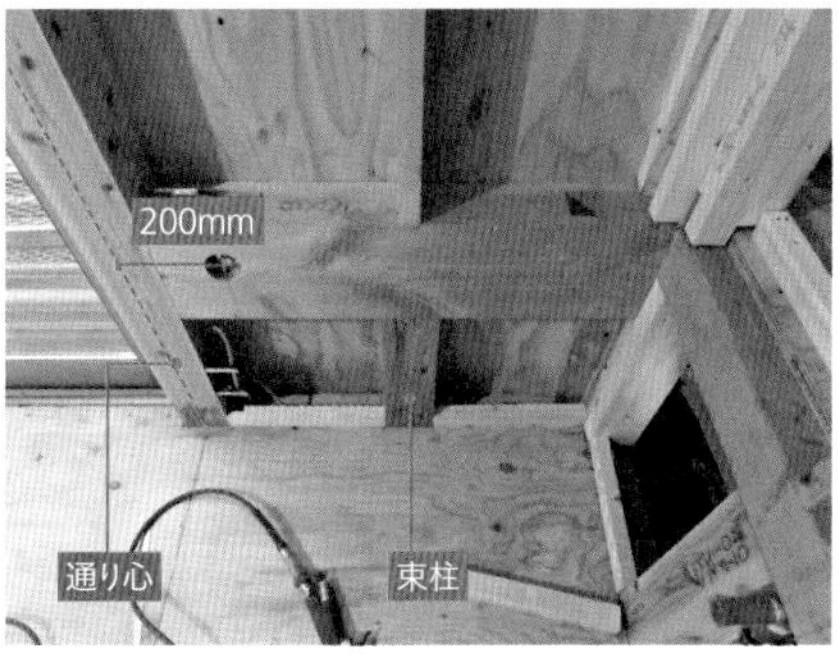
200mm
通り心
束柱

笠木
防水テープ
透湿防水シート
通気胴縁

通り心（910㎜モジュール）からのずれにより、梁を梁で受けるかたちとなった。ここでは、バルコニーを支える梁が心ずれしたため、床伏図・プレカット図上にそのずれを記載（750㎜）し接合方法を確かめた。また、スノコ敷きとなるため、梁はガルバリウム鋼板で包み、笠木をかぶせるようにして、梁に雨水の浸入を防いでいる

3 2階の床は根太レス仕様

構造用合板㋐24
フローリング㋐15
階段の框
2階床梁

2階の床は根太を設けずに根太レスとし、構造用合板（24㎜厚／N75、@150以下）で水平構面を固め、フローリングの下地としている。床の強さを示す床倍率は4。ただし、スキップフロアや吹抜けで床が切れる場合は注意

2 プレカット打ち合わせで梁の架け渡し方向を改良

クロゼット部分の梁の架け渡し方向は、プレカット段階の打ち合わせで短手に変更した。短手方向に架けることで耐力を向上させている［※］

2階床伏図［S＝1：100］（元図［S＝1：50］）

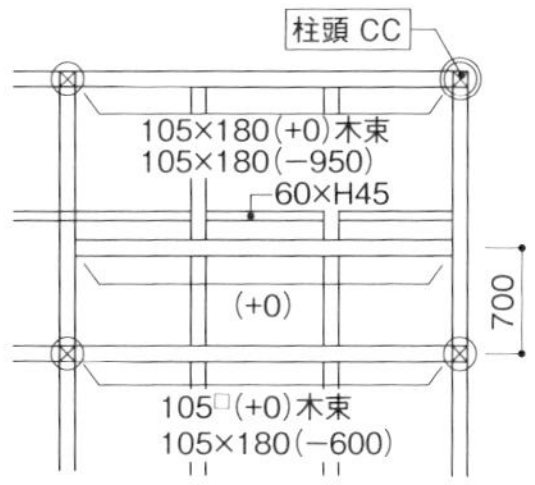
柱頭 CC
105×180(+0)木束
105×180(−950)
60×H45
(+0)
700
105□(+0)木束
105×180(−600)

4 心ずれしている柱のずれを数値で示す

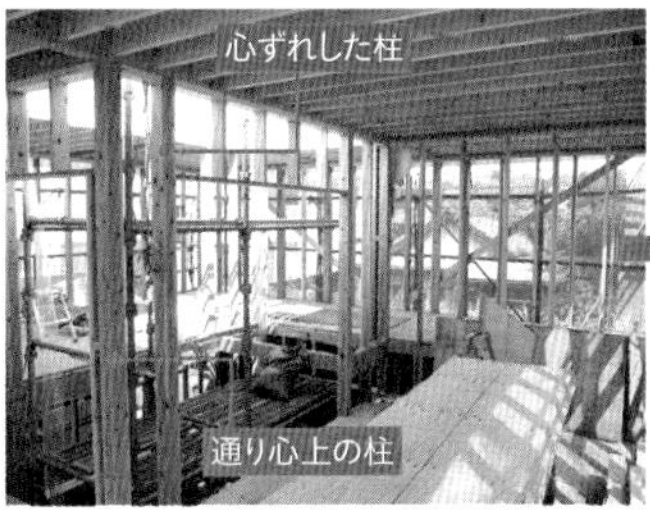
心ずれした柱
通り心上の柱

2,100mm
2,150mm

開口部の幅に影響されて柱が通り心からずれることがある。その場合も、通り心からのずれを床伏図上に記載して、プレカット図上で確認を行う。ここでは、開口部の幅が2,150㎜なので、モジュールから400㎜ずれた位置に柱を立てた

※ 単純梁（両端支持梁）の場合、集中荷重時におけるたわみδは$PL^3/48EI$で、スパン（L）の3乗に比例する。スパンが2倍になれば、$2L^3$となるので、たわみ量は8倍となる

4 接合部の金物を見せない場合は現場補強を要する旨を明記

ボルトを使用せずに
柱・梁と接合

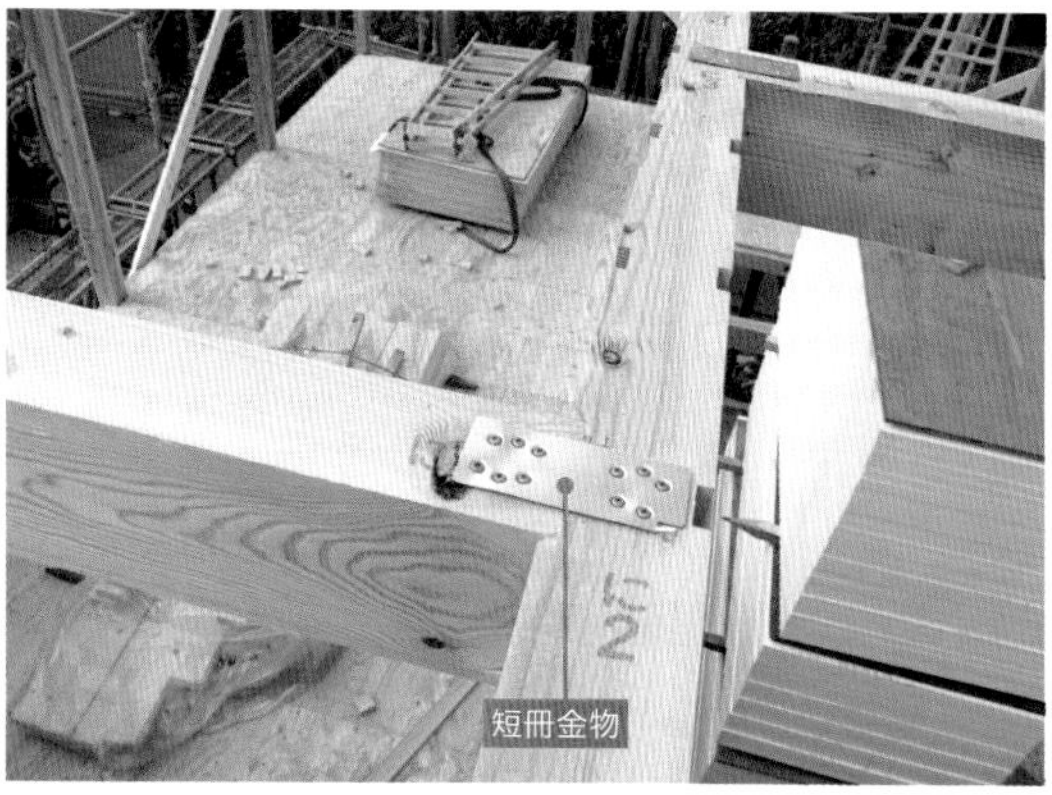
短冊金物

通常は梁の引き抜きを防止するため、他方の梁に貫通させるように、梁側面に羽子板金物を取り付ける。化粧梁には梁天端に箱彫りを行い、他方の梁側面に丸座やボルトを露出させることが多い。しかし、他方の梁側面にも丸座やボルトを露出させたくないケースや、ボルトと根太が干渉するケースもある。ここでは、剛床であることを逆手にとり、床合板によって梁の引き抜きを抑え、ボルト接合を省略した。仮組時にずれないよう、梁天端は簡易な短冊金物で補強した

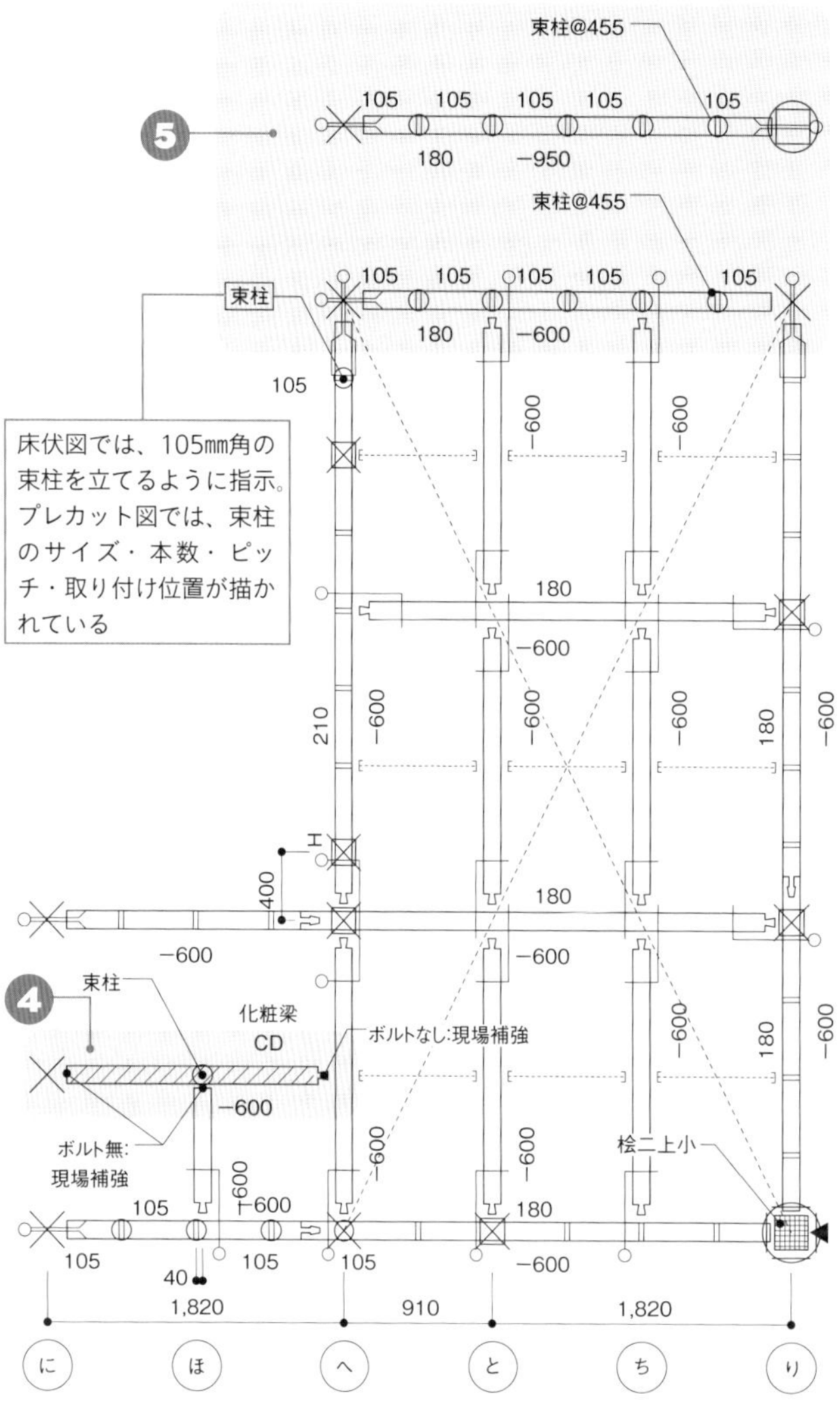
束柱@455
5
105
180
−950
束柱@455
束柱
−600
床伏図では、105㎜角の束柱を立てるように指示。プレカット図では、束柱のサイズ・本数・ピッチ・取り付け位置が描かれている
210
400
H
4
束柱
化粧梁
CD
ボルトなし:現場補強
ボルト無:
現場補強
桧二上小
40
1,820
910
1,820
に
ほ
へ
と
ち
り

2階床(−600)

竣工

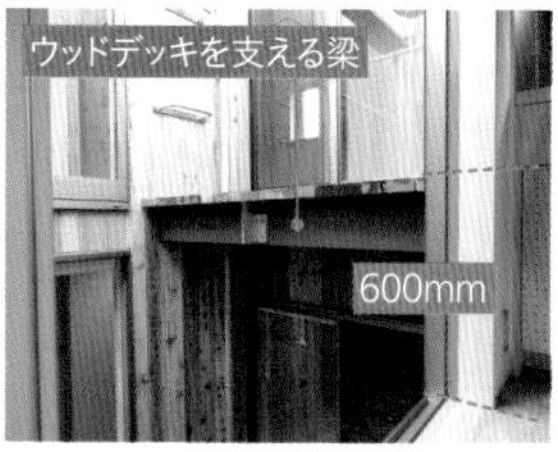
ウッドデッキを支える梁
600mm

ウッドデッキの床レベルは、リビング・寝室と同じ。床を支える梁はキッチンよりも600㎜高い位置にある

化粧柱

ダイニングから本棚・クロゼットを見る。床の段差は600㎜。手摺壁と取り合う化粧柱の背割れ位置は反対側

<特記なき限り>
桁・梁(角):105□
桁・梁(平):105□
管柱[大壁]:105□
間柱:上加工(欠)・下加工(欠)
間柱ピッチ:@455
根太彫(合板受け):60×45@910
★…横架材上端座彫
☆…ビスまたはコーチ留め
※…ボルト穴延長
化粧梁:米松KDプレーナー3面
端部上端角穴ボルト
もしくは現場金物補強

プレーナー処理(印字なし)

スキップフロアを設けているため、プレカット図は床のレベルごとに2枚提出された

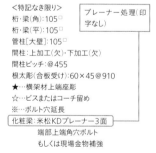

5 スキップフロアは床の切れ目を強固につなぐ

束柱を立てることで、上下の床を構造的につないでいる

2,335mm
2,935mm
600mm

スキップフロアでは、段差で床が切れるため、大きな水平力を受けたときに床が変形してしまうおそれがある。段差の隙間を埋めるように構造用合板で上下の梁をつなぐ方法もあるが、ここでは、キッチンの配管スペースとして床段差を利用。段差部分に束柱を立てて接合し、配管スペースを確保しつつ、水平構面を固めた。束柱の本数・ピッチ・取り付け位置をプレカット図で確認のうえ、プレカット図のとおり施工するように依頼している

2階床プレカット図 [S＝1：60]（元図 [S＝1：50]）

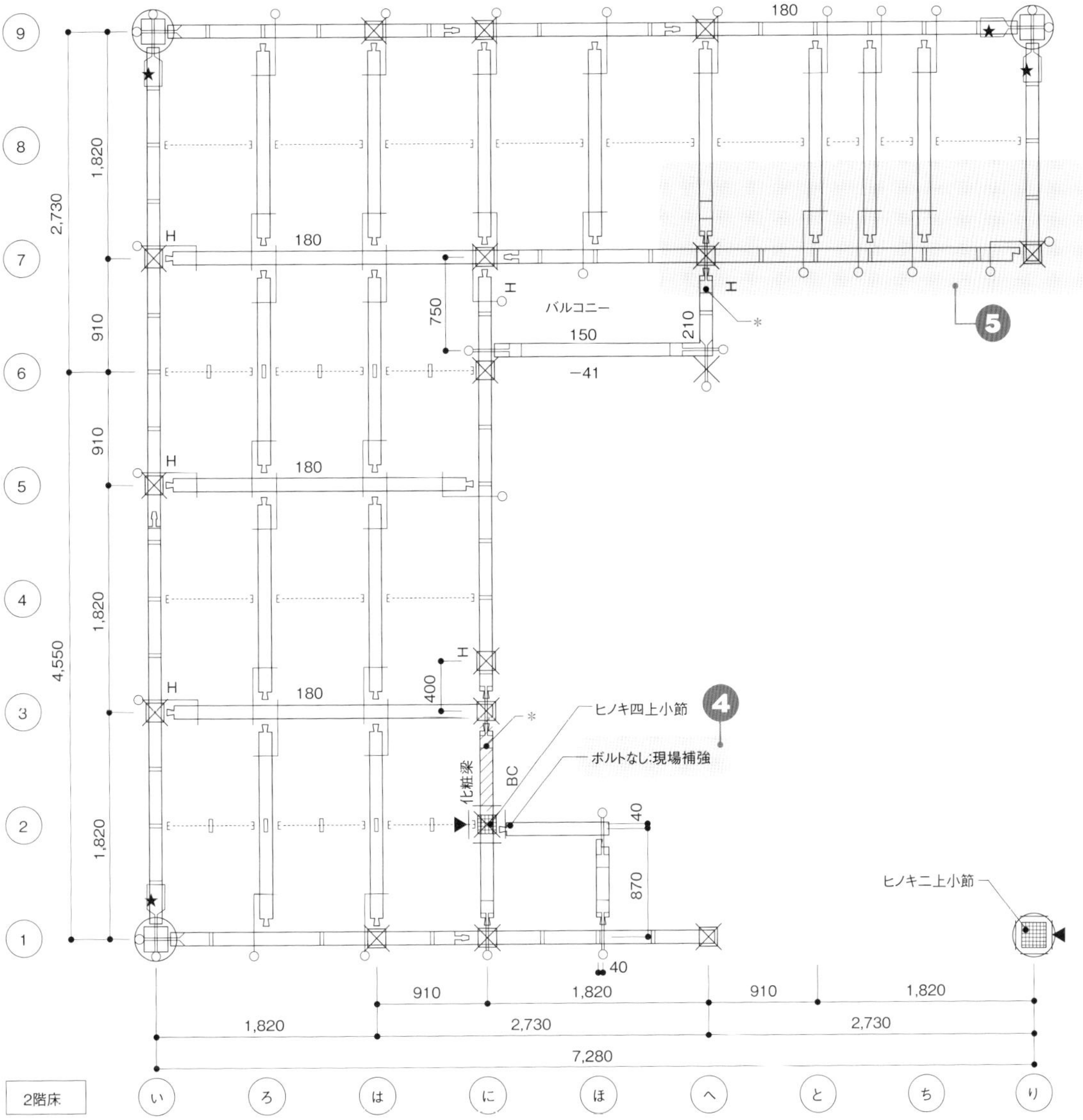
9
8
7
6
5
4
3
2
1
2,730
1,820
910
910
1,820
4,550
1,820
H
180
750
バルコニー
150
210
−41
5
400
ヒノキ四上小節
4
ボルトなし:現場補強
化粧梁
BC
40
870
40
ヒノキ二上小節
910
1,820
910
1,820
1,820
2,730
2,730
7,280
2階床
い
ろ
は
に
ほ
へ
と
ち
り

小屋伏図

小屋組を露すときの寸法の追い方

小屋伏図は、小屋組をどのように構成するのか、どのように梁を渡すのか、設計上の考えが凝縮された図面である。とくに天井を露しにする場合は小屋組の見え方に注意が必要となる。通常、2×4材や、構造用合板には番付や部材ナンバーが印字されているので、意匠上好ましくない。プレカット業者には、あらかじめ「印字なし」の指示を行うようにする。

構造は意匠上の納まりと密接にリンクさせて考える必要がある。梁を心ずれさせた本事例のように、複雑な操作が必要な場合は、施工において間違いが起きないように、心ずれの方向と寸法を注意深く図面に記載するのが望ましい。［関本竜太］

小屋伏図［S＝1：60］（元図［S＝1：50］）

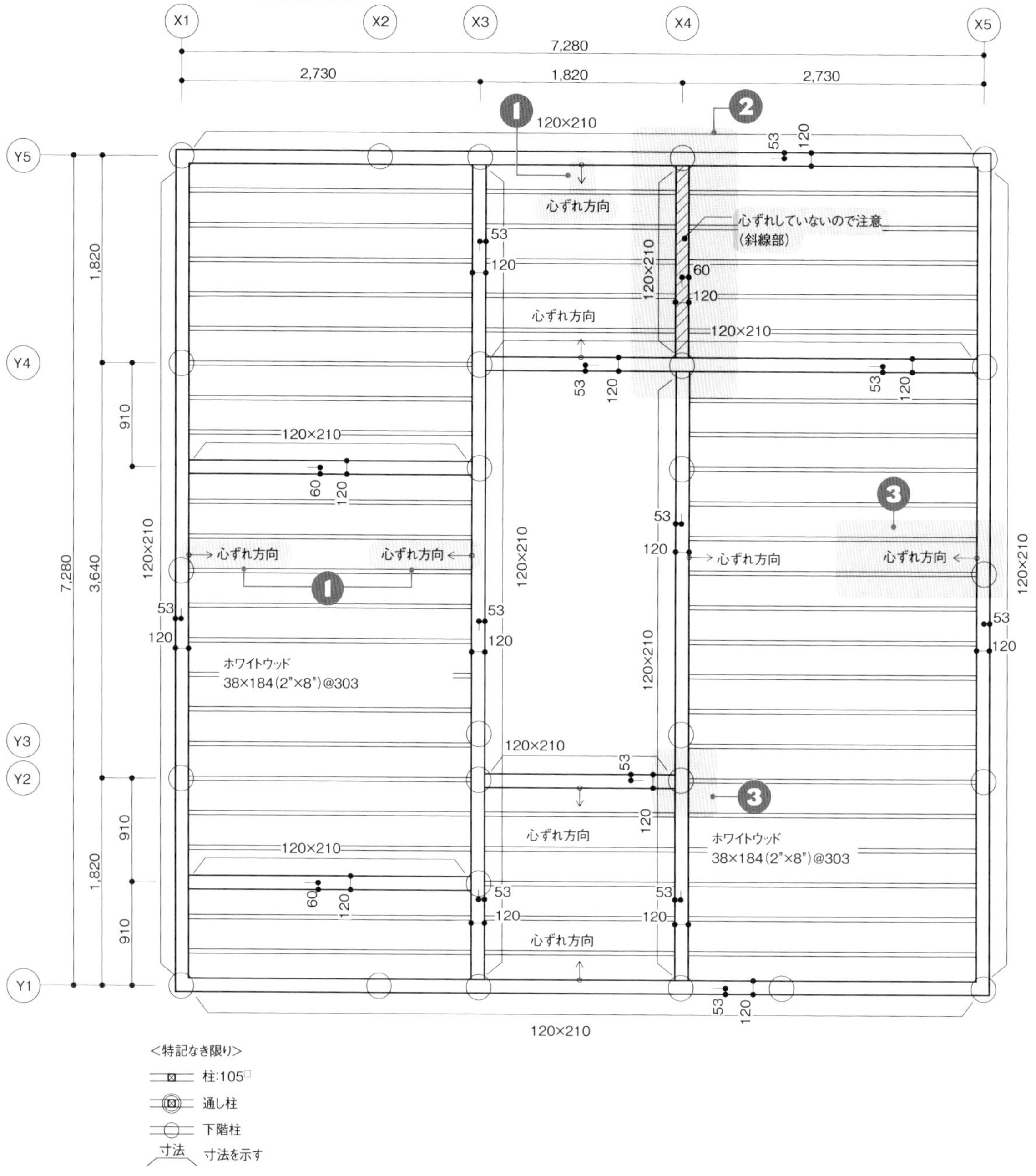

1 “チリ”のための梁の心ずれ方向を指示

事例では内装の壁仕上げをシナ合板張りで納めた。外周部の梁幅を一般部の105㎜とは異なり120㎜幅とし、室内側に心ずれさせることで、壁仕上げとの“チリ”をつくり、梁下で仕上げ材を見切るようにしている

2 心ずれさせない梁はハッチで識別

心ずれさせる梁と、させない梁が混在する場合は、図面上で分かりやすく指示する。梁下に構造柱がなく、チリをつくるのに心ずれさせる必要がない梁は、斜線を掛けて分かりやすく表記した

3 梁と壁仕上げの取合いは別途詳細図で指示

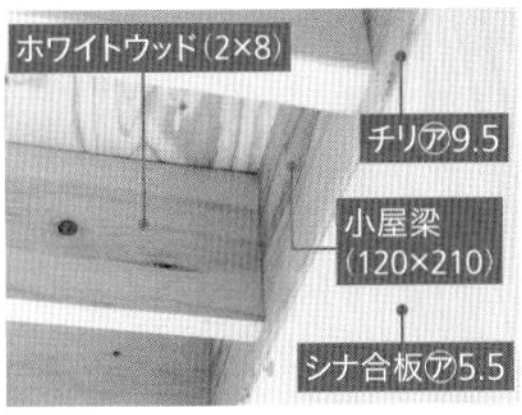

詳細の納まりは構造図ではなく、矩計図および断面詳細図で、梁と壁下地・仕上げ材の取合いを描き、現場に意図を正確に伝える。納まりのポイントとなる出隅部分は、特記事項として別途示した

断面詳細図［S＝1：4］（元図［S＝1：2］）

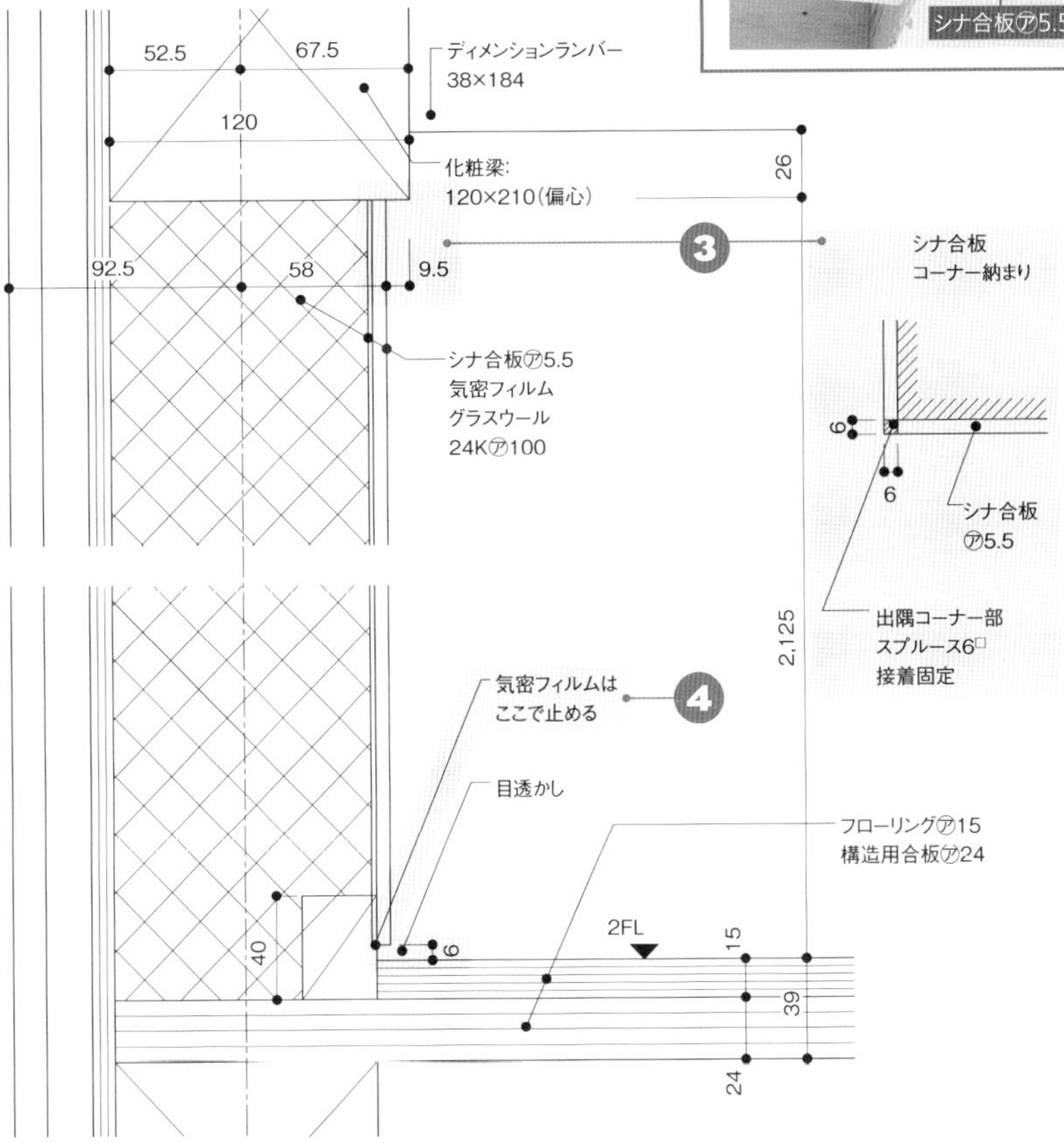

4 下地材の露出に注意

壁と床の間に目透しを設ける場合、下地材が露出しないように注意する。ここでも、6㎜の目透しを設けるため、通気フィルムを合板と同じ位置で見切るように特記している

小屋伏図（プレカット図））[S＝1：60]（元図 [S＝1：50]）

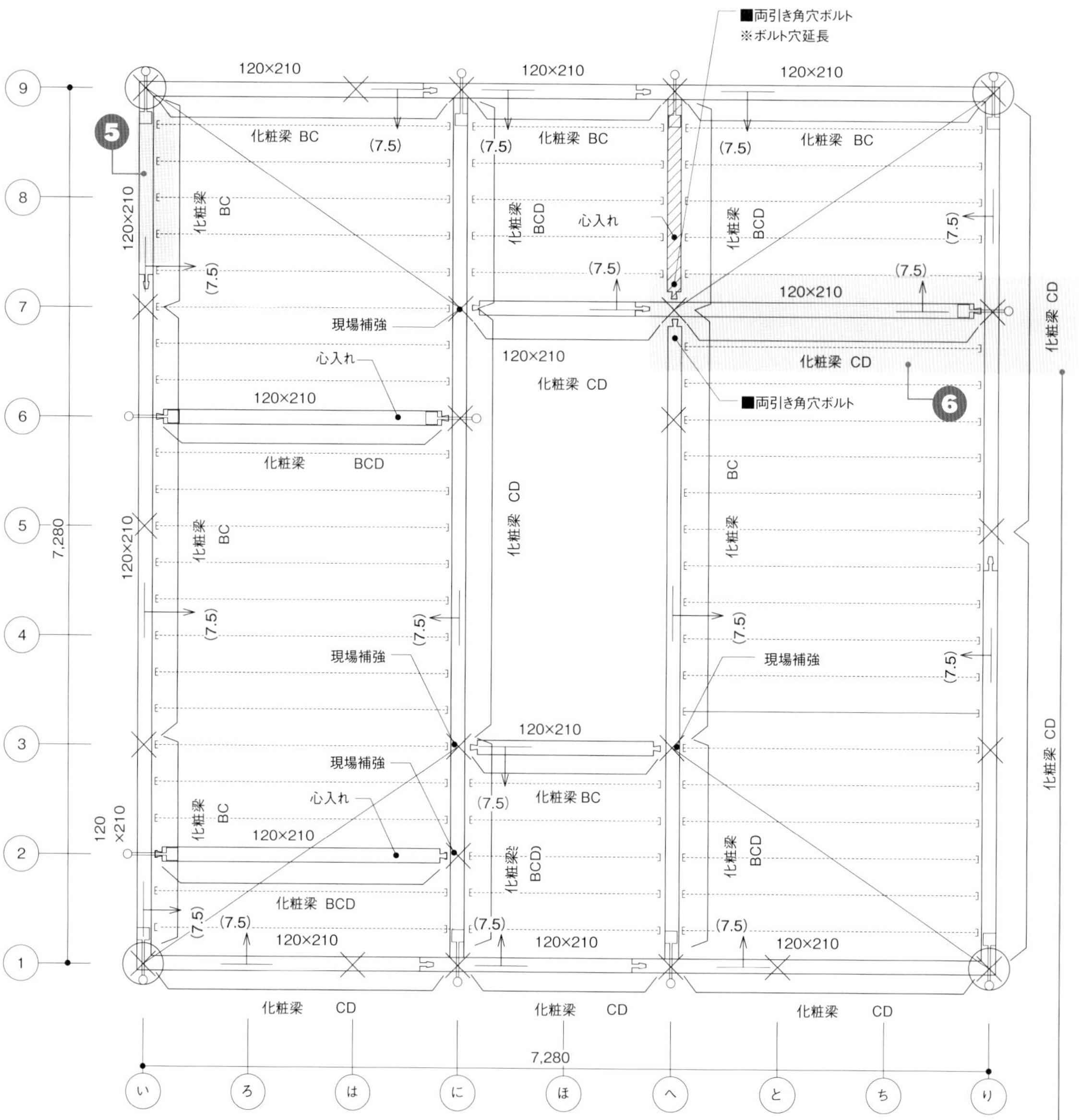

<特記なき限り>
桁・梁：120×210
間柱：上加工（欠）・下加工（なし）
間柱ピッチ：@455
火打梁：なし
※…ボルト穴延長
化粧梁：ベイマツKDプレーナー
【2面もしくは3面】
端部上端角穴ボルト
■…工場手加工
根太彫（垂木落とし込み）：38×184
ルーター跡なし
根太彫拡張　工場手加工願います

5

は心ずれの寸法を示す（7.5㎜）
← は心ずれの方向を示す

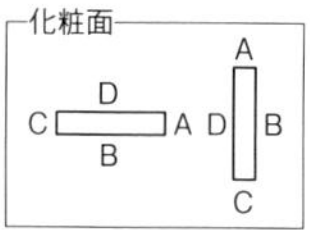

X方向・Y方向の梁を真上から見た図。4つの側面に記号が付けられており、プレカット図には化粧となる面の記号が記載されている

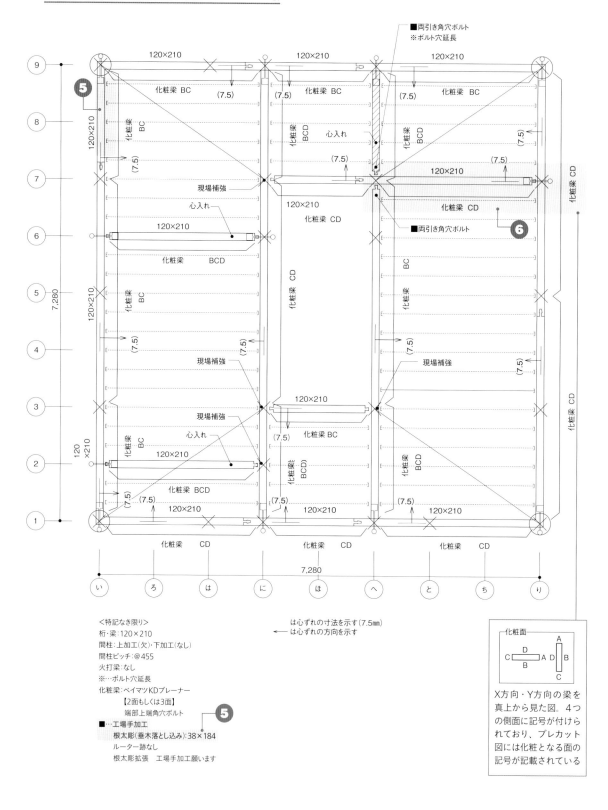

5 小屋組を露すときは梁の仕口に隙間をつくらない

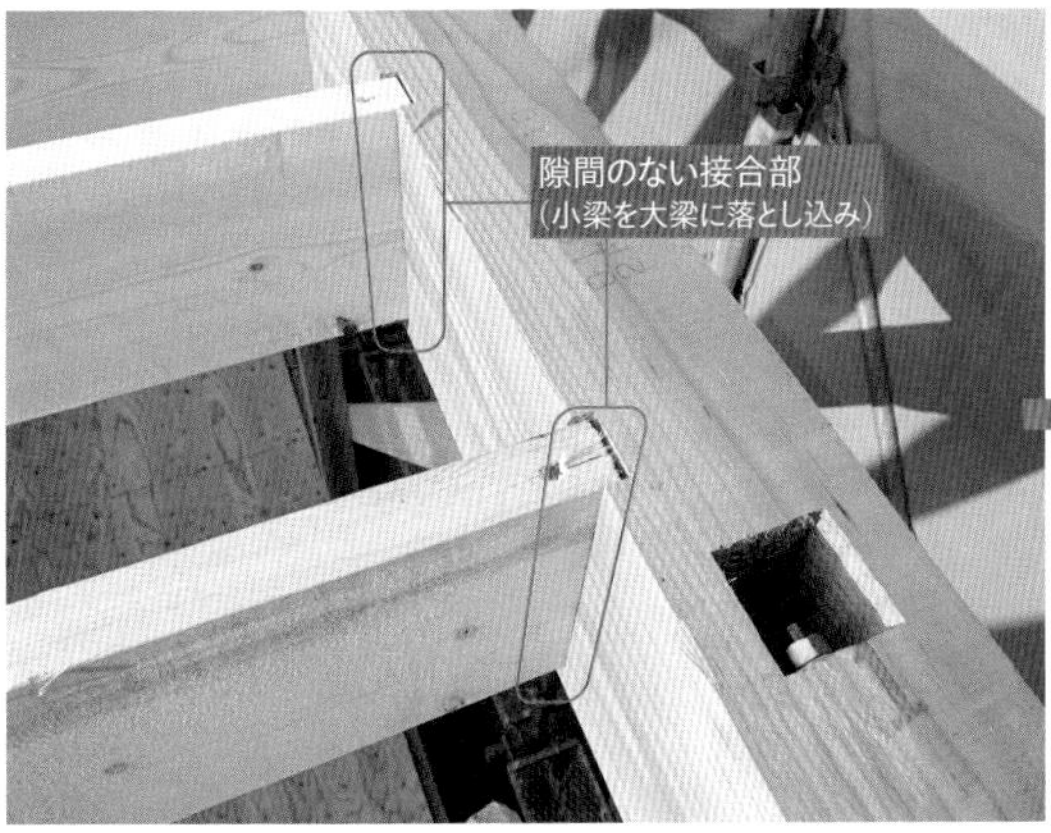
隙間のない接合部
（小梁を大梁に落とし込み）

野地板（構造用合板）
小梁（2×8）
小屋梁

小梁（2×8）
小屋梁（120×210）

露しにする小屋梁（小梁）は2×8材。303㎜ピッチで細かく架けて、繊細な構造がそのまま意匠上の表現となるよう意図している。このとき、大梁と小梁の接合部に隙間が生じて美しさが損なわれないよう、プレカット業者に手刻みによって仕口が直角になるように指示しておく必要がある

梁の接合位置や方法を指示する

プレカット図では、伏図には表示されていない梁の接合部に関する具体的な方法が示されている。化粧梁は金物を一切露出させない現場補強［116・117頁参照］としている

6 露しにする面としない面が混在する場合は特記

反対側のみ
化粧となる小屋梁

下がり天井で
梁は見えない

小屋梁
（この面のみ露し）
ウォークイン
クロゼット

化粧梁といっても、すべての面を露しにするとは限らない。隠れる面と露しにする面の区別についてはプレカット図承認までの段階で、施工者・プレカット業者と共通認識を確立しておく

軸組図

骨組を立体的に可視化する

軸組図では、床伏図で表現した構造の立体的な取合いを示す。とくにスキップフロアにする場合や、複雑な屋根架構がある場合などは、軸組図での検討が不可欠となる。梁の継手位置や、梁が立体的に交差する場合にどちらを勝たせるかなど、検討は詳細におよぶ。床伏図さえあればプレカット業者が施工図面を起こしてくれるので、現場での指示はできるが、軸組図を描くと納まりの不具合に気づくことも多い。「スキップフロアで同一平面上で床梁が交差する箇所」「耐力壁を配置する横架材間の距離が構造用合板の規格寸法を超える箇所」などは、軸組図を見て立体的な納まりがイメージできるようにすると安心だ。［関本竜太］

Y4通り軸組図［S＝1：60］(元図［S＝1：50］)

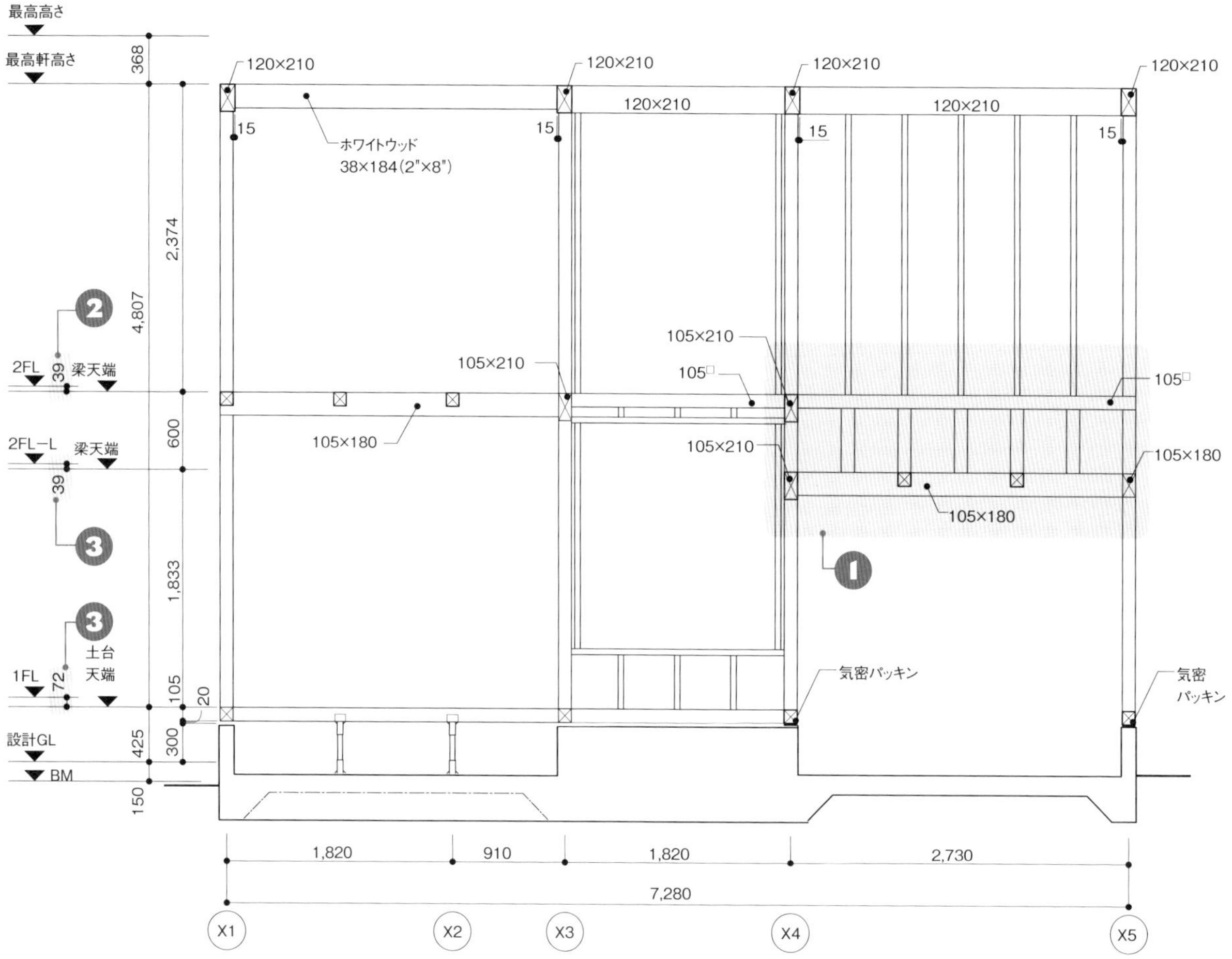

2階平面図 ［S＝1：120］

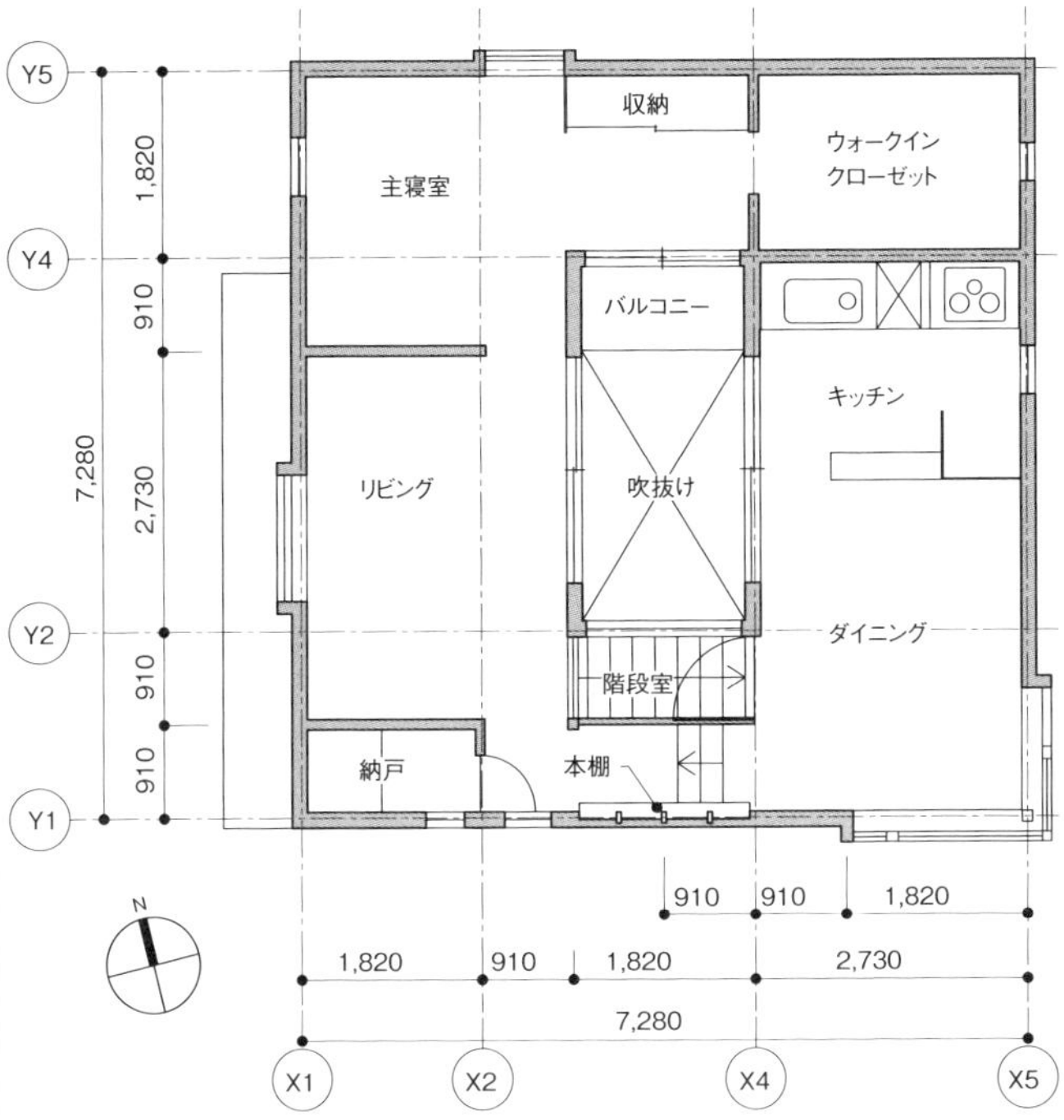
Y5
Y4
Y2
Y1
1,820
910
2,730
910
910
7,280
収納
主寝室
ウォークイン
クローゼット
バルコニー
キッチン
リビング
吹抜け
ダイニング
階段室
納戸
本棚
N
910
910
1,820
1,820
910
1,820
2,730
7,280
X1
X2
X4
X5

1階平面図 ［S＝1：120］

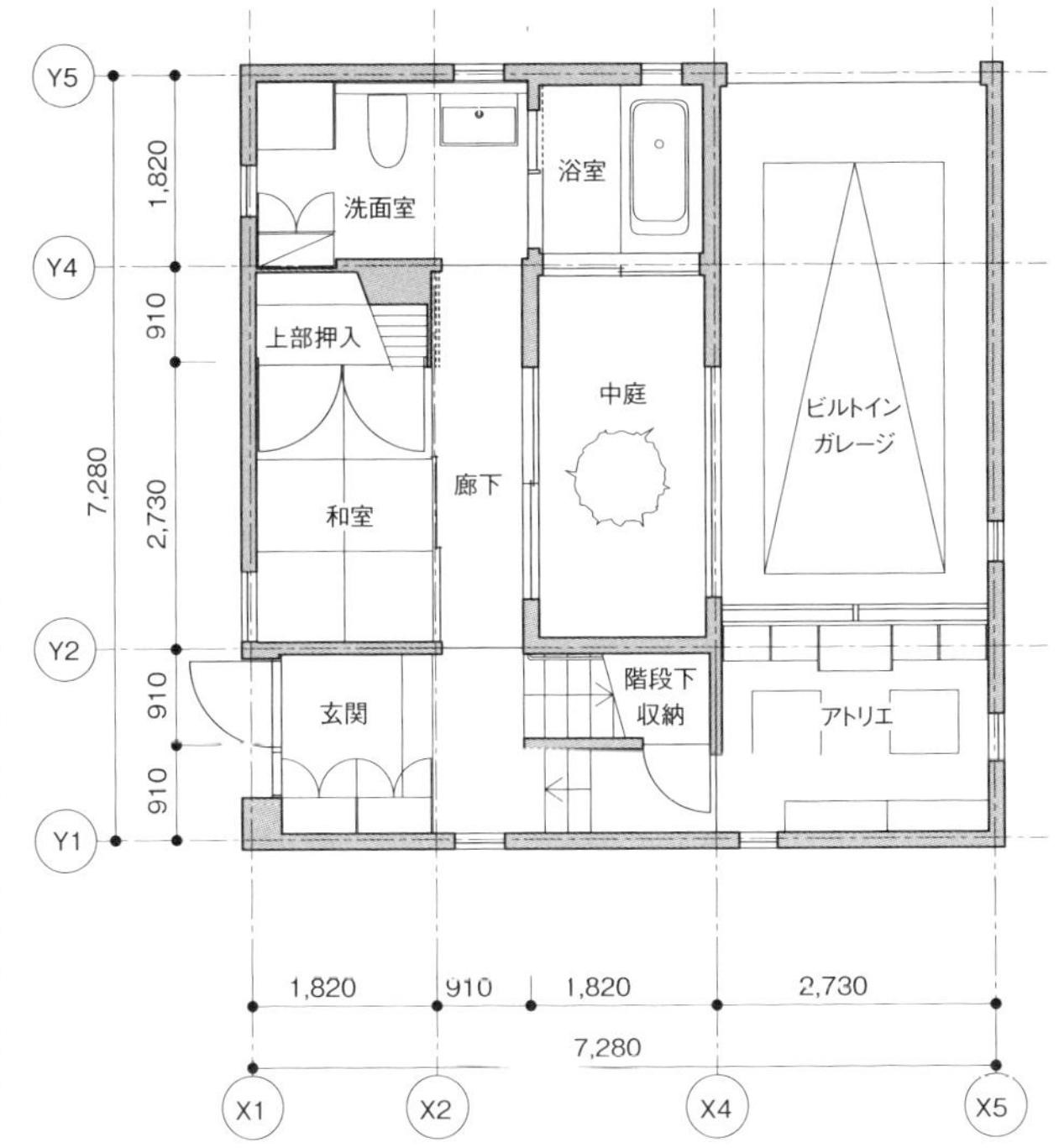
Y5
Y4
Y2
Y1
1,820
910
2,730
910
910
7,280
洗面室
浴室
上部押入
中庭
ビルトイン
ガレージ
和室
廊下
玄関
階段下
収納
アトリエ
1,820
910
1,820
2,730
7,280
X1
X2
X4
X5

軸組図は多くの通り心で描くのが理想

整合性の高い設計のためには、軸組図は多くの通りを描くことが望ましい。中庭のあるロの字プランのこの住宅では、X／Y通りの合計で8通りの軸組図を作成した。いずれもロの字を構成する通りのもので、スキップフロアになる2カ所についても軸組図を描いている

1 梁が平面上で重なる場合は軸組図で検討を行う

束柱
上弦梁
600mm
下弦梁

仕上げ:
フレキシブルボード

梁が平面上で重なるスキップフロアは、軸組図で梁の位置関係や接合方法を確認する。ここでは、上弦梁と下弦梁を束柱で接合した

2 フロアレベルも高さ情報に盛り込む

高さ方向の寸法の情報は、主要構造部材の天端だけでなく、仕上げを含めたフロアレベルの寸法も記入する。主要構造部の寸法だけでは現場で寸法の整合性を確認することが難しくなる。矩計図の寸法を基準にしたフロアレベルを寸法の基準として記入することでより確実に図面を検討できる

3 根太組を配管の隠蔽に利用する

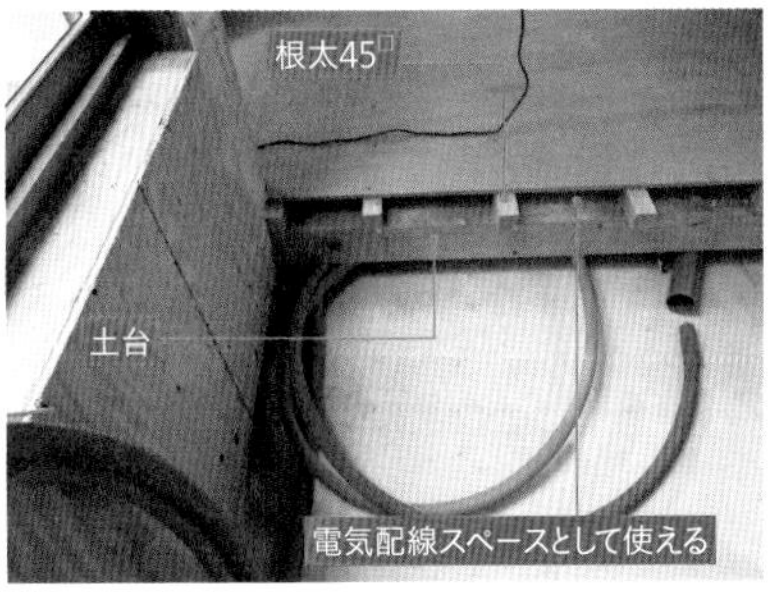
根太45
土台
電気配線スペースとして使える

1階と2階で床の厚みが違う（1階72㎜・2階39㎜）のは、1階床を根太組、2階床を根太レスの剛床としているから。壁内を通って2階から降ろしてきた配管を1階の床下に隠蔽したまま引き回すために、1階の床を根太組にした。根太によって生じる隙間（ここでは45㎜）に配管を通して床下に引き回すことができる。また、万が一基礎の立上りに不陸が生じても、根太で吸収することができる

Y4通りプレカット図［S＝1：80］(元図［S＝1：60］)

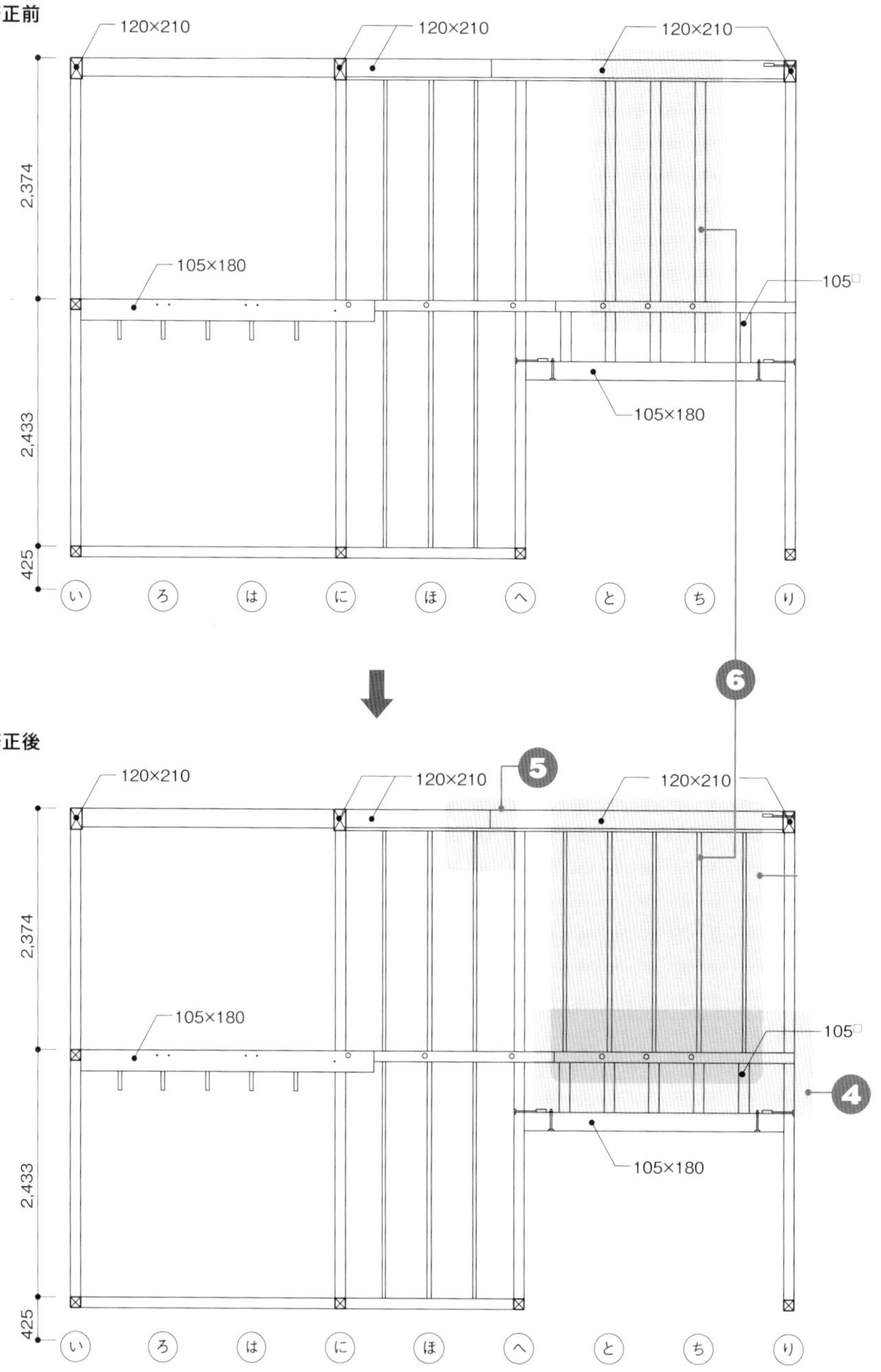

5 梁の継手位置を確認

軸組図では表現していない梁の継手位置を確認する。現場では、羽子板ボルトや短冊金物などで緊結されていることを確認する

4 梁の側面に取り付けるボルトの位置を確認

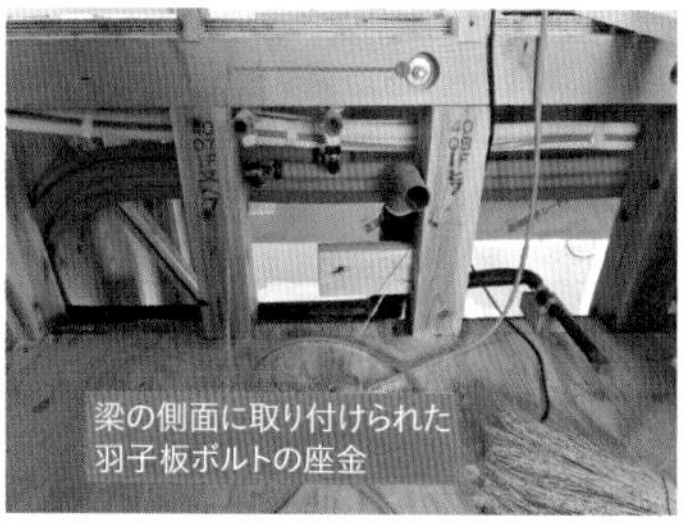

梁の側面に取り付けられる金物は、軸組図（プレカット図）で確認する

軸組図［S＝1：60］（元図［S＝1：50］）

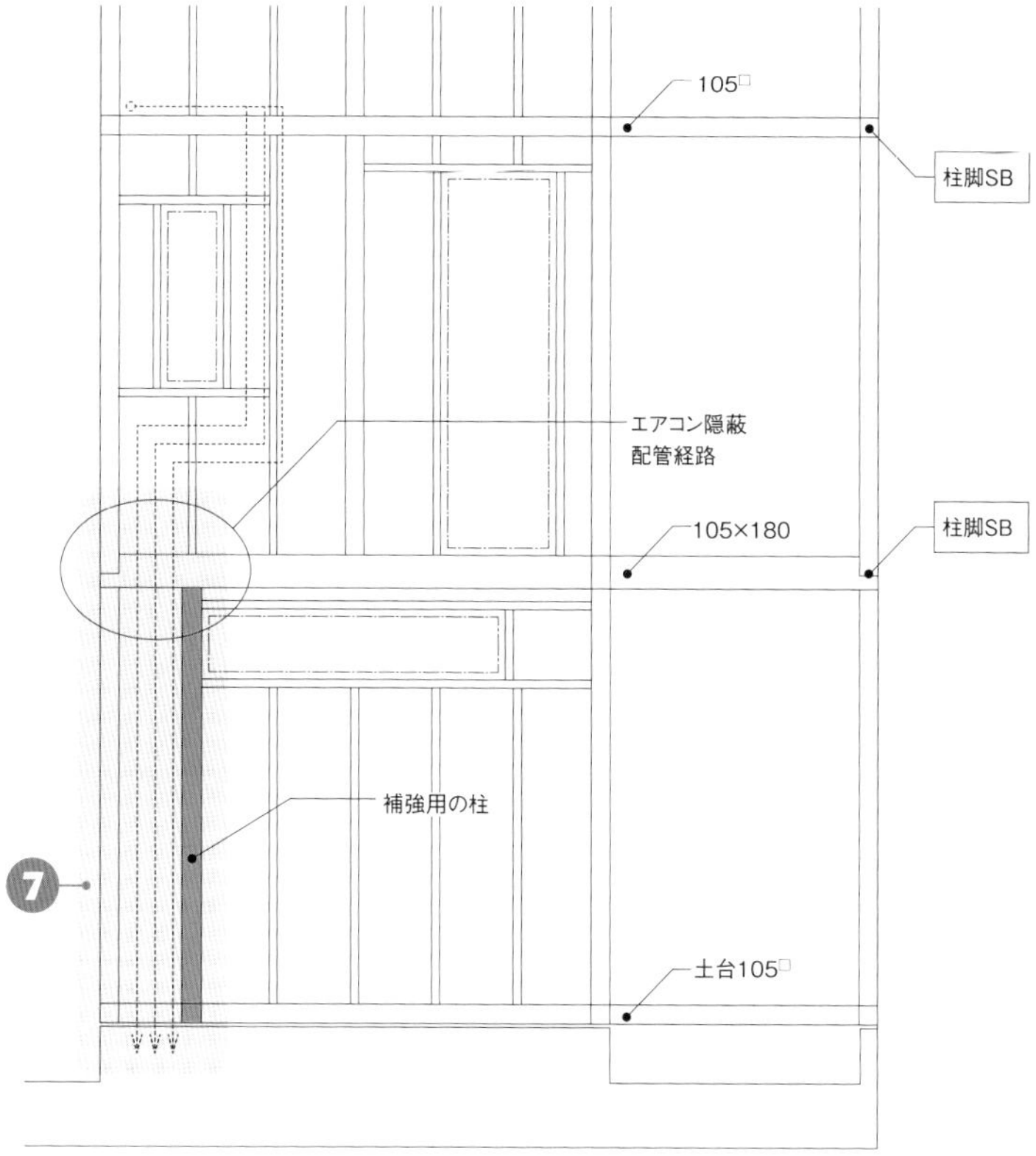
105□
柱脚SB
エアコン隠蔽
配管経路
105×180
柱脚SB
補強用の柱
7
土台105□

＊別の住宅の軸組図および写真を掲載

7 配管で梁の切欠きが予想される場合の対処法

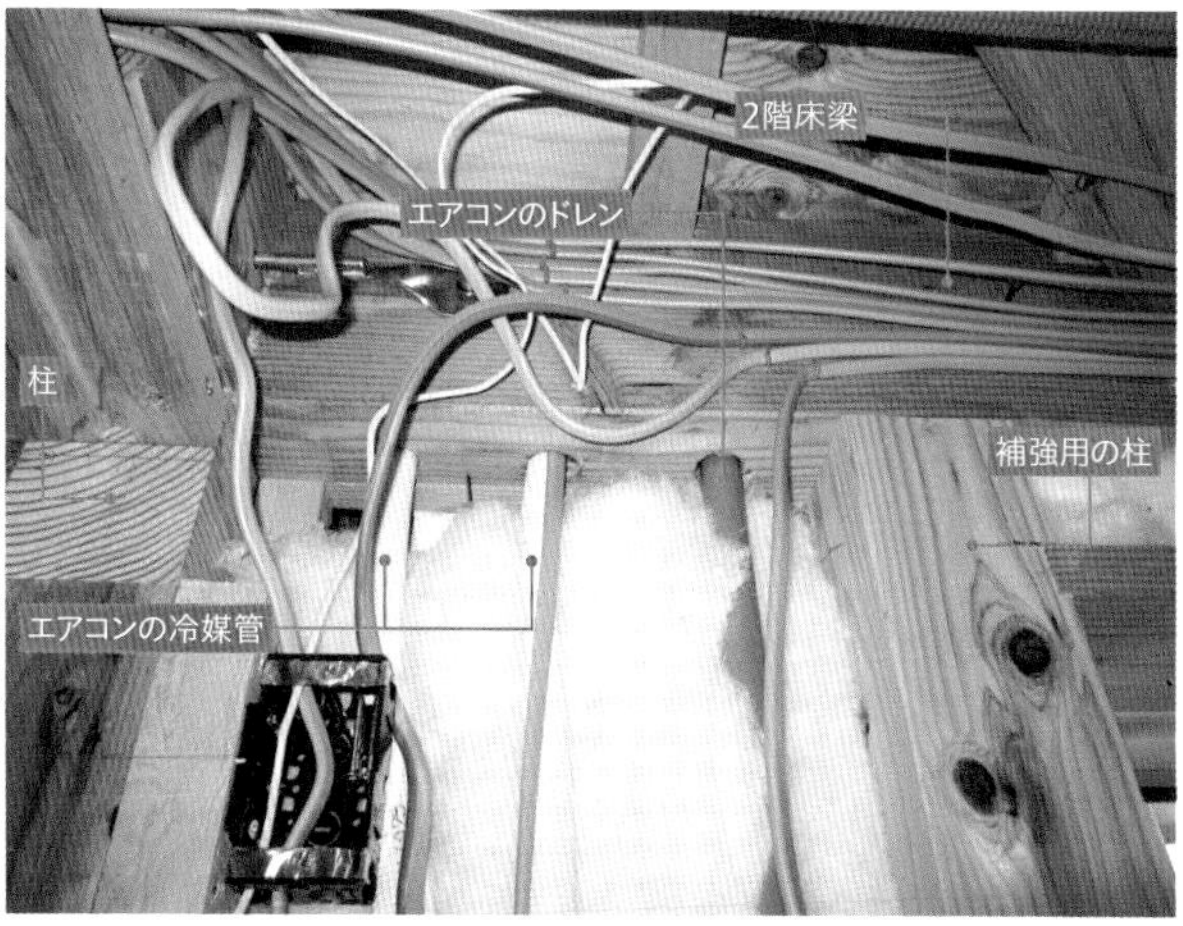
2階床梁
エアコンのドレン
柱
補強用の柱
エアコンの冷媒管

住宅では配管スペースの確保が難しく、かなりタイトなルートとなることも多い。そのため、配管を通すために、梁などを欠き込まざるを得ないこともある。梁欠き込みが予見される場合は必要な補強などの指示まで記載しておくと、後々トラブルになりにくい。補強の柱を追加で立てるなど、梁の断面欠損による耐力低下を補うことなどが考えられる

6 軸組図とプレカット図の齟齬はただちに修正

間柱

軸組図とプレカット図で食い違いがある場合は、プレカット図を必ず確認し、正しいものに修正していく。本事例では、間柱とするように軸組図で指示したところ、プレカット図では柱とするよう指示が変更されていたので、間柱とするように修正した

給排水衛生図

水廻りが2階の場合の排水方法

給排水衛生図では設備機器をリストアップし、それらの位置、当該部位までの配管ルート（外部配管も含む）などを明確に示すことが重要である。配管径の大きな排水管は、配管スペースの確保や排水勾配の確保が適切であるかどうかを確かめる必要がある。とりわけ、水廻りが2階に設置され、水平構面を固めるために根太レスとする場合は、配管を通すための2階の床下空間が十分に確保できないこともある。そのため、敷地内排水桝へ無理なく配管を通せるように、排水ルートを検討しなければならない。小上りやスキップフロアがあれば、そこから比較的容易に排水管を引き回すことができる。［関本竜太］

1階給排水衛生図［S＝1：100］

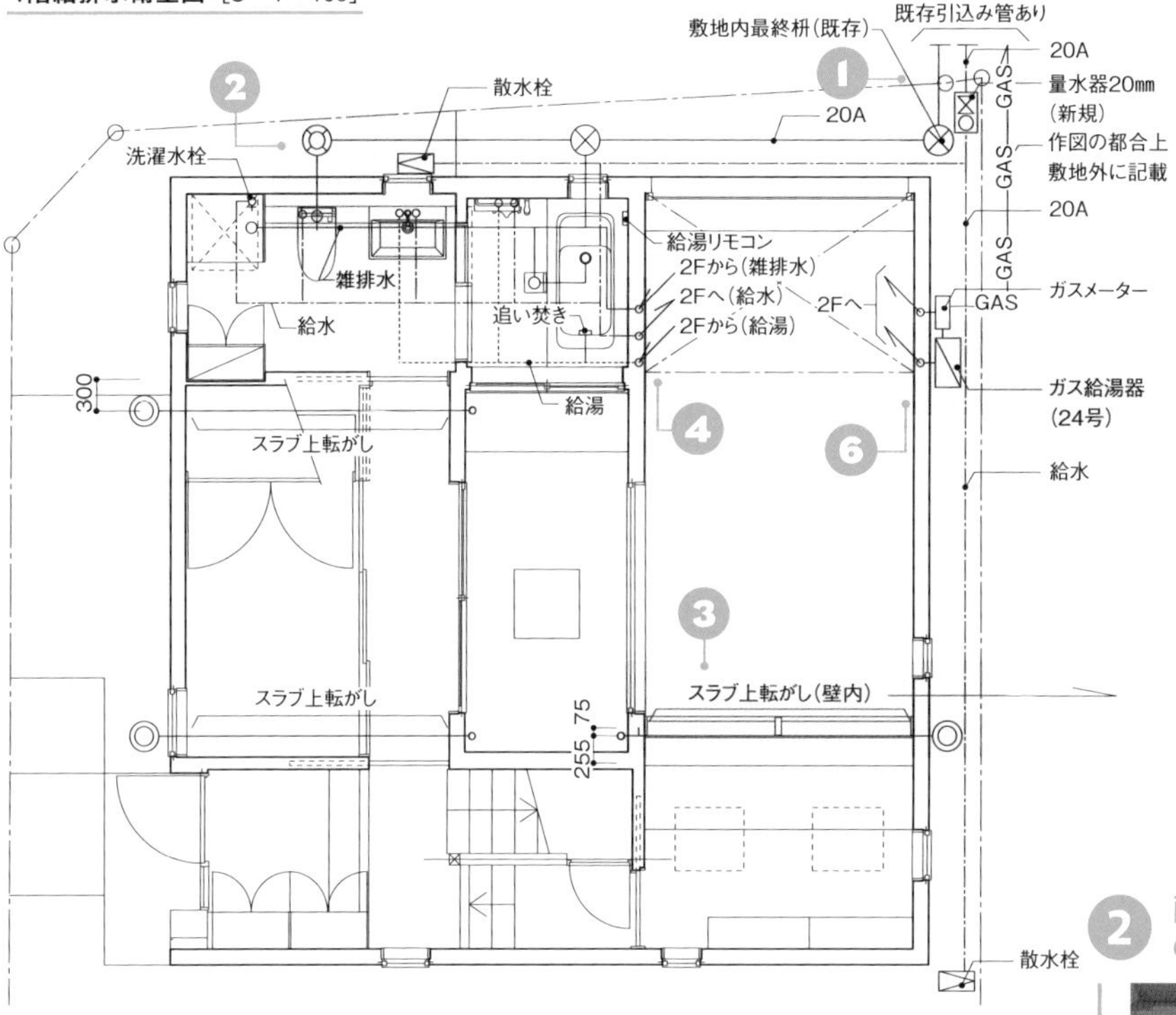
既存引込み管あり
敷地内最終枡(既存)
20A
量水器20㎜
(新規)
作図の都合上
敷地外に記載
GAS
20A
ガスメーター
ガス給湯器
(24号)
給水
散水栓
洗濯水栓
雑排水
給水
給湯リモコン
2Fから(雑排水)
2Fへ(給水)
2Fから(給湯)
2Fへ
追い焚き
給湯
300
スラブ上転がし
スラブ上転がし
スラブ上転がし(壁内)
75
255
散水栓
1
2
3
4
6

1 量水器と敷地内最終枡の確認

敷地内最終枡
量水器

事前調査時に敷地内の量水器の位置を確認し、図面に反映させる。量水器では口径の確認も重要。2階に水廻りを計画する場合は最低でも20㎜は必要となる。敷地内最終枡はその深さも確認し、排水勾配を十分に確保する

2 配管の径が大きいトイレの排水管には注意！

トイレの給水管
洗面台の排水管
床排水
トイレの排水管
(φ100)
洗面台の
給水・給湯管

配管のうち、給水管、給湯管、ガス管などは管径も小さく比較的自由な振り回しが可能だが、汚水管、雑排水管は管径が大きく、床下や天井懐に納まらないことがある。また所定の勾配（1／100～1／50）を確保しないと、排水が流れにくくなる

3 壁内に納まらない配管は造作家具を利用

部分詳細図［S＝1：50］

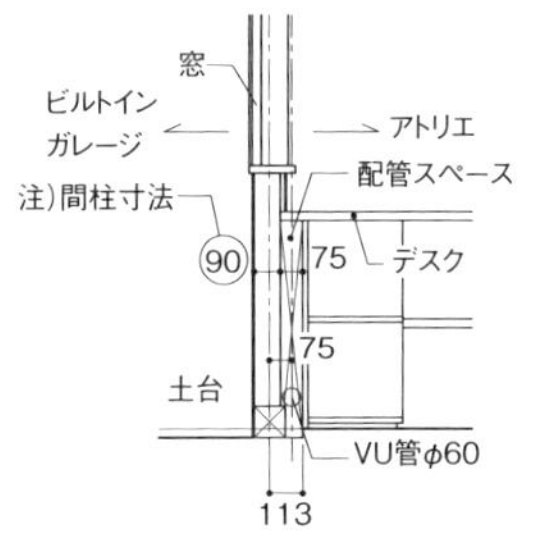
窓
ビルトイン
ガレージ
アトリエ
配管スペース
注)間柱寸法
90
75
デスク
75
土台
VU管φ60
113

転ばし配管は壁内に隠したいところだが、壁内に納まらない場合は、造作家具を設えるなどして、配管を通すのに必要なスペースを確保するとよい

間柱(90mm)
113mm

デスクを取り付けて
排水管を隠蔽

4 浴槽下のスペースは配管に利用

排水管（2階から）
給湯管（2階へ）

ハーフユニットバス

ハーフユニットバスや在来浴室の場合、浴槽の下にできるスペースを配管スペースに利用できる。ここでは2階からの雑排水配管と2階への給水・給湯配管を通すスペースに利用している。ただし、フルユニットバスではこうした対応ができないので注意

5 見逃せない配管の防音対策

防音対策済みの排水管
（2階キッチンから）

配管音の問題は見落としがちだ。とくに浴室やトイレの排水音は一度に大量の水が流れるため、寝室の付近は避けるか、防音性の高い断熱材などによる防音対策が必要である

2階給排水設備図［S＝1：100］

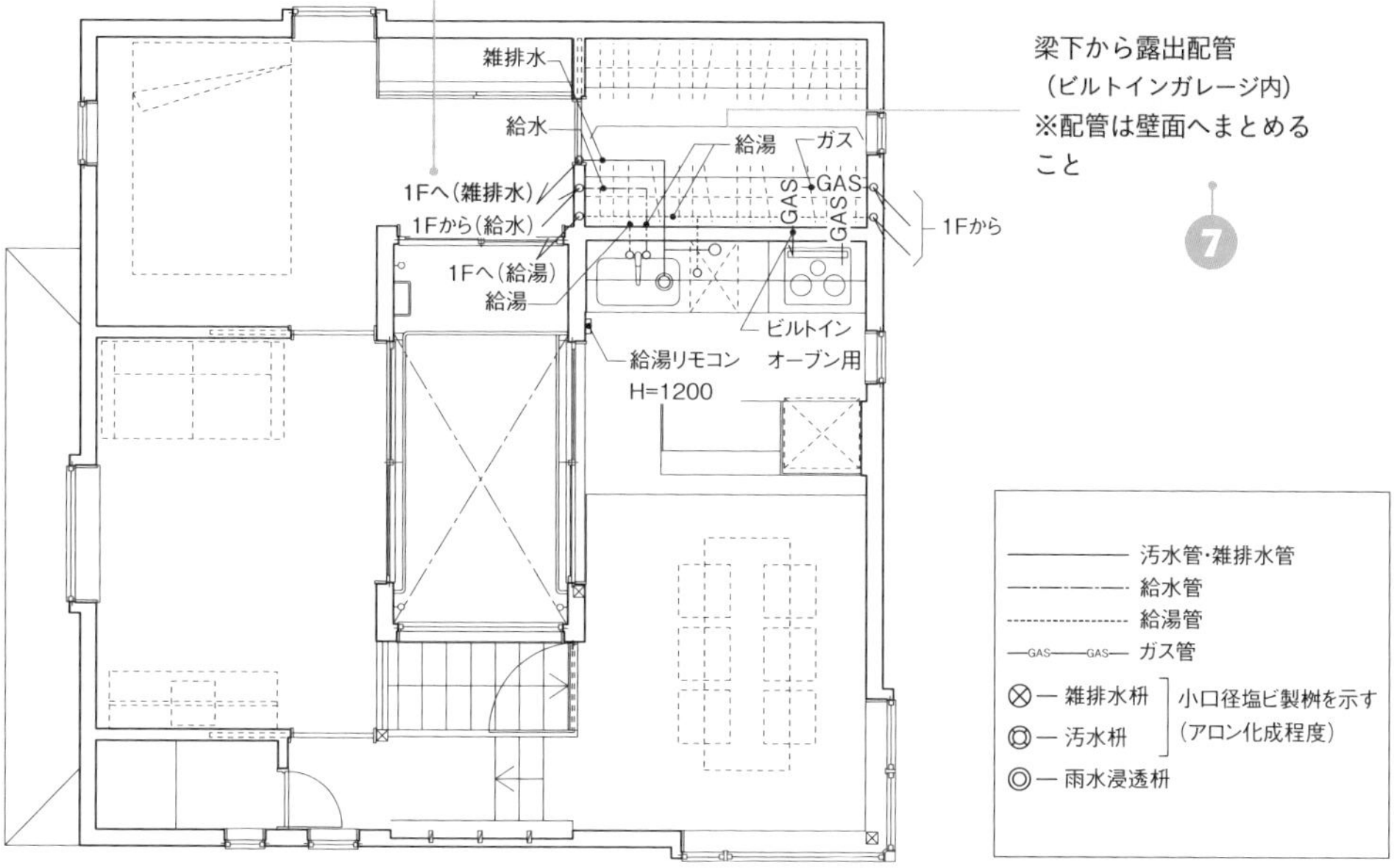
5
雑排水
給水
1Fへ（雑排水）
1Fから（給水）
1Fへ（給湯）
給湯
給湯
ガス
GAS
GAS
GAS
1Fから
ビルトイン
オーブン用
給湯リモコン
H=1200
梁下から露出配管
（ビルトインガレージ内）
※配管は壁面へまとめること
7
汚水管・雑排水管
給水管
給湯管
GAS GAS ガス管
⊗ー 雑排水枡
◎ー 汚水枡
小口径塩ビ製桝を示す
（アロン化成程度）
◎ー 雨水浸透枡

6 ガス給湯器は号数を図面に明記

間柱を貫通している給湯管

給湯管は土台上で屋内へ

都市ガスまたはLPガスボンベの供給地域をまず確認する（この建物は都市ガスの供給地域）。都市ガスの場合は引込みルートを現地で確認し、図面にプロットする。ガス給湯器は、号数を明記して発注ミスをなくす。ここでは、24号を採用。2階への給湯は土台上から給湯管を壁内に引き回し、2階のキッチンへとつないでいる

7 配管の露出・隠ぺいの意図を伝える

断面図［S＝1：200］（元図［S＝1：30］）

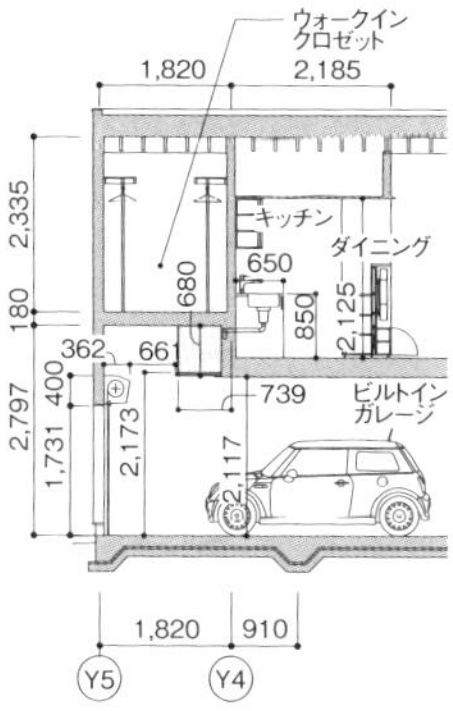
ウォークイン
クロゼット
1,820
2,185
2,335
180
2,797
1,731
400
362
661
680
650
850
2,125
2,173
2,117
739
キッチン
ダイニング
ビルトイン
ガレージ
1,820
910
Y5
Y4

もともとは
露出配管の予定
スキップフロアで
生まれた600㎜のPS
フレキシブル
ボード
㋐6無塗装

2階LDKからの給排水管はスキップフロアの段差を利用して、ビルトインガレージ内に露出配管とする計画としていたが、現場に入った段階で、配管が思いのほか目立ったため、配管類を隠蔽する計画に変更。仕上げはフレキシブルボードとした（駐車場で内装制限がかかるため不燃材料を選択）

電気設備図 1

取付けの指示は展開図とセットで検討する

電気設備図には、住まい手の使用頻度が高いコンセントや通信機器、照明器具類や機器型番を表記する。意匠図との整合性も重要だ。スイッチ・コンセントは、電気設備図に位置・高さの凡例を示すほか、イレギュラーなものは展開図を参照するよう指示するのがよい。とくにLDK周辺はドアホン親機や、床暖房コントローラー、給湯リモコンなど取り付け機器が多岐にわたる。漏れなく把握しておかないと、意図せぬ位置に設置されかねない。住まい手によって、コンセントの望ましい位置や、使用するAV・通信機器仕様、テレビの視聴方法が異なるので注意したい。 [関本竜太]

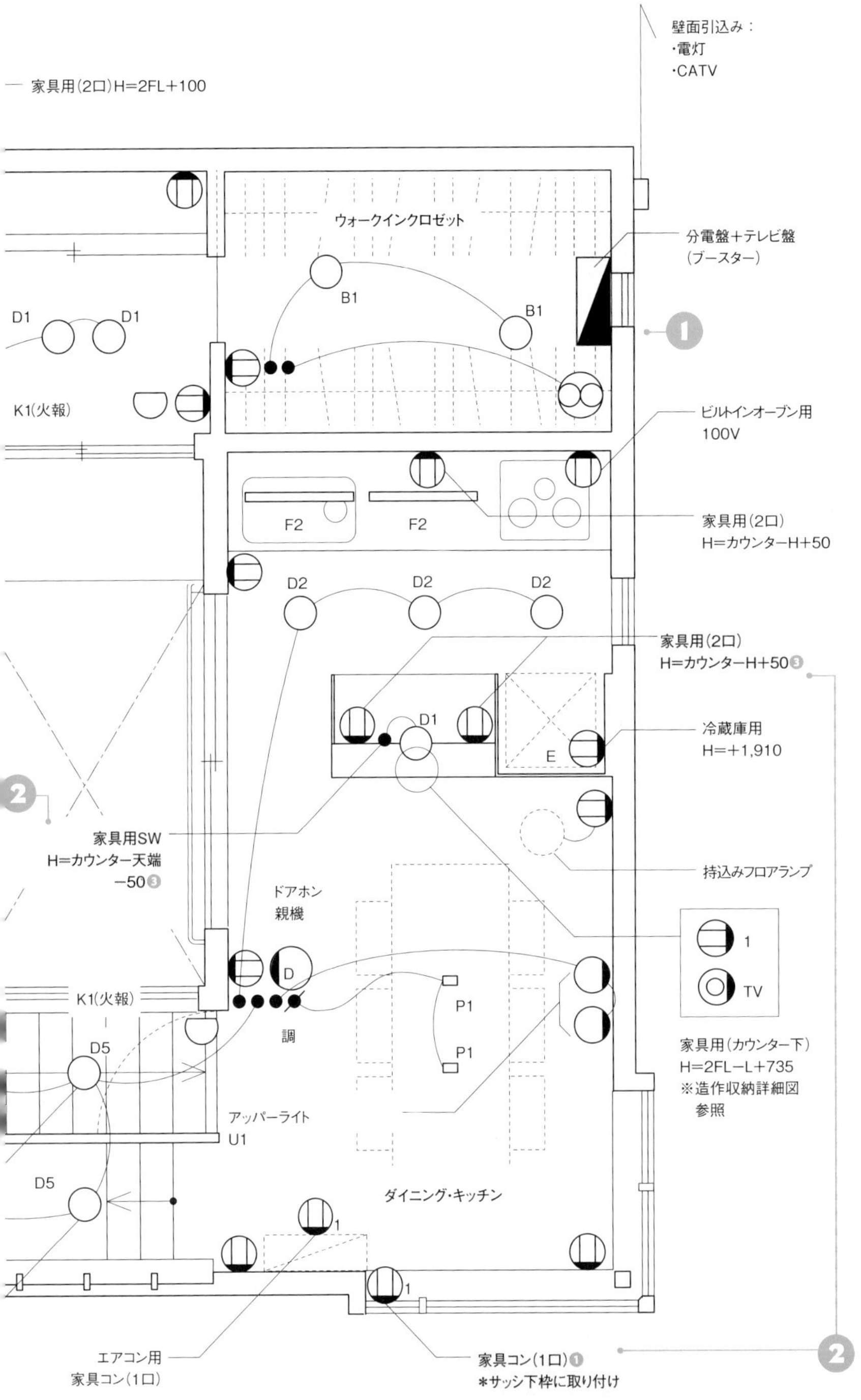

壁面引込み：
・電灯
・CATV
家具用(2口)H=2FL+100
ウォークインクロゼット
分電盤+テレビ盤
(ブースター)
B1
B1
D1
D1
K1(火報)
ビルトインオーブン用
100V
F2
F2
家具用(2口)
H=カウンターH+50
D2
D2
D2
家具用(2口)
H=カウンターH+50 3
D1
E
冷蔵庫用
H=+1,910
2
家具用SW
H=カウンター天端
−50 3
持込みフロアランプ
ドアホン
親機
D
1
TV
K1(火報)
調
P1
P1
D5
家具用(カウンター下)
H=2FL−L+735
※造作収納詳細図
参照
アッパーライト
U1
D5
ダイニング・キッチン
1
1
エアコン用
家具コン(1口)
家具コン(1口) 1
*サッシ下枠に取り付け
1
2

1 天井懐がない場合の分電盤・テレビ盤配線には壁厚が必要

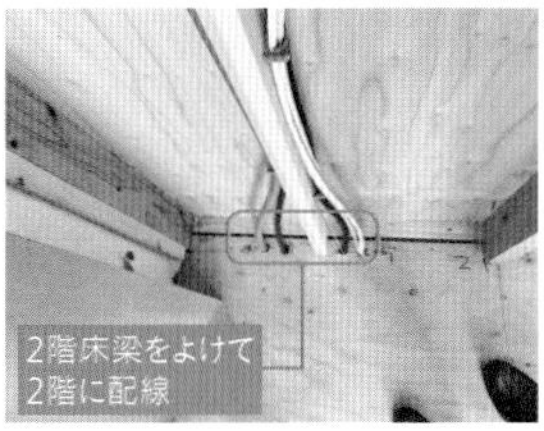
2階床梁をよけて
2階に配線

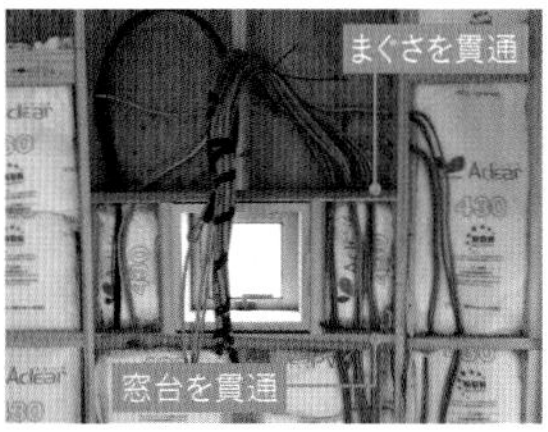
まぐさを貫通
窓台を貫通

分電盤

分電盤やテレビ盤は、住居内のなるべく目立たない壁面に取り付けるのが一般的であるが、配線が多いので、薄い間仕切壁や真壁などには納めにくい。同時に、天井を露しにすると、天井懐は利用できない。この住宅では、2階ウォークインクロゼットを天井露しとし、分電盤とテレビ盤を外壁面（大壁）に取り付けた。いずれの配線も外部から土台上で住居内に引き込み、2階の床梁をよけるようにして2階の壁内で配線を引き回している

2 定番から外れる取り付け位置は高さを図面内に示す

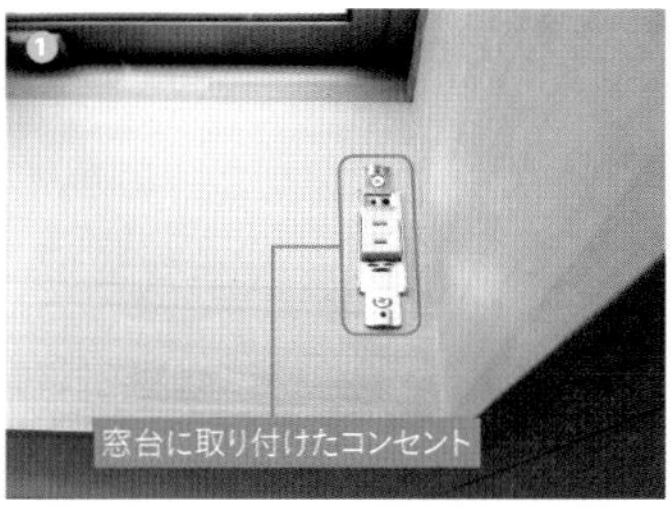
1
窓台に取り付けたコンセント

2
エアコン用のコンセント
（梁下に取り付け）

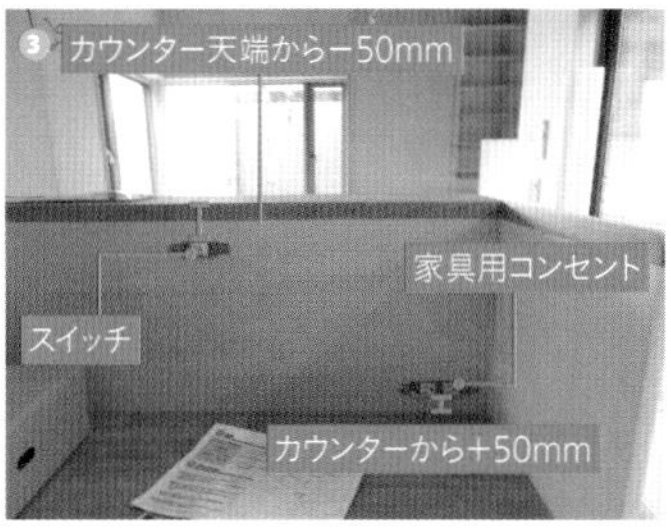
3
カウンター天端から－50mm
家具用コンセント
スイッチ
カウンターから＋50mm

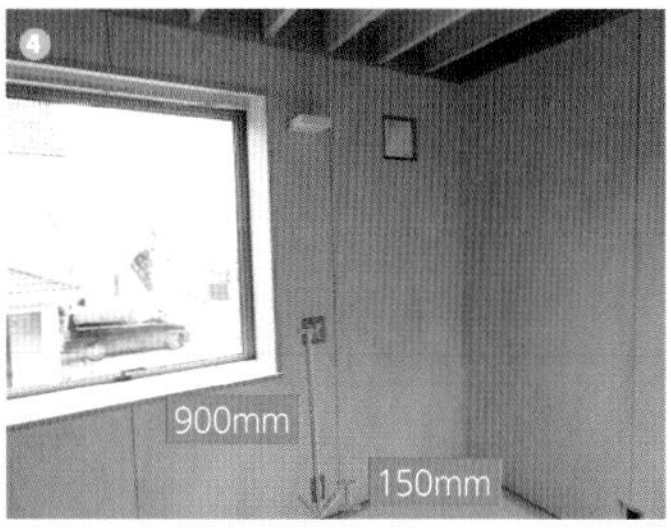
4
900mm
150mm

定番の取り付け高さと異なる場合（寝室の枕元など）機器は、別途展開図に高さを記載する。ベッドの高さは通常400㎜程度なので、枕元にある照明などのスイッチ高さは750㎜前後（中心高さ）に設定する。そのベッドなどのハッチを図面中に記しておくと分かりやすい

2階電気設備図 ［S＝1：50］

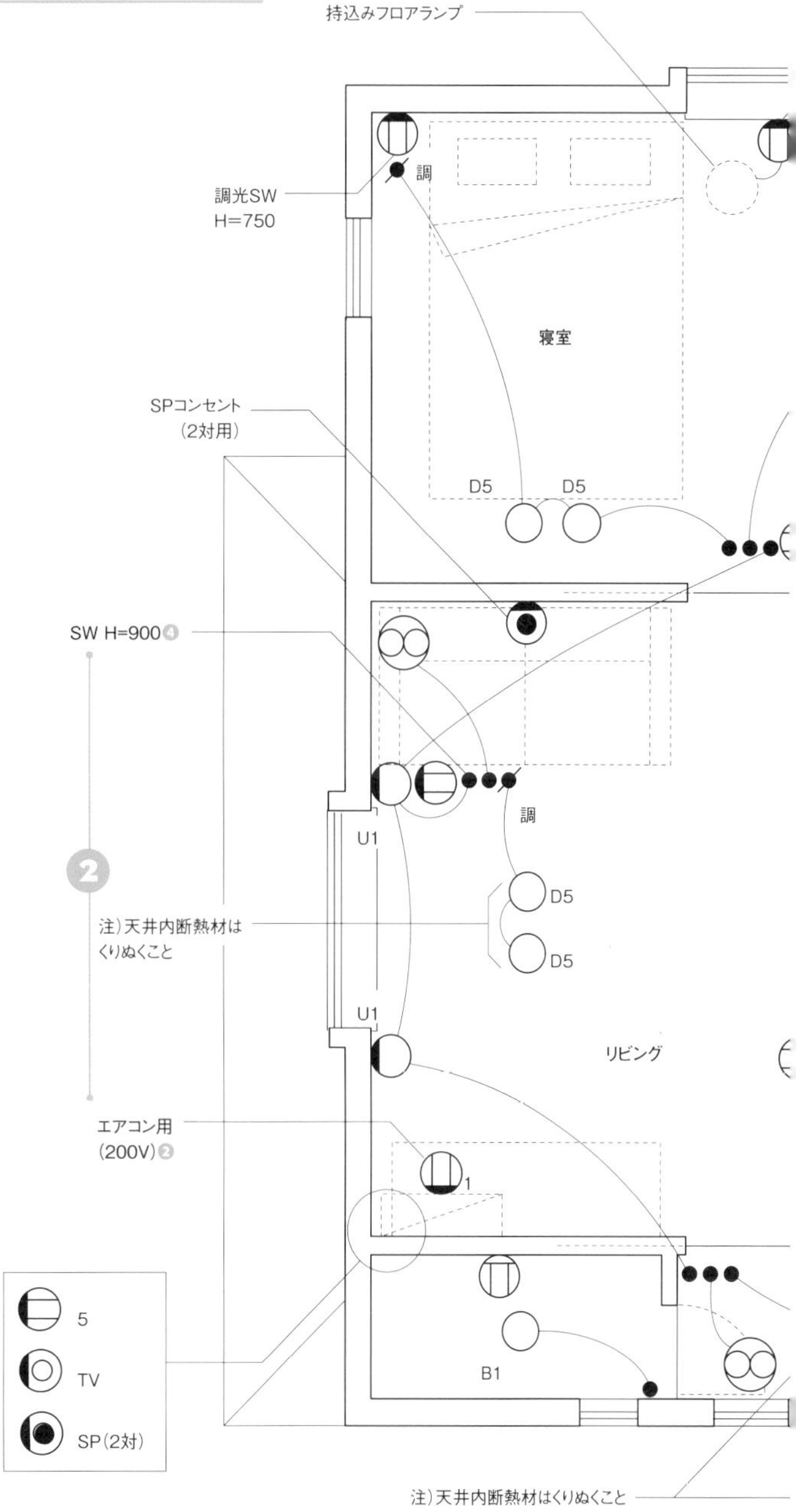
持込みフロアランプ
調光SW
H=750
調
寝室
SPコンセント
（2対用）
D5
D5
SW H=900 4
調
U1
2
D5
注）天井内断熱材は
くりぬくこと
D5
U1
リビング
エアコン用
（200V）2
1
B1
5
TV
SP（2対）
注）天井内断熱材はくりぬくこと

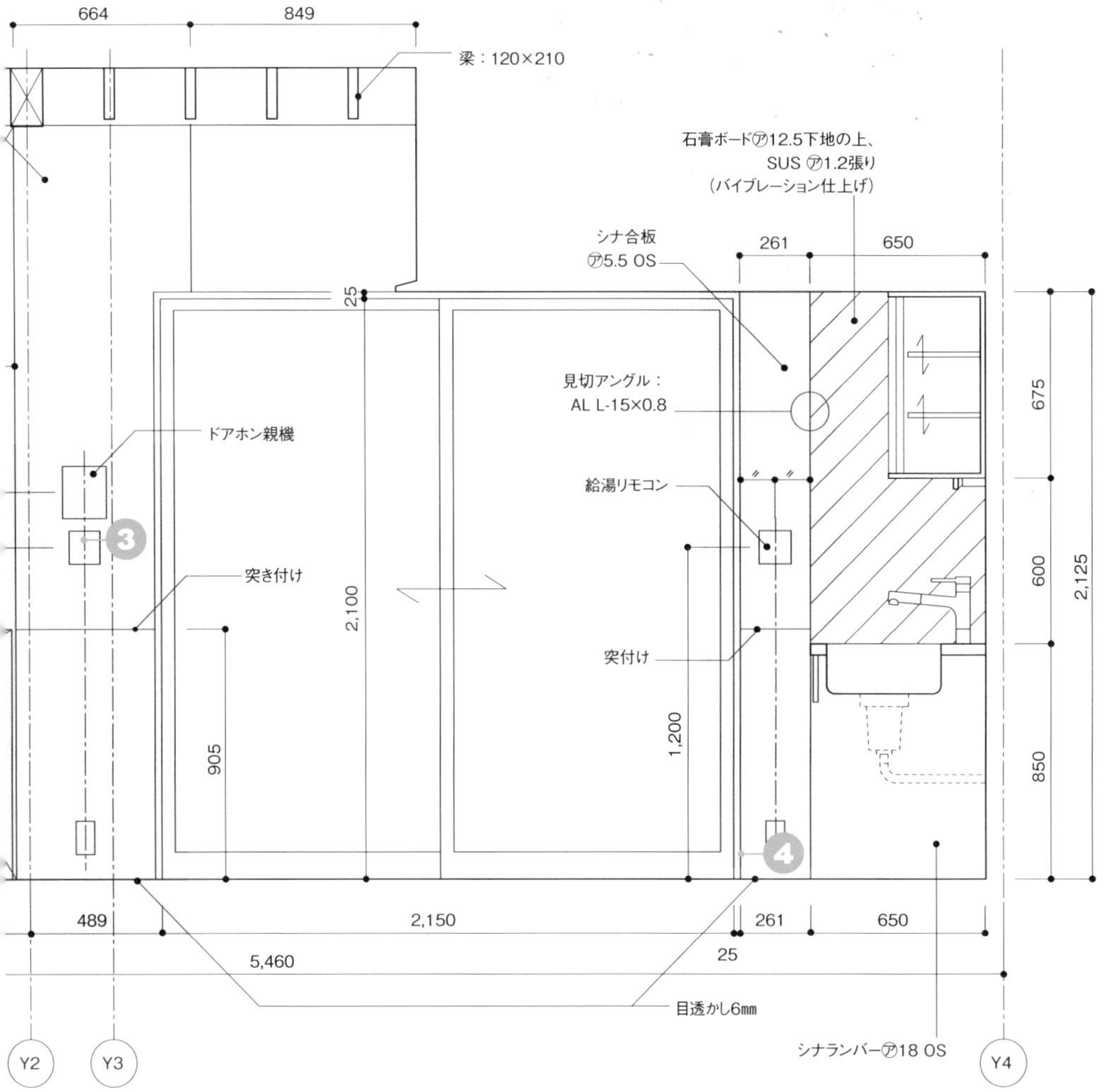
664
849
梁：120×210
石膏ボード㋐12.5下地の上、
SUS ㋐1.2張り
（バイブレーション仕上げ）
シナ合板
㋐5.5 OS
261
650
25
見切アングル：
AL L-15×0.8
675
ドアホン親機
給湯リモコン
3
600
2,125
突き付け
2,100
突付け
1,200
905
850
4
489
2,150
261
650
25
5,460
目透かし6㎜
シナランバー㋐18 OS
Y2
Y3
Y4

ドアホン親機
コンセント
200mm
1,050mm
150mm
給湯リモコン
コンセント
シナ合板仕上げ
ステンレス仕上げ
1,050mm
150mm

3 展開図での指示は通り心を意識する

展開図で示す情報では平面方向の取付け位置も重要である。通り心からの距離を意識することで、柱の位置に干渉しないようにする。ここでは、キッチン部分の袖壁はステンレス素材で仕上げるので、スイッチ・コンセントの取付け位置がステンレスで仕上げた壁の範囲に入らないよう、シナ合板で仕上げる壁の中心に取付けるように指示。開口部脇の柱の見付け寸法（105㎜角）を考慮して、位置を正確に記すことも重要

4 定番の高さを姿図で指示

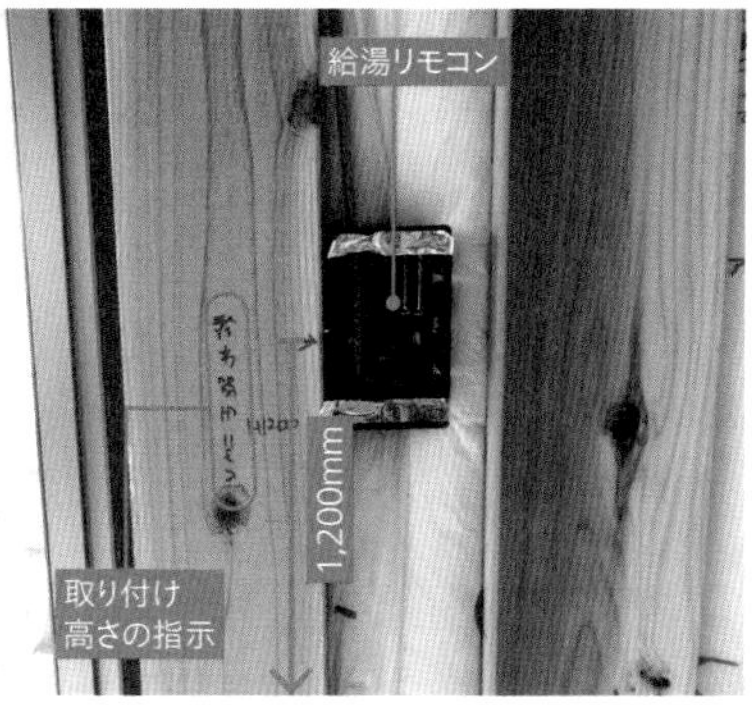
給湯リモコン
1,200mm
取り付け
高さの指示

電気設備図に特記がない場合の基本ルール（姿図）を描いておく。スイッチの高さはFLから1,200㎜（中心高さ）、コンセントの高さはFL＋150㎜で設定

取り付け高さ

展開図中に特記のある場合を除き、スイッチH＝FL＋1,200、コンセントH＝FL＋150、カウンターがある場合はカウンターH＋100を基準とし、照明そのほかの弱電機器は事前に設計者が現場指示を行う

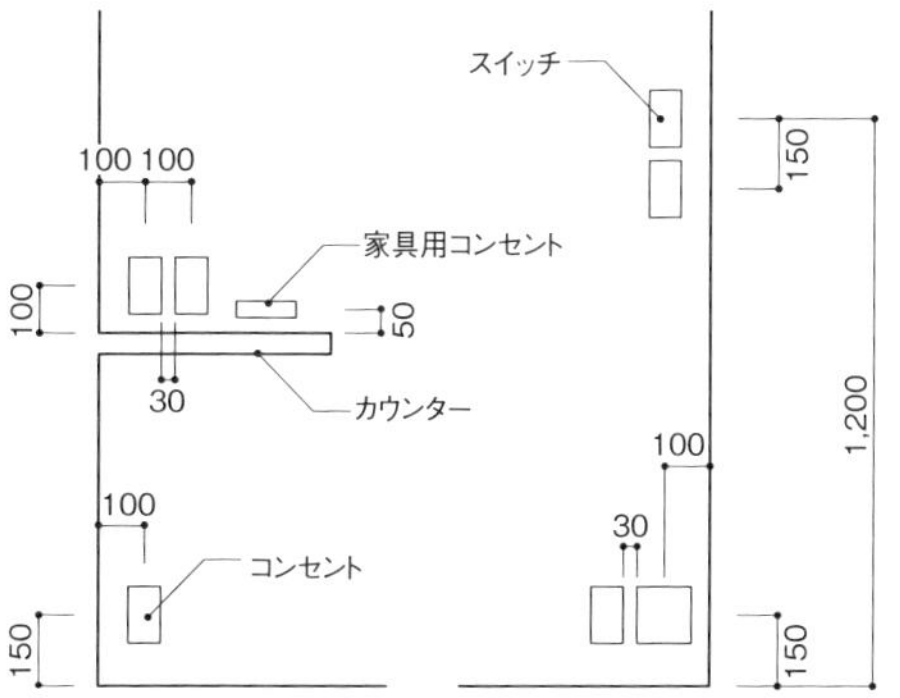
スイッチ
100 100
150
家具用コンセント
100
50
30
カウンター
1,200
100
100
30
コンセント
150
150

展開図［S＝1：30］

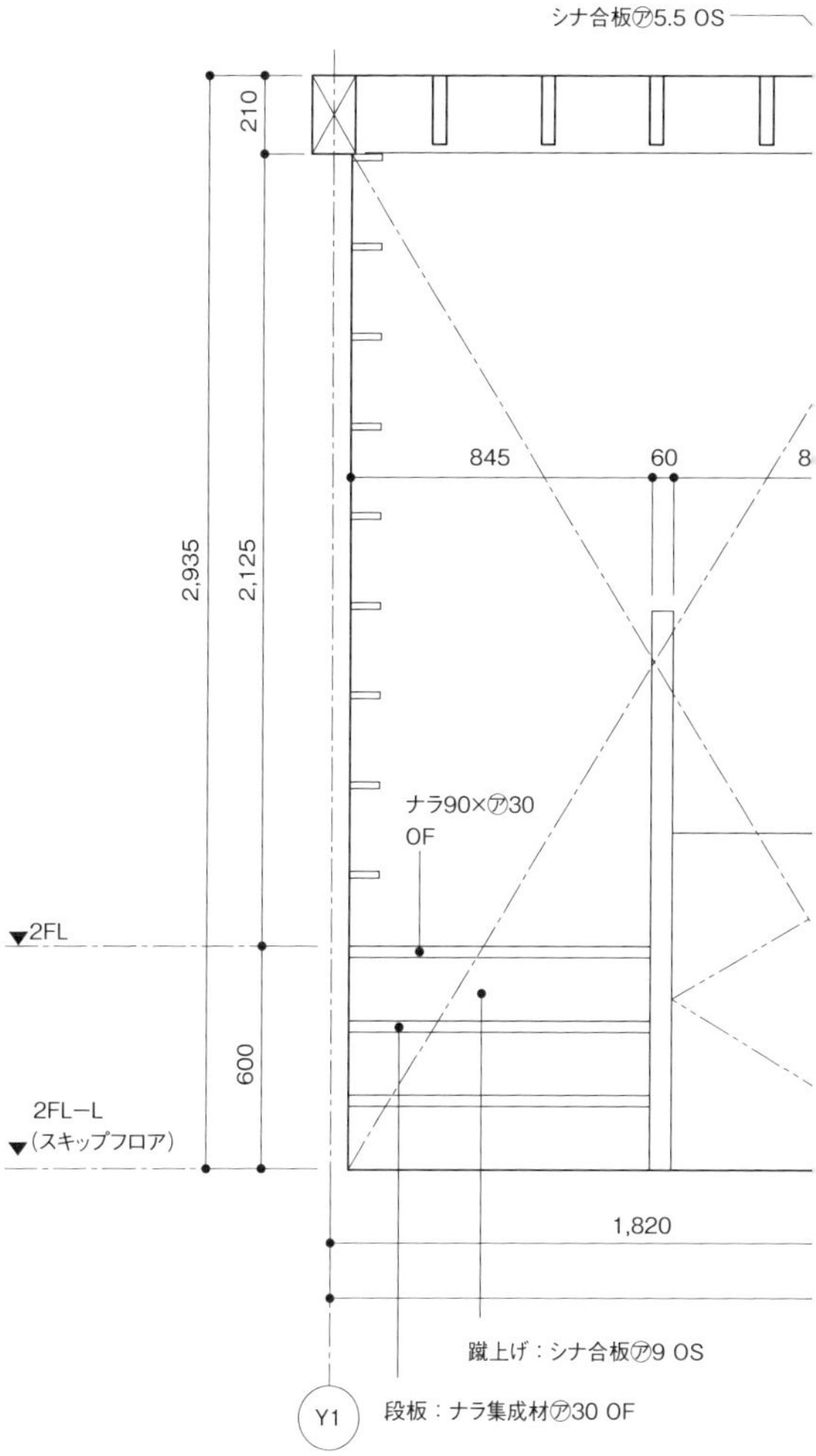
シナ合板㋐5.5 OS
210
845
60
2,935
2,125
ナラ90×㋐30
OF
2FL
600
2FL−L
（スキップフロア）
1,820
蹴上げ：シナ合板㋐9 OS
Y1
段板：ナラ集成材㋐30 OF

防湿フィルム
グラスウール

スイッチ・コンセント廻りの気密処理は忘れずに

グラスウールなどの充填断熱では、スイッチ・コンセントの防湿・気密処理が重要になる。断熱材に切り込みを入れるため、欠損により隙間が生じるからだ。コンセントボックスカバーを取付けた後に、防湿フィルムを張り、周囲の防湿フィルムと気密テープで張り合わせる必要がある。発泡ウレタンフォームによる断熱では欠損が生じないため、この手間は省ける

電気設備図 2

照明と躯体の干渉を避ける

電気設備図には照明の取り付け位置も描き込む。ダウンライトやシーリングライトのより詳細な配灯位置は天井伏図［52〜55頁参照］に表示し、野縁や床梁との干渉が起こらないようにする。壁付けのブラケットなどは展開図などにも表示し、取り付け高さを明確に指示する。それとともに、それらと対応しているスイッチも、生活をリアルにイメージしながら適切な位置に配置するように検討を行う。

　スイッチは原則として戸先側のほうに設けるが、プランニング時から意識しておかないと、開口部や戸袋などと干渉して取り付けられる場所がなくなることがあるので注意する。［関本竜太］

1階電気設備図［S＝1：80］

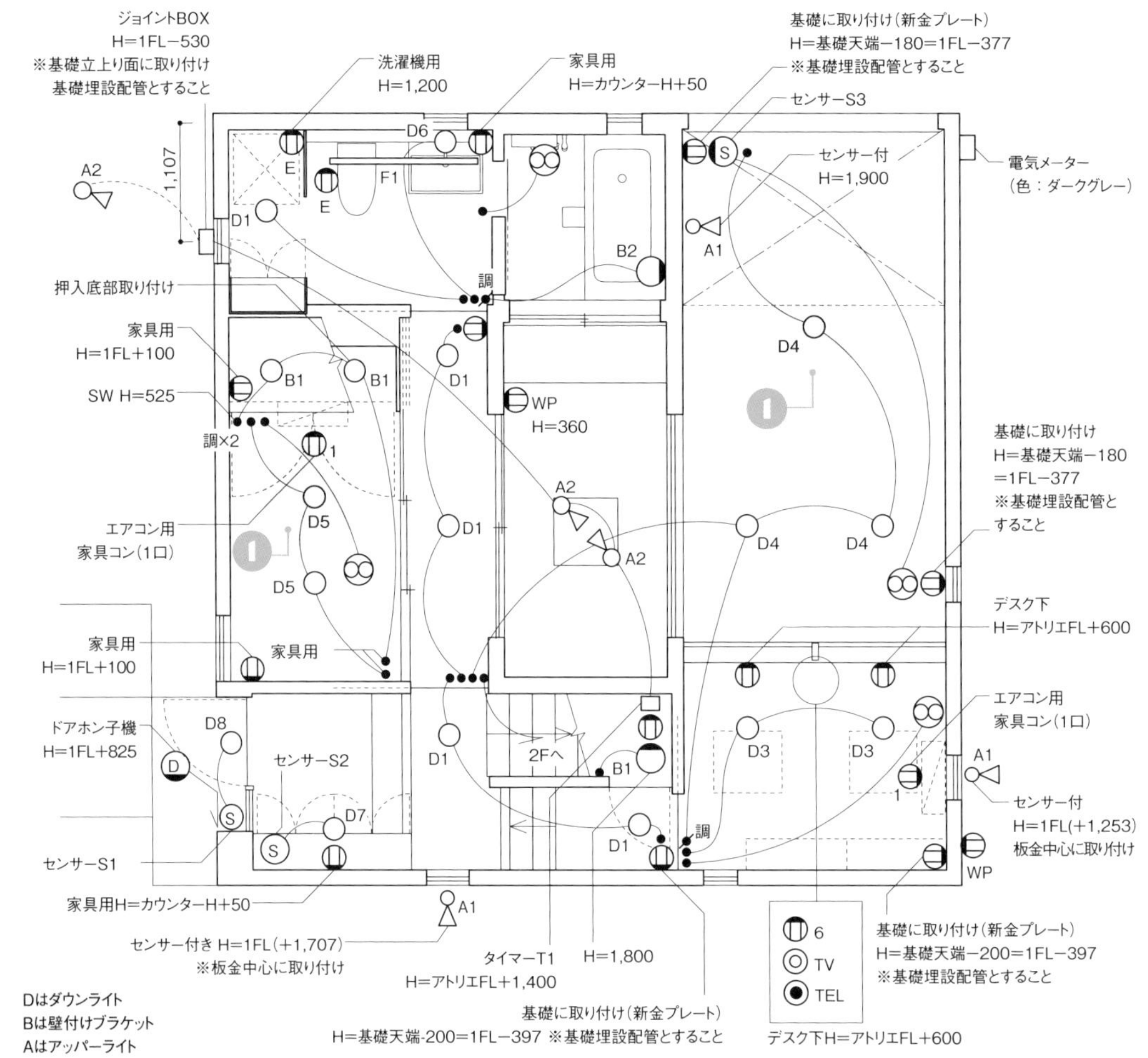
ジョイントBOX
H=1FL−530
※基礎立上り面に取り付け
基礎埋設配管とすること
洗濯機用
H=1,200
家具用
H=カウンターH+50
基礎に取り付け（新金プレート）
H=基礎天端−180=1FL−377
※基礎埋設配管とすること
センサーS3
センサー付
H=1,900
電気メーター
（色：ダークグレー）
A2
1,107
D6
E
F1
E
D1
A1
B2
調
押入底部取り付け
家具用
H=1FL+100
B1
B1
D1
WP
H=360
D4
SW H=525
調×2
1
基礎に取り付け
H=基礎天端−180
=1FL−377
※基礎埋設配管と
すること
A2
エアコン用
家具コン（1口）
D5
D1
A2
D4
D4
D5
デスク下
H=アトリエFL+600
家具用
H=1FL+100
家具用
エアコン用
家具コン（1口）
ドアホン子機
H=1FL+825
D8
D
センサーS2
D1
2Fへ
B1
D3
D3
A1
1
D7
センサー付
H=1FL(+1,253)
板金中心に取り付け
センサーS1
S
S
D1
調
WP
家具用H=カウンターH+50
A1
6
TV
TEL
基礎に取り付け（新金プレート）
H=基礎天端−200=1FL−397
※基礎埋設配管とすること
センサー付き H=1FL（+1,707）
※板金中心に取り付け
タイマーT1
H=アトリエFL+1,400
H=1,800
基礎に取り付け（新金プレート）
H=基礎天端-200=1FL−397 ※基礎埋設配管とすること
デスク下H=アトリエFL+600
Dはダウンライト
Bは壁付けブラケット
Aはアッパーライト

1 床梁とダウンライトの干渉に注意

ダウンライトの取付け位置と2階床梁が上下で重なる場合は、梁成の分だけ、ダウンライトを埋め込む深さが短くなってしまう。ダウンライトの埋め込み深さは製品によって異なるが、この事例では、埋め込み深さが足りず、別の場所に付け替えた。こうした手戻りをなくすには、床伏図で梁の位置を確認しておく必要がある

2階電気設備図［S＝1：50］

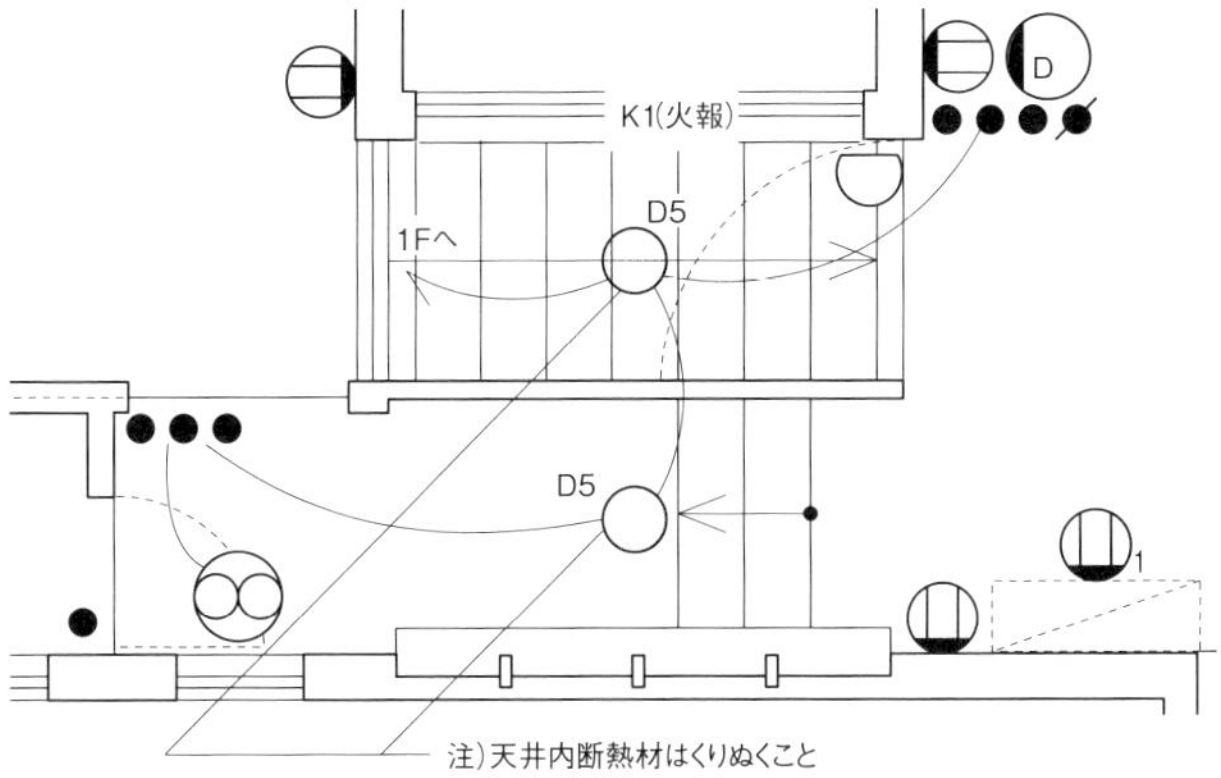
K1(火報)
D
1Fへ
D5
D5
1
注)天井内断熱材はくりぬくこと

事前に断熱材をくりぬいておくべき箇所を明記

ダウンライト

ボード系断熱材を使用する場合は、照明の取り付け位置を施工時にくりぬいておくよう記載しておく。天井を張る前に孔をあけておかないと、手戻りが発生する

天井伏図［S＝1：50］

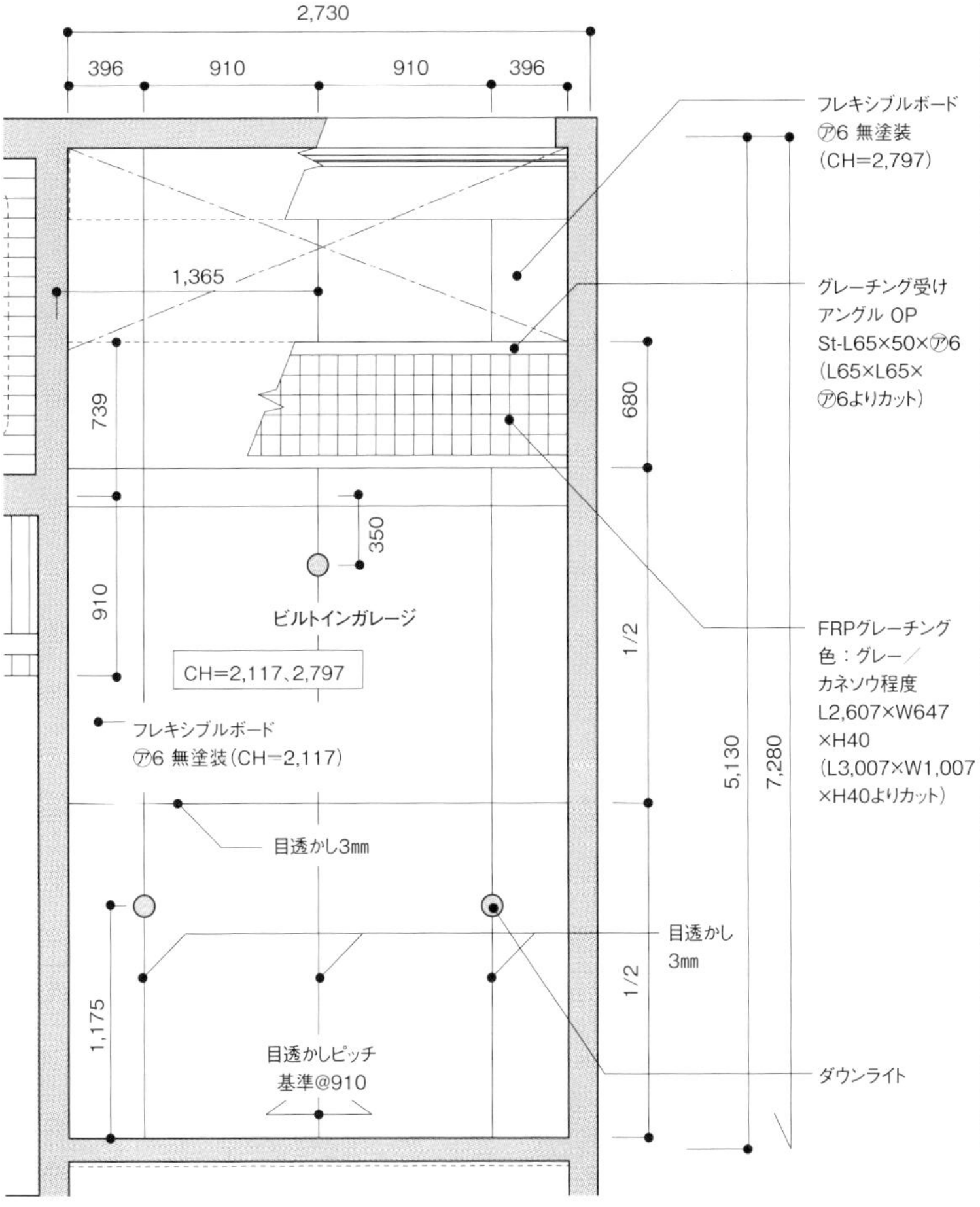
2,730
396
910
910
396
1,365
739
910
1,175
680
350
1/2
1/2
5,130
7,280
フレキシブルボード
㋐6 無塗装
(CH=2,797)
グレーチング受け
アングル OP
St-L65×50×㋐6
(L65×L65×
㋐6よりカット)
ビルトインガレージ
CH=2,117、2,797
フレキシブルボード
㋐6 無塗装(CH=2,117)
FRPグレーチング
色：グレー／
カネソウ程度
L2,607×W647
×H40
(L3,007×W1,007
×H40よりカット)
目透かし3mm
目透かし
3mm
目透かしピッチ
基準@910
ダウンライト

ダウンライト（シーリングライト）と野縁の干渉を避ける方法

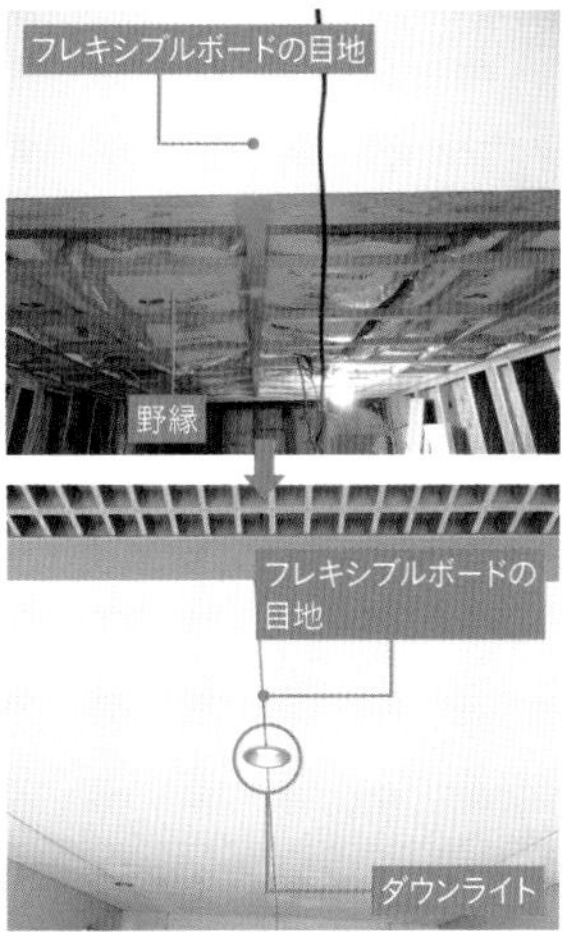
フレキシブルボードの目地
野縁
フレキシブルボードの
目地
ダウンライト

天井材を目透かし張りにする場合、目地位置に照明を配置したくなるが、目地の位置には野縁があるので、野縁が切られて補強が必要になるケースがある。意匠性を考慮しつつも、合理的な施工ができるよう配慮したい。ここでは、フレキシブルボード仕上げの目透かし位置にダウンライトを設置するように天井伏図で指示したが、ダウンライトと野縁との干渉が懸念事項となったため、ダウンライト用に野縁を補強した

2階ダイニング展開図 [S=1：30]

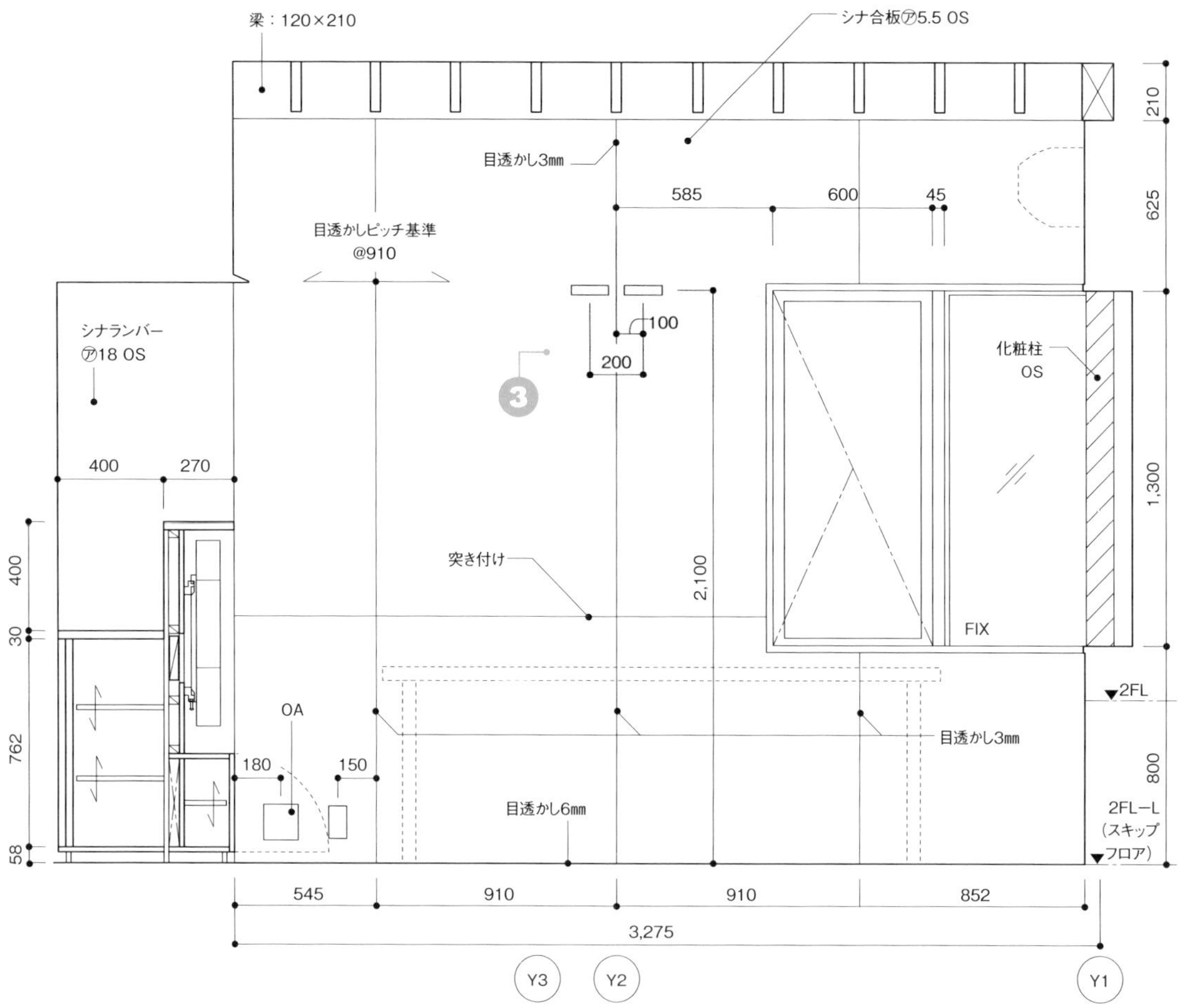

梁：120×210
シナ合板㋐5.5 OS
210
目透かし3㎜
585
600
45
625
目透かしピッチ基準
@910
100
200
シナランバー
㋐18 OS
化粧柱
OS
3
400
270
1,300
400
突き付け
2,100
FIX
30
2FL
OA
目透かし3㎜
762
180
150
800
目透かし6㎜
2FL−L
(スキップ
フロア)
58
545
910
910
852
3,275
Y3
Y2
Y1

2 特別な配線計画は特記する

この住宅では、開口部とテレビの家具用コンセントを、通常とは異なる方法で取り付けている。このような場合はその旨を図面上に特記する。開口部のコンセントは木製サッシの下枠の上面に取付く。テレビのコンセントは専用の収納台を造作したうえで、その背面壁の裏に配線を隠した。こうすることでコードが露出することなくモニターだけが壁に張り付いているように見せることができる。テレビ台の配線については、より具体的な詳細図を別途用意し、図面上で参照することを促した

2階電気設備図 [S=1：100] (元図 [S=1：100])

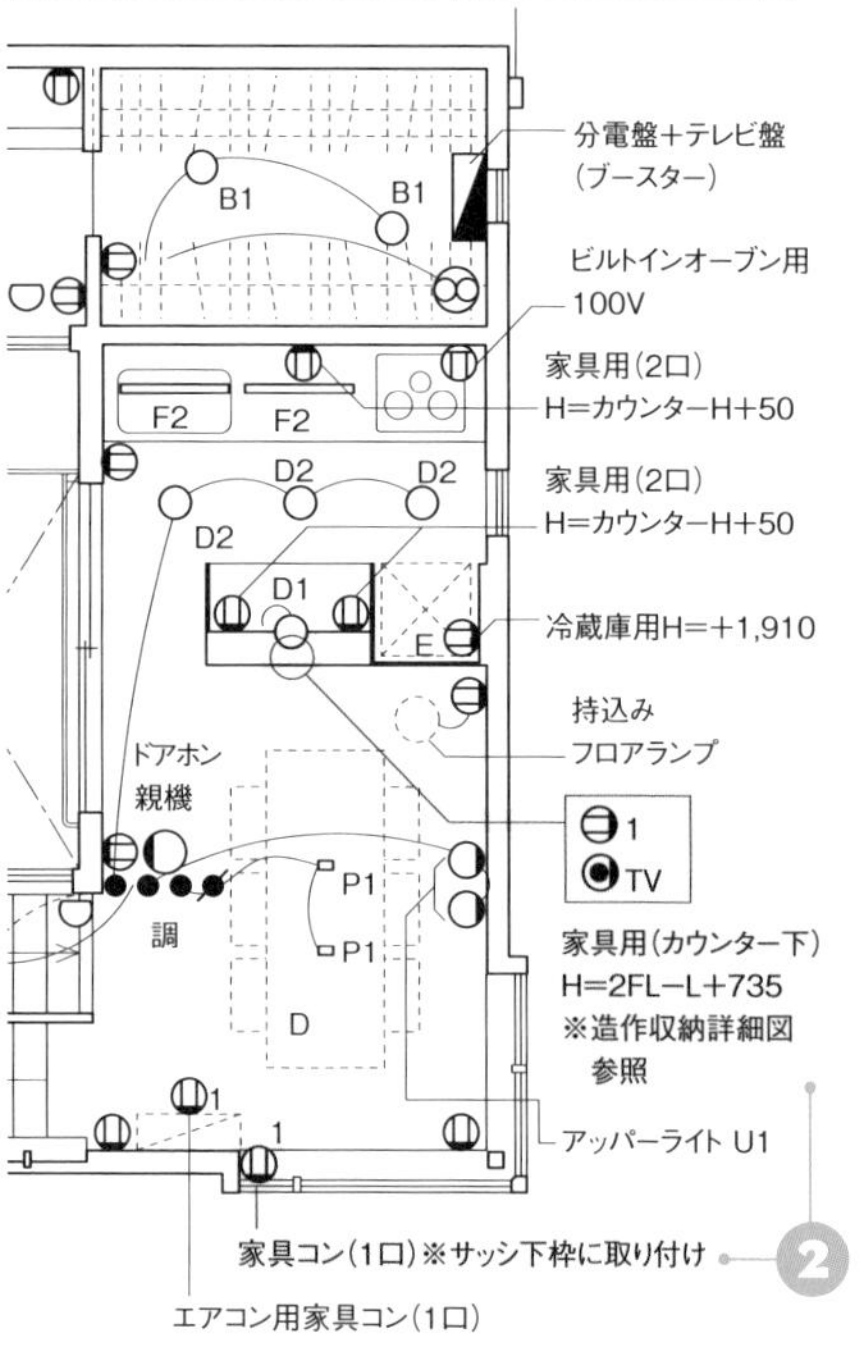

分電盤+テレビ盤
(ブースター)
B1
B1
ビルトインオーブン用
100V
家具用(2口)
H=カウンターH+50
F2
F2
D2
D2
D2
家具用(2口)
H=カウンターH+50
D1
E
冷蔵庫用H=+1,910
持込み
フロアランプ
ドアホン
親機
1
TV
P1
P1
調
D
家具用(カウンター下)
H=2FL−L+735
※造作収納詳細図
参照
1
1
アッパーライト U1
家具コン(1口)※サッシ下枠に取り付け
2
エアコン用家具コン(1口)

浴室展開図［S＝1：50］

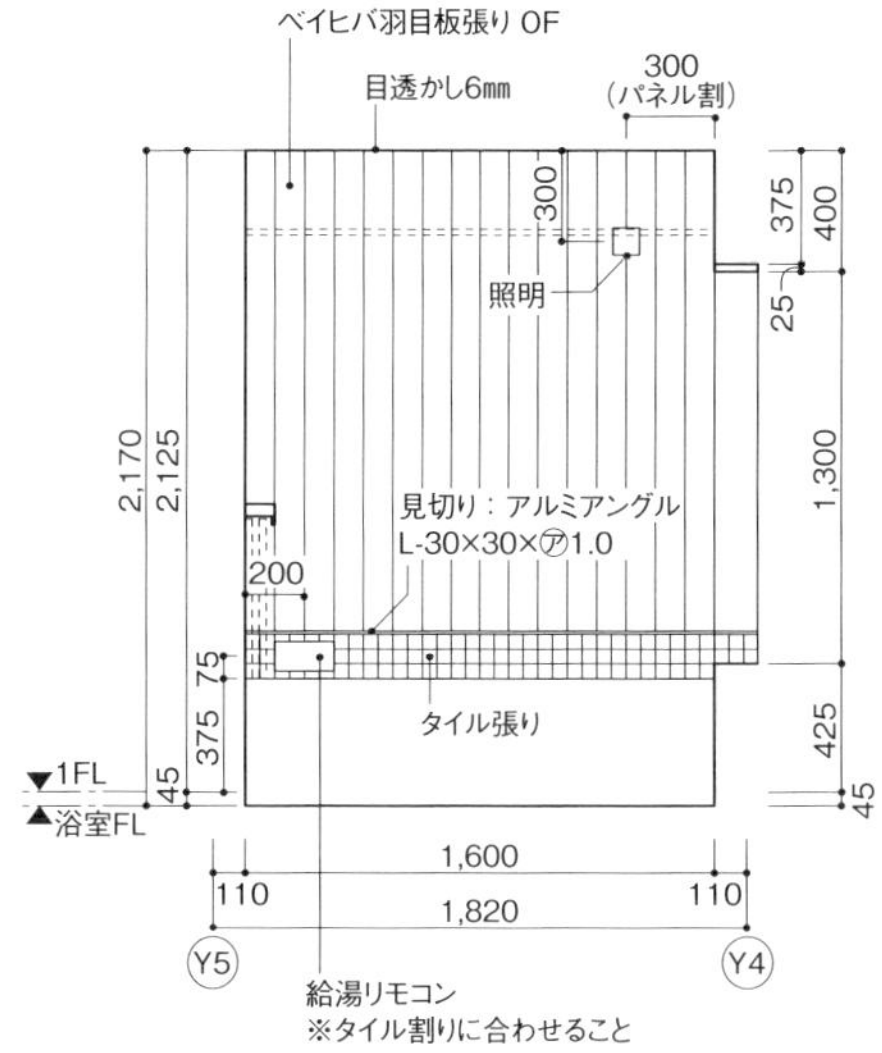
ベイヒバ羽目板張り OF
目透かし6mm
300
(パネル割)
300
375
400
照明
25
2,170
2,125
1,300
見切り：アルミアングル
L-30×30×㋐1.0
200
75
375
425
タイル張り
1FL
45
浴室FL
45
1,600
110
1,820
110
Y5
Y4
給湯リモコン
※タイル割りに合わせること

壁付けブラケットの取付け指示は展開図でも確認

横胴縁
配線
透湿防水シート
縦羽目板張り
壁付けブラケット

壁に取り付けられる壁付けブラケットは、展開図に位置を正確に示して取り付け漏れを防ぐ

3 照明器具を現場で増やす場合は内部木工事の前段階に決める

断熱材を取り付ける前に配線しないと手戻りが発生する
シナ合板㋐5.5
アッパーライト

建築主の要望などにより、着工してから照明器具を新たに取り付けるケースは少なくない。本事例でも2階ダイニングのアッパーライトは実施設計後に取り付けが決まった。ただし、電気配線工事は建方工事終了後に行われることが多いので、内部木工事が進んだ段階では対応が難しい。建築主に対する確認は早めに行っておく

空調設備図

エアコンの取付け位置で失敗しない方法

空調設備図は、主にエアコン、換気扇などの機器プロットを行う図面であり、レンジフードや換気扇からのダクトルート、またエアコンからのドレン・冷媒ルートを示す。天井懐や壁内に経路を設けて、配管が露出しないように心がけたい。

筆者が特記しているのが、壁掛けエアコンのドレン・冷媒配管の取り出し位置。エアコンの取り付け位置を示しても、配管取出し位置がずれると結果的にエアコン位置がずれるからだ。とくに将来のエアコン取り付けを想定する場合は、スリーブキャップの位置を展開図でも指示しておく。［関本竜太］

1階空調設備図 ［S＝1：80］

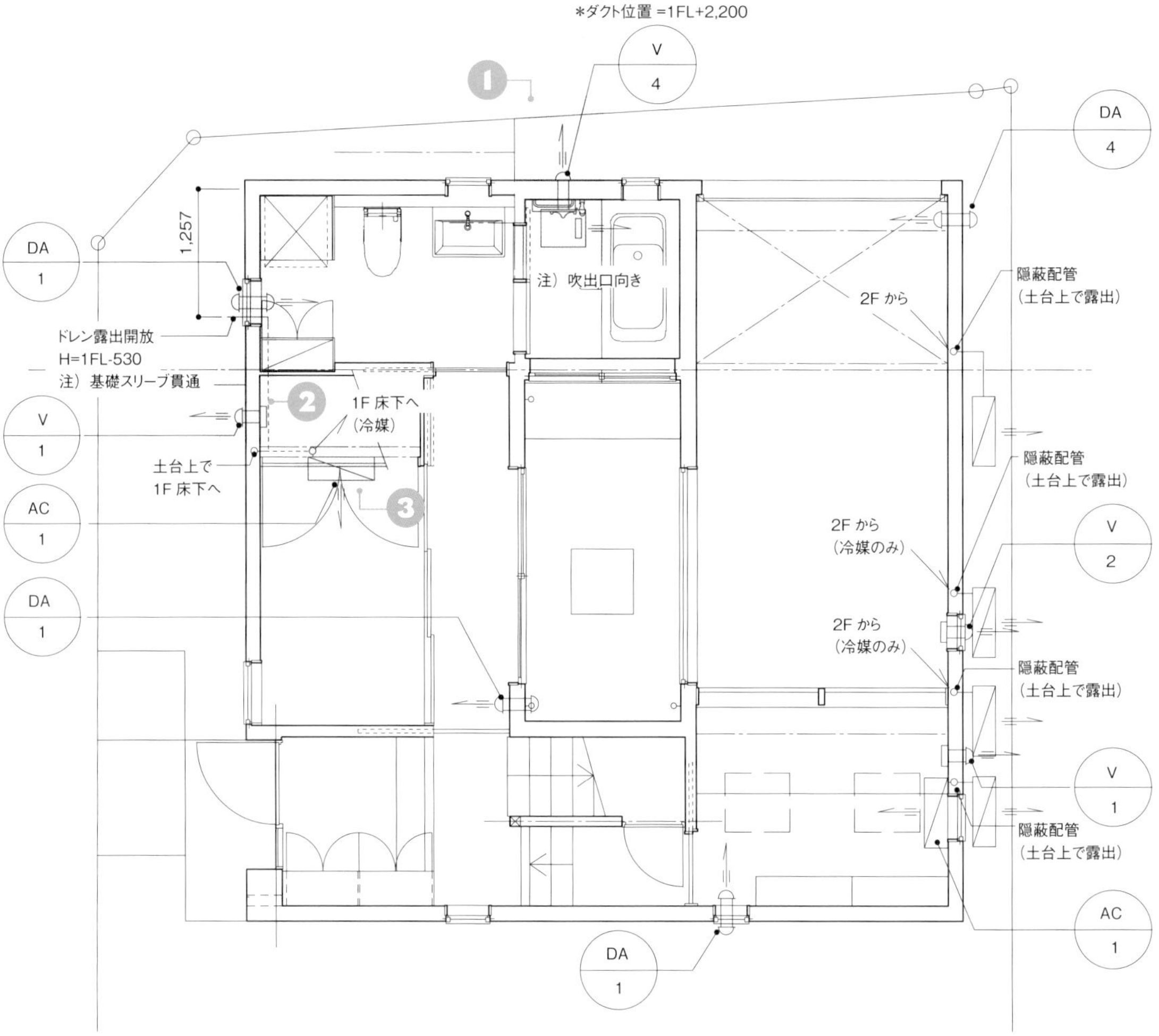

＊ダクト位置＝1FL+2,200
V
4
1
DA
4
DA
1
1,257
ドレン露出開放
H=1FL-530
注）基礎スリーブ貫通
2
V
1
土台上で
1F 床下へ
1F 床下へ
（冷媒）
3
AC
1
DA
1
注）吹出口向き
2F から
隠蔽配管
（土台上で露出）
隠蔽配管
（土台上で露出）
2F から
（冷媒のみ）
V
2
2F から
（冷媒のみ）
隠蔽配管
（土台上で露出）
V
1
隠蔽配管
（土台上で露出）
AC
1
DA
1

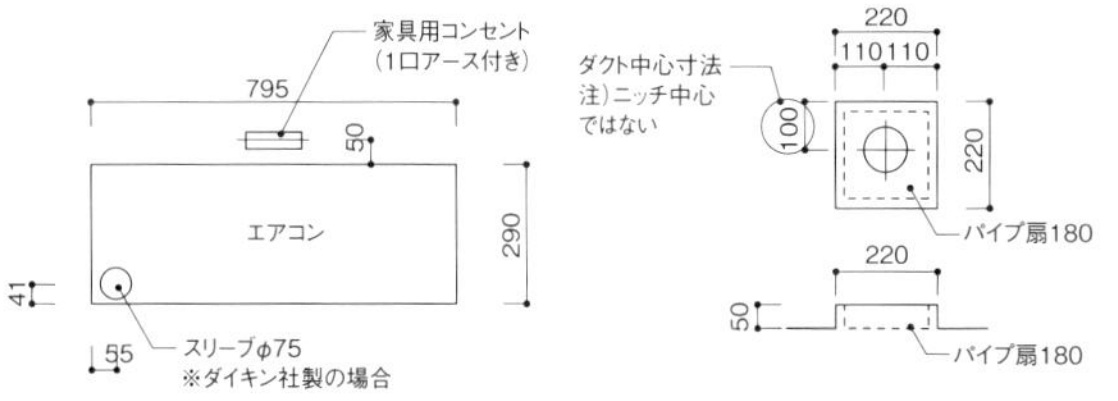

家具用コンセント
（1口アース付き）
795
50
エアコン
290
41
55
スリーブφ75
※ダイキン社製の場合
ダクト中心寸法
注）ニッチ中心
ではない
220
110 110
100
220
パイプ扇180
220
50
パイプ扇180

2

空調設備器表

・ベントキャップは工場塗装仕様とする（特注色）。納期がかかるので要注意のこと

・エアコンのドレン／冷媒配管は原則として壁内隠蔽とし、土台で外部に振り出すものとする

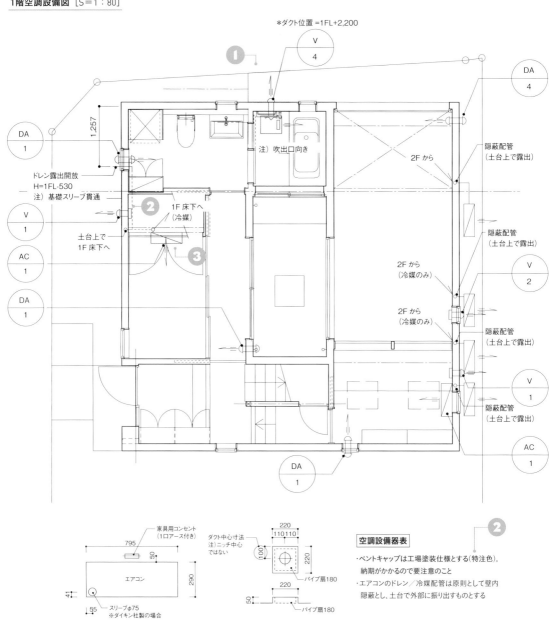

1 換気扇の位置は立面図とのすり合わせを

ダクト
浴室換気扇

ベントキャップ・フードは外壁に露出されるので、空調設備図・立面図での検討も必要となる。ここは、外壁が横葺きの板金仕上げなので、板金の継目とベントキャップが干渉しないように、2つの図面を利用して、換気扇の取り付け位置を決めた［42・43頁参照］

2 ベントキャップの色を指示

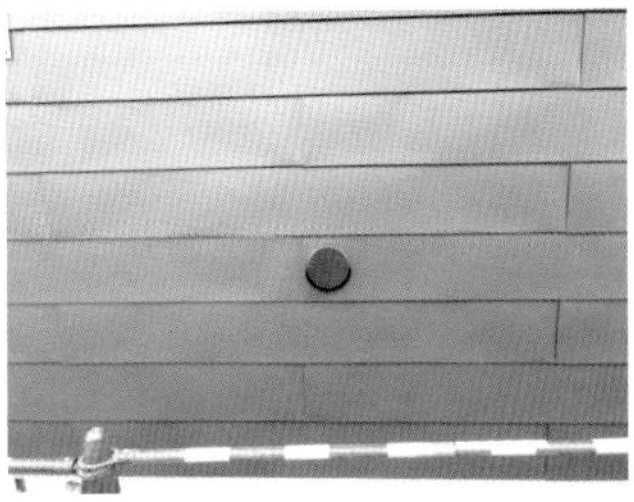

ベントキャップの色も重要な指示。外壁仕上げとの色合わせ（近似色）を行う場合は、工場塗装が必要となる。現場塗装も可能だが、工場塗装に比べて塗膜の性能が劣るため、長期的に見た場合、塗装の表面が剥がれ落ちる可能性がある。一方、焼付け塗装を行う工場塗装では、こうしたリスクが少ない［※］

3 換気扇・壁掛けエアコンをニッチに納める方法

1
100mm
120mm
2
3
220mm
100mm
220mm

換気扇で重要となるのが、ニッチとパイプファンの位置関係［❶❷❸］。パイプファンはかならずしもカバー（インテリアパネル）の中心に位置するとは限らない。したがって、パイプファンの中心位置はニッチの中心位置と一致しないケースがあるので、その旨を特記事項として記す

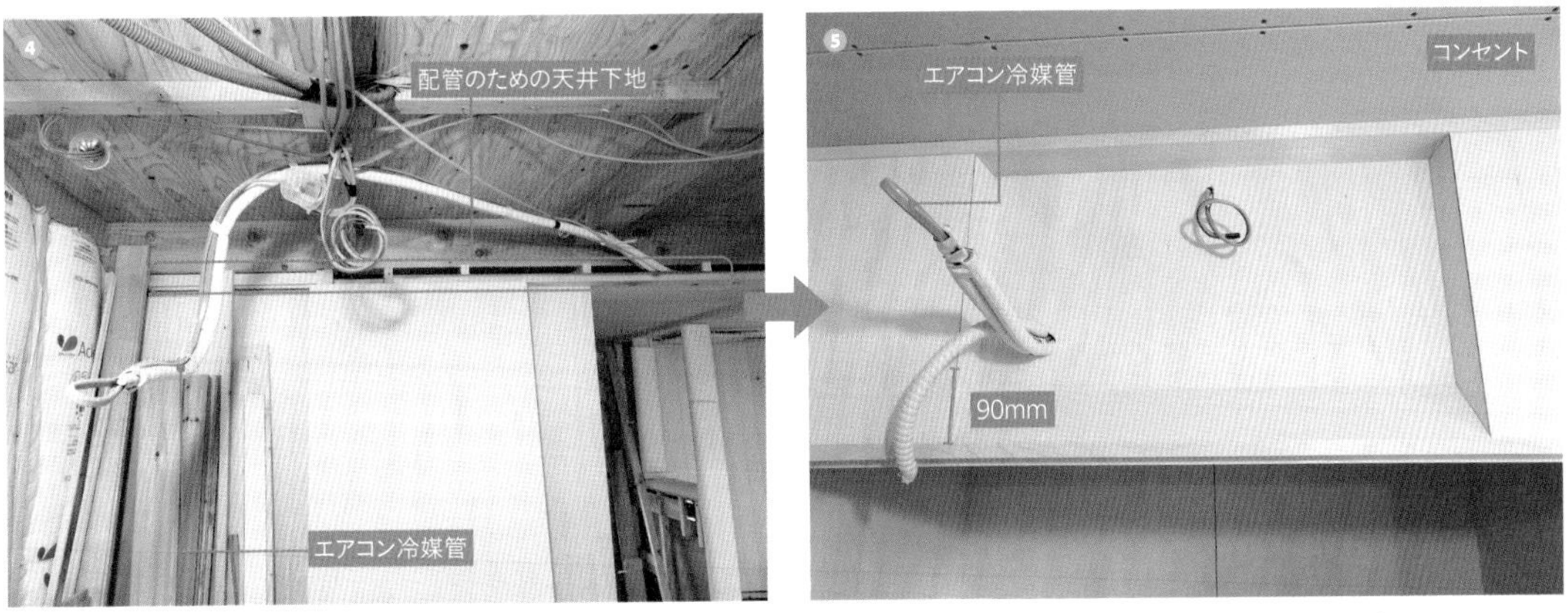
4
配管のための天井下地
エアコン冷媒管
5
エアコン冷媒管
コンセント
90mm

壁掛けエアコンは、埋め込みの深さに加えて、下部にテーパーを設けて、空気の吹き出しを妨げないようにする［❹❺］。ここではエアコン下部から90mmの範囲でテーパーをつけた

※ 工場塗装は納期がかかるため（2週間程度）、図面に特記事項として明記し注意を促す。外壁の色と合わせるときは、外壁の色より"気持ち濃いめ"を選ぶのがコツである

4 レンジフードのダクト配管径に注意

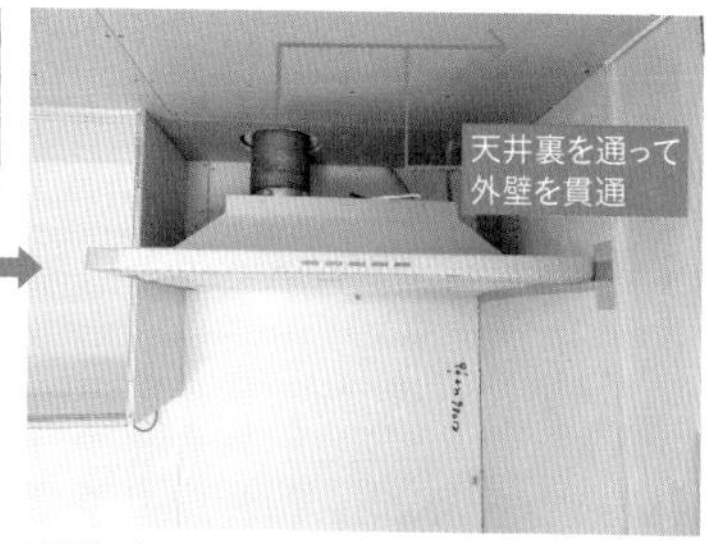

レンジフードのダクトはφ150ほどと大きく、天井内で梁と干渉して外部に出せなくなる可能性があるので要注意。レンジフードからの配管は、キッチンの天井高を下げて対応するのが最も合理的。天井高に変化をつける場合は、その切り替え位置を平面詳細図に明示する

2階空調設備図 [S＝1：100]

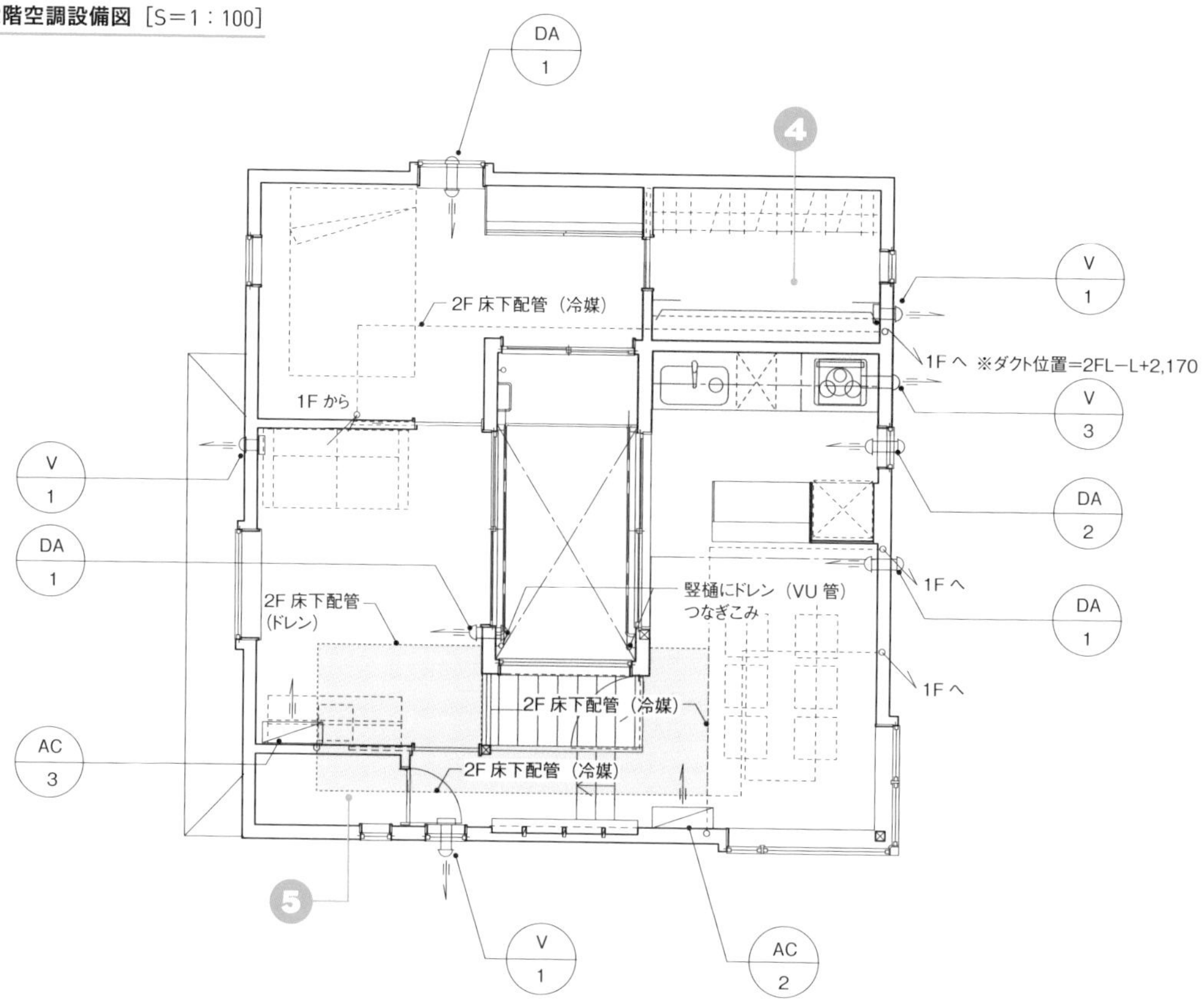

5 2階からの配管ルートはあらゆる隙間を利用せよ！

根太レスの場合は2階床下で配管ルートをどう確保するかが問題となる。スキップフロアのこの建物では、床下空間が十分に確保できるエリアを点線で示し［❶］、このエリアを利用してエアコンの冷媒管などを引き回すようにしている［❷］。エアコンの冷媒管は開口部脇の壁内を通って外壁を貫通させ、入隅部に設置した竪樋に接合した［❸、109頁参照］

Column
馬鹿にできない大型冷蔵庫の搬入経路

階段の有効寸法は可能な限り広く

実施設計や現場監理がいくら完璧であったとしても、最後には大きな落とし穴が待ち構えている。ほかでもない、引越し時の搬入トラブルである。建築主からの電話に肝を冷やした経験をもつ設計者は少なくないであろう。とくに、設計時に見落としがちで、トラブルになりやすいのが冷蔵庫である（洗濯機やピアノなど、そのほか大型の持ち込み品も同様）。

住宅密集地で2階建ての戸建住宅を設計する場合は、採光条件などから、2階にLDKを配置するケースが多い。その場合は階段経由で冷蔵庫を搬入することになる。場合によっては追加費用を支払ったうえで、クレーン車を使って2階バルコニーから搬入するケースもある。

冷蔵庫の設置場所は問題なく確保できていたとしても、搬入経路にあたる階段の有効寸法が十分でなければ、搬入に支障をきたすうえ、壁などを傷つけてしまう可能性も高まる。回り階段や螺旋階段、折り返し階段はもちろん、直進階段の場合でも、有効寸法は十分に確保しなければならない。

木造在来軸組構法では910㎜モジュールが標準。下地（最も標準的な石膏ボードの厚さは12・5㎜）や仕上げを加味すると、階段の有効寸法は766㎜程度になる。

このときポイントになるのが、「冷蔵庫の大型化」[表]と「手摺の幅によって階段の有効寸法が狭くなること」[図1・140頁図2]である。前者では、各メーカーのカタログをこまめにチェックし、寸法体系を整理しておくと便利である。最近の傾向としては、500ℓ以上の冷蔵庫を使用する家庭が多くなっている。サイズはおおよそ（W685×D690×H1千818㎜程度）が目安である。後者では、手摺で有効寸法がさらに数十㎜程度狭くなってしまうことが考えられる。これに対処するには、平面詳細図などで「手摺は取り外し可能にしておくこと」などを明記し、実現可能な納まりを現場に指示すればよい。もちろん、階段を真壁納まりにするなどして、階段の幅を広く確保できるのであれば、手摺を取り外し可能にする必要はない。万全を期して、床や壁を養生する場合は、その厚さも考慮する。冷蔵庫を梱包して搬入する場合もあるので、有効寸法は可能な限り確保するのが望ましい。［関本竜太］

|表|大容量化する冷蔵庫（大手メーカーの最大容量製品）

会社名	製品名	定格内容量（ℓ）	幅×奥行き×高さ（㎜）
三菱電機	MR-WX71Y	705	800×738×1,821
東芝	GR-H62FX	618	750×732×1,818
日立製作所	R-SBS6200	615	910×720×1,760
シャープ	SJ-GF60A	601	750×728×1,820
パナソニック	NR-F560PV	555	685×733×1,828

最新の製品では700ℓを超えるものや、本体の幅が800㎜を超える場合もあるので、建築主との打ち合わせ時には必ず据え付ける冷蔵庫のサイズについて確認する必要がある

|図1|大壁で納める場合は手摺を着脱式にする

大壁で手摺をつけると有効寸法が狭くなる

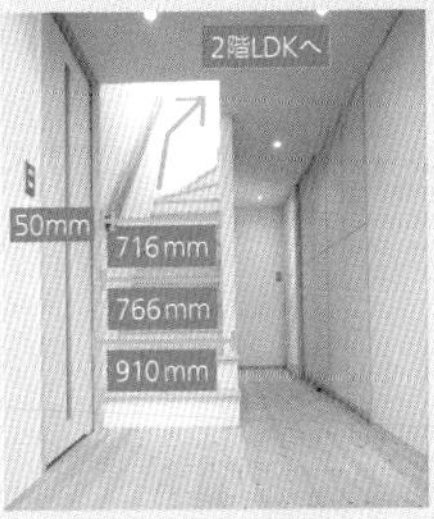
2階LDKへ
50㎜
716㎜
766㎜
910㎜

石膏ボードによる大壁納まりとした階段。階段の有効寸法は766㎜。手摺の形状にもよるが、筆者がよく使う木製手摺の場合、壁から50㎜ほどの出があるため、有効寸法は716㎜程度しか確保できず、大型の冷蔵庫は搬入できない可能性がある

着脱式手摺のつくり方

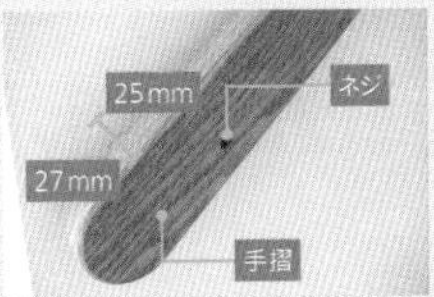
25㎜
ネジ
27㎜
手摺

手摺を着脱式にすれば、有効寸法を数十㎜程度広くできる。筆者の場合、手摺をネジ留め固定にするなどの対処をしているが、意匠的には課題を感じている。ほかには一般的な手摺ブラケットを用いる方法などもあるだろう

2階平面詳細図［S＝1:100］（元図［S＝1:50］）

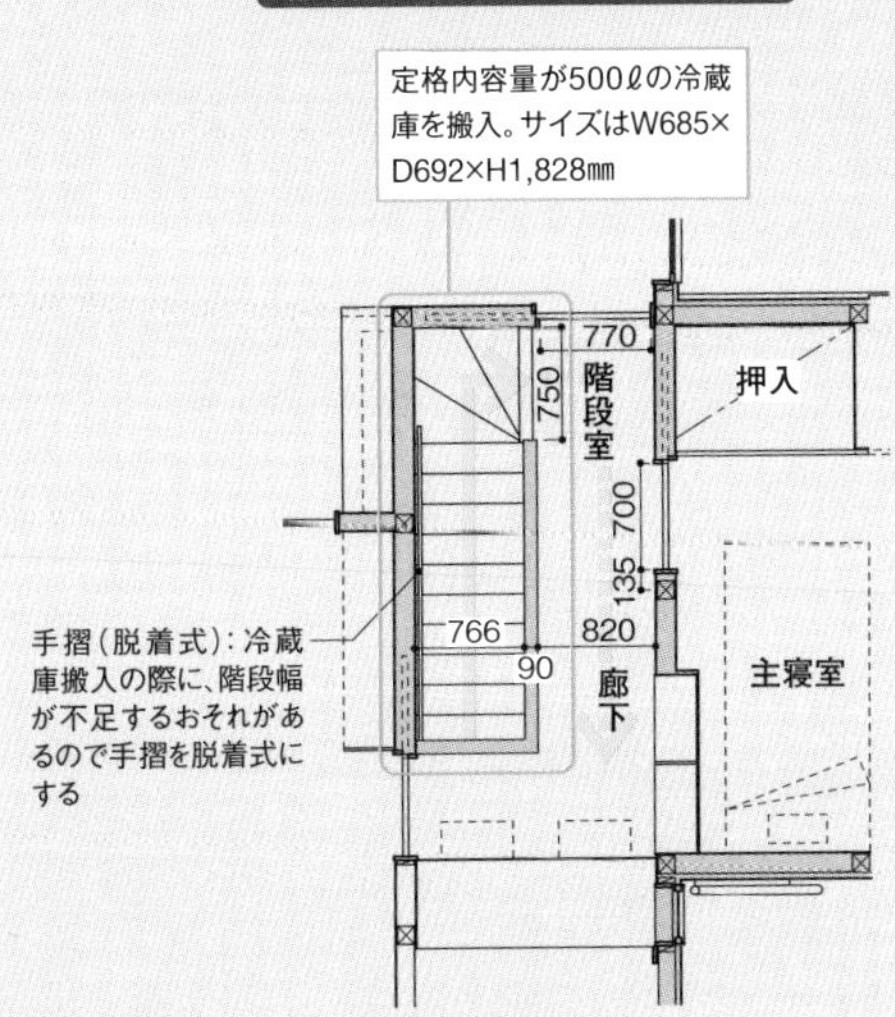
定格内容量が500ℓの冷蔵庫を搬入。サイズはW685×D692×H1,828㎜
770
750
階段室
押入
700
135
766
820
90
廊下
主寝室
手摺（脱着式）：冷蔵庫搬入の際に、階段幅が不足するおそれがあるので手摺を脱着式にする

|図2|真壁で納めるなど幅員を確保できれば、手摺は固定式でもよい

階段室の片側を真壁で納めると有効寸法が＋18㎜（シナ合板の場合）

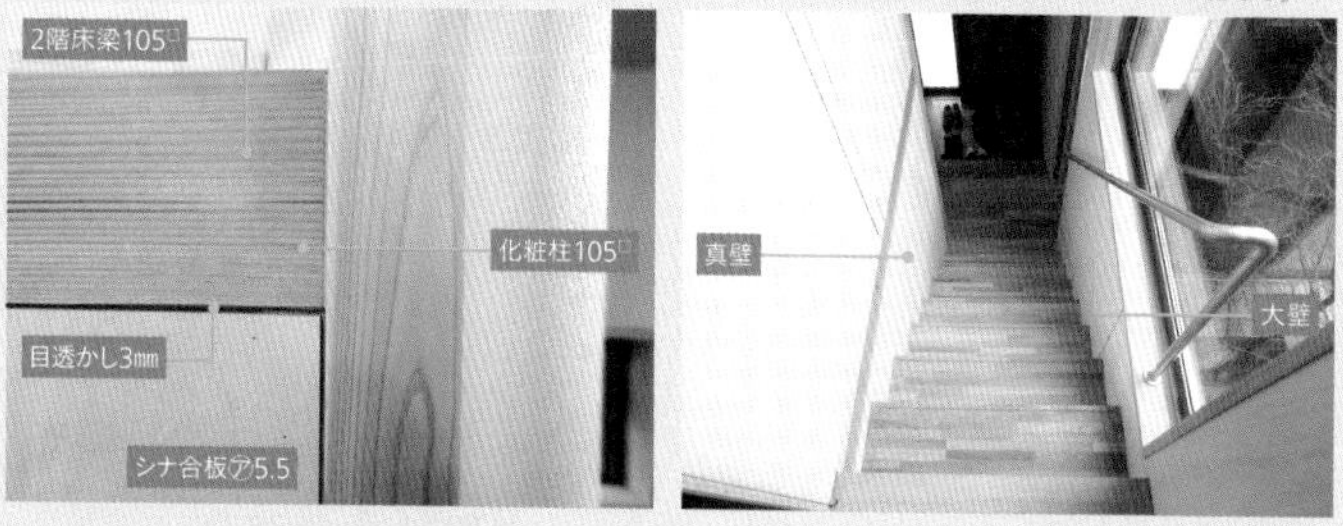

2階床梁105□
化粧柱105□
目透かし3㎜
シナ合板㋐5.5
真壁
大壁

手摺の取付け面は大壁であるが、手摺を取り付けないほうの壁は真壁で納めて、有効寸法を広く確保した。ここでは、化粧柱・化粧梁面に合わせて、5.5㎜厚のシナ合板を目透かし張りで納めた。階段の有効寸法は手摺内側で743㎜。500ℓクラスの冷蔵庫も問題なく搬入できる

冷蔵庫の扉が命取りに！

冷蔵庫が入る
扉の開く範囲

各製品には、最小設置スペースをはじめ据え付け寸法の仕様が定められているので実施設計時に必ず参照する。とくに注意したいのは両開きの扉。冷蔵庫スペース脇にタイトな袖壁を設けると、扉が90°以上開かなくなるので注意が必要だ

2階平面詳細図[S＝1:100]
（元図[S＝1:50]）

1階平面詳細図[S＝1:100]
（元図[S＝1:50]）

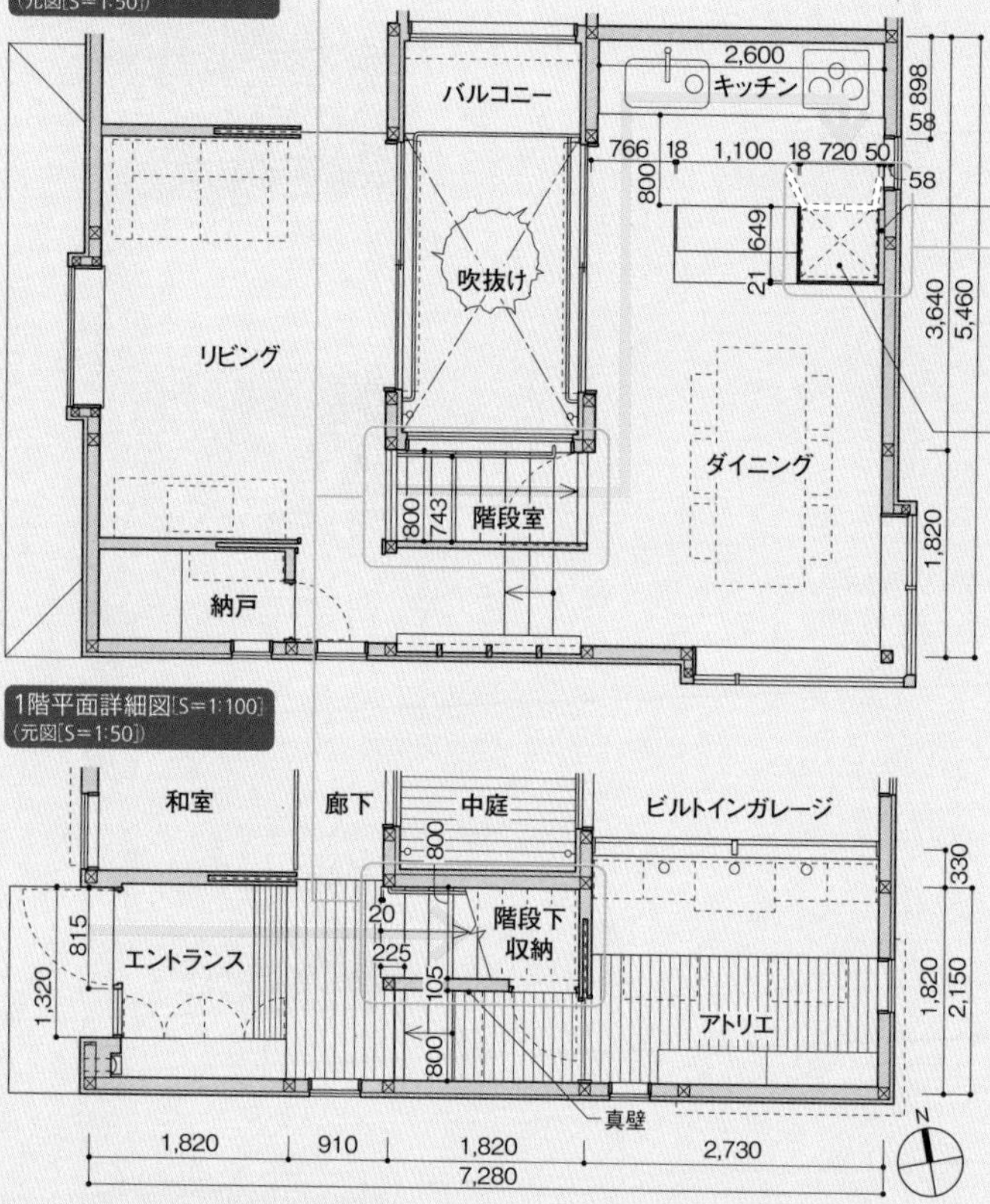

バルコニー
キッチン
2,600
898
58
766 18 1,100 18 720 50
800
58
壁厚注意
649
21
吹抜け
リビング
3,640
5,460
冷蔵庫：R-G4800D／
日立製作所
W685×D638×H1,818
ダイニング
800
743
階段室
1,820
納戸
和室
廊下
中庭
ビルトインガレージ
800
330
20
階段下
収納
225
105
815
エントランス
1,320
アトリエ
1,820
2,150
800
真壁
1,820
910
1,820
2,730
7,280
N

手摺詳細図[S＝1:10]

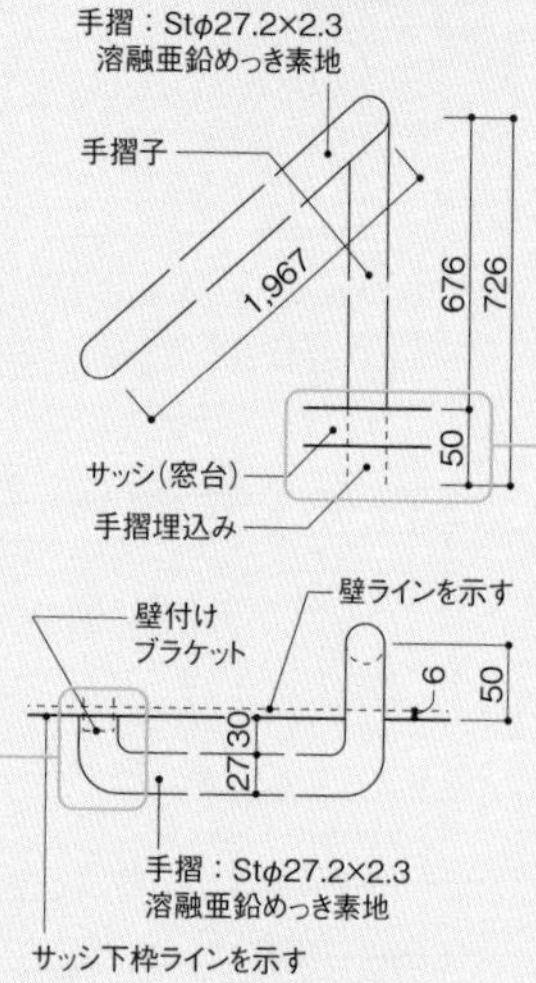

手摺：Stφ27.2×2.3
溶融亜鉛めっき素地
手摺子
1,967
676
726
サッシ（窓台）
50
手摺埋込み
壁付け
ブラケット
壁ラインを示す
6
50
30
27
手摺：Stφ27.2×2.3
溶融亜鉛めっき素地
サッシ下枠ラインを示す

手摺の上端はサッシの窓台に固定

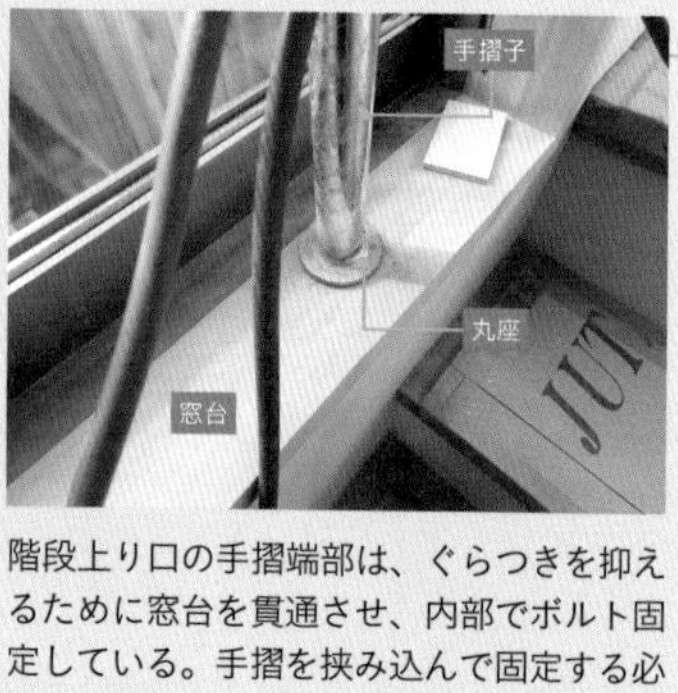

手摺子
丸座
窓台

階段上り口の手摺端部は、ぐらつきを抑えるために窓台を貫通させ、内部でボルト固定している。手摺を挟み込んで固定する必要と、貫通孔に隙間ができることを避けるため、手摺には固定の丸座を設けている

手摺の下端は壁付けのブラケットに固定

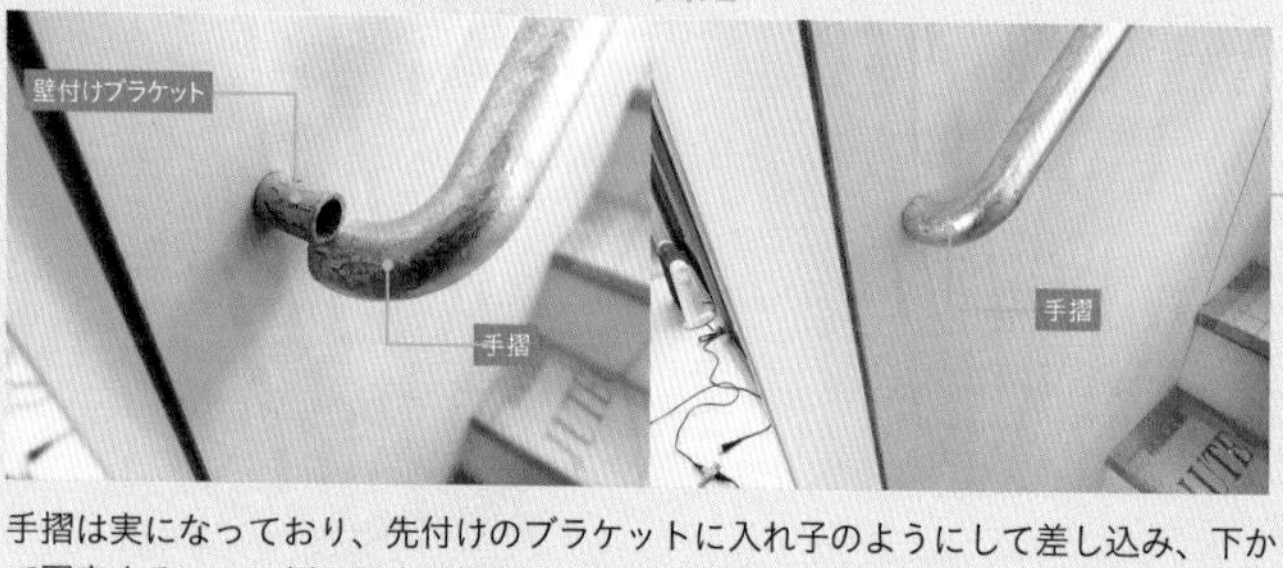

壁付けブラケット
手摺
手摺

手摺は実になっており、先付けのブラケットに入れ子のようにして差し込み、下からビスで固定する。この例は固定手摺だが、これを応用すれば着脱式にすることも可能となる

完成から学ぶ実施図面

ここからは、前章で解説してきた住宅の完成写真と実施図面を照らし合わせていく。それぞれの住宅がどのように仕上ったのかを見れば、詳細で的確な図面の重要性がより明確に理解できるだろう。

図面から生まれる機能美

建物南側外観

［写真：大沢誠一］

建物の外回りには通常、水道、ガス、電気の引込みメーターが取り付くことになるが、それぞれのメーターの設置場所は、あらかじめ決めておく必要がある。

筆者は検針員を敷地の奥まで呼び込まないように心がけているため、この家の場合、南側の前面道路に駐車スペースとメーター類が集中することになる。しかし、ここは建物のメインファサードでもある。建物の美しい外観を損なわないためにも、メーター設備は設置場所だけでなく、建築との取合いについても実施設計図上で、検討する必要があった。

水道メーターについては駐車スペースの土間に埋込み、電気メーターは道路際に立てた引込みポールに取り付けている。メーターのなかで最も取り付けの処理に苦慮したガスメーターは、駐車スペースと庭を仕切る塀の中に埋込み、金属板で隠している。塀の高さを一部違え、その段差の見切りを利用して金属板の存在を塀に馴染ませた。

このように、設備メーターなども実施図面上で慎重に検討し、デザインに組み込むよう心がけている。

［本間至］

1 調理台と食器収納の取合い

キッチンはシンクとレンジが並ぶI型の調理台として設計。その背面には調理機器などを置くためにオープンスペースを設けた。調理台や食器収納は作業場で箱物をつくり、現場に持ち込んで取合いを調整し完成させている。図面では、施工の工程も踏まえて、家具工事と大工工事の範囲と、その取合いを明確に理解できるようにする必要がある。筆者の事務所では、現場に提出する図面の縮尺を1／20～原寸の密度で表現している

2階キッチン

［写真：大沢誠一］

キッチン詳細図［S＝1：20］

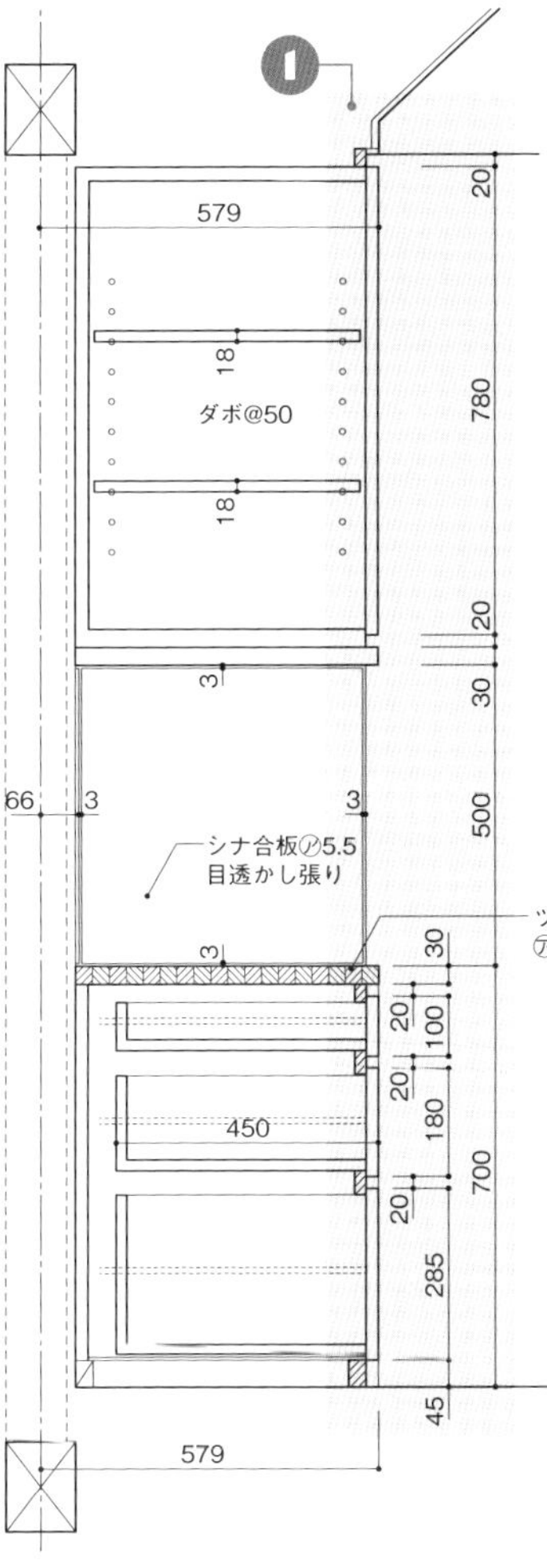
1
579
20
18
ダボ@50
780
18
20
3
30
66
3
3
500
シナ合板㋐5.5
目透かし張り
3
ツガ集成材
㋐30
30
20
100
20
180
450
700
20
285
45
579

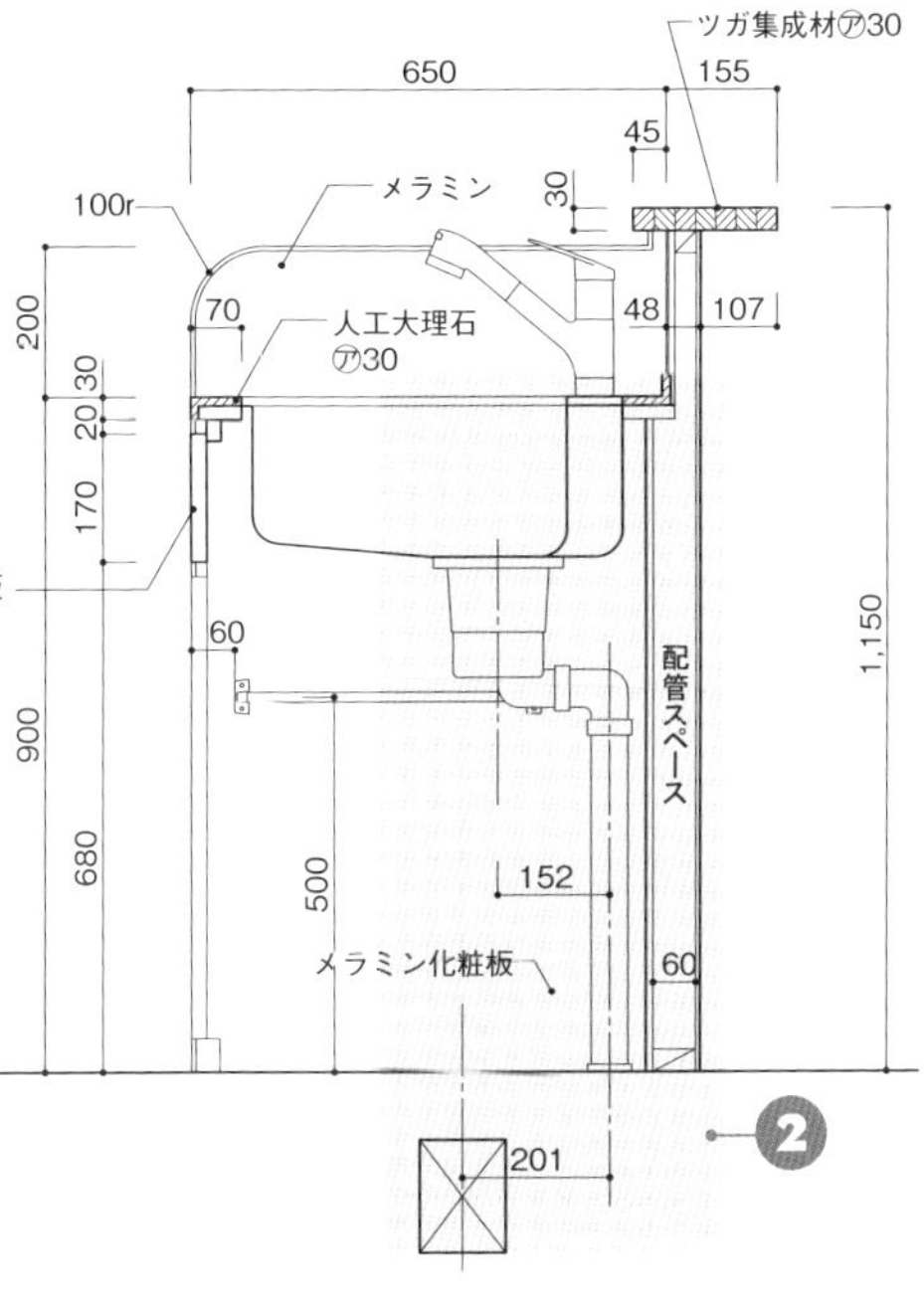
ツガ集成材㋐30
650
155
45
メラミン
30
100r
200
70
人工大理石
㋐30
48
107
30
20
20
170
幕板
60
900
680
500
152
配管スペース
1,150
メラミン化粧板
60
201
2

2 構造材と配管が干渉しないように注意

キッチン廻りの図面は、設備機器や配管との関係についても詳細寸法を明記する必要がある。また、設備機器や配管材は既製品を使うことになるので、自由に寸法を設定できない。とくに、床配管の立ち上げの位置や、その後の配管経路についても施工上分かりやすいように、基準となる壁心や構造材からの追い寸法の明記が望まれる。このような表記は、各設備配管と構造材の干渉を事前に避けるためにも重要だ

2階ダイニング

最も複雑な箇所を図面にする

ダイニングの壁面に収納をつくっている。腰下は引戸付きの収納、その上には飾り棚を設け、さらにその上を本棚としている。腰下を引戸としている理由は、収納の手前にダイニングの椅子が常時置かれると考えたため。収納の端の一部を引出しとし、また一部には給気口を設置してガラリで隠している。上部には小さな腰窓も設置した。このように複数の要素が絡む場合は、その中で最も絡みの多い場所を選んで図面にする必要がある。細かい寸法表記が必要な箇所は、図面の縮尺を拡大することが望まれる

[写真：大沢誠一]

吸気口断面詳細図 [S＝1：10] (元図 [S＝1：20])

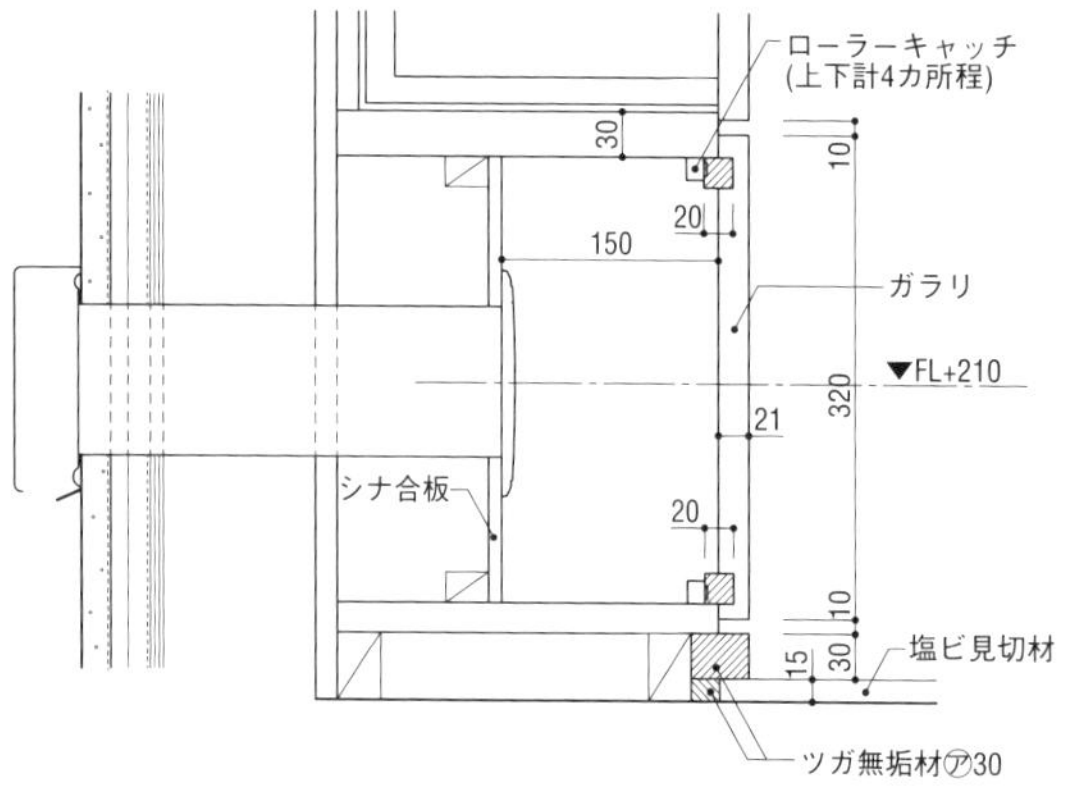

ローラーキャッチ
(上下計4カ所程)
30
10
20
150
ガラリ
▼FL+210
320
21
シナ合板
20
10
15
30
塩ビ見切材
ツガ無垢材㋐30

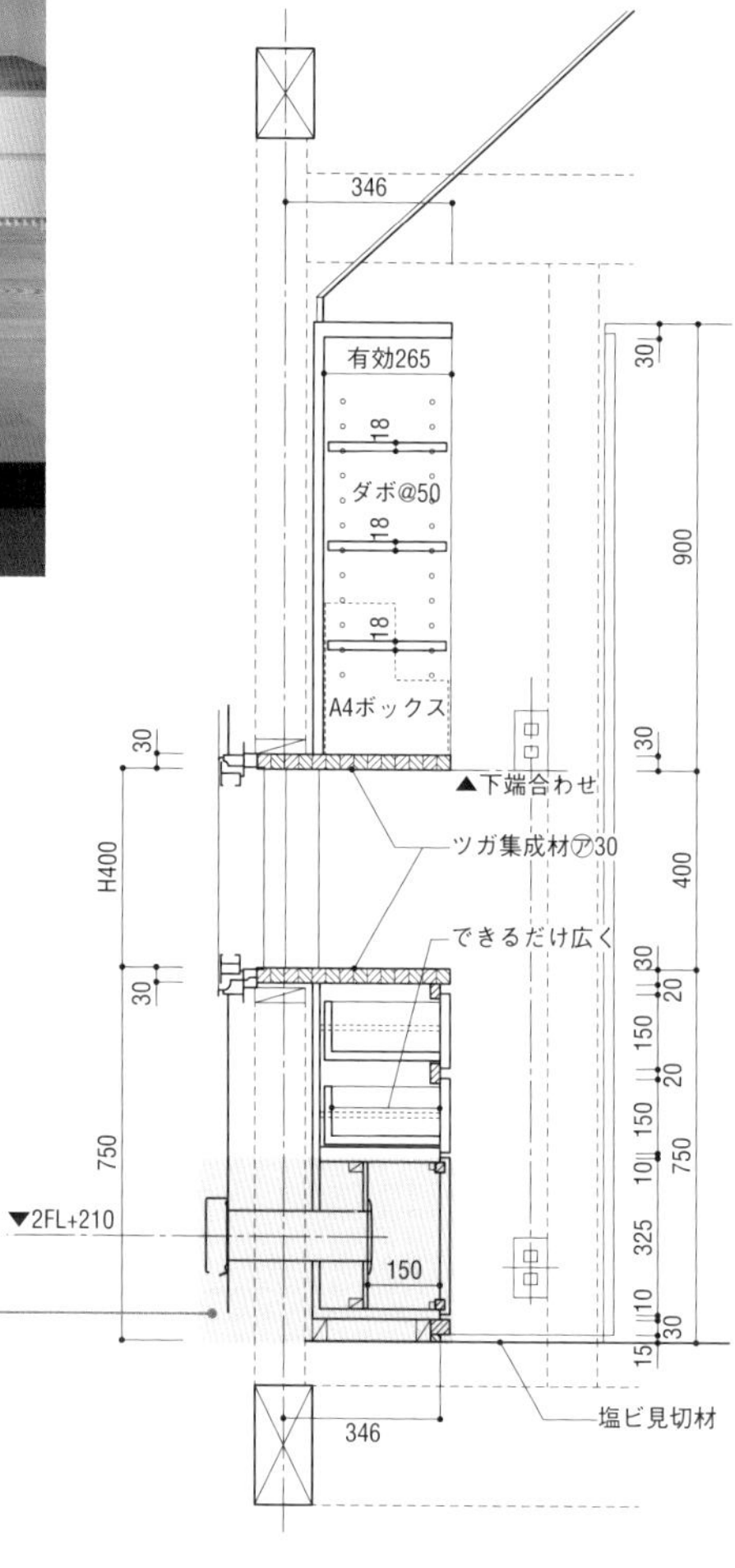

346
有効265
18
ダボ@50
18
18
A4ボックス
30
900
30
▲下端合わせ
ツガ集成材㋐30
H400
400
できるだけ広く
30
30
30
20
150
20
150
750
10
750
▼2FL+210
150
325
10
30
15
塩ビ見切材
346

食器収納断面詳細図 [S＝1：25] (元図 [S＝1：20])

2階ダイニングからリビングを見る

［写真：大沢誠一］

小屋組の梁、母屋、棟を表記

2階の天井はファサードと同じ三角形に仕上げている。中央階段が居間とダイニングを緩やかに区切り、階段の直上に設けられたトップライトから差し込む自然光は時間の流れを空間に伝える。図面には小屋組の梁、母屋、棟などの構造材を記入しているが、これは、天井下地の野縁や断熱材の位置関係を考慮しつつ、天井仕上げ面の位置を検討できるようにするためである

2階断面詳細図［S＝1：50］(元図［S＝1：20］)

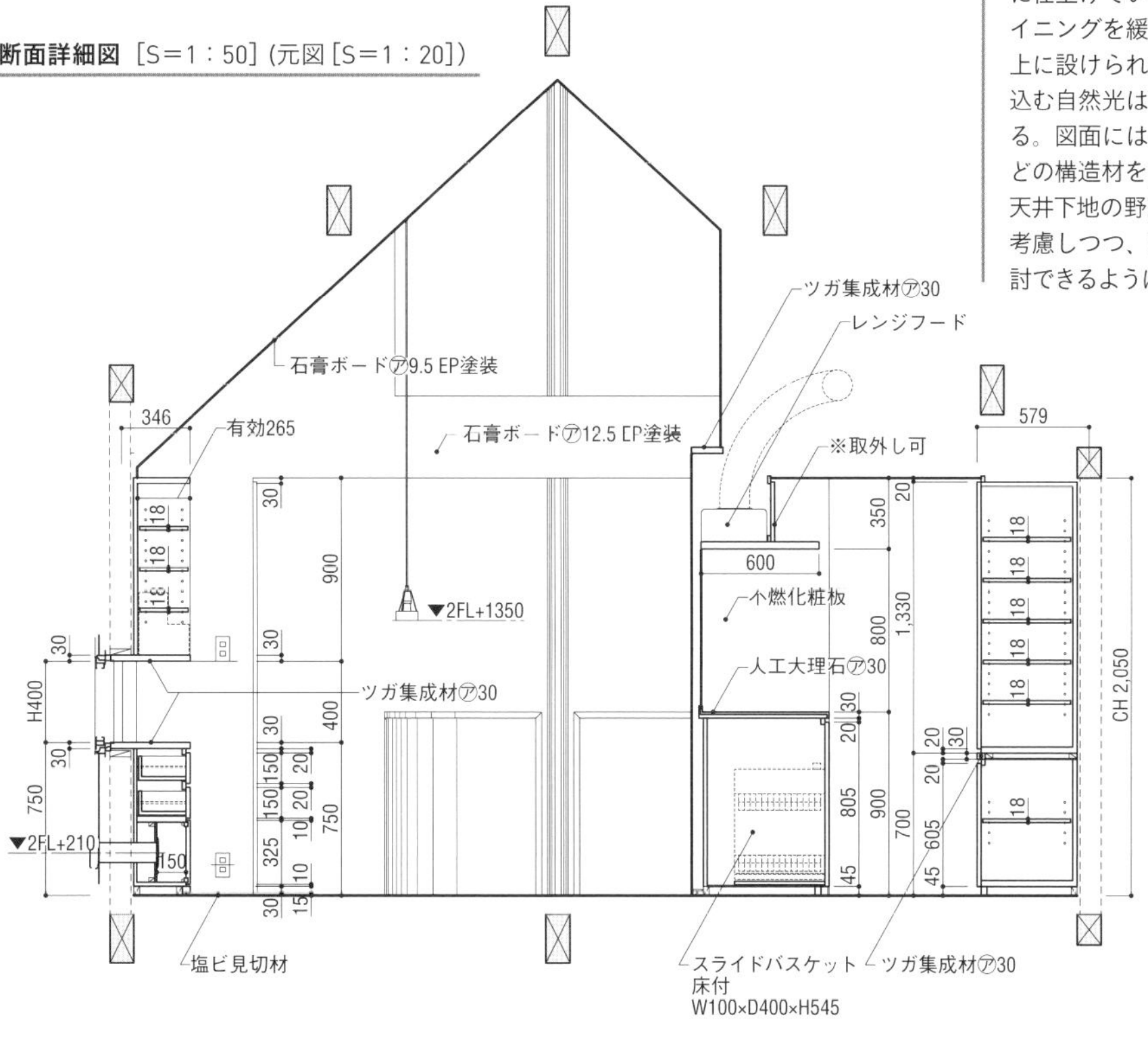
石膏ボード㋐9.5 EP塗装
石膏ボード㋐12.5 EP塗装
346
有効265
ツガ集成材㋐30
レンジフード
※取外し可
600
不燃化粧板
人工大理石㋐30
579
CH 2,050
▼2FL+1350
▼2FL+210
H400
塩ビ見切材
スライドバスケット
床付
W100×D400×H545
ツガ集成材㋐30

図面は工事契約書と心得る

どんな案件においても共通だが、実施図面とは、設計者の一存で変更することのできない約束手形のようなものである。設計者はこの認識の下、作図作業に従事しなければならない。

ただ、現実には時間的制約や担当者の技術的未熟さなどから、修正や変更が発生するのも事実である。

しかし、つくりながら作図をすることが当たり前だと勘違いしてはならない。変更の内容によっては工事管理者だけでなく、建築主を巻き込みながらの承認事になる可能性も十分にあり得る。追加予算が発生する場合も多いため、変更の場面においても、図面による具体的なコミュニケーションは欠かせない。

その際に用いるのが修正図や補足図だが、これらを対話のツールとして機能させるためには、相手の十分な検討時間も勘案して可能な限り早く提示する。また、変更過程におけるやり取りは設計者と現場の間で明確に共有しておきたい。そのためにも、各発行図書への日付の記載は必須だ。予算と工程に鑑みながら、現場作業の時間割づくりを心がけたい。

［瀬野和広］

北東側建物外観

［写真：吉田誠］

玄関引戸枠廻り平面詳細図［S＝1：12］(元図［S＝1：10］)

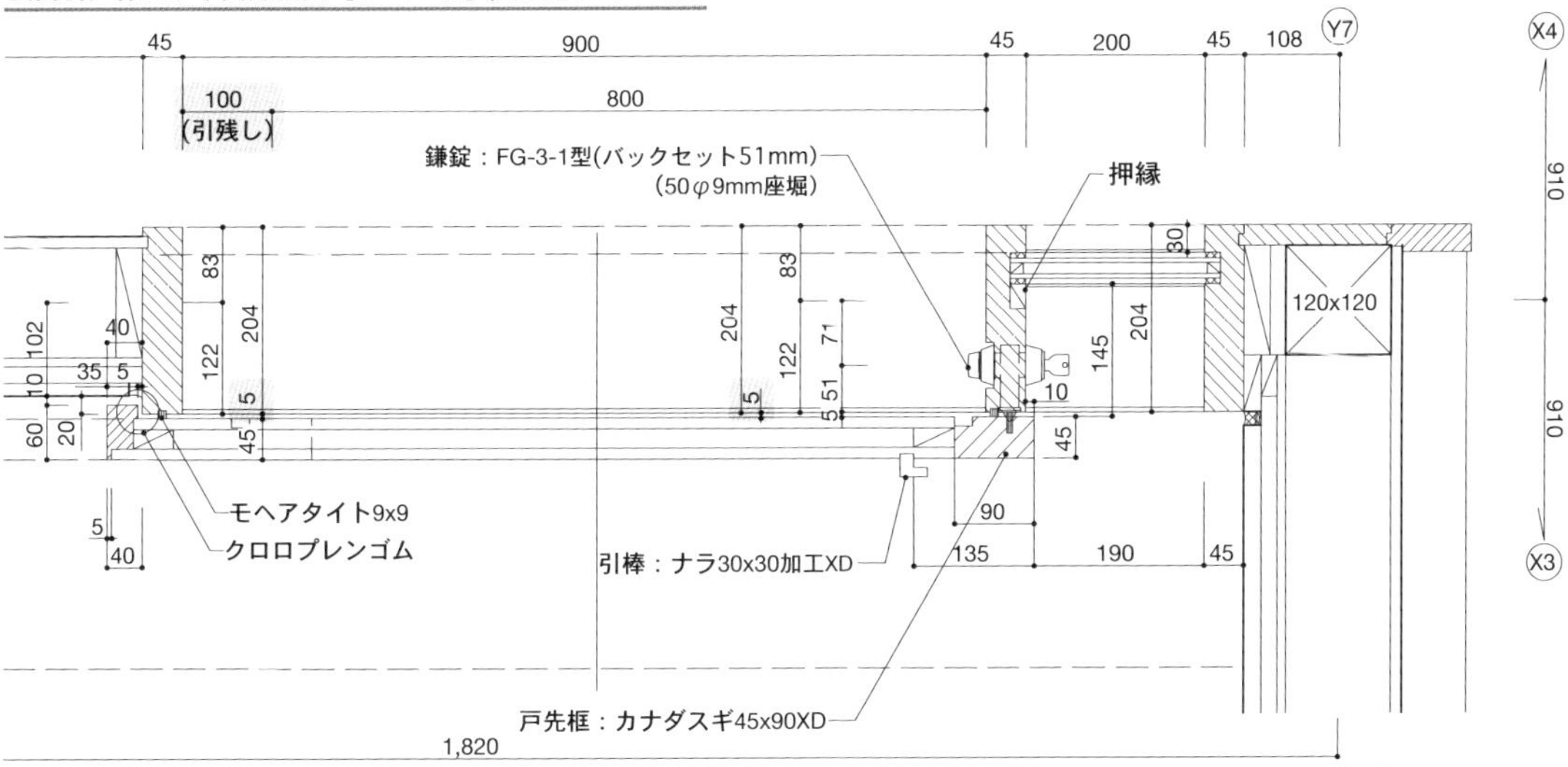
45
900
45
200
45
108
Y7
X4
100
(引残し)
800
鎌錠：FG-3-1型(バックセット51mm)
(50φ9mm座堀)
押縁
910
30
83
204
122
120x120
102
40
35
5
10
60
20
45
71
51
145
204
10
910
モヘアタイト9x9
クロロプレンゴム
5
40
90
引棒：ナラ30x30加工XD
135
190
45
X3
戸先框：カナダスギ45x90XD
1,820

正面玄関

［写真：吉田誠］

引戸は隙間の取合いをミリ単位で指示

大きな開口部は防火や気密性能上、アルミ製品を使用するのが一般的だが、筆者は玄関扉だけは造作にこだわっている。玄関引戸を設計する場合、気密を確保しつつも摩擦抵抗を抑えた、スムーズな開閉が求められる。そのため、枠との取合いのディテールを吟味して作図することが重要だ。ここでは、扉と枠の隙間のクリアランスを5㎜に設定し、それを明確に指示している。また、引戸の場合は手挟み防止を見込んで、「引残し」の寸法を記載したい。ここでは100㎜とした

南東側建物外観

［写真：吉田誠］

越屋根軒先詳細図［S＝1：15］（元図［S＝1：10］）

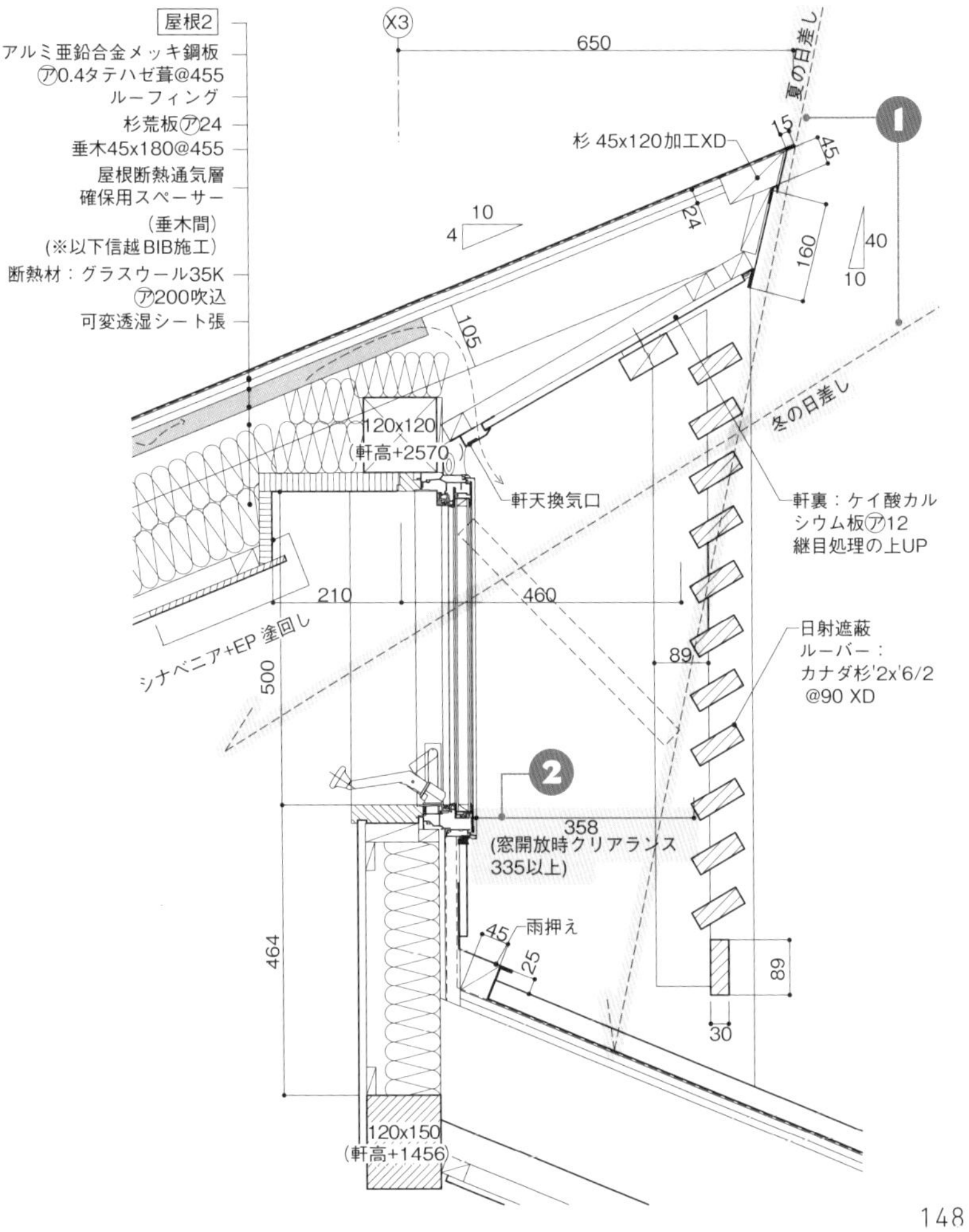

屋根2
アルミ亜鉛合金メッキ鋼板
㋐0.4タテハゼ葺@455
ルーフィング
杉荒板㋐24
垂木45x180@455
屋根断熱通気層
確保用スペーサー
（垂木間）
（※以下信越BIB施工）
断熱材：グラスウール35K
㋐200吹込
可変透湿シート張
X3
650
夏の日差し
1
15
杉 45x120加工XD
45
24
10
4
160
40
10
105
冬の日差し
120x120
（軒高+2570）
軒天換気口
軒裏：ケイ酸カル
シウム板㋐12
継目処理の上UP
210
460
89
日射遮蔽
ルーバー：
カナダ杉'2x'6/2
@90 XD
シナベニア+EP 塗回し
500
2
358
（窓開放時クリアランス
335以上）
45
雨押え
25
464
89
30
120x150
（軒高+1456）

1 夏と冬の日射角を描き込む

越屋根は排熱自然換気と採光を主目的として設置している。とくに、採光については、夏の日射を遮り、冬の日射を採り込むという機能が重要であった。そのため夏と冬それぞれの日射角を図面に描き込むことで、外部ルーバーの傾斜角度の重要性を強調している。作図は、寸法表示と文字書込みのレイアウトバランスを常に意識しながら作業したい

2 窓とルーバーのクリアランス

開口部とルーバーがお互いに干渉しないようにクリアランスを明記して注意している。ここでは、開放時に確保すべき最低限のクリアランスも念のため書き込んでいる

ウッドデッキ南西からの眺め

［写真：吉田誠］

❶ 屋根の葺き替えを指示

軒先のラインをシャープに見せるための工夫として、唐草部分は平葺きに替えている。立はぜ葺きから平葺きに替わる部分を指示

❷ 広小舞の納まり

建築の印象は先端部で良し悪しが決まる。大屋根切妻の軒先はその最たる部分で、先端をかたどる垂木と広小舞の断面形状は実寸も含めて入念な確認を行った。板金が巻きつけられた状態の断面形状も気にしながら寸法の調整を行っている。軒先の詳細情報は断面図1枚で伝わるようにした。

広小舞は、軒先の雰囲気を左右する重要なポイントとなるため、寸法、加工、ほかの部材との取合いなど細かく指示する。広小舞と登り淀のコーナー納まりのように、断面図上で表現できない納まり上の注意点は特記して現場に意図を伝える

❸ 屋根通気の防虫対策

面戸板は屋根通気を考慮して455㎜間隔で穴を開けている。また、防虫対策としてネット張りを指示する

母屋軒先詳細図［S＝1：15］(元図［S＝1：10］)

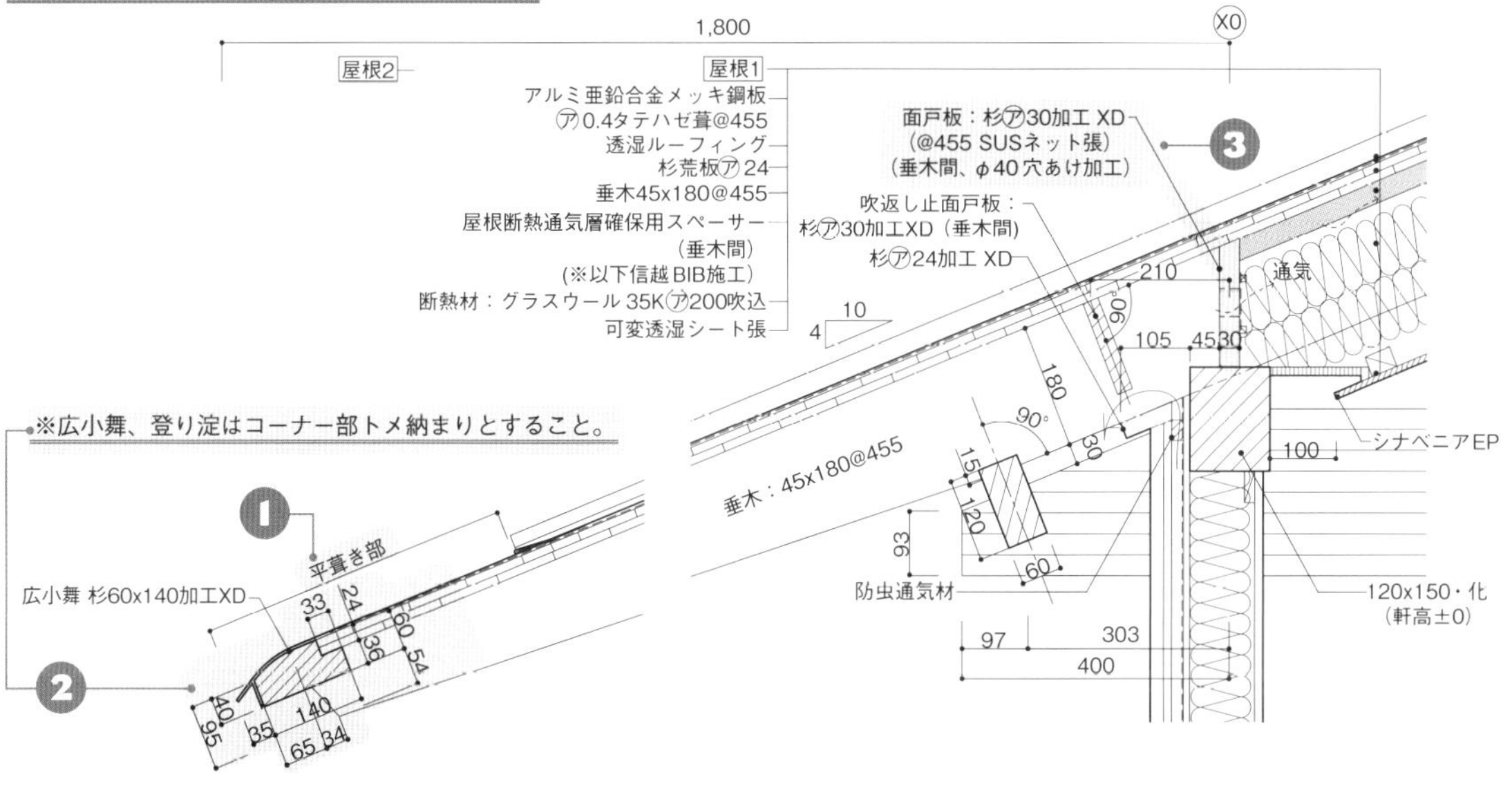

つくり手と住まい手のための図面

実施設計時に心がけているのは「相手の立場や技量に立って考え」、「ヒューマンスケールを忘れない」ことの2点だ。

職人もプロだが、あまりにも難解なディテールは施工ミスや経年的な不具合につながる危険性があるうえ、図面に齟齬がないとも言い切れない。緻密な図面の中にも、遊びと柔軟性は必要だ。また、ヒューマンスケールにも注意したい。窓の高さや照明の位置に至るまで、空間に身を置いた状況を設計者自らがリアルにイメージすることが、居心地のよい住宅の要であると考えている。

この2点が結実した実施設計図には調和があり、後から思いつきの変更を加える余地はない。現場に入ってから起こす図面も、多くは補足的なもので、重要な情報は既に実施図面の中にある。ひとたび現場に入れば、場当たり的な設計上の変更は要求しない。これは筆者のこだわりである以前に、現場と対等に仕事をするための最低限のマナーであり、設計者としての矜持である。　［関本竜太］

西側建物外観

［写真：新澤一平］

2階ダイニング

［写真：新澤一平］

開口部枠廻り平面詳細図［S=1：6］（元図［S=1：3］）

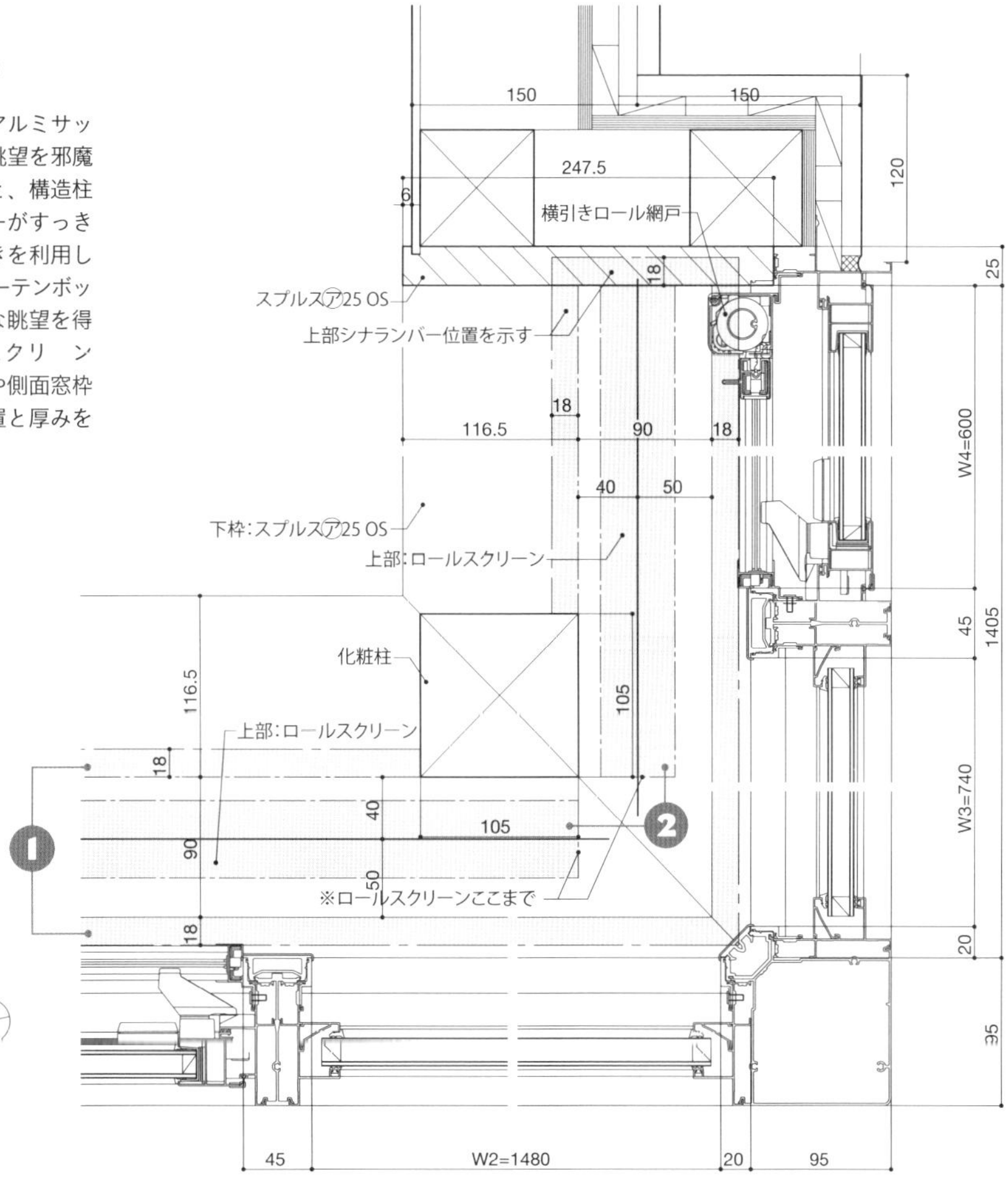

① スクリーンボックスの配置を指示

ダイニングの南東角に出窓を設けた。アルミサッシでコーナー窓を設けた場合、方立が眺望を邪魔してしまう。しかし、窓を出窓にすると、構造柱がサッシを隠してくれるため、コーナーがすっきりした印象になる。また、出窓の奥行きを利用して、ロールスクリーンなどを収納するカーテンボックスの存在感を抑えれば、より開放的な眺望を得ることができる。図面では、上部のスクリ　ンボックスを囲うシナランバーと化粧柱や側面窓枠の位置関係が分かるように、部材の配置と厚みを見え掛り線として記載している

② ロールスクリーンを室内側に寄せる

ボックス内のロールスクリーンの位置と長さを描きこむ。ロールスクリーンは開閉時の操作性に配慮して室内側に寄せて配置している。スクリーンの通り心からボックス側面までの寸法をそれぞれ記載し、その意図を具体的に伝える

建具平面詳細図［S＝1：10］（元図［S＝1：5］）

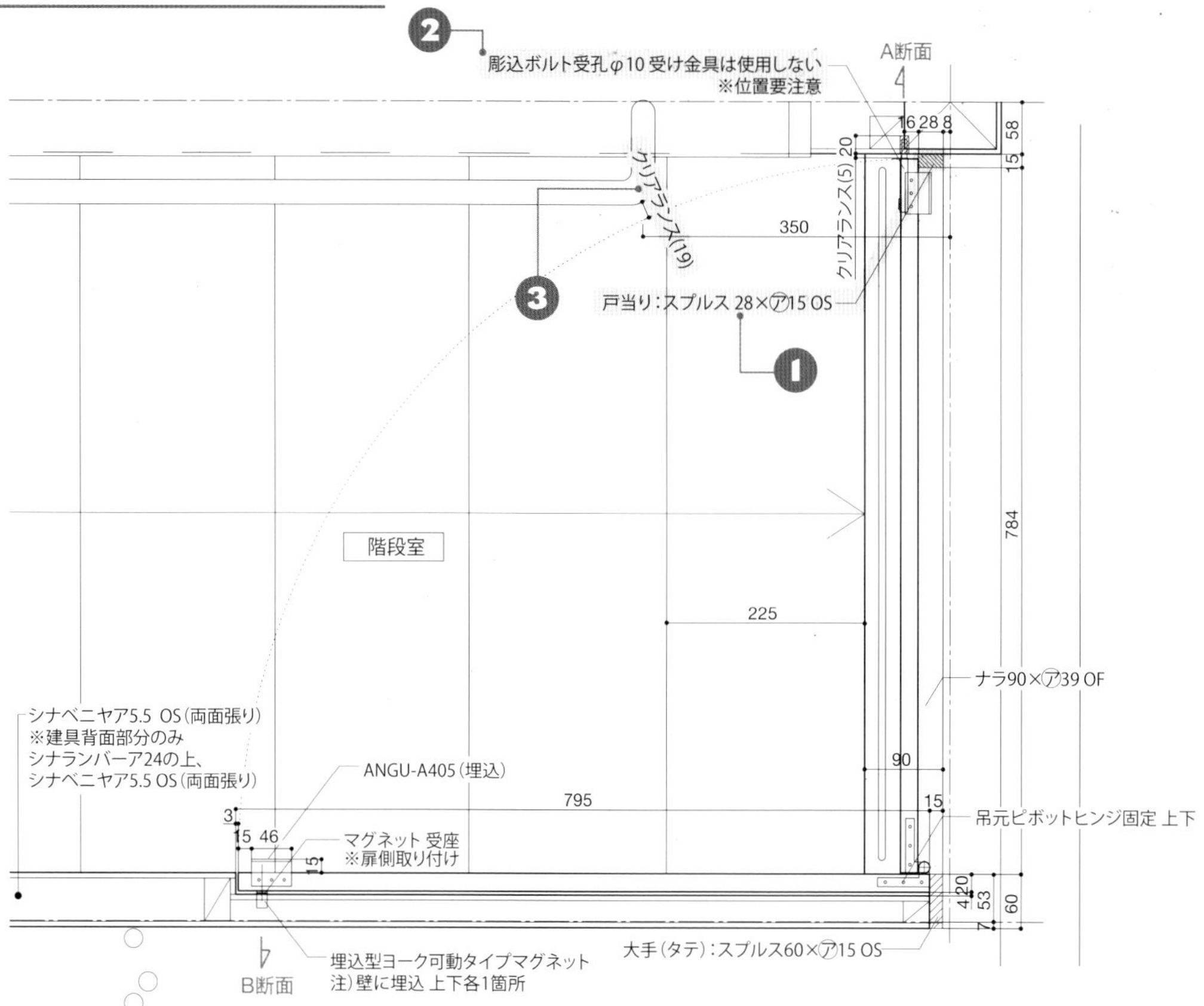

2
彫込ボルト受孔φ10受け金具は使用しない
※位置要注意
A断面
16 28 8
20
58
15
クリアランス(5)
クリアランス(19)
350
3
戸当り：スプルス28×㋐15 OS
1
784
階段室
225
ナラ90×㋐39 OF
シナベニヤア5.5 OS（両面張り）
※建具背面部分のみ
シナランバーア24の上、
シナベニヤア5.5 OS（両面張り）
ANGU-A405（埋込）
90
795
15
吊元ピボットヒンジ固定 上下
3
15 46
マグネット 受座
※扉側取り付け
15
20
4
53
60
7
大手（タテ）：スプルス60×㋐15 OS
埋込型ヨーク可動タイプマグネット
注）壁に埋込 上下各1箇所
B断面

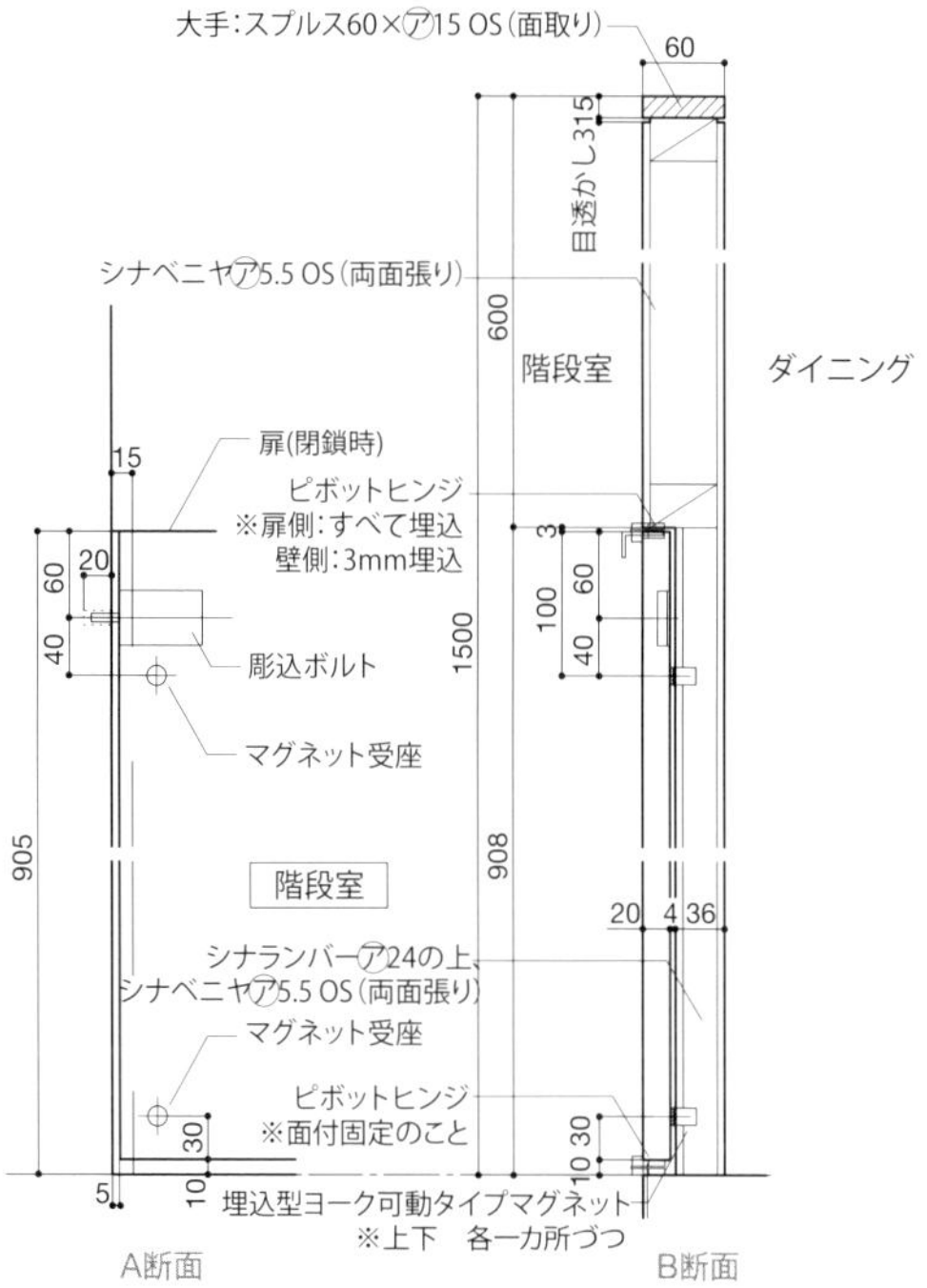

大手：スプルス60×㋐15 OS（面取り）
60
15
目透かし315
シナベニヤ㋐5.5 OS（両面張り）
600
階段室
ダイニング
15
扉（閉鎖時）
ピボットヒンジ
※扉側：すべて埋込
壁側：3mm埋込
3
20
60
100
60
40
40
1500
彫込ボルト
マグネット受座
905
階段室
908
20 4 36
シナランバー㋐24の上、
シナベニヤ㋐5.5 OS（両面張り）
マグネット受座
ピボットヒンジ
※面付固定のこと
30
10 30
5
10
埋込型ヨーク可動タイプマグネット
※上下 各一カ所づつ
A断面
B断面

1 戸当りは省略

設計時には戸当りを設けていたが、常態的に扉は収納されると考え、不要と判断した

2 ボルト受けの位置を注意

埋込みマグネットキャッチの設置は受座厚なども含め、作図上も施工上もミリ単位の精度に気を配った。彫込みボルトの受け孔は、扉の微妙な下がりや回転軌跡のズレによって上手くかみ合わないことがある。受け孔の位置調整は現場で実際に扉を吊ってから、正確にあけてもらえるよう、図面上で注意している。とくにここは失敗してもやり直しが利かないので「要注意」としている。なお、このような注意事項は図面に明記するだけでなく現場で直接伝えるようにするのが望ましい

3 手摺と扉のクリアランス

手摺の上端は扉の軌道上に干渉しない位置で止めている。ただし、手摺はめいっぱい延ばしているので、現場に注意を促すために、手摺に扉の軌道が最も近づく場合のクリアランスを描き込んでいる

階段室を2階ダイニングから見る

［写真：新澤一平］

半埋込みのピボットヒンジ

2階のリビングやダイニングと階段室をひとつながりにする場合、夏期のエアコン使用時に、冷気が下階に逃げてしまう。そのため、冷気止めとなる「隠し扉」を階段上部に設けた。収納時に扉の存在が目立たないように、吊元は丁番ではなく家具用のピボットヒンジを使用している。ピボットヒンジは通常の取付けにするとこの部位のみ6mmのクリアランスになってしまう。扉上部以外の3mmのクリアランスとそろえるため、ここではあえて3mmの半埋込みとした

建具詳細図拡大［S＝1：1］

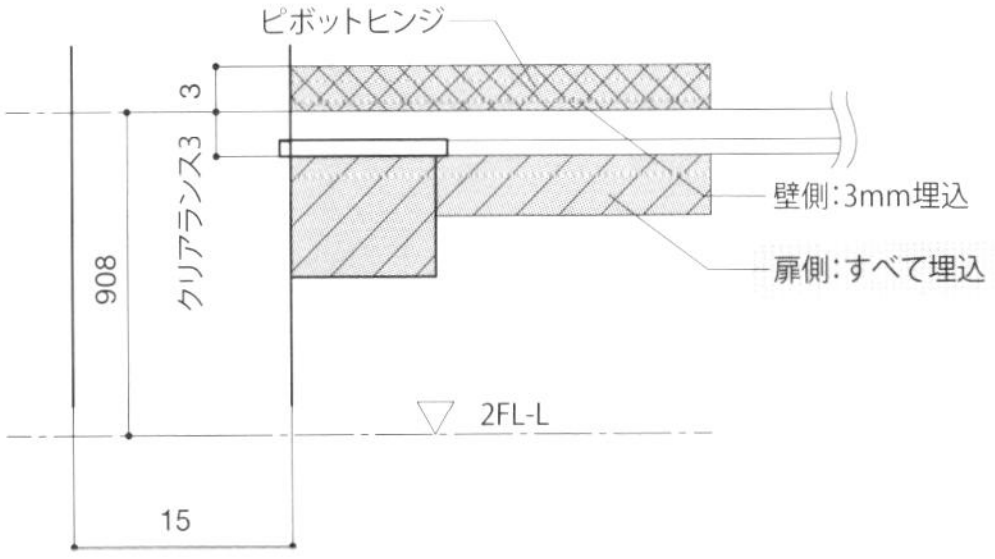
ピボットヒンジ
3
クリアランス3
908
壁側：3mm埋込
扉側：すべて埋込
2FL-L
15

図面との対話がプランを育てる

南側建物外観

［写真：ナカサ＆パートナーズ］

実施図面は、設計の意図を正確に現場に伝えるだけでなく、建物を立体的に検証し、問題の洗い出しと解決策を検討するうえでとても有効な手段である。

この建物は、住宅密集地に建てられているが、窓を開放して暮らしたいという要望に応えるため中庭を２つ設け、ほとんどの窓をこの中庭に向けて開いている。そのため、「部屋どうしの視線の干渉」や、「開口部の開閉軌道がほかの窓や人の動きを阻害しないか」など、詳細な検証が必要だった。

筆者は実施図面の作成過程において、入念な打ち合わせを繰り返し行う。１５６頁で紹介するサッシどうしの入隅部分の納まりについても、施工方法の打ち合わせ結果をあらかじめ準備した図面に描き加えて修正を重ね、施工上も、防水性能上も、意匠的な見え方の上でも問題のない窓に仕上げた。図面を単なる工事計画書としてだけでなく、設計プランを客観的に見直し、建物のより良い姿を導き出す手段として活用している。図面に幾度となく検討を加えていくプロセスを経てこそ、完成度の高い建物ができると考えている。

［彦根明］

南側中庭を見上げる

［写真：ナカサ＆パートナーズ］

中庭平面図［S＝1：20］(元図［S＝1：10］)

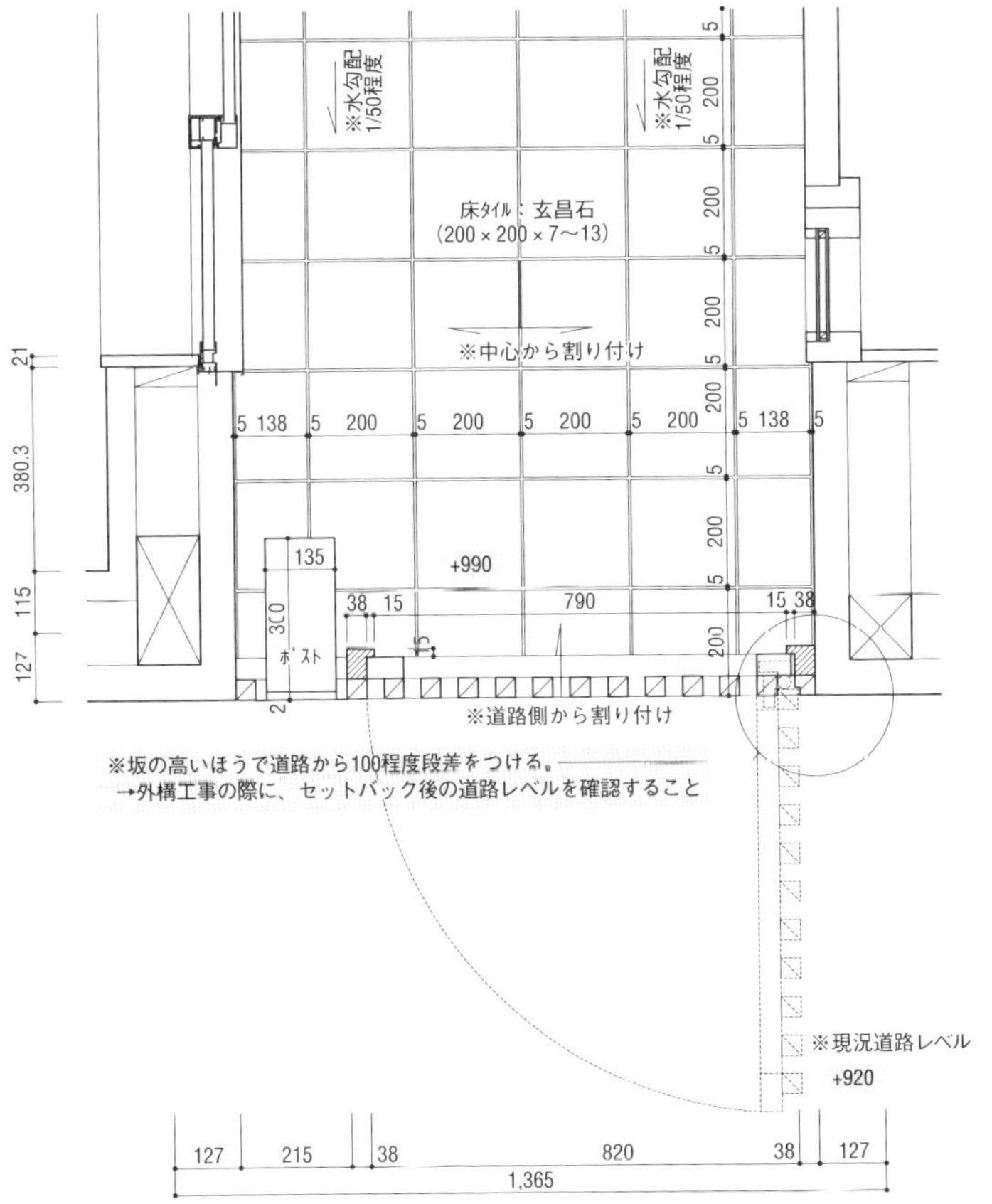
※水勾配 1/50程度
※水勾配 1/50程度
床タイル：玄昌石
(200×200×7～13)
※中心から割り付け
5 138 5 200 5 200 5 200 5 200 5 138 5
5 200 5 200 5 200 5 200 5 200 5 200
21
380.3
115
127
135
300
ポスト
+990
38 15
790
15 38
15
2
※道路側から割り付け
※坂の高いほうで道路から100程度段差をつける。
→外構工事の際に、セットバック後の道路レベルを確認すること
※現況道路レベル
+920
127 215 38 820 38 127
1,365

路面と門扉の接触に注意

門扉は家全体の顔とも言える場所であると同時に、毎日出入りが行われるところでもあるので、機能性が求められる。ポスト、呼び鈴、表札など、必要なパーツも集中する。希望に沿う形で施工ができるように図面上で検討を繰り返したうえで、その結果を現場に伝える。

門扉は扉が面している中庭の広さが1.5畳と狭いため、外開きとした。全面道路が坂になっているため開放時に門扉と路面が干渉しないよう、外構工事のセットバック後の道路レベルを確認するよう促している。路面から門扉までの高低差も指示する

ダイニングから中庭越しにリビングを見る

[写真：ナカサ＆パートナーズ]

開口部平面詳細図［S＝1：10］

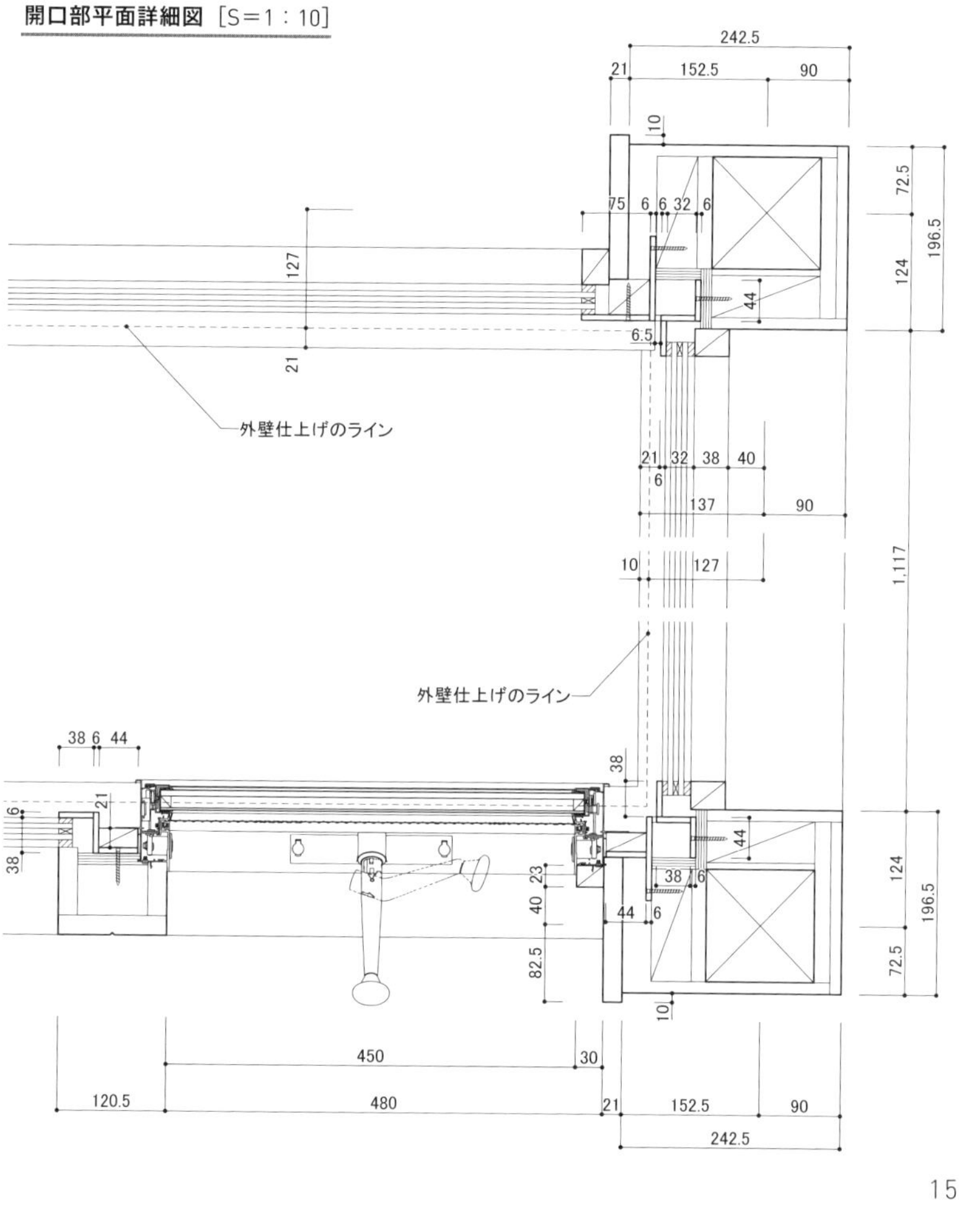

窓を一体にして外部開口部の入隅を防水

大きな窓が隣り合わせになる中庭の入隅の納まりはとても難しい。窓同士を直角に取り付けるためには、防水の納まりがしっかりと施工できる大きさの余裕が必要になるため、思いのほか離して設置する必要に迫られる。ここでは現場と協議の末、直角に隣り合わせになる3つの窓を一体でつくることになった。そうすることで、防水の納まりを心配することなく、サッシどうしを近づけることができた

オールステンレスキッチンと造作家具

［写真：ナカサ＆パートナーズ］

棚下のダウンライトの配置を忘れずに記載

キッチンの設計は住宅設計の中で1つの大きなポイントとなる。必要な調理機器や食器の収納量のヒアリングに始まり、実際の仕上げを含めた各部の納まりを建築工事とすり合わせながら、まとめていく必要がある。使い勝手を考慮した高さと幅、置きたい機器の大きさも確認しながら棚の寸法を決定し、希望に沿ったタイルの割付けまで行うことで理想のキッチンが完成する。

キッチン収納の断面図には棚の各部位の寸法から、取合いの寸法まで細かく指示する。また、収納の棚板の下にダウンライトを埋め込んで設置しているため、立面図上でその意図も確実に伝える

キッチン展開図 ［S＝1：30］（元図［S＝1：20］）

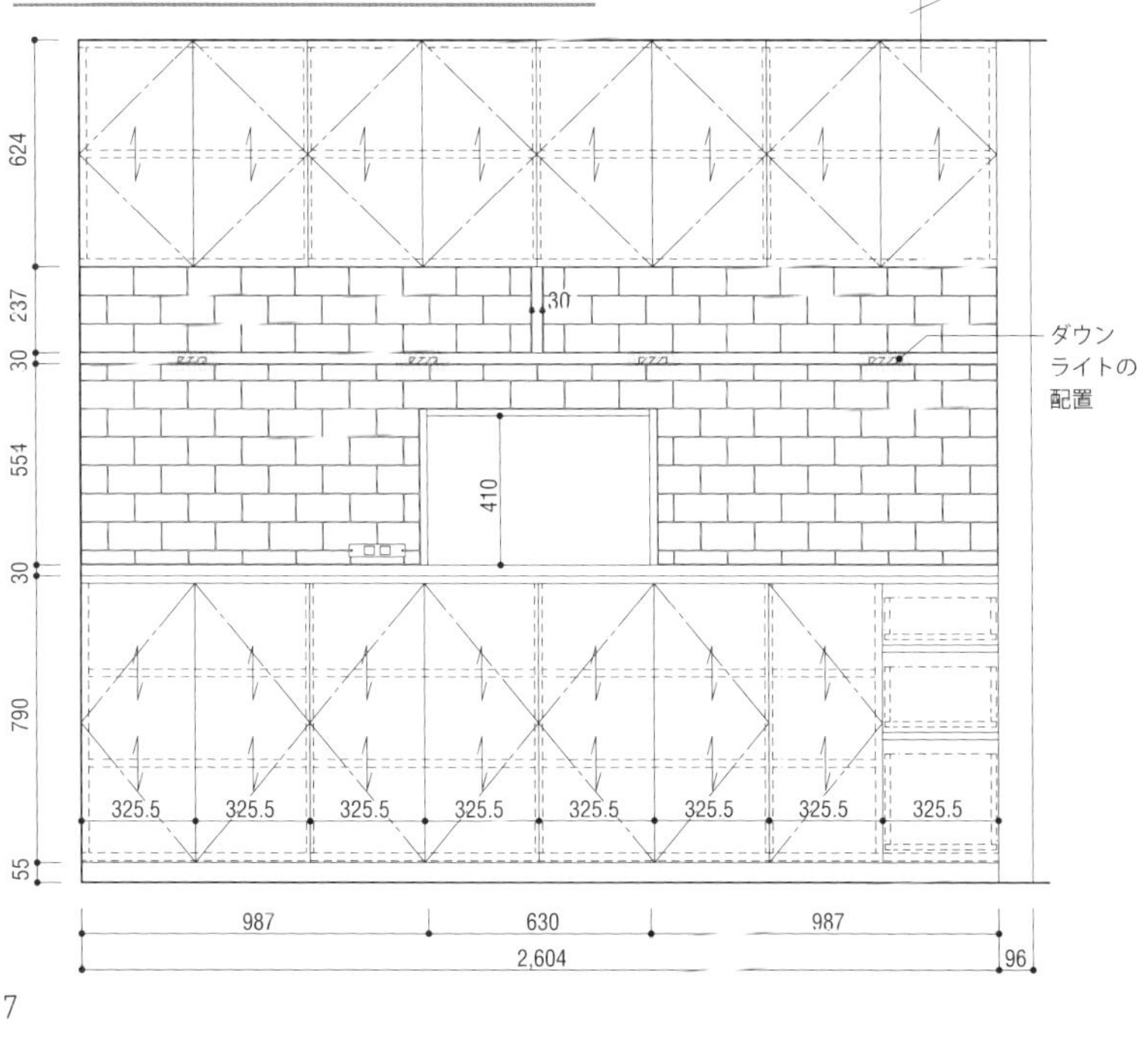

キッチン収納A断面図 ［S＝1：20］（元図［S＝1：10］）

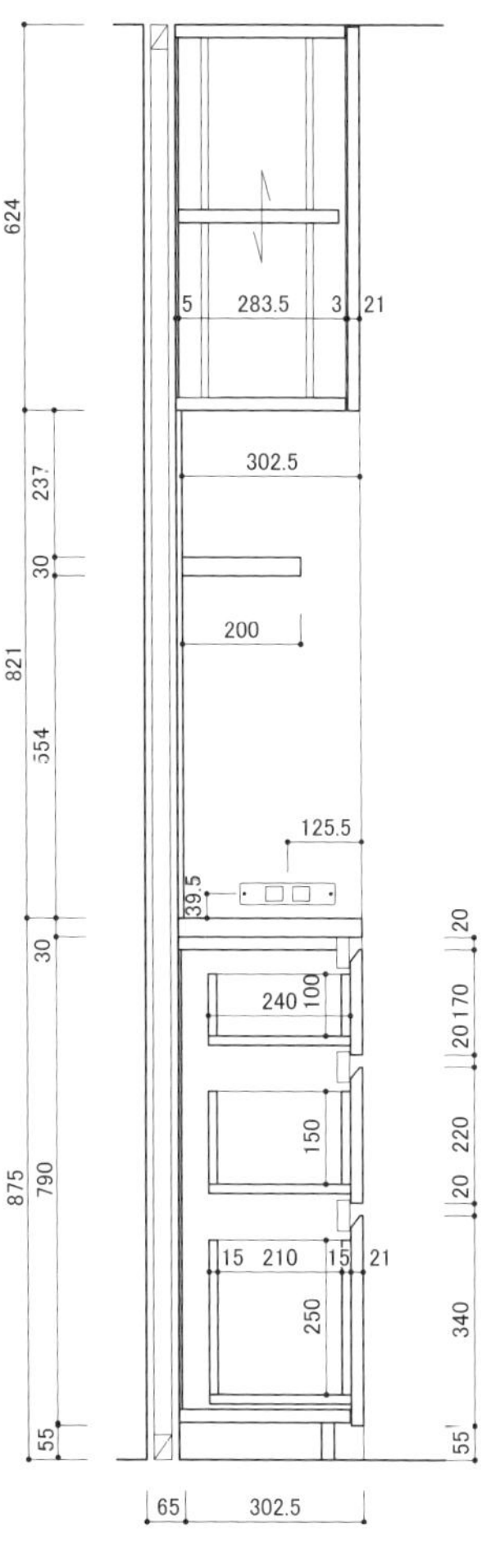

キーワード検索

執筆者プロフィール

瀬野和広＋設計アトリエ

瀬野和広［せの・かずひろ］

1957年山形県生まれ。'78年東京デザイナー学院卒業、大成建設設計部を経て、'88年設計アトリエ一級建築士事務所開設。日本サスティナブル建築協会「すまい検討小委員会」委員。山形県／やまがた森林ノミクス大使。2009年〜東京都市大学都市生活学部非常勤講師

新井麻意子［あらい・まいこ］

1978年神奈川県生まれ。武蔵野美術大学卒業、デザインファーム建築設計スタジオを経て2010〜'16年設計アトリエ勤務

■掲載事例データ

［筒棟庵］

敷地面積	795.36㎡
建築面積	139.62㎡
延床面積	118.41㎡
規模	地上1階
用途地域	第1種低層住居専用地域
構造	木造在来軸組構法

彦根建築設計事務所

彦根明［ひこね・あきら］

1962年埼玉県生まれ。'85年東京藝術大学建築学科卒業、'87年同大学大学院建築学科卒業後、同年磯崎新アトリエ入所。'99年彦根建築設計事務所設立。'90年〜東海大学非常勤講師。2010年〜（一社）建築家住宅の会理事

織田遼平［おだ・りょうへい］

1984年神奈川県生まれ。ハウスメーカー勤務、デザインファーム建築設計スタジオを経て2012年より彦根建築設計事務所勤務

■掲載事例データ

［NGC］

敷地面積	75.13㎡
建築面積	48.44㎡
延床面積	113.45㎡
規模	地下1階・地上2階
用途地域	第2種低層住居専用地域
構造	木造（SE工法）

夢・建築工房

岸野浩太［きしの・こうた］

1975年北海道生まれ。'98年大学卒業後東京都内の設計事務所を経て、2005年夢・建築工房入社。'13年同社代表取締役となる。1級建築士。新住協（新木造住宅技術研究協議会）理事。著書に『エコハウス現場写真帖』（エクスナレッジ）。'16年エコハウス大賞優秀賞受賞

ブライシュティフト

本間至［ほんま・いたる］

1956年東京都生まれ。'79年日本大学理工学部建築学科卒業、同年林寛治設計事務所入所。'86年本間至建築設計事務所開設。'94年本間至／ブライシュティフトに改称。2021年事務所解散。'95年〜2021年家づくりの会理事。2010年〜'15日本大学理工学部建築学科非常勤講師

三平奏子［みひら・かなこ］

1987年千葉県生まれ。2012年日本大学大学院理工学研究科建築学専攻博士前期課程修了。'12〜'19年ブライシュティフト勤務。'22年事務所開設

■掲載事例データ

［大宮の家］

敷地面積	117.34㎡
建築面積	46.89㎡
延床面積	93.06㎡
規模	地上2階
用途地域	第1種低層住居専用地域
構造	木造在来軸組構法

リオタデザイン

関本竜太［せきもと・りょうた］

1971年埼玉県生まれ。'94年日本大学理工学部建築学科を卒業し、'99年までエーディーネットワーク建築研究所に勤務。2000〜'01年フィンランド・アールト大学に留学。帰国後'02年にリオタデザイン設立

山口純［やまぐち・じゅん］

1989年愛媛県生まれ。2010年東京工学院専門学校卒業、'12〜'13年フィンランド・アールト大学に留学。'13〜'17年リオタデザイン勤務。'17年に山口純建築設計事務所設立

■掲載事例データ

［FP］

敷地面積	100.45㎡
建築面積	48.02㎡
延床面積	78.41㎡（駐車場含まず）
規模	地上2階
用途地域	第1種住居地域
構造	木造在来軸組構法

取材協力

内田産業

埼玉県川越市と東京都西東京市に事務所を置き、設計事務所が設計した住宅を施工。墨付・手刻みによる木材加工も行う

■［大宮の家担当］　工事部　橋本太郎

天音堂 リフォームラボ

東京都世田谷区に本社を置く。天然素材を使った、エコで循環型の住宅の設計・施工に取り組む

■［筒棟庵担当］　棟梁　伊東功

堀尾建設

埼玉県川越市に本社を置く総合建設会社。信頼の技術と、地域に根差した細かいサービスで建物の新築・リフォーム・修理などを行う

■［FP担当］　工事部　部長　陸名勝尋

渡邊技建

東京都杉並区に本社を置く。注文住宅（木造・S造）の設計・施工、設計事務所設計の住宅施工を行う。施工地域は都内及び周辺

■［NGC担当］工事部　小櫃光晴

設計部　長谷部健太郎

現場写真で学ぶ
実施図面の描き方
増補改訂版

2022年8月3日　初版第一刷発行

発行者　澤井聖一
発行所　株式会社エクスナレッジ
〒106-0032　東京都港区六本木7-2-26
https://www.xknowledge.co.jp/

問合せ先
編　集　Tel　03-3403-1381
Fax　03-3403-1345
info@xknowledge.co.jp
販　売　Tel　03-3403-1321
Fax　03-3403-1829